ABC der Kostenordnung

Teil I.

Die Gerichtskosten in familienrechtlichen Angelegenheiten, in Nachlaß- und Teilungssachen

Von

Hans Meyer,
Bezirksrevisor in Nürnberg

und

Karl Schlegel,
Justizamtmann in Berlin,
Mitglied der Akademie für Deutsches Recht

1942

J. Schweitzer Verlag, Berlin

Druck von Dr. F. P. Datterer & Cie., Freising-München.

Vorwort.

Die freundliche Aufnahme, die das von uns herausgegebene ABC des Urkundensteuergesetzes allenthalben bei Praktikern gefunden hat, und die Erfahrungen, die wir täglich in Ausübung unseres Dienstes und bei der Vorbereitung von Rechtspflegeranwärtern gemacht haben, waren der Anlaß zu vorliegender Arbeit. Wir nehmen ferner an, daß gerade diese Form der Darstellung kostenrechtlicher Vorschriften geeignet ist, wenigstens in einem gewissen Umfang die Schwierigkeiten überwinden zu helfen, die mit der allgemeinen Entwicklung des Personalwesens auch auf dem Gebiete der Kostenberechnung verbunden sind, und die voraussichtlich wohl auch in absehbarer Zeit nicht restlos beseitigt werden können. Mehr als sonst müssen Kostenbeamte eingesetzt werden, die auf den jeweils in Frage kommenden Teilgebieten weniger als früher eingearbeitet oder ausgebildet sind. Ihnen glauben wir mit dem alphabetisch geordneten Gesetzesmaterial die Arbeit zu erleichtern.

Der Praktiker findet unter dem in Frage kommenden Stichwort alles, was er zur schnellen Orientierung und richtigen Berechnung der Kosten braucht: kurze, aber erschöpfende allgemeine Ausführungen, den Gebührensatz, die Vorschriften über Fälligkeit und Kostenhaftung. Rechtsprechung und Schrifttum sind bis in die neueste Zeit berücksichtigt. Die in der Praxis erprobte Gestaltung des Stoffes erspart zeitraubendes Nachlesen in den Kommentaren und verhindert ein Übersehen der in Frage kommenden Vorschriften.

Die Zerlegung des Stoffes in zwei von einander unabhängige Teile geschah, weil nicht jeder Kostenbeamte mit allen kostenrechtlichen Fragen befaßt ist.

Der Teil I zerfällt in den Abschnitt A: Gerichtskosten in familienrechtlichen Angelegenheiten, und in den Abschnitt B: Gerichtskosten in Nachlaß- und Teilungssachen.

Der Teil II enthält drei Abschnitte: A: Gerichtskosten in Grundbuchsachen, B: Gerichtskosten in Zwangsversteigerungs- und Zwangsverwaltungssachen und C: Gerichtskosten in Registersachen.

Der Text der Kostenordnung und der Kostenverfügung in der Neufassung sowie Gebührentabellen sind im Anhang abgedruckt.

Nürnberg,/Berlin, im Dezember 1941.

Die Verfasser.

Inhaltsverzeichnis

1. Abkürzungen 5

2. **ABC der Kostenordnung, Teil I** 7

A. Gerichtskosten in familienrechtlichen Angelegenheiten 7

B. Gerichtskosten in Nachlaß- und Teilungssachen . . 71

3. Anhang: 1. Text der Kostenordnung 165

2. Kostenverfügung 222

3. Gebührentafeln 255

Abkürzungen

A	=	Anmerkung
AG	=	Ausführungsgesetz
AusfVO	=	Ausführungsverordnung
AV	=	Allgemeine Verfügung
BBl	=	Büroblatt für gerichtliche Beamte
BGB	=	Bürgerliches Gesetzbuch
DB	=	Durchführungsbestimmungen
DFG	=	Deutsche Freiwillige Gerichtsbarkeit, Ergänzungsblatt zur Deutschen Justiz für das Gebiet der nichtstreitigen Rechtsfragen
DJ	=	Deutsche Justiz
DJRecht	=	Deutsche Justiz, Monatsbeilage „Das Recht"
DNotZ	=	Deutsche Notar-Zeitschrift
DRW	=	Deutsches Recht, Wochenausgabe
DR	=	Deutsches Recht, Monatsausgabe
DRpfl	=	Deutsche Rechtspflege, Zeitschrift
DVO	=	Durchführungsverordnung
E	=	Erlaß
EheG	=	Ehegesetz
EhegesG	=	Ehegesundheitsgesetz
EG	=	Einführungsgesetz
ErbschStG	=	Erbschaftssteuergesetz
GBO	=	Grundbuchordnung
GKG	=	Gerichtskostengesetz
HRR	=	Höchstrichterliche Rechtsprechung
JFGErg	=	Entscheidungen des Kammergerichts in Miet-, Pachtschutz-, Kosten- und Strafsachen; Ergänzung zum Jahrbuch für Entscheidungen in Angelegenheiten der freiwilligen Gerichtsbarkeit und des Grundbuchrechts
JMBl	=	Justizministerialblatt
Jonas-Melsheimer	=	Kommentar zur Reichskostenordnung von Dr. Jonas, Dr. Melsheimer, Hornig und Stemmler
JVBl	=	Justizverwaltungsblatt
JVKostO	=	Justizverwaltungskostenordnung
JW	=	Juristische Wochenschrift
KG	=	Kammergericht
KGJ	=	Jahrbuch der Entscheidungen des Kammergerichts
KO	=	Konkursordnung
Korintenberg-Wenz	=	Kommentar zur Reichskostenordnung von Korintenberg-Wenz
KostO	=	Reichskostenordnung

KostVfg	=	Durchführungsverfügung zu den Kostengesetzen
NSBZ	=	Der Deutsche Justizbeamte, Nationalsozialistische Beamtenzeitung
ObLG	=	Entscheidungen des Bayerischen Obersten Landesgerichts
OLG	=	Rechtsprechung der Oberlandesgerichte
PersStG	=	Personenstandsgesetz
RE	=	Runderlaß
RFGG	=	Reichsgesetz über die Angelegenheiten der freiwilligen Gerichtsbarkeit
RG	=	Entscheidungen des Reichsgerichts in Zivilsachen
RGBl	=	Reichsgesetzblatt, Teil I
RFH	=	Reichsfinanzhof
RJM	=	Reichsjustizminister
RJWG	=	Reichsjugendwohlfahrtgesetz
RNotO	=	Reichsnotarordnung
TestG	=	Testamentsgesetz
ZVG	=	Gesetz über die Zwangsversteigerung und Zwangsverwaltung

ABC der Kostenordnung

Teil I

A. Gerichtskosten in familienrechtlichen Angelegenheiten [1])

Abgabe

einer Vormundschaft, Dauerpflegschaft oder Dauerbeistandschaft an ein anderes Gericht (§ 85 III): siehe „Übernahme".

Abhängigmachung

der Vornahme eines Geschäfts von der Zahlung der Kosten: siehe „Vorschußpflicht und Abhängigmachung".

Abkömmlinge

Bei fortgesetzter Gütergemeinschaft kann die **Zustimmung** anteilsberechtigter Abkömmlinge zu Rechtsgeschäften des überlebenden Ehegatten aus §§ 1444, 1445 BGB, zu denen der Mann der Einwilligung der Frau bedurfte, auf Antrag des überlebenden Ehegatten (§ 1487 in Verbindung mit § 1447 BGB) durch das Vormundschaftsgericht ersetzt werden. Hierfür: **volle Gebühr,** § 90 I 2.

Geschäftswert: §§ 90 II, 24 II; gegebenenfalls angemessene Rücksichtnahme auf den Wert des Vermögens oder des in Betracht kommenden Rechtsverhältnisses. Siehe „Regelwert".

Kostenschuldner: der überlebende Ehegatte, § 2 Z 1.

Abkürzung

der Aufgebotsfrist: siehe „Aufgebot"

Abschriften

Siehe „Schreibgebühren", „Sippenforschung".

Abweisung

Bei Abweisung oder Zurücknahme eines Antrags kann Gebühren- und Auslagenfreiheit gewährt werden, wenn der Antrag

---

[1]) Außer den im Abschnitt „Familienrechtliche Angelegenheiten" der Kostenordnung geregelten Geschäften des Vormundschaftsgerichts (§§ 84 bis 90, 92) und der Bestätigung der Annahme an Kindes Statt sowie ihrer Aufhebung (§ 91) sind auch solche Familiensachen behandelt, für die andere Kostenvorschriften gelten oder für die eine besondere Regelung der Zuständigkeit und der Gebühren besteht.

auf nicht anzurechnender Unkenntnis der Verhältnisse oder auf Unwissenheit beruht, § 15 I S 3 (Irrtum über tatsächliche, für die Entscheidung maßgebende Umstände, deren Kenntnis nach Lage des Falles vom Antragsteller nicht verlangt werden kann — Rechtsunkenntnis, die nicht unbedingt unverschuldet sein muß) Siehe auch „Beschwerden" und „Zurücknahme, Zurückweisung"

Abwesenheitspflegschaft

Abgesehen von der Pflegschaft für einen abwesenden Beteiligten nach § 88 RFGG, die im gerichtlichen Auseinandersetzungsverfahren von dem Nachlaßgericht für dieses Verfahren eingeleitet wird und die unter § 98 KostO fällt (siehe „Abwesenheitspflegschaft" in Abschnitt B: Nachlaß- und Teilungssachen), erhält ein abwesender Volljähriger, dessen Aufenthalt unbekannt ist, für seine Vermögensangelegenheiten, soweit sie der Fürsorge bedürfen, nach § 1911 BGB einen Abwesenheitspfleger. Diese Abwesenheitspflegschaft ist eine Einzelpflegschaft im Sinne des § 86 I, wenn bei der Bestellung des Pflegers die von ihm wahrzunehmenden Geschäfte einzeln bestimmt worden sind; sie ist eine Dauerpflegschaft im Sinne des § 86 II in Verbindung mit § 85, wenn die Wahrnehmung der Interessen des Fürsorgebedürftigen durch den Pfleger ganz allgemein oder in bezug auf einen bestimmten Kreis dieser Interessen angeordnet ist. Im übrigen siehe „Pflegschaften und Beistandschaften". Die Freigrenze aus § 89 bei geringem Vermögen greift bei der Abwesenheitspflegschaft, gleichgültig, ob Einzel- oder Dauerpflegschaft, nicht Platz.

Abzug

oder Nichtabzug von Schulden: siehe „Schulden".

Adoption

Siehe „Annahme an Kindes Statt"

Alterserfordernis

Befreiung vom Alterserfordernis für die Annahme an Kindes Statt: siehe dort unter 1 b.

Amtsbetrieb

In Vormundschaften, Pflegschaften und Beistandschaften (§§ 85, 86) wird das Vormundschaftsgericht im Interesse des Mündels, des Pflegebefohlenen oder des unter elterlicher Gewalt stehenden Kindes von Amts wegen tätig. Insoweit kommt daher nur das Mündel usw. als **Kostenschuldner** nach § 2 Z 2 KostO in Frage. Dagegen besteht keine Kostenhaftung desjenigen, der eine solche Tätigkeit durch einen entsprechenden

„Antrag" angeregt hat. Dies gilt auch von der Mutter, die nach § 1687 Z 2 BGB beantragt hat, ihr einen Beistand zu bestellen. Schuldner der entstandenen Auslagen oder Gebühren ist nur das Mündel, selbst dann, wenn sich herausstellt, daß die auf den „Antrag" getroffenen Maßnahmen nicht berechtigt oder nicht erforderlich waren, z.B. eine Vormundschaft überhaupt nicht einzuleiten oder nach Einleitung als nicht erforderlich wieder aufzuheben ist, wie die vorläufige Vormundschaft nach Ablehnung des Entmündigungsantrags. Auch in den Fällen des **§ 88** ist Kostenschuldner nur der Fürsorgebedürftige, dessen Interesse gewahrt wird. Ferner können unter den „Sonstigen Verfügungen nach **§ 90 I 3**" Maßnahmen von Amts wegen vorkommen, wie z.B. für einen Ausländer nach Art. 23 II EGBGB. Zahlungspflichtig ist der Ausländer. Im Falle des **§ 87 I Z 1** ist das Kind als Antragsteller zahlungspflichtig. Bei den in **§ 87 I Z 2—5** erwähnten Geschäften, die sich auf unter elterlicher Gewalt stehende Kinder beziehen oder sonst das Verhältnis zwischen Eltern und Kindern betreffen, ist nur der Vater oder die Mutter zahlungspflichtig, während in den Fällen des **§ 87 I Z 6** nur der gesetzliche Vertreter oder der Sorgeberechtigte zahlungspflichtig ist, § 87 III. Bei den Geschäften in **§ 90 I 1 und 2** ist der Antragsteller Kostenschuldner. Siehe auch „Vorschußpflicht und Abhängigmachung".

Anerkennung

a) der Vaterschaft: siehe „Vaterschaftsanerkennung",

b) der Schlußrechnung, § 1892 II BGB: siehe „Schlußrechnung".

Anfechtung

Vormundschaftsgerichtliche Genehmigung zur Anfechtung eines Erbvertrags für einen geschäftsunfähigen Erblasser durch seinen gesetzlichen Vertreter (§ 2282 II BGB): siehe „Verfügungen" unter 1 g.

Anlegung von Kindergeldern

Der Vater hat das seiner Verwaltung unterliegende Geld des Kindes unbeschadet der Vorschrift des § 1653 BGB mündelsicher anzulegen, soweit es nicht zur Bestreitung von Ausgaben bereitzuhalten ist, § 1642 I BGB. Das Vormundschaftsgericht kann dem Vater eine andere Anlegung gestatten, § 1642 II BGB.

Für die **Entscheidung: volle Gebühr,** § 87 I 3. Bezieht sich die Entscheidung des Vormundschaftsgerichts auf mehrere Fürsorgebedürftige: nur eine Gebühr, § 87 II S 2. **Geschäftswert:** §§ 87 II S 1; 24 II; siehe „Regelwert". Keine Freigrenze aus § 89.

Kostenschuldner: nur der Vater (die Mutter), § 87 III; keine Mithaft des Kindes. — Wegen der Genehmigung, daß der Vater (oder die Mutter) Geld des Kindes für sich verbrauchen darf (§ 1653 BGB): siehe „Genehmigung des Vormundschaftsgerichts" unter II b.

Annahme an Kindes Statt

1. a) Für die **Beurkundung des Annahmevertrags** ist das **Doppelte der vollen Gebühr** nach § 29 II zu erheben. **Kostenschuldner:** die Vertragsparteien, und falls ein Beteiligter durch eine vor Gericht abgegebene oder dem Gericht mitgeteilte Erklärung die Kosten übernommen hat, auch dieser, § 2 Z 1, § 3 Z 2, § 4. **Geschäftswert** siehe Z 7.

b) Für die **Befreiung von den Altersvorschriften** des § 1744 BGB werden weder Gebühren noch Auslagen erhoben: Z 9 Abschnitt V d der DB v. 27. 7. 34, RGBl 1934, 738 zur VO v. 31. 5. 34, RGBl 1934, 472.

c) Für die **Beurkundung einer Einwilligungserklärung** (§§ 1746, 1747, 1748 III BGB): **Gebühr** 1/4 der vollen Gebühr gemäß § 31 III, falls die Erklärung in einer besonderen Verhandlung beurkundet wird. **Kostenschuldner:** der Einwilligende. **Geschäftswert** siehe Z 7.

d) Werden in einer Urkunde mehrere Erklärungen gleichzeitig beurkundet, z.B. der Annahmevertrag und die Einwilligungserklärung der unehelichen Mutter, so kommt nur eine Gebühr zum Ansatz, § 38 I. Das gleiche gilt, wenn in einer Urkunde auch die Abgabe einer eidesstattlichen Versicherung, z.B. hinsichtlich der deutschblütigen Abstammung oder der Kinderlosigkeit, beurkundet wird, da die eidesstattliche Versicherung dann ein Teil eines anderen Verfahrens ist, § 43 I.

e) Für die **vormundschaftsgerichtliche Genehmigung**

wenn über den betreffenden Beteiligten eine Vormundschaft geführt wird (§ 1751 BGB), keine Gebühr, weil durch die nach § 85 für die Vormundschaft zu erhebende Gebühr mitabgegolten;

wenn der Anzunehmende unter elterlicher Gewalt steht, **Gebühr:** eine volle Gebühr, falls das Reinvermögen des Kindes mehr als 5000 RM beträgt, § 88 I 4, § 89 KostO; § 1750 I S 2 BGB. **Kostenschuldner:** das Kind. **Geschäftswert:** siehe Z 7.

2. a) Für die **gerichtliche Bestätigung des Annahmevertrags: Gebühr:** die volle Gebühr, falls das Vermögen des Angenommenen mehr als 5000 RM beträgt, § 91 I a und IV. **Geschäftswert** siehe Z 7. **Kostenschuldner:** der Antragsteller. Siehe auch „Vorschußpflicht und Abhängigmachung".

Nimmt eine Person oder ein Ehepaar gleichzeitig mehrere Kinder an, so wird die Gebühr mehrfach erhoben, soweit das Vermögen des einzelnen Angenommenen 5000 RM übersteigt; keine Zusammenrechung der Vermögen.

Bei **Versagung der Bestätigung** des Vertrags keine Gebühr, §§ 84, 91 I.

Abgegolten werden durch die Gebühr des § 91 I die Anhörung des Jugendamtes und der höheren Verwaltungsbehörde, alle sonstigen Ermittlungen, die Beschlußzustellung, die Prüfung und Bescheinigung der Rechtskraft und die Mitteilung an den Standesbeamten.

3. **Beschwerdeverfahren. Gebühr:** Bei Zurückweisung oder Verwerfung der Beschwerde gegen den Beschluß des Amtsgerichts die Hälfte, bei Zurücknahme der Beschwerde ein Viertel der vollen Gebühr, § 123 I 1 und 2. Keine Gebühr bei erfolgreicher Beschwerde, § 123 I S 2. § 123 III findet keine Anwendung, da es sich bei dem anzufechtenden Beschluß über die Bestätigung des Annahmevertrags bzw. deren Versagung nicht um eine Entscheidung des Vormundschaftsgerichts handelt. (AM: Korintenberg-Wenz A 2 zu § 91; Jonas-Melsheimer A I zu § 91). — **Kostenschuldner:** der Beschwerdeführer, dem die Kosten durch Entscheidung des Gerichts auferlegt sind.

4. Für die **Entgegennahme des Vermögensverzeichnisses** durch das Vormundschaftsgericht nach Bestätigung des Annahmevertrags (§ 1760 I BGB): keine Gebühr. **Ordnet** jedoch **das Vormundschaftsgericht die Aufnahme des Verzeichnisses** durch einen Beamten oder Notar **an** (§§ 1760 I, 1640 II BGB) oder entzieht es dem Annehmenden die Vermögensverwaltung (§ 1760 II BGB), Gebühr: für jede dieser Anordnungen eine volle Gebühr, § 87 I 3. **Geschäftswert:** siehe Z 7. Die Freigrenze des § 89 kommt nicht in Frage.

Für die **Aufnahme des Vermögensverzeichnisses** durch den Urkundsbeamten oder Notar: neben der Anordnungsgebühr des § 87 I 3 die Hälfte der vollen Gebühr gemäß § 46 I aus dem Wert des verzeichneten Vermögens ohne Abzug der Schulden. **Kostenschuldner** ist der Annehmende, § 87 III.

5. a) Für die **Beurkundung,** die vormundschaftsgerichtliche Genehmigung und gerichtliche **Bestätigung** des zwischen dem Annehmenden, dem Angenommenen und gegebenenfalls dessen Abkömmlingen zustandegekommenen **Aufhebungsvertrags und** für das **Beschwerdeverfahren** gilt das unter Ziffer 1 a, e und 2, 3 Ausgeführte.

b) Für die **Aufhebung des durch die Annahme begründeten Rechtsverhältnisses** im Wege gerichtlicher Entscheidung (§ 12 des Gesetzes über die Änderung und Ergänzung familienrechtlicher Vorschriften vom 12. 4. 1938, RGBl 380), **Gebühr:** eine volle Gebühr, § 91 I b. **Geschäftswert:** Z 7. Für die vormundschaftsgerichtliche Genehmigung und das Beschwerdeverfahren gilt das unter 1 e und 3 Ausgeführte entsprechend.

Zu a und b. Die Einschränkung in § 90 IV, daß Gebühren nicht zu erheben sind, wenn das reine Vermögen des Angenommenen nicht mehr als 5000 RM beträgt, gilt für die Aufhebung nicht.

Kostenschuldner: der Antragsteller.

6. Ist die höhere Verwaltungsbehörde Antragstellerin, so treffen sie doch nie Kosten. Das Gericht kann bei einem Verfahren, das auf einem Antrag oder auf einer Beschwerde der höheren Verwaltungsbehörde beruht, den andern am Verfahren Beteiligten die Kosten ganz oder teilweise auferlegen, § 91 III.

7. Der **Geschäftswert** in den Fällen unter Z 1, 2, 3, 4 Abs. 1, 5 ist vom Kostenbeamten unter Berücksichtigung des Vermögens des Kindes, des Annehmenden und der familienrechtlichen Bedeutung des Geschäfts gemäß §§ 91 II, 88 II S 2, 87 II, 24 II, III festzusetzen (OLG München 1. 6. 1938, JVBl 1938, 346 = DNotZ 1938, 625; KG 13. 12. 1940, JVBl 1941, 61). Siehe „Regelwert".

8. Mindestgebühr in allen gebührenpflichtigen Fällen: 2 RM, § 26 III. Erhebung von **baren Auslagen** gemäß §§ 138—141.

Annahme

des Familiennamens der geschiedenen Frau oder des Namens eines früheren Ehemannes und Untersagung der Weiterführung des Namens des Mannes: siehe „Namensführung".

Anordnungen

1. Die für Anordnungen **des Vormundschaftsgerichts** vorgesehenen Gebühren werden für jede einzelne Anordnung, Änderung oder Aufhebung der in Frage kommenden Maßregeln erhoben. Bleibt es lediglich bei Ermittlungen oder nur einstweiligen Anordnungen, die z.B. bis zur endgültigen Entscheidung darüber getroffen werden, ob Maßregeln aus §§ 1666ff. BGB zu ergreifen sind, so entsteht keine Gebühr.

Anordnung:

a) der Aufnahme eines Vermögensverzeichnisses, § 1640 II BGB: siehe „Vermögensverzeichnis",
b) bei Gefährdung des geistigen oder leiblichen Wohles des Kindes, § 1666 BGB: siehe „Gefährdung des Kindes",
c) bei Gefährdung des Vermögens des Kindes, § 1667 BGB: siehe „Gefährdung des Kindes",
d) der Entziehung der Vermögensverwaltung des Vaters oder der Mutter, § 1670 BGB; siehe „Gefährdung des Kindes",
e) bezüglich der Kinder aus geschiedenen Ehen, §§ 81, 82, 97 EheG: siehe „Sorge für die Person des Kindes".

2. Anordnungen des Erblassers oder eines Dritten. — Kommt der Vater (oder die Mutter) den Anordnungen, die der Erblasser oder ein Dritter bezüglich der Verwaltung eines dem Kind von Todes wegen oder durch Schenkung Zugewendeten getroffen hat, nicht nach, so hat das Vormundschaftsgericht die zu ihrer Durchführung erforderlichen Maßregeln zu treffen, § 1639 I BGB. Für die Tätigkeit des Vormundschaftsgerichts: **volle Gebühr,** § 87 I 3. Keine Freigrenze nach § 89. **Geschäftswert:** § 24 II; siehe Regelwert.

Bezieht sich die Maßregel des Vormundschaftsgerichts auf mehrere Fürsorgebedürftige: nur eine Gebühr, § 87 II. **Kostenschuldner:** der Vater bzw. die Mutter, § 87 III. Wird dem Vater oder der Mutter die Verwaltung entzogen, so ist eine aus § 86 II besonders gebührenpflichtige Pflegschaft anzuordnen. **Kostenschuldner:** das Kind.

Ansatz

der Kosten siehe Teil II unter Kostenansatz.

Arische Abstammung

Wegen der zum Zwecke des Nachweises der arischen Abstammung erteilten Abschriften und Bescheinigungen siehe „Sippenforschung".

Aufgebot

a) Befreiung vom Aufgebot oder Abkürzung der Frist durch die untere Verwaltungsbehörde. §§ 27, 97 AusfVOzPersStG, § 3 PersStG, § 16 EheG, § 9 DVOzEheG. **Gebühr des Standesbeamten:** § 113 AusfVOzPersStG. Für Österreich: §§ 67, 69 DVOzEheG. Bei Befreiung vom Aufgebot: 2—20 RM, bei Abkürzung der Aufgebotsfrist: 2—10 RM.

b) Befreiung von der Wartezeit der Frau durch den Standesbeamten. § 32 AusfVOzPersStG, § 9 DVOzEheG. **Gebühr des Standesbeamten:** 2—20 RM. § 113 AusfVOzPersStG. Für Österreich: §§ 67, 69 DVOzEheG.

Bei Unvermögen der Beteiligten können die Gebühren ermäßigt oder erlassen werden.

Aufhebung

eines Erbvertrags durch einen minderjährigen Vertragsteil, § 2290 III BGB: siehe „Verfügungen" unter 1 h;

eines Erbverzichts durch den unter elterlicher Gewalt Stehenden, § 2351 BGB: siehe „Verfügungen" unter 1 i;

der Beschränkung oder Ausschließung der Schlüsselgewalt durch das Vormundschaftsgericht, § 1357 BGB: siehe „Ehegatten".

Aufnahme

Anordnung der Aufnahme eines Vermögensverzeichnisses durch einen zuständigen Beamten oder Notar nach § 1640 II BGB: § 87 I 3, siehe „Vermögensverzeichnis".

Auseinandersetzungszeugnis

bei Wiederverheiratung, wenn Kinder vorhanden sind (§ 12 EheG): siehe „Wiederverehelichungszeugnis".

Ausfertigungen

Siehe „Schreibgebühren" und „Vaterschaftsanerkennung".

Auslagen

Neben den Schreibgebühren (siehe dort und § 138 I 1, 2) werden die sonstigen baren Auslagen im Rahmen des § 139 erhoben.

Ausländer

Vorläufige Fürsorgemaßnahmen des Vormundschaftsgerichts für einen Ausländer nach Art 23 II EGBGB, solange eine Vormundschaft oder Pflegschaft nicht angeordnet ist: **volle Gebühr,** § 90 I 3. **Geschäftswert:** §§ 90 II, 24 II; siehe „Regelwert". **Kostenschuldner:** der Ausländer, § 2 Z 2. Wird Vormundschaft oder Pflegschaft angeordnet, keine Gebühr aus § 90 I 3. — Befreiung von der Beibringung des Ehefähigkeitszeugnisses für Ausländer siehe „Ehehindernis".

Ausschlagung

der Erbschaft oder des Vermächtnisses für das Kind. Vormundschaftsgerichtliche Genehmigung hierzu, §§ 1643 II, 1945, 1953, 2180 BGB: siehe „Genehmigung des Vormundschaftsgerichts" unter 1 l.

Ausübung der elterlichen Gewalt

Maßregeln des Vormundschaftsgerichts bei Verhinderung des Vaters an der Ausübung der elterlichen Gewalt, sofern letztere nicht nach § 1685 BGB durch die Mutter ausgeübt wird, § 1665 BGB: siehe „Verfügungen" unter 1 e.

Auswanderung

Nach der VO gegen Mißstände im Auswanderungswesen vom 24. 2. 1924, RGBl 1924, 107 bedürfen Mädchen unter 18 Jahren zur Auswanderung außer der Zustimmung desjenigen, der nach den Vorschriften des BGB den Aufenthalt zu bestimmen hat, der Genehmigung des Vormundschaftsgerichts. Die Genehmigung ist nicht erforderlich, wenn ein eheliches Kind mit seinen zur Ausübung der Personensorge berechtigten Eltern oder nach Auflösung der Ehe mit demjenigen Elternteil auswandern will, dem die Sorge zusteht.

Gebühr ist keine vorgesehen, weil keine familienrechtliche Angelegenheit im Sinne des BGB vorliegt.

Beamter

Pflegschaft zur Vertretung eines Beamten im Verfahren nach § 75 I DBG: siehe „Pflegschaften und Beistandschaften" unter 2 a.

Befreiung

von dem Erfordernis der Ehemündigkeit: siehe „Ehemündigkeit";

von dem Eheverbot der Schwägerschaft oder des Ehebruchs: siehe „Ehehindernis";

von der Beibringung des Ehefähigkeitszeugnisses durch einen Ausländer: siehe „Ehefähigkeitszeugnis";

vom Alterserfordernis bei Annahme an Kindes Statt: siehe „Annahme an Kindes Statt" Z 1 b;

vom Aufgebot und von der Wartezeit bei der Eheschließung: siehe „Aufgebot".

Beistandschaften

Siehe „Pflegschaften und Beistandschaften".

Bescheinigungen

aus den Vormundschaftsakten zum Nachweis der arischen Abstammung: siehe „Sippenforschung".

Beschwerde

1. Ist eine **Beschwerde gegen eine Entscheidung des Vormundschaftsgerichts von dem** unter elterlicher Gewalt stehenden **Kinde,** dem Mündel oder dem Pflegebefohlenen oder im Interesse dieser Personen von einem Dritten eingelegt (so z.B. in Angelegenheiten, die das Personensorgerecht für die Kinder betreffen), so ist sie **gebührenfrei** (§ 123 III), gleichgültig, ob sie für begründet befunden oder ob sie verworfen, zurückgewiesen oder zurückgenommen ist. Dagegen sind grundsätzlich die **Auslagen** zu erheben und zwar vom „Antragsteller", der als solcher — auch als „Dritter" — im eigenen Namen gehandelt hat; das Mündelvermögen haftet dann nicht. Allerdings können für die Herstellung der Beschlußausfertigungen und die Übersendung dieser Ausfertigungen weder Schreibgebühren nach § 138 I 1 oder 3 noch Porto nach § 139 I 1 angesetzt werden; denn es handelt sich weder um einen Fall „sachlicher Gebührenfreiheit" noch um „auf Antrag erteilte Ausfertigungen", KG 9. 10. 1936, JFG Erg 15, 15 = JW 1936, 3336 = DRpfl 1936, 697 = JVBl 1937, 10. —

2. a) Inhaber der elterlichen Gewalt, Vormünder, Pfleger sind nur dann **im eigenen Namen beschwerdeberechtigt,**

wenn die anzufechtende Entscheidung in ihre eigene Rechtssphäre eingreift, so z.B. bei Entziehung von Gewaltrechten (§ 1666 BGB), bei Nichtbewilligung, Änderung oder Entziehung einer Vergütung (§ 1836 BGB), bei Entlassung des Vormunds u. a. In solchen Fällen besteht keine Gebührenfreiheit. Es sind vielmehr zu erheben: bei Verwerfung oder Zurückweisung die Hälfte (§ 123 I 1), bei **Zurücknahme** ein Viertel der vollen Gebühr; bei teilweiser Zurücknahme wird die Rücknahmegebühr nur insoweit erhoben, als sich die Zurückweisungsgebühr erhöht haben würde, wenn die Zurückweisung hinsichtlich des ganzen Beschwerdegegenstandes erfolgt wäre. Im übrigen ist das Beschwerdeverfahren gebührenfrei, § 123 I 2.

b) Der **Wert** bestimmt sich in allen Fällen, d.h. auch bei vermögensrechtlichen Angelegenheiten nach § 24 II; siehe „Regelwert".

c) Kostenschuldner ist der Beschwerdeführer als Antragsteller nach § 2 Z 1, ohne daß hierzu eine Auferlegung von Kosten notwendig wäre. Für als begründet befundene Beschwerden sind auch Auslagen nicht zu erheben, bei Abweisung oder Zurücknahme kann Gebühren- und Auslagenfreiheit gewährt werden, § 15 I S 2 und 3; andernfalls trägt sie der Beschwerdeführer. Siehe auch „Abweisung".

3. Nach der VO vom 4. 10. 1939, RGBl 1994, § 6 Z 1 ist die Beschwerde gegen Entscheidungen des Gerichts über den Ansatz von Gerichtskosten und die Festsetzung des zugrunde zu legenden Werts nur zulässig, wenn der Wert des Beschwerdegegenstandes 200 RM übersteigt.

Bürgerliches Gesetzbuch

§ 112: Vormundschaftsgerichtliche Genehmigung der vom gesetzlichen Vertreter dem Minderjährigen erteilten Ermächtigung zum selbständigen Betrieb eines Erwerbsgeschäfts sowie der Zurücknahme dieser Ermächtigung. **Gebühr:** § 88 I Z 3; siehe „Verfügungen" unter 1 a.

§ 1357: Aufhebung der Beschränkung oder Ausschließung der Schlüsselgewalt durch das Vormundschaftsgericht. **Gebühr:** § 90 I Z 1; siehe „Ehegatten".

§ 1358: Ermächtigung des Ehemannes zur fristlosen Kündigung eines Dienstvertrages der Ehefrau. **Gebühr:** § 90 I Z 1; siehe „Ehegatten" und „Ermächtigung".

§ 1379: Ersetzung der Zustimmung der Ehefrau zu einem Rechtsgeschäft des Mannes über eingebrachtes Gut. **Gebühr:** § 90 I; siehe „Ehegatten" und „Ersetzung".

§§ 1402, 1451: Ersetzung der Zustimmung des Mannes zu einem eine persönliche Angelegenheit der Frau betreffenden Rechtsgeschäft. **Gebühr:** § 90 I; siehe „Ehegatten" und „Ersetzung".

§§ 1447, 1519, 1549: Ersetzung der Zustimmung der Frau zu einem in §§ 1444, 1445 BGB bezeichneten Rechtsgeschäft des Mannes über das Gesamtgut. **Gebühr:** § 90 I Z 1; siehe „Ehegatten" und „Ersetzung".

§§ 1484 II, 1492 III: Genehmigung zur Ablehnung oder Aufhebung der fortgesetzten Gütergemeinschaft durch einen unter elterlicher Gewalt stehenden überlebenden Ehegatten. **Gebühr:** § 88 I 4; siehe „Fürsorgetätigkeit, sonstige".

§§ 1487, 1447: Ersetzung der Zustimmung anteilsberechtigter Abkömmlinge zu Rechtsgeschäften des überlebenden Ehegatten im Falle der fortgesetzten Gütergemeinschaft. **Gebühr:** § 90 I 2; siehe „Ehegatten" und „Ersetzung".

§ 1491 III: Genehmigung zum Verzicht des unter elterlicher Gewalt stehenden anteilsberechtigten Abkömmlings auf seinen Anteil am Gesamtgut. **Gebühr:** § 88 I 4; siehe „Fürsorgetätigkeit, sonstige".

§ 1612 II: Regelung der Unterhaltsgewährung. **Gebühr:** § 87 I 1; siehe „Unterhalt eines Kindes".

§ 1630 II: Das Vormundschaftsgericht entzieht dem Vater die Vertretung des Kindes im Rahmen des § 1796 BGB. **Gebühr:** § 88 I 3; siehe „Verfügungen" unter 1 b.

§ 1631 II: Unterstützung des Vaters durch das Vormundschaftsgericht in der Anwendung geeigneter Zuchtmittel gegenüber dem Kind. **Gebühr:** § 88 I 3; siehe „Verfügungen" unter 1 c.

§ 1639 I: Maßregeln gegen den Vater oder die Mutter bei Nichtbefolgung von Anordnungen des Erblassers oder eines Dritten hinsichtlich der Verwaltung des einem Kind Zugewendeten. **Gebühr:** § 87 I 3; siehe „Anordnungen" unter 2.

§§ 1639 II, 1803 II, III: Genehmigung zur Abweichung des Vaters von Anordnungen, die der Erblasser oder Schenker über die Verwaltung des einem unter elterlicher Gewalt stehenden Kind Zugewendeten getroffen hat. **Gebühr:** § 88 I 4; siehe „Fürsorgetätigkeit, sonstige".

§ 1640 II: Anordnung der Aufnahme des nach § 1640 I und § 1760 I S 2 BGB einzureichenden Vermögensverzeichnisses durch eine zuständige Behörde, Beamten oder Notar. **Gebühr** für die Anordnung: § 87 I 3; siehe „Vermögensverzeichnis". **Gebühr** für die Aufnahme des Verzeichnisses: § 46 I.

§ 1642 II: Genehmigung der Abweichung von der mündelsicheren Anlage von Kindergeld. **Gebühr:** § 87 I 3; siehe „Anlegung von Kindergeld"; „Genehmigung" unter IIa.

§ 1643: Genehmigungspflichtiges Rechtsgeschäft für ein minderjähriges unter elterlicher Gewalt stehendes Kind. **Gebühr:** § 88 I 1; siehe „Genehmigung" unter I 1 und 2.

§ 1644: Genehmigung des Vormundschaftsgerichts zur Überlassung gewisser Gegenstände an das Kind zur Vertragserfüllung oder zur freien Verfügung. **Gebühr:** § 88 I; siehe „Fürsorgetätigkeit, sonstige".

§ 1645: Genehmigung des Vormundschaftsgerichts zum Beginn eines neuen Erwerbsgeschäftes im Namen des Kindes. **Gebühr:** § 88 I 3; siehe „Verfügungen" unter 1 d.

§ 1647 II: Wiederübertragung der Vermögensverwaltung auf den Vater — die Mutter — nach beendigtem Konkurs. **Gebühr:** § 88 I 4; siehe „Fürsorgetätigkeit, sonstige".

§ 1653: Genehmigung, daß der Vater bzw. die Mutter Geld des Kindes für sich verbraucht. **Gebühr:** § 87 I 3; siehe „Kindergeld" und „Genehmigung" unter IIb.

§ 1665: Maßregeln des Vormundschaftsgerichts bei Verhinderung des Vaters an der Ausübung der elterlichen Gewalt, wenn sie nicht nach § 1685 BGB von der Mutter ausgeübt wird. **Gebühr:** § 88 I 3; siehe „Verfügungen" unter 1 e.

§ 1666: Maßregeln angesichts der Gefährdung des geistigen oder leiblichen Wohles des Kindes; **§§ 1667, 1668:** Maßregeln angesichts der Gefährdung des Vermögens des Kindes; **§ 1670:** Entziehung der Vermögensverwaltung des Vaters (der Mutter). **Gebühr:** § 87 I 3; siehe „Gefährdung des Kindes".

§ 1677: Feststellung des Ruhens der elterlichen Gewalt. **Gebühr:** § 88 I 3; siehe „Verfügungen" unter 1 f.

§ 1685 II: Übertragung der elterlichen Gewalt auf die Mutter nach Auflösung der Ehe. **Gebühr:** § 87 I 4; siehe „elterliche Gewalt".

§§ 1750, 1751: Genehmigung zum Abschluß eines Vertrags betreffend die Annahme an Kindes Statt durch den gesetzlichen Vertreter eines Kindes unter 14 Jahren (§ 1750 I S 2), Genehmigung zur Eingehung des Vertrags a) durch den in der Geschäftsfähigkeit beschränkten Annehmenden (§ 1751 I), b) durch das über 14 Jahre alte, in der Geschäftsfähigkeit beschränkte Kind (§ 1751 II BGB). **Gebühr:** § 88 I 4; siehe Freigrenze aus § 89.

Keine Gebühr aus § 88, wenn der Annehmende oder das Kind unter Vormundschaft steht. Siehe „Annahme an Kindes Statt" und „Fürsorgetätigkeit, sonstige".

§ 1760 II: Entziehung der Vermögensverwaltung wegen Nichteinreichung des Vermögensverzeichnisses über das Kindesvermögen durch den Annehmenden. **Gebühr:** § 87 I 3; siehe „Vermögensverwaltung" und „Annahme an Kindes Statt".

§ 1821 I 1—3, II: Genehmigungspflichtiges Rechtsgeschäft für ein minderjähriges, unter elterlicher Gewalt stehendes Kind. **Gebühr:** § 88 I 1; siehe „Genehmigung" unter I 1 a—c.

§ 1822 Z 1, 3, 5, 8, 9, 10, 11: Genehmigungspflichtiges Rechtsgeschäft für ein minderjähriges unter elterlicher Gewalt stehendes Kind. **Gebühr:** § 88 I 1; siehe „Genehmigung" unter I 1 d—k.

§ 2282 II: Vormundschaftsgerichtliche Genehmigung zur Anfechtung des Erbvertrags durch den gesetzlichen Vertreter des geschäftsunfähigen Erblassers. **Gebühr:** § 88 I 3; siehe „Verfügungen" unter 1 g.

§ 2290 III: Vormundschaftsgerichtliche Genehmigung zur Aufhebung eines Erbvertrags bei Beteiligung eines Minderjährigen. **Gebühr:** § 88 I 3; siehe „Verfügungen" unter 1 h.

§§ 2347, 2351: Vormundschaftsgerichtliche Genehmigung des Erbverzichtsvertrages des unter Vormundschaft oder unter elterlicher Gewalt stehenden Verzichtenden; ebenso bei Aufhebung des Erbverzichtsvertrages, wenn der Erblasser geschäftsunfähig ist. **Gebühr:** § 88 I 3; siehe „Verfügungen" unter 1 i.

§ 2352: Vormundschaftsgerichtliche Genehmigung zum Verzicht einer unter Vormundschaft oder unter elterlicher Gewalt stehenden Person oder eines Dritten auf das Testamentserbrecht oder ein Vermächtnis oder eine Zuwendung aus einem Erbvertrag; ebenso bei Aufhebung des Vertrags, wenn der Erblasser geschäftsunfähig ist. **Gebühr:** § 88 I 3; siehe „Verfügungen" unter 1 k.

EheG §§ 81, 82, 97: Maßnahmen des Vormundschaftsgerichts betreffend die Sorge für die Person des Kindes. **Gebühr:** § 88 I 2; siehe „Sorge für die Person des **Kindes".**

Dauerbeistandschaft, Dauerpflegschaft

Siehe „Pflegschaften" und „Vormundschaften".

Deszendenzpflegschaft

§ 1913 S 2 BGB: siehe „Nacherben".

Dienstverhältnis

Vorzeitige Kündigung des Dienstverhältnisses einer Frau durch den Ehemann, § 1358 BGB: siehe „Ehegatten".

Ehebruch

Befreiung von dem Eheverbot: siehe „Ehehindernis".

Ehefähigkeitszeugnis

a) Befreiung von der Beibringung des Ehefähigkeitszeugnisses für Ausländer: siehe „Ehehindernis".

b) Ausstellung eines Ehefähigkeitszeugnisses für einen deutschen Staatsangehörigen im Ausland durch den Standesbeamten, § 114 AusfVOzPersStG, § 9 DVOzEheG. **Gebühr des Standesbeamten:** 2—20 RM. § 113 AusfVOzPersStG; für Österreich §§ 67, 69 DVOzEheG. — Bei Unvermögen des Beteiligten können die Gebühren ermäßigt oder erlassen werden.

Ehefrau

Kündigungsrecht des Mannes bei Diensten seiner Ehefrau auf Grund Ermächtigung des Vormundschaftsgerichts (§ 1358 BGB) und Ersetzung der Zustimmung der Ehefrau zu Rechtsgeschäften des Mannes über eingebrachtes und Gesamtgut (§§ 1379, 1447, 1519, 1549 BGB). **Gebühr:** § 90 I 1; siehe „Ehegatten" und „Ersetzung".

Ehegatten

1. Alle Entscheidungen, welche die persönlichen Beziehungen der Ehegatten zueinander oder das eheliche Güterrecht betreffen, unterliegen der **vollen Gebühr** des § 90 I 1. Hierher gehören die Fälle BGB §§ **1357:** Aufhebung der Beschränkung oder der Ausschließung der Schlüsselgewalt durch das Vormundschaftsgericht; **1358:** Ermächtigung des Ehemannes zur fristlosen Kündigung eines persönliche Leistungen der Ehefrau betreffenden Vertrages und Ersetzung der Zustimmung des Mannes zu einem solchen Vertrag; **1379:** Ersetzung der Zustimmung der Frau zu einem Rechtsgeschäft des Mannes oder seiner Verfügung über eingebrachtes Gut der Frau; **1402, 1451:** Ersetzung der Zustimmung des Mannes zu einem eine persönliche Angelegenheit der Frau betreffenden Rechtsgeschäft; **1447, 1519, 1549:** Ersetzung der Zustimmung der Frau zu einem in §§ 1444, 1445 BGB bezeichneten Rechtsgeschäft des Mannes über das Gesamtgut; **1487, 1447:** Ersetzung der Zustimmung anteilsberechtigter Abkömmlinge zu Rechtsgeschäften des überlebenden Ehegatten im Falle der fortgesetzten Gütergemeinschaft.

2. Die **volle Gebühr** des § 90 I wird **für jedes der Verfahren unter 1 besonders** erhoben. Werden also nacheinander mehrere „Anordnungen" getroffen, aufgehoben oder abgeändert, so ist jede Verfügung des Vormundschaftsgerichts besonders gebührenpflichtig. Keine Anrechnung von in derselben Sache bereits erhobenen Gebühren. — Keine Freigrenze nach § 89.

3. Kostenschuldner ist im Falle des § 90 I 1 der Ehegatte als Antragsteller, § 2 Z 1 Erklärt das Gericht den anderen Ehegatten für kostenpflichtig, so haftet er neben dem Antragsteller als Gesamtschuldner, § 3 Z 1 Ist die Frau als Antragstellerin die alleinige Kostenschuldnerin, so ist die Haftung des Mannes nach BGB zu beurteilen. Siehe „Haftung".

Handelt es sich um die Ersetzung der Zustimmung anteilsberechtigter Abkömmlinge zu Rechtsgeschäften des überlebenden Ehegatten im Falle der fortgesetzten Gütergemeinschaft, so ist Kostenschuldner der überlebende Ehegatte als Antragsteller, § 2 Z 1.

4. Geschäftswert: §§ 90, 24 II, siehe „Regelwert".

Ehegesetz vom 6 7 1938 (RGBl 1938, 807ff.)

1. Durch die 1 VO zur Durchführung des Gesetzes zur Vereinheitlichung des Rechts der Eheschließung und der Ehescheidung im Lande Österreich und im übrigen Reichsgebiet (Ehegesetz) vom 27. 7. 1938, RGBl 1938, 923 haben die Vorschriften der KostO in §§ 87 I 5, 6, 87 III und 88 II 2 die aus dem Textabdruck der KostO im Anhang ersichtliche Fassung erhalten.

2. Die KostO findet bei folgenden Geschäften Anwendung:

a) § 3 III Ersetzung der Einwilligung des gesetzlichen Vertreters oder des Sorgeberechtigten zur Eingehung der Ehe. Gebühr § 87 I 5; siehe „Ersetzung".

b) § 12: Auseinandersetzungszeugnis des Vormundschaftsrichters. Gebühr. § 87 I 2; siehe „Wiederverehelichungszeugnis".

c) § 35: Ersetzung der Genehmigung des gesetzlichen Vertreters zu einer ohne seine Einwilligung geschlossenen Ehe zwecks Ausschlusses der Aufhebung einer solchen Ehe. Gebühr: § 87 I 5, siehe „Ersetzung".

d) § 63: Beurkundung der Erklärung einer geschiedenen Frau über die Wiederannahme eines früheren Namens. Gebühr: § 29 I; siehe „Namensführung" unter 1.

e) § 64: Beurkundung der Erklärung des Mannes über die Untersagung der Weiterführung seines Namens durch die schuldhaft geschiedene Frau. Gebühr: § 29 I; siehe „Namensführung" unter 1.

f) § 65: Untersagung der Weiterführung des Namens bei Verfehlungen der Frau nach der Scheidung durch das Vormundschaftsgericht. Gebühr. § 90 I 3, siehe „Namensführung" unter 2.

g) § 81 I: Bestimmung des Sorgerechts für das Kind durch das Vormundschaftsgericht.

§ 81 IV: Übertragung des Sorgerechts für das Kind durch das Vormundschaftsgericht auf einen Pfleger.

§ 81 V: Änderung dieser Anordnungen durch das Vormundschaftsgericht.

h) § 82: Regelung des Verkehrs des Ehegatten, dem die Sorge für die Person des Kindes nicht zusteht, mit dem Kinde.

i) § 97: Verkehrsregelung bei Kindern aus Ehen, die nach dem Inkrafttreten des Ehegesetzes geschieden oder für nichtig erklärt sind.

Gebühren zu g—i: § 88 I 2; siehe „Sorge für die Person des Kindes".

Ehehindernis

Für die Befreiung von den Eheverboten

a) wegen Schwägerschaft,
b) wegen Ehebruchs
c) für die Befreiung von der Beibringung des Ehefähigkeitszeugnisses für Ausländer nach § 12 der 1. DVOzEheG vom 27.7.1938, RGBl 1938, 923, wird eine **Gebühr von 10—500 RM** erhoben.

Zu a wird die Befreiung vom Eheverbot durch den Landgerichtspräsidenten, in bestimmten Fällen durch den Oberlandesgerichtspräsidenten bewilligt, § 7 EheG, § 3 DVO hierzu. Nachträgliche Befreiung nur durch den Oberlandesgerichtspräsidenten, § 3 IV DVO. Vorbereitung der Entscheidung durch das Amtsgericht, § 4 III DVO. Justizverwaltungsangelegenheit, § 11 DVO.

Zu b. Befreiung durch den Präsidenten des Landgerichts, vor dem der Ehestreit verhandelt worden ist, in besonderen Fällen auch durch den Oberlandesgerichtspräsidenten, § 9 EheG, § 5 DVO hierzu. Vorbereitung der Entscheidung durch die Zivilkammer, die sich dabei der Hilfe eines Urkundsbeamten der Geschäftsstelle bedienen kann, § 6 DVO. Justizverwaltungsangelegenheit, § 11 DVO.

Zu c. Befreiung durch den Oberlandesgerichtspräsidenten, in dessen Bezirk die Ehe geschlossen werden soll, § 14 EheG, § 7 DVO. Vorbereitung der Entscheidung durch den Standesbeamten, § 8 IV DVO. Justizverwaltungsangelegenheit, § 11 DVO.

Bei Abweisung oder Zurücknahme des Gesuchs ermäßigt sich die Gebühr auf die Hälfte.

Mit Rücksicht auf die wirtschaftliche Lage der Beteiligten kann von der Erhebung einer Gebühr abgesehen, auch ein geringerer Betrag als der Mindestsatz erhoben werden. — Die Erledigung des Gesuchs kann davon abhängig gemacht werden, daß die Gebühr ganz oder teilweise vorausgezahlt wird, § 12 DVOzEheG. Im übrigen gelten nach § 17 JVKostO die Bestimmungen in §§ 2 II, 4, 6, 8, 11, 13, 14 daselbst, zu § 2 II ferner die AV vom 21. 5. 1940, DJ 621, wonach die Festsetzung der Gebühr dem Beamten obliegt, der die Sachentscheidung zu treffen hat (siehe unter IV Z 1 daselbst sowie § 48 KostVfg).

Ehelichkeitserklärung

1. Zur Ehelichkeitserklärung ist, wenn das Kind nicht das 21. Lebensjahr vollendet hat, die Einwilligung der Mutter erforderlich, § 1726 I S 1 BGB. Wird die Einwilligung von der Mutter verweigert, so kann sie auf Antrag des Kindes durch das Vormundschaftsgericht ersetzt werden, § 1727 BGB. Hierfür: **volle Gebühr**, § 87 I 5. Keine Freigrenze aus § 89.

Geschäftswert: §§ 87 II S 1, 24 II; siehe „Regelwert".

Kostenschuldnerin: nur die Mutter, § 87 III.

2. Die Ehelichkeitserklärung erfolgt durch den Landgerichtspräsidenten, in besonderen Fällen auch durch den Oberlandesgerichtspräsidenten. § 10 VO vom 31. 5. 1934, RGBl 1934, 472, und Art. 1 VO vom 17. 5. 1935, RGBl 1935, 682 (Zuständigkeit in Familienrechtssachen), Nr. 7 DB vom 27. 7. 1934, RGBl 1934, 738. Das **Verfahren** ist **gebühren- und auslagenfrei,** Nr. 9 V c, VI DB.

3. Für das Verfahren über die **Zurücknahme** der Ehelichkeitserklärung durch das Amtsgericht werden keine Gebühren und Auslagen erhoben, § 12 VO zur Durchführung des Gesetzes über die Änderung und Ergänzung familienrechtlicher Vorschriften und über die Rechtsstellung der Staatenlosen vom 23. 4. 1938 RGBl 1938, 417. Siehe auch „Uneheliches Kind".

Ehemann

Vormundschaftsgerichtliche Ermächtigung des Mannes zur fristlosen Kündigung eines Dienstverhältnisses seiner Ehefrau, § 1358 BGB; Ersetzung der Zustimmung der Ehefrau oder des Mannes zu Rechtsgeschäften, **Gebühr:** § 90 I 1; siehe „Ehegatten" und „Ersetzung".

Ehemündigkeit

1. Ein Mann soll nicht vor Vollendung des 21. Lebensjahres, eine Frau soll nicht vor Vollendung des 16. Lebensjahres eine Ehe eingehen. Dem Mann und der Frau kann Befreiung von dieser Vorschrift durch das Vormundschaftsgericht bewilligt werden, dem Mann aber nur dann, wenn er das 18. Lebensjahr vollendet hat und nicht mehr unter elterlicher Gewalt oder Vormundschaft steht (§ 1 EheG). Über die Befreiung entscheidet das Gericht, das für die Ehemündigkeit des Verlobten, der der Befreiung bedarf, zuständig ist. In den Ländern, in denen die Verrichtungen des Vormundschaftsgerichts ganz oder teilweise anderen als gerichtlichen Behörden übertragen sind, steht die Befreiung den Behörden zu, die über Anträge auf Volljährigkeitserklärung zu befinden haben (§ 1 DVOzEheG). Das Verfahren gilt als Justizverwaltungsangelegenheit, § 11 DVO.

2. An **Gebühren** werden erhoben für die Befreiung vom Erfordernis der Ehemündigkeit: **5—25 RM,** bei Zurücknahme oder Ablehnung des Gesuches die Hälfte dieser Gebühren. Mit Rücksicht auf die wirtschaftliche Lage der Beteiligten kann von der Erhebung einer Gebühr abgesehen, auch ein geringerer Betrag als der Mindestsatz erhoben werden. — Die Erledigung des Gesuches kann davon abhängig gemacht werden, daß die Gebühr ganz oder teilweise vorausgezahlt wird, § 12 DVOzEheG. Im übrigen gelten nach § 17 JVKostO die Bestimmungen in §§ 2 II, 4, 6, 8, 11, 13, 14 daselbst, und zu § 2 II ferner die AV vom 21. 5. 1940, DJ 1940, 621, wonach die Festsetzung der Gebühr dem Beamten obliegt, der die Sachentscheidung zu treffen hat (siehe unter IV 1 daselbst sowie § 48 KostVfg).

Eheschließung

Befreiung von der Wartezeit bei der Eheschließung siehe „Aufgebot".

Ehestreitigkeiten

bezüglich der Kinder aus geschiedenen oder nichtigen Ehen: siehe „Sorge für die Person des Kindes".

Ehetauglichkeitszeugnis

Erteilung durch das Gesundheitsamt. § 8 EhegesG. vom 18. 10. 1935, RGBl 1935, 1246. Seit 1. 12. 1941 in Kraft. Beschwerdeverfahren bei Versagung oder Zurücknahme des Zeugnisses vor dem Erbgesundheitsgericht und dem Erbgesundheitsobergericht. §§ 11, 12, 13 DVOzEhegesG. **Gebühr:** § 20 DVOzEhegesG; für das gerichtliche Verfahren in jedem Rechtszug **5 RM.** Für das Verfahren beim Erbgesundheitsobergericht keine Gebühr, wenn die Beschwerde vom Leiter des Gesundheitsamtes eingelegt ist. — Auf Antrag kann der Vorsitzende die Gebühr, solange sie noch nicht gezahlt ist, ermäßigen oder erlassen, wenn die Verlobten bedürftig sind und die Rechtsverfolgung nicht aussichtslos erscheint; die Verfügung ist unanfechtbar. Sofern die Gebühr nicht erlassen ist, wird das Gericht erst nach Zahlung der — gegebenenfalls ermäßigten — Gebühr tätig. Der unterliegende Verlobte hat die Auslagen des Verfahrens zu tragen. Die Vorschriften des Gerichtskostengesetzes finden insoweit Anwendung. Ist rechtskräftig festgestellt, daß ein Ehehindernis nach § 1 EhegesG nicht besteht, so werden die gerichtlichen Gebühren erstattet.

Eheverträge

Beurkundung eines Ehevertrags. **Gebühr:** das **Doppelte der vollen Gebühr,** § 29 II. **Geschäftswert:** Wert der Vermögensmassen oder der einzelnen Gegenstände, um die es sich bei dem Ehevertrag handelt (§ 32 III), d.h.

a) der zusammengerechnete Wert des Vermögens beider Ehegatten, wenn der Vertrag dieses Vermögen betrifft, wie z.B. bei der Vereinbarung oder Aufhebung der allgemeinen Gütergemeinschaft (§§ 1437ff. BGB) oder der Errungenschaftsgemeinschaft (§§ 1529ff. BGB) oder der Fahrnisgemeinschaft (§§ 1549ff. BGB);

b) das von dem Vertrag betroffene Vermögen des einen der beiden Ehegatten, wie z.B. des Vermögens der Ehefrau, wenn unter Aufhebung der Verwaltung und Nutznießung des Ehemannes (§ 1436 BGB) oder unter der Vereinbarung, daß das gegenwärtige und zukünftige Vermögen der Frau Vorbehaltsgut sein soll (§ 1440 II BGB), Gütertrennung vereinbart wird;

c) der zusammengerechnete Wert bestimmter Gegenstände, z.B. wenn sie zum Vorbehaltsgut oder zum eingebrachten Gut erklärt werden und der Vertrag sich nur auf diese Gegenstände bezieht. Als ein „bestimmter Gegenstand" ist in diesem Fall auch der Erbteil der Frau an einem Nachlaß (Reinnachlaß) anzusehen.

In den Fällen zu a und b (nicht zu c) kommt nur das Vermögen nach dem Stand zur Zeit des Abschlusses des Vertrages in Betracht. Bei der Ermittlung seines Wertes werden die Schulden abgezogen, aber nur von dem Vermögen desjenigen Ehegatten, der für sie haftet, selbst wenn dieses Vermögen überschuldet ist. Schulden, für die die beiden Eheleute gesamtschuldnerisch haften, werden von dem Vermögen desjenigen Ehegatten abgezogen, der im Innenverhältnis der Ehegatten für sie haftet, gegebenenfalls nach § 421 BGB von jedem Vermögen zur Hälfte. — Für die Gebührenberechnung handelt es sich um denselben Gegenstand im Sinne des § 38 bei Mitbeurkundung des Antrags auf Eintragung im Güterrechtsregister oder auf Umschreibung der durch die Einführung der allgemeinen Gütergemeinschaft zu Gesamtgut gewordenen Grundstücke auf den Namen der Eheleute sowie eines

Auseinandersetzungsvertrags hinsichtlich des Gesamtguts. Im letzteren Falle werden die Gesamtgutsverbindlichkeiten gemäß der hier nicht ausgenommenen Regelvorschrift des § 17 III nicht abgezogen. Ist Gegenstand eines Ehevertrages der Anteil des einen Ehegatten an einer offenen Handelsgesellschaft, so ist ein Abzug der auf dem Anteil als solchem lastenden Verbindlichkeiten nicht zulässig. Bei der Bewertung des Anteils selbst ist aber nicht vom Aktivvermögen, sondern vom Reinvermögen der Gesellschaft auszugehen (KG 20. 9. 1940, JVBl 1941, 116). Ferner findet § 38 entsprechende Anwendung bei gleichzeitiger Beurkundung eines Erbvertrags und eines Ehevertrags, § 40 III. Bei der Wertermittlung werden diejenigen Werte, die Gegenstand beider Verträge sind, nur einmal berücksichtigt.

Einwilligung

Ersetzung der Einwilligung der Mutter zur Ehelichkeitserklärung, wenn das Kind das 21. Lebensjahr nicht vollendet hat. **Gebühr:** § 87 I 5; siehe „Ehelichkeitserklärung".

Ersetzung der Einwilligung des gesetzlichen Vertreters oder Sorgeberechtigten zur Eingehung der Ehe oder der Genehmigung des gesetzlichen Vertreters zu einer ohne seine Einwilligung geschlossenen Ehe. **Gebühr:** § 87 I 6; siehe „Ersetzung".

Einzelpflegschaften

Siehe „Pflegschaften" unter 2 a.

Elterliche Gewalt.

1. Ist die Ehe aufgelöst, so hat das Vormundschaftsgericht der Mutter auf ihren Antrag die Ausübung zu übertragen, wenn die elterliche Gewalt des Vaters ruht (§§ 1676, 1677 BGB) und keine Aussicht besteht, daß der Grund des Ruhens wegfallen wird (§ 1685 II BGB).

Für die Übertragung: **volle Gebühr,** § 87 I 4. Bezieht sich die Übertragung auf mehrere Kinder, so wird nur eine Gebühr erhoben, § 87 II S 2. — Keine Freigrenze nach § 89. **Geschäftswert:** §§ 24 II, 87 III S 1; siehe „Regelwert". — **Kostenschuldner:** die Mutter, § 87 III.

2. Maßregeln des Vormundschaftsgerichts bei Verhinderung des Vaters an der Ausübung der elterlichen Gewalt, wenn sie nicht nach § 1685 BGB von der Mutter ausgeübt wird (§ 1665 BGB). **Gebühr:** § 88 I 3; siehe „Verfügungen" 1 e.

3. Feststellung des Ruhens der elterlichen Gewalt, § 1677 BGB: siehe „Feststellung".

4. Auf Grund der Vorschrift in § 3 Z 3 KostO **haftet der Inhaber der elterlichen Gewalt für die Kostenschulden der**

Kinder nach den für die Haftung des Mannes für Kostenschulden der Frau beim gesetzlichen Güterstand maßgebenden Grundsätzen; § 1654 in Verbindung mit § 1385 Z 1 und §§ 1388, 1686 BGB. Der Gewalthaber haftet hiernach regelmäßig nicht allein mit dem Vermögen des Kindes (§ 1659 BGB), sondern auch persönlich, ausgenommen, wenn die Geschäfte, für die die Kosten entstanden sind, freies Vermögen des Kindes (vergleichbar mit dem Vorbehaltsgut der Frau) betreffen. Voraussetzung ist nach der herrschenden Rechtsprechung allerdings, daß irgendwelches der Nutznießung des Gewalthabers unterliegendes Vermögen überhaupt vorhanden ist.

Entgegennahme

der Erklärung des elterlichen Gewalthabers über seinen Verzicht auf die Nutznießung am Kindesvermögen und Entgegennahme der Erklärung des für tot erklärten, in Wirklichkeit aber noch lebenden Vaters, daß er die elterliche Gewalt ausüben wolle, § 1679 II BGB: gebührenfrei, § 84.

Entziehung

1. der Vermögensverwaltung, § 1670 BGB: siehe „Gefährdung des Kindes" und „Vermögensverwaltung";

2. der Vertretung des Kindes, weil dessen Interesse zu dem Interesse des Vaters im erheblichem Gegensatz steht, §§ 1630 II, 1786 BGB: siehe unter „Verfügungen" 1 b.

Erbvertrag

1. Anfechtung eines Erbvertrags für einen Minderjährigen durch seinen gesetzlichen Vertreter mit Genehmigung des Vormundschaftsgerichts, § 2282 II BGB. **Gebühr:** § 88 I 3; siehe „Verfügungen" 1 g.

2. Aufhebung eines Erbvertrags durch den minderjährigen Vertragsteil, § 2290 III BGB. **Gebühr:** § 88 I 3; siehe „Verfügungen" unter 1 h.

Erbverzichtsvertrag

Vormundschaftsgerichtliche Genehmigung eines Erbverzichtsvertrags

a) des unter Vormundschaft oder unter elterlicher Gewalt stehenden Verzichtenden, § 2347 I BGB,

b) des gesetzlichen Vertreters des geschäftsunfähigen Erblassers, § 2347 II BGB,

c) des durch Testament als Erbe Eingesetzten oder mit einem Vermächtnis Bedachten und des Dritten, dem in einem Testament eine Zuwendung gemacht ist, wenn der Eingesetzte, der Bedachte oder der Dritte unter Vormundschaft oder unter elterlicher Gewalt steht, sowie des gesetzlichen Vertreters des geschäftsunfähigen Erblassers, §§ 2352, 2347 BGB, ferner des Vertrags, durch den ein Erbverzicht im Sinne von § 2347 und § 2352 aufgehoben wird, wenn der Aufhebungsvertrag durch den gesetzlichen Vertreter des geschäftsunfähigen Erblassers abgeschlossen ist, §§ 2351, 2352, 2347 II BGB.

Gebühr: § 88 I 3. Siehe „Verfügungen" unter 1 i, k, 2, 3.

Ermächtigung

des Mannes zur fristlosen Kündigung eines Dienstvertrages der Ehefrau, § 1358 BGB: **volle Gebühr**, § 90 I 1. **Geschäftswert:** § 24 II; siehe „Regelwert" und „Ehegatten".

Ersetzung

1. Ersetzung der Einwilligung der Mutter zur Ehelichkeitserklärung, wenn das Kind das 21. Lebensjahr nicht vollendet hat.

Gebühr: § 87 I 5; siehe „Ehelichkeitserklärung".

2. Ersetzung der Zustimmung

a) des Mannes zu einem Dienstvertrag der Ehefrau, § 1358 BGB,

b) der Ehefrau zu einem Rechtsgeschäft des Mannes über eingebrachtes Gut, § 1379 BGB,

c) des Mannes zu einem eine persönliche Angelegenheit der Ehefrau betreffenden Rechtsgeschäft, §§ 1402, 1451 BGB,

d) der Frau zu einem in §§ 1444, 1445 BGB bezeichneten Rechtsgeschäft des Mannes über das Gesamtgut, §§ 1447, 1519, 1549 BGB,

e) der anteilsberechtigten Abkömmlinge zu Rechtsgeschäften des überlebenden Ehegatten im Falle der fortgesetzten Gütergemeinschaft, §§ 1487, 1447 BGB.

Gebühr: § 90 I 1, 2; siehe „Ehegatten".

3. Ersetzung der Einwilligung des gesetzlichen Vertreters oder Sorgeberechtigten zur Eingehung der Ehe (§ 3 III EheG) oder der Genehmigung des gesetzlichen Vertreters zu einer ohne seine Einwilligung geschlossenen Ehe (§ 35 III EheG). **Gebühr:** § 87 I 5. Für die Ersetzung der Einwilligung oder Genehmigung eines Vormundes oder Pflegers wird eine Gebühr nicht erhoben, § 87 I 6. **Geschäftswert:** §§ 87 II, 24 II; siehe „Regelwert". Keine Freigrenze nach § 89. **Zahlungspflichtig** ist nur der gesetzliche Vertreter oder der Sorgeberechtigte, § 87 III.

Erwerbsgeschäft

Vormundschaftsgerichtliche Genehmigung nach §§ 112, 1645 BGB: siehe „Verfügungen" unter 1 a und d; Genehmigung nach §§ 1643, 1822 Z 3 BGB: siehe „Genehmigung" unter I 1 e.

Erziehungsrecht

Vormundschaftsgerichtliche Unterstützung des Vaters bei Ausübung des Erziehungsrechts, § 1631 II BGB; siehe „Verfügungen“ unter 1 c.

Feststellung des Ruhens der elterlichen Gewalt

Das Vormundschaftsgericht stellt das Ruhen der elterlichen Gewalt fest, weil der Vater auf längere Zeit an der Ausübung der elterlichen Gewalt tatsächlich verhindert ist, § 1677 I BGB; siehe „Verfügungen“ unter 1 f. **Gebühr:** § 88 I 3. Freigrenze nach § 89; siehe „Freigrenze“ unter 3. Die Gebühr wird nicht erhoben, wenn wegen Nichtausübung der elterlichen Gewalt durch die Mutter (§ 1685 I BGB) ein Pfleger bestellt wird oder wenn die Feststellung in den Rahmen einer Einzelpflegschaft (§ 86 I) fällt, § 88 I S 2. Die Gebühr wird nur einmal erhoben, wenn sich die Feststellung auf mehrere Kinder bezieht, § 88 III, 87 II S 2. Für die spätere Feststellung des Vormundschaftsgerichts, daß der Grund des Ruhens nicht mehr besteht (§ 1677 II BGB), wird die Gebühr des § 88 I 3 besonders erhoben. **Geschäftswert:** §§ 88 II S 2; 24 II; siehe „Regelwert“. **Kostenschuldner:** das Kind.

Freigrenze

bei geringem Vermögen: § 89 KostO.

1. Betrifft die Tätigkeit des Vormundschaftsgerichts eine minderjährige, geisteskranke oder gebrechliche Person, so bleiben die in **§ 85** (Vormundschaft), **§ 86** (Pflegschaft, Beistandschaft) und **§ 88** (Fürsorgemaßnahmen des Vormundschaftsgerichts für ein unter elterlicher Gewalt stehendes Kind) bestimmten Gebühren sowie die Schreib- und Rechnungsgebühren außer Ansatz, wenn das nach Abzug der Verbindlichkeiten verbleibende Vermögen des Fürsorgebedürftigen (siehe „Mündelvermögen“, „Verbindlichkeiten“) nicht mehr als 5000 RM beträgt.

2. Bei **Vormundschaften und Dauerpflegschaften** (§ 85 und § 86 II) werden die Gebühren nur von dem 5000 RM übersteigenden Betrag des reinen Vermögens (siehe „Mündelvermögen“) berechnet.

3. Bei **Einzelpflegschaften** wird die Gebühr aus § 86 I von dem ganzen Wert des Gegenstandes der Rechtshandlung ohne Abzug der Schulden berechnet. Sie kann aber nur dann erhoben werden, wenn das reine Vermögen des Mündels nach Abzug der Verbindlichkeiten mehr als 5000 RM beträgt; das gleiche gilt für die nach **§ 88** gebührenpflichtigen Geschäfte.

4. Erstreckt sich die Vormundschaft usw. auf **mehrere Mündel,** fürsorgebedürftige oder unter elterlicher Gewalt stehende

Kinder, so ist die Freigrenze für jedes der Genannten besonders zu beachten und deshalb das reine Vermögen jedes einzelnen Fürsorgeberechtigten getrennt festzustellen. Erstreckt sich eine vormundschaftsgerichtliche Tätigkeit in den Fällen der §§ 86 I, 88 I z.B. auf 3 minderjährige Kinder, von denen eines ein Reinvermögen unter 5000 RM, die anderen beiden aber ein solches über 5000 RM besitzen und kommt nur eine Gebühr (§ 88 III) aus dem nach § 86 I S 1 und 2, § 88 *II* S 1 oder S 2 zu ermittelndem Wert zur Erhebung, so ist die Gebühr zunächst so zu berechnen, als wenn die 3 Fürsorgebedürftigen als Gesamtschuldner in Frage kämen. Sodann ist die Gebühr (anteilsmäßig) um $^1/_3$ zu kürzen, da ein Fürsorgebedürftiger als Kostenschuldner ausscheidet (so auch Jonas-Melsheimer § 89 A 3).

5. Bei Tätigkeit des Vormundschaftsgerichts in bezug auf Verschwender und Trunksüchtige sowie bei der Abwesenheitspflegschaft: keine Freigrenze nach § 89. Die Vorschrift in § 89 beschränkt die Freigrenze ausdrücklich auf die Tätigkeit des Vormundschaftsgerichts, soweit sie eine minderjährige, geisteskranke, geistesschwache oder gebrechliche Person betrifft.

Fürsorgeerziehung

Die gerichtlichen Verhandlungen, betreffend die Fürsorgeerziehung, sind gebührenfrei; die baren Auslagen fallen der Staatskasse zur Last, § 74 RJWG. Diese Befreiungsvorschrift gilt auch für das Beschwerdeverfahren. Für die dem Jugendamt nach § 5 des genannten Gesetzes zu leistende Rechtshilfe sind bare Auslagen zu zahlen.

Fürsorgetätigkeit, sonstige, für ein unter elterlicher Gewalt stehendes Kind

Zu den nach § 88 I Z 4 gebührenpflichtigen sonstigen Fürsorgetätigkeiten des Vormundschaftsgerichts für ein unter elterlicher Gewalt stehendes Kind gehört die in §§ 86, 87, 88 I 1—3 nicht besonders aufgeführte Fürsorgetätigkeit des Vormundschaftsgerichts. So fällt z.B. hierunter die Genehmigung zur Ablehnung oder Aufhebung der fortgesetzten Gütergemeinschaft durch den unter elterlicher Gewalt stehenden überlebenden Ehegatten, §§ 1484 II, 1492 III BGB, die Genehmigung zum Verzicht des unter elterlicher Gewalt stehenden anteilsberechtigten Abkömmlings auf seinen Anteil am Gesamtgut, § 1491 III BGB, die Genehmigung zur Abweichung des Vaters oder des Vormunds von Anordnungen, die der Erblasser oder Schenker über die Verwaltung des einem unter elterlicher Gewalt stehenden Kinde Zugewendeten getroffen hat, §§ 1639 II, 1803 II, III BGB, die Genehmigung des Vormundschaftsgerichts zur Überlassung gewisser Gegenstände an das

Kind zur Vertragserfüllung oder zur freien Verfügung, § 1644 BGB, die Wiederübertragung der Vermögensverwaltung auf den Vater (Mutter) nach beendigtem Konkurs, § 1647 II BGB, die Genehmigung zum Abschluß eines Vertrages betreffend die Annahme an Kindes Statt durch den Vertreter eines Kindes unter 14 Jahren oder durch eine in der Geschäftsfähigkeit beschränkte Person oder durch ein über 14 Jahre altes, in der Geschäftsfähigkeit beschränktes Kind, §§ 1750 I, 1751 II BGB.

Gebühr: volle Gebühr, § 88 I. Bezieht sich die Fürsorgetätigkeit auf mehrere Mündel, so wird nur eine Gebühr erhoben, § 88 III in Verbindung mit § 87 II S 2. Die Gebühr wird nicht erhoben, wenn für den Fürsorgebedürftigen eine Vormundschaft oder Dauerpflegschaft besteht, oder wenn die Verrichtungen des Vormundschaftsgerichts in den Rahmen einer Einzelpflegschaft (§ 86 I) fallen, § 88 I letzter Satz. Es gilt die Freigrenze des § 89; siehe „Freigrenze". — **Geschäftswert:** § 88 II S 2, § 24 II; siehe „Regelwert".

Kostenschuldner: das Kind. Bei Ablehnung der Genehmigung weder Gebühren noch Schreibgebühren für „Ausfertigungen und Abschriften jeder Art" im Sinne des § 138 Z 3, dagegen Schreibgebühren nach § 138 I 1 und 2 sowie sonstige bare Auslagen nach § 139. Siehe auch „Genehmigung" unter I 3.

Gebrechliche Personen

Hinsichtlich der Gebühren der §§ 85, 86 und 88 für die Tätigkeit des Vormundschaftsgerichts, betreffend gebrechliche Personen, gilt die Freigrenze nach § 89; siehe „Freigrenze" .

Gebührenfreie Tätigkeit des Vormundschaftsgerichts

Für die Tätigkeit des Vormundschaftsgerichts werden nur die in den §§ 85—92 bestimmten Gebühren erhoben. Im übrigen ist die Tätigkeit des Vormundschaftsgerichts als solche gebührenfrei, § 84; so wird z.B. keine Gebühr erhoben für die Prüfung und Aufbewahrung des vom Vater nach dem Tode seiner Frau eingereichten Verzeichnisses des Vermögens seiner Kinder, § 1640 I BGB. Wird der Vormundschaftsrichter neben dieser seiner Eigenschaft noch besonders tätig, beurkundet er z.B. die Vaterschaftsanerkennung oder Unterhaltsverpflichtung des unehelichen Vaters, so kommt hierfür die Beurkundungsgebühr des § 29 KostO zum Ansatz. Dagegen liegt die Beurkundung des Anerkenntnisses der Schlußrechnung des Vormunds usw. dem Vormundschaftsgericht als solchem ob (§ 1892 II S 2 BGB); sie wird daher durch die Gebühr für die Vormundschaft mitabgegolten, § 85.

Gefährdung des Kindes

1. Wird das geistige oder leibliche Wohl des Kindes durch das Verhalten des Vaters gefährdet (§ 1666 BGB) oder wird das Vermögen des Kindes dadurch gefährdet, daß der Vater die mit der Vermögensverwaltung oder die mit der Nutznießung verbundenen Pflichten verletzt oder daß er in Vermögensverfall gerät (§ 1667 BGB; es genügt objektive Nichterfüllung der dem Gewalthaber obliegenden Pflichten, z.B. der Anordnung, das Kindergeld auf der Sparkasse anzulegen), so kann das Vormundschaftsgericht die zur Abwendung der Gefährdung erforderlichen Maßnahmen treffen, und wenn die in § 1667 II BGB zulässigen Maßregeln nicht ausreichend sind, dem Vater Sicherheitsleistung für das seiner Verwaltung unterliegende Vermögen auferlegen, § 1668 BGB.

Kommt der Vater den nach §§ 1667, 1668 BGB getroffenen Anordnungen nicht nach, so kann ihm das Vormundschaftsgericht die Vermögensverwaltung entziehen und für das Kind einen Pfleger bestellen, §§ 1670, 1909 BGB.

2. Für jede der genannten Anordnungen, auch für deren Abänderung: **volle Gebühr,** § 87 I 3; durch sie sind alle vor der Anordnung vom Vormundschaftsgericht angestellten Ermittlungen, die Anhörung des Vaters, der Mutter oder von Verwandten des Kindes (§ 1673 BGB) abgegolten. Bezieht sich die Anordnung auf mehrere Fürsorgeberechtigte: nur eine Gebühr, § 87 II S 2. **Geschäftswert:** §§ 87 II S 1, 24 II; siehe „Regelwert". **Kostenschuldner:** der Vater (die Mutter), § 87 III.

Für die durch die obigen Anordnungen notwendig gewordene **Bestellung eines Pflegers** entsteht unabhängig von der Gebühr des § 87 die Gebühr aus § 86. Kostenschuldner ist für sie das Kind.

Geisteskranke, geistesschwache Personen

Hinsichtlich der Gebühren der §§ 85, 86 und 88 für die Tätigkeit des Vormundschaftsgerichts, betreffend geisteskranke oder geistesschwache Personen, gilt die Freigrenze nach § 89. Siehe „Freigrenze".

Genehmigung des Vormundschaftsgerichts

Die für Genehmigungen des Vormundschaftsgerichts vorgesehene Gebühr **(§ 88)** entsteht nur dann, wenn die Genehmigung tatsächlich erteilt wird und wenn sie im Einzelfall nach bürgerlichem Recht erforderlich war. **Keine Gebühr aus § 88** ist zu erheben, wenn für das Kind eine Vormundschaft (§ 85) oder Dauerpflegschaft (auch Dauerbeistandschaft, § 86 II) besteht oder wenn eine bestehende Einzelpflegschaft (§ 86 I) sich mittelbar oder unmittelbar auf die für die Erhebung einer Gebühr nach § 88 in Betracht kommenden Fälle erstreckt, § 88 I S 2. Die in diesen

Fällen zu erhebenden Gebühren der §§ 85, 86 umfassen die gesamte, aus Anlaß der Vormundschaft, Dauerpflegschaft oder Einzelpflegschaft, Dauerbeistandschaft oder Einzelbeistandschaft erforderliche Tätigkeit des Vormundschaftsgerichts. — Freigrenze nach § 89; siehe „Freigrenze". Bezieht sich die Genehmigung auf mehrere Fürsorgebedürftige, so wird nur eine Gebühr erhoben, §§ 87 II S 2, 88 III. — **Kostenschuldner:** das Kind.

Die vormundschaftsgerichtliche Genehmigung von Rechtsgeschäften des **Vormunds, Pflegers oder Beistandes** wird durch die Gebühren der §§ 85, 86 abgegolten.

I. Zu Rechtsgeschäften für das Kind bedarf **der Vater bzw. die Mutter** (diese, wenn der Vater gestorben oder für tot erklärt ist oder wenn der Vater die elterliche Gewalt verwirkt hat und die Ehe aufgelöst ist, § 1684 BGB, ferner im Falle des § 1685 BGB) der Genehmigung des Vormundschaftsgerichts in den Fällen, in denen nach **§ 1821 I 1—3, II** und nach **§ 1822 Nr. 1, 3, 5, 8—11 BGB** ein Vormund der Genehmigung bedarf, § 1643 BGB.

1. a) Der Genehmigung des Vormundschaftsgerichts bedarf der Vater bzw. die Mutter insbesondere, wenn er über ein Grundstück seines Kindes oder ein in Abteilung II eingetragens Recht des Kindes an einem Grundstück (z.B. über eine Grunddienstbarkeit, einen Nießbrauch, ein Vorkaufsrecht, eine Reallast) in irgendeiner Weise verfügen will, **§ 1821 I 1** BGB. Als „Verfügung" gilt auch die bloße Berichtigungsbewilligung, KGJ 42, 215. Rechte an einem Grundstück in dem Sinne der §§ 1643 I, 1821 BGB sind **nicht** Hypotheken, Grundschulden und Rentenschulden **(§ 1821 II).** — Die Genehmigung ist auch dann nötig, wenn die minderjährigen Kinder zusammen mit anderen Personen Miteigentümer des Grundstücks in ungeteilter Erbengemeinschaft sind und dieses Grundstück geteilt, die Verfügung also zwecks Erfüllung einer rechtlich erzwingbaren Verpflichtung zu deren Vornahme bewirkt werden soll, KGJ 38 A 219. Bei rechtskräftiger Verurteilung des Kindes kommt eine Genehmigung des Vormundschaftsgerichts nicht in Frage, KGJ 45, 264; a.M. Staudinger-Keidel BGB §§ 1821, 1822 A 1 b; Stein-Jonas ZPO § 894 A II. Auch Verfügungen im Wege der Zwangsvollstreckung bedürfen nicht der vormundschaftsgerichtlichen Genehmigung (Staudinger-Keidel BGB §§ 1821, 1822 A 5 a). Ein genehmigungspflichtiger Fall liegt ferner nicht vor, wenn bei der Liquidation einer offenen Handelsgesellschaft, an der ein Minderjähriger beteiligt ist, über Grundstücke des Gesellschaftsvermögens verfügt wird, RG 54, 278. Ohne vormundschaftsgerichtliche Genehmigung kann der Vater nach dem Vorausgeführten das Grundstück eines Kindes nicht verkaufen, vertauschen, verschenken, auflassen oder mit einer Hypothek oder einem sonstigen Recht (z.B. einem Nießbrauch) belasten. Ist der schuldrechtliche Vertrag genehmigt, so liegt hierin auch die Genehmigung der Auflassung (KGJ 24 A 238); gleiches gilt im umgekehrten Fall, RG 130, 148.

Der Vater bedarf der vormundschaftsgerichtlichen Genehmigung ferner, wenn er den Zinsfuß einer Belastung des Grundstücks des Kindes erhöhen oder sein Kind der sofortigen Zwangsvollstreckung wegen einer auf dem Grundstück des Kindes haftenden Hypothek unterwerfen will. Die Schuldurkunde dagegen, in der der Vater das Kind wegen der darin anerkannten Forderung eines Gläubigers des Kindes der sofortigen Zwangsvollstreckung unterwirft, ist nicht genehmigungspflichtig, weil diese Unterwerfung des Kindes unter die sofortige Zwangsvollstreckung weder eine Verfügung über das Grundstück noch die Eingehung einer Verpflichtung zu einer solchen Verfügung enthält. Auf Grund der vollstreckbaren Ausfertigung einer solchen Schuldurkunde kann deshalb auf Antrag des Gläubigers eine Sicherungshypothek auf dem Grundstück des Kindes eingetragen werden, ohne daß vormundschaftsgerichtliche Genehmigung notwendig wäre, KGJ 32 A 230. Genehmigungspflichtig ist auch die Abtretung einer dem Kind zustehenden Eigentümerhypothek oder -grundschuld.

Alle übrigen in bezug auf das Grundbuch erforderlichen Geschäfte seines Kindes kann der Vater bzw. die Mutter **ohne Genehmigung des Vormundschaftsgerichts** vornehmen. Hierher gehören z.B. der entgeltliche oder unentgeltliche Erwerb von Grundstücken für das Kind, und zwar, soweit der schuldrechtliche Vertrag (Kauf, Tausch, Schenkung) wie auch die Auflassung in Frage kommt, § 1643 I BGB. Vormundschaftsgerichtliche Genehmigung ist auch dann nicht nötig, wenn der Vater in dem Kauf- oder Tauschvertrag im Namen seines Kindes für den Verkäufer eine Hypothek für den Kaufpreis bestellt; dasselbe gilt für den Antrag auf Eintragung einer Restkaufgeldhypothek auf dem für das Kind erworbenen Grundstück, RG 108, 356; 110, 175. Die Genehmigung des Vormundschaftsgerichts ist auch dann nicht erforderlich, wenn nach dem Vertrag die auf dem Grundstück haftenden Hypotheken in Anrechnung auf den Kaufpreis übernommen werden sollen (RG 110, 173; OLG 5, 183; a.M. ObLG 9, 461; Staudinger-Keidel § 1643 A II 9) oder wenn Eltern ihren minderjährigen Kindern ein mit Hypotheken belastetes Grundstück schenken, sich selbst den lebenslänglichen Nießbrauch vorbehalten und der Vater als gesetzlicher Vertreter dessen Eintragung bewilligt; denn hier liegt kein auf den entgeltlichen Erwerb eines Grundstücks gerichteter Vertrag vor, sondern eine Schenkung unter einer Auflage im Sinne des § 555 BGB (OLG München DJ 1941, 315).

Der Vater bzw. die Mutter kann ferner ohne Genehmigung des Vormundschaftsgerichts Hypotheken, Grund- und Rentenschulden seines Kindes unentgeltlich abtreten, verpfänden, zur Löschung bringen, bezüglich ihrer neue Zins- und Zahlungsbedingungen mit dem Grundstückeigentümer vereinbaren, Entpfändungserklärungen abgeben und Vorrechtseinräumungen erklären, § 1821 II BGB. Ist aber mit der Abtretung oder Verpfändung einer Hypothek die Übernahme einer fremden Verbindlichkeit, insbesondere zur Eingehung einer Bürgschaft, verbunden, so bedarf das Rechtsgeschäft nach § 1822 Nr. 10 BGB der Genehmigung des Vormundschaftsgerichts.

Ebenso kann der Vater für sein Kind Hypotheken usw. entgeltlich und unentgeltlich erwerben, ferner auch für die Kinder eine verzinsliche Hypothek an seinem Grundstück bestellen und eintragen lassen, KGJ 52, 186.

Keine Verfügung über das Grundstück enthält ferner die Überlassung des Nießbrauchs oder einer beschränkten persönlichen Dienstbarkeit sowie die Mitwirkung des Kindes als Eigentümer zur Umwandlung der Hypothek in eine gewöhnliche Grundschuld oder umgekehrt, ferner die Verfügung über eine Eigentümerhypothek oder Eigentümergrundschuld.

Der Vater bzw. die Mutter bedarf der Genehmigung der Vormundschaftsgerichts

b) nach § 1821 I 2 BGB zur Verfügung über eine Forderung, die auf Übertragung des Eigentums an einem Grundstück oder auf Begründung oder Übertragung eines Rechtes an einem Grundstück oder auf Befreiung eines Grundstücks von einem solchen Rechte gerichtet ist. Hierher gehört z.B. die Verfügung über die zugunsten des Kindes eingetragene Vormerkung.

c) nach § 1821 I 3 BGB zur Eingehung der Verpflichtung zu einer der in Nr. a, b bezeichneten Verfügungen. Beispiel: Einräumung eines Wieder- oder Vorkaufsrechts.

d) nach § 1822 Z 1 BGB zu einem Rechtsgeschäft, durch das das Kind zu einer Verfügung über sein Vermögen im ganzen oder über eine ihm angefallene Erbschaft (Veräußerung: §§ 2371 ff., 2385 BGB, Belastung eines Nießbrauchs an einer Erbschaft § 1089 BGB) oder über seinen künftigen gesetzlichen Erbteil, § 1922 II BGB, oder seinen künftigen Pflichtteil verpflichtet wird, § 312 II BGB, sowie zu einer Verfügung über den Anteil des Kindes an einer Erbschaft, § 2033 BGB, durch Veräußerung, Belastung oder Verzicht zugunsten eines anderen Erben.

e) nach § 1822 Z 3 BGB zu einem Vertrag, der auf den entgeltlichen Erwerb oder die Veräußerung eines Erwerbsgeschäftes gerichtet ist (hierher gehört auch die Bestellung eines Nießbrauchs daran und die Verpfändung), sowie zu einem Gesellschaftsvertrag, der zum Betrieb eines Erwerbsgeschäftes eingegangen wird (z.B. Gründung einer offenen Handesgesellschaft, Fortsetzung des Geschäftes des Mannes durch die Witwe und die Kinder als offene Handelsgesellschaft, Beteiligung an einer GmbH, Eintritt als stiller Gesellschafter, nicht auch die Aufnahme eines stillen Gesellschafters). Wegen der Genehmigung der Ermächtigung zum selbständigen Betrieb eines Erwerbsgeschäfts, § 112 BGB, siehe „Verfügungen" unter 1 a.

f) nach § 1822 Z 5 BGB zu einem Miet- oder Pachtvertrag oder einem anderen Vertrag, durch den der Mündel zu wiederkehrenden Leistungen (Beispiel: Versicherungsvertrag, Leibgedings- und Altenteilsvertrag, der Vertrag, durch den der uneheliche Vater zu Leistungen für das Kind verpflichtet wird, nicht aber Verträge, durch die der Mündel Ratenzahlungen eingeht) verpflichtet wird, wenn das Vertragsverhältnis länger als ein Jahr nach der Vollendung des 21. Lebensjahres des Mündels fortdauern soll. Liegen diese Voraussetzungen nicht vor, so erfordert eine gleichwohl erteilte Genehmigung keine Gebühr.

g) nach § 1822 Z 8 BGB zur Aufnahme von Geld (in der Form des Darlehens [§§ 607ff. BGB] oder des Kontokorrentverkehrs) auf den Kredit des Kindes; hierher gehört auch ein Schuldanerkenntnis oder ein Schuldversprechen, das den Zweck verfolgt, Geld auf Kredit des Mündels zu beschaffen.

h) nach § 1822 Z 9 BGB zur Ausstellung einer Schuldverschreibung auf den Inhaber oder zur Eingehung einer Verbindlichkeit aus einem Wechsel oder einem anderen Papier, das durch Indossament übertragen werden kann.

i) nach § 1822 Z 10 BGB zur Übernahme einer fremden Verbindlichkeit, insbesondere zur Eingehung einer Bürgschaft; hierher gehört auch die Verpfändung einer Hypothek des Mündels zur Übernahme einer fremden Verbindlichkeit (wozu auch Verbindlichkeiten des Vormunds zu zählen sind), die Sicherungsübereignung für eine fremde Schuld, die privative und kumulative Schuldübernahme, die Abtretung einer Hypothek oder Grundschuld des Mündels zur Sicherung eines Gläubigers des Vormundes, der Beitritt zu einer eingetragenen Genossenschaft sowie die Beteiligung an der Gründung einer GmbH.

k) nach § 1822 Z 11 BGB zur Erteilung (nicht auch zur Zurücknahme) einer Prokura (§§ 48ff. HGB), nicht auch zur Erteilung einer Vollmacht, auch Handlungsvollmacht (§ 54 HGB).

l) nach § 1643 II BGB zur Ausschlagung der Erbschaft oder des Vermächtnisses, §§ 1945, 1953, 2180 BGB, und zum Verzicht auf den Pflichtteil (§§ 2303ff. BGB); nicht genehmigungspflichtig dagegen ist die Annahme der Erbschaft oder eines Vermächtnisses, wohl aber die Anfechtung der Annahme durch ein minderjähriges, unter elterlicher Gewalt stehendes Kind (§ 1957 I BGB). Tritt der Erbanfall erst infolge der Ausschlagung des Vaters ein, so ist die Genehmigung nur erforderlich, wenn der Vater neben dem Kind zur Erbschaft berufen war; Genehmigung ist nicht nötig, wenn zuerst der Vater als Erbe berufen war, die Erbschaft ausgeschlagen hat, dann das Kind als Erbe berufen wurde und nun der Vater für das Kind die Ausschlagungserklärung abgegeben hat.

2. Für die Genehmigung des Vormundschaftsgerichts in den unter 1 bezeichneten Fällen wird die **volle Gebühr** erhoben, **§ 88 I 1.**

Geschäftswert: der Wert des Gegenstandes, auf den sich das Rechtsgeschäft bezieht; ist der Fürsorgebedürftige an dem Gegenstand des Rechtsgeschäfts nur mitberechtigt, so ist der Wert seines Anteils maßgebend; bei Gesamthandverhältnissen ist der Anteil entsprechend der Beteiligung an dem Gesamthandvermögen zu bemessen. Bei Erteilung der Genehmigung für mehrere Kinder: nur eine Gebühr, §§ 88 III, 87 II S 2. — Freigrenze nach § 89; siehe „Freigrenze" unter 3.

Kostenschuldener: das Kind, § 2 Z 2.

Bei Ablehnung der Genehmigung: weder Gebühren noch Schreibgebühren für „Ausfertigungen und Abschriften jeder Art" im Sinne des § 138 I 3, dagegen Schreibgebühren nach § 138 I 1 und 2 sowie sonstige bare Auslagen nach § 139.

3. Genehmigung des Vormundschaftsgerichts in Angelegenheiten, die unter § 88 I 4 fallen.

Beispiele: Genehmigung

a) zur Ablehnung oder Aufhebung der fortgesetzten Gütergemeinschaft durch den unter elterlicher Gewalt stehenden überlebenden Ehegatten, **§§ 1484 II, 1492 II BGB;** siehe „Fürsorgetätigkeit";

b) zum Verzicht des unter elterlicher Gewalt stehenden anteilsberechtigten Abkömmlings auf seinen Anteil am Gesamtgut, **§ 1491 III BGB;** siehe „Fürsorgetätigkeit";

c) zur Abweichung des Vaters oder Vormundes von Anordnungen, die der Erblasser oder Schenker über die Verwaltung des einem unter elterlicher Gewalt stehenden Kinde Zugewandten getroffen hat, **§§ 1639 II, 1803 II, III BGB:** siehe „Fürsorgetätigkeit";

d) zur Überlassung gewisser Gegenstände an das Kind zur Vertragserfüllung oder zur freien Verfügung, **§ 1644 BGB;**

e) zum Abschluß eines Vertrags betreffend die Annahme an Kindes Statt durch den Vertreter eines Kindes unter 14 Jahren oder einer in der Geschäftsfähigkeit beschränkten Person, **§§ 1750 I, 1751 II BGB:** siehe „Fürsorgetätigkeit".

f) Wiederübertragung der Vermögensverwaltung auf den Vater (die Mutter) nach beendigtem Konkurs, **§ 1647 II BGB.**

Gebühr: volle Gebühr, § 88 I 4. **Geschäftswert:** § 88 II letzter Satz, § 24 II; siehe „Regelwert". Bei mehreren Fürsorgebedürftigen nur eine Gebühr. Freigrenze nach § 89. **Kostenschuldner:** das Kind.

II. Genehmigung des Vormundschaftsgerichts

a) daß der Vater (die Mutter) Mündelgeld auf andere als mündelsichere Art anlegt, **§ 1642 II BGB;**

b) daß der Vater (die Mutter) Geld des Kindes für sich verbraucht, **§ 1653 BGB.**

Für die Erteilung der Genehmigung ist die **volle Gebühr** zu erheben, **§ 87 I 3.** Bezieht sich die Genehmigung auf mehrere Kinder: nur eine Gebühr, § 87 II. Keine Freigrenze nach § 89. **Geschäftswert:** § 24 II; siehe „Regelwert". **Kostenschuldner:** nur der Vater bzw. die Mutter, § 87 III.

III. Vormundschaftsgerichtliche Genehmigungen in den in **§ 88 I 3** bezeichneten Fällen siehe „Verfügungen" unter 1 a, d, g, h, i und k.

Grundstücksgeschäfte

Genehmigung des Vormundschaftsgerichts bei Grundstücksgeschäften eines minderjährigen Kindes. **Gebühr:** § 88 I 1; siehe „Genehmigung" unter 1 a—c.

Gütergemeinschaft

a) Genehmigung gemäß § 1484 II BGB: siehe „Fürsorgetätigkeit". „Genehmigung" unter I 3a;

b) Ersetzung der Zustimmung gemäß §§ 1487, 1447 BGB: siehe „Ehegatten".

Haftung

des elterlichen Gewalthabers und des Mannes. Kosten der freiwilligen Gerichtsbarkeit fallen unter die öffentlichen Lasten im Sinne des § 1385 BGB. **Hiernach haftet**

1. der elterliche Gewalthaber für die Kosten des Kindes; siehe „Elterliche Gewalt“ unter 4;

2. der Mann für die Kosten der Frau und zwar

a) **bei Gütertrennung:** keine Haftung,

b) beim **gesetzlichen Güterstand der Verwaltung und Nutznießung**

α) mit dem eingebrachten Gut, gleichgültig, ob der Kostenanspruch vor oder nach Eingehung der Ehe entstanden ist, § 1411 BGB. Die Haftung ist nicht vom Vorliegen der Voraussetzungen des § 1412 BGB abhängig;

β) persönlich als Gesamtschuldner mit der Frau mit Ausnahme der Kosten für Geschäfte, die sich — wie z.B. bei Beurkundungen, Eintragungen — auf das Vorbehaltsgut beziehen sowie der Kosten, die als auf den Stammwert des eingebrachten Gutes gelegt anzusehen sind. Es sind dies solche Kosten, bei denen nach der Art ihrer kostenrechtlichen Regelung anzunehmen ist, daß sie nicht aus den Erträgen bestritten werden können. Jonas-Melsheimer rechnen hierzu unter Berufung auf KGJ 37 B 52 die Gebühren aus §§ 85, 86 KostO; a.M.: Korintenberg-Wenz, KostO (3) S 100.

Darauf, ob und welche Erträgnisse das eingebrachte Gut abwirft oder ob überhaupt im Einzelfall Frauenvermögen vorhanden ist, das der Verwaltung und Nutznießung des Mannes unterliegt, kommt es für die persönliche Haftung des Mannes für die Kosten der Frau nicht an;

c) **bei allgemeiner Gütergemeinschaft**

α) mit etwaigem, vom Mann verwalteten Sondergut der Frau (§§ 1439, 1525 BGB) sowie mit dem Gesamtgut, aus dem — abgesehen von den Fällen in §§ 1461, 1462 BGB — die Gläubiger der Frau nach § 1459 I BGB Befriedigung verlangen können. Die Ausnahme des § 1460 I BGB kommt nicht in Frage, weil sie nur für die Kosten eines Rechtsstreits gilt. Dagegen keine Haftung mit dem Gesamtgut für Kosten, die als Nachlaßverbindlichkeiten auf einem von der Frau als Vorbehaltsgut erworbenen Nachlaß haften, § 1461 BGB;

β) persönlich während des Bestehens der allgemeinen Gütergemeinschaft gemäß § 1459 II BGB;

d) **bei der Fahrnisgemeinschaft**

wie bei der allgemeinen Gütergemeinschaft, § 1549 BGB. An die Stelle des Sonderguts der Frau tritt das vom Mann für

Rechnung des Gesamtguts verwaltete eingebrachte Gut der Frau, §§ 1550 II, 1525 BGB;

e) **bei der Errungenschaftsgemeinschaft**

α) mit dem eingebrachten Gut wie beim gesetzlichen Güterstand (§§ 1525 II, 1411 BGB) und mit dem Gesamtgut,

β) persönlich wie beim gesetzlichen Güterstand (§§ 1530, 1531, 1529 II in Verbindung mit § 1385 Z 1 BGB).

Allgemein wirkt die Bewilligung des Armenrechts an die Frau (§ 14 RFGG) auch zugunsten des Ehemannes. Seine Verpflichtung hängt von der seiner Frau ab und kann deshalb nicht weiter gehen, als diese. OLG. 31, 215, JW 1937, 1087.

f) **Bei der fortgesetzten Gütergemeinschaft**

haftet der überlebende Ehegatte für Kostenschulden des verstorbenen Ehegatten

α) mit dem Gesamtgut wie es vor dem Tode des verstorbenen gehaftet hätte, also wie bei der allgemeinen Gütergemeinschaft, vorstehend unter c, α (§ 1488 BGB),

β) persönlich, wie er mit dem Gesamtgut haftet.

Heiratsschein

Siehe „Wiederverehelichungszeugnis".

Kindergeld

Genehmigung des Vormundschaftsgerichts,

a) daß der Vater (die Mutter) Kindergeld auf andere als mündelsichere Weise anlegt, § 1642 II BGB; siehe „Anlegung von Kindergeld";

b) daß der Vater (die Mutter) Geld des Kindes für sich verbrauchen darf, § 1653 BGB.

Gebühr: Volle Gebühr nach § 87 I 3. Keine Freigrenze aus § 89. **Geschäftswert:** §§ 87 II S 1; 24 II; siehe „Regelwert". — Siehe „Genehmigung" unter II.

Kindesvermögen

Verzicht des Gewalthabers auf die Nutznießung am Kindesvermögen durch Erklärung gegenüber dem Vormundschaftsgericht nach § 1662 BGB: gebührenfrei, § 84.

Konkurs

Wiederübertragung der Vermögensverwaltung auf den elterlichen Gewalthaber nach Aufhebung des Konkurses über dessen Vermögen, § 1647 II BGB: siehe „Fürsorgetätigkeit".

Kostenansatz

siehe im Teil II.

Kostenverfügung

Nach § 5 III der KostVfg in der Fassung vom 20. 11. 1940 (5600 — VI d 389) sind in .... Vormundschaftssachen sämtliche Kostenrechnungen sowie Zahlungsanzeigen der Gerichtskasse oder Gerichtszahlstelle und Nachrichten der Gerichtskasse über die Löschung des Kostensolls unter dem Aktenumschlag vor dem ersten Aktenblatt einzuheften oder, soweit die Akten nicht zu heften sind, lose zu verwahren. Die in Abs. V daselbst vorgeschriebene Prüfung des Kostenbeamten über die Berechnung, die Sollstellung und die Einzahlung der Kosten sowie die Verwendung von Kostenmarken ist in Vormundschaftsakten und ähnlichen Akten, die regelmäßig für mehrere gebührenpflichtige Angelegenheiten geführt werden, nach der endgültigen Erledigung jeder einzelnen Angelegenheit vorzunehmen und unter Angabe der geprüften Blätter sowie des Tages und der Amtsbezeichnung auf den Akten zu bescheinigen. Der Vorbehalt der Einziehung eines Kleinbetrages steht der Erteilung der Bescheinigung nicht entgegen.

Kündigung

des Dienstverhältnisses einer Ehefrau durch den Ehemann. Erteilung der Ermächtigung hierzu durch das Vormundschaftsgericht, § 1358 BGB: **Gebühr:** § 90 I 1; siehe „Ehegatten".

Lasten

Abzug oder Nichtabzug vom Gegenstandswert: siehe „Schulden".

Leibesfrucht

Pflegschaft für sie (§ 1912 BGB): siehe „Pflegschaften und Beistandschaften".

Maßregeln

des Vormundschaftsgerichts gegenüber dem Vater (oder der Mutter) bei Nichtbefolgung von Anordnungen des Erblassers oder Dritten, die dem Kind eine Zuwendung gemacht haben (§ 1639 I BGB): **volle Gebühr,** § 87 I 3; siehe „Anordnungen" unter 2.

Mietvertrag

Vormundschaftsgerichtliche Genehmigung zum Abschluß eines Mietvertrags für das Kind, §§ 1643, 1822 I 5 BGB: siehe „Genehmigung" unter 1f.

Mündelvermögen

bei Vormundschaften, Dauerpflegschaften und Dauerbeistandschaften (§§ 85, 86 II) ist das nach Abzug der Schulden (siehe „Schulden") verbleibende Vermögen des Mündels zur Zeit der Fälligkeit der anzusetzenden Jahresgebühr. Bei Einzelpflegschaften (§ 86 I) werden die Verbindlichkeiten nicht abgezogen. Ausländisches Vermögen ist nicht zu berücksichtigen, wenn es im Ausland verwaltet wird und nur die Erträgnisse an den inländischen Vormund abgeführt werden (KG. vom 27. 9. 1935, JFGErg 14, 62). Dagegen ist es bei Inlandsvermögen ohne Bedeutung, in welchem Umfang der Vormund oder das Vormundschaftsgericht tätig geworden ist und ob sich das Vermögen in der Verwaltung eines Testamentsvollstreckers oder eines Nießbrauchers befindet, oder ob dem Mündel nur ein Nacherbenrecht an dem Vermögen zusteht, KG 1. 3. 1940, JVBl 1940, 106. Der Wert eines dem Mündel als Nacherben zustehenden Anwartschaftsrechts ist gemäß § 24 I nach freiem Ermessen zu bestimmen, notfalls — d.h. wenn es an genügenden tatsächlichen Anhaltspunkten für eine Schätzung fehlt — gemäß § 24 II regelmäßig auf 3000 RM, ausnahmsweise niedriger oder höher, jedoch nicht unter 200 RM, und nicht über 1 Million RM anzunehmen. KG vom 1. 3. 1940, 1a Wx 135, 40, JFGErg 21, 82, JVBl 1940, 106. Zum Mündelvermögen im Sinne des § 85 I gehört auch der Anteil des Mündels am Gesamtgut der fortgesetzten Gütergemeinschaft, KG 17. 5. 1940, JVBl 1940, 149 = JFGErg 21, 89. Nutzungen und Leistungen (Leibrenten, Nießbrauchrechte, andere Rechte, z.B. Wohnrechte u. dgl.) des Mündels sind bei der Berechnung des Mündelvermögens anzusetzen mit dem nach § 22 zu ermittelnden Wert zur Zeit des Beginns des Bezugsrechts, frühestens der Einleitung der Vormundschaft bzw. des Beginns des Kalenderjahres, für das die Jahresgebühr zu berechnen ist. Dagegen findet wegen eines Nießbrauchs an dem Mündelvermögen bei der Berechnung des letzteren ein Abzug nicht statt. Da bedingte oder betagte Ansprüche gebührenrechtlich nur dann wie unbedingte oder unbetagte Ansprüche zu bewerten sind, wenn es sich um die Begründung des Anspruchs handelt, so ist bei einem bereits bedingt oder betagt begründeten Anspruch, der zu dem der vormundschaftsgerichtlichen Aufsicht unterliegenden Mündelvermögen gehört, lediglich der wirtschaftliche Wert des Anspruchs maßgebend, KG 1. 3. 1940, 1a Wx 135, 40, JFGErg 21, 82, JVBl 1940, 106. Laufende Renten, die unmittelbar zum Unterhalt des Mündels bestimmt sind, Erziehungsbeihilfen, lebenslängliche Versorgungsrenten sowie Unfallrenten sind nur insoweit mitzurechnen, als sie aufgespeichert und damit Vermögen werden (KG 1. 6. 1934, JW 1934, 2787; KG 11. 5. 1934, JW 1934, 1918). Wertpapiere werden zum Kurswert im Zeitpunkt der Fälligkeit der Gebühren berechnet. Bei Grundbesitz ist der Einheitswert, bei einem Geschäft der Reinwert des Jahresumsatzes maßgebend. Zum Vermögen eines unehelichen Kindes gehört die vom Erzeuger bezahlte Abfindungssumme. Hausrat und andere bewegliche Sachen werden — unabhängig von der Höhe ihres Wertes — mitgerechnet. Das gleiche gilt hinsichtlich des reinen Vermögens des Fürsorgebedürftigen im Sinne von § 89 (Freigrenze bei geringem Vermögen).

Nacherben

Pflegschaft für den unbekannten Nacherben, der noch nicht erzeugt ist oder dessen Persönlichkeit erst durch ein künftiges Ereignis bestimmt wird, § 1913 S 2 BGB.

Dauerpflegschaft liegt vor, wenn der Pfleger bestellt worden ist, um auf die Dauer des Bestehens der Vorerbschaft die Interessen des unbekannten Nacherben oder einen bestimmten Kreis seiner Interessen wahrzunehmen,

Einzelpflegschaft, wenn bei der Anordnung der Pflegschaft und bei Bestellung des Pflegers die von ihm wahrzunehmenden Geschäfte einzeln bestimmt worden sind.

Für einen bereits erzeugten Nacherben kann eine Pflegschaft im Hinblick auf die Nacherbschaft nur von Fall zu Fall als Einzelpflegschaft angeordnet werden. Allgemeine Beobachtungs-(Vigilanz-) pflegschaften sind unzulässig. Sind sie als solche dennoch angeordnet, so kann eine Gebühr nur in der Höhe erhoben werden, wie sie entstanden wäre, wenn das Gericht zutreffenderweise nur Einzelpflegschaften angeordnet hätte. KG 10. 3. 1939, JVBl 1939, 191.

Nach § 5 fallen die Kosten von Nacherbenpflegschaften jeder Art nur den Erben bzw. dem Nachlaß zur Last.

Nachlaßpflegschaft

Sie wird vom Nachlaßgericht angeordnet. Siehe Abschnitt B „Nachlaß- und Teilungssachen".

Namenserteilung

Erklärung des Ehemannes der Mutter eines unehelichen Kindes, dem er seinen Namen verleihen will. Aufnahme durch Gericht, Notar, Jugendamt (§ 43 RJWG) und Standesbeamten, § 62 AusfVOzPersStG. Für **Beurkundung** durch Gericht und Notar: **Volle Gebühr** § 29 KostO; durch Jugendamt und Standesbeamten gebührenfrei.

Namensführung

durch die geschiedene Frau.

1. Beurkundung der Erklärung einer geschiedenen Frau über **Wiederannahme** ihres Familiennamens oder des Namens eines früheren Ehemannes und der Erklärung eines geschiedenen Ehemannes, durch die er der Frau bei verschuldeter Scheidung die **Führung seines Namens untersagt,** durch das Gericht, einen

Notar oder den Standesbeamten, §§ 63, 64 EheG, § 49 AusfVO zPersStG. Im letzteren Fall keine Gebühr, sonst volle Gebühr, § 29 KostO.

2. Untersagung der Weiterführung des Namens des Mannes bei Verfehlungen der Frau nach Scheidung durch das Vormundschaftsgericht, § 65 EheG. **Gebühr:** volle Gebühr, § 90 I 3. **Geschäftswert:** §§ 90 II, 24 II; siehe „Regelwert". **Kostenschuldner:** Antragsteller.

Nutznießung

Verzicht des Gewalthabers auf die Nutznießung am Kindesvermögen durch Erklärung gegenüber dem Vormundschaftsgericht, § 1162 BGB: gebührenfrei, § 84.

Ordnungsstrafen

Das Vormundschaftsgericht kann den Vormund und den Gegenvormund zur Befolgung seiner Anordnungen durch Ordnungsstrafen anhalten, § 1873 BGB. Dasselbe gilt in bezug auf den Pfleger und den Beistand. Während nun früher (z.B. in Preußen) für die Festsetzung von Ordnungsstrafen gegen Vormünder usw. Gebühren nicht zu erheben waren, gelten jetzt die Vorschriften in § 110 KostO, betreffend das Ordnungsstrafverfahren nach §§ 132 bis 139, 159 RFGG, zufolge der ausdrücklichen Bestimmung in § 110 V S 2 auch in solchen Fällen. Nach § 110 wird in einem Ordnungsstrafverfahren in **jedem Rechtszug — d.h. auch in der Beschwerdeinstanz bei Zurückweisung oder Verwerfung der sofortigen Beschwerde gegen die Straffestsetzung — (§ 139 RFGG) das Dreifache der vollen Gebühr** erhoben:

1. für die Festsetzung der Ordnungsstrafe, **2.** für die Verwerfung des Einspruchs. Die Gebühr wird nach dem festgesetzten oder angedrohten Betrag der Ordnungsstrafe berechnet; sie darf den Betrag der Ordnungsstrafe nicht übersteigen. Jede Wiederholung der Ordnungsstrafe gilt als ein besonderes Verfahren. Für die Androhung allein werden Gebühren nicht berechnet. — Wird die festgesetzte Ordnungsstrafe erlassen oder ihre Zurückzahlung angeordnet, nachdem der Vormund usw. die Anordnung befolgt hat, so rechtfertigt dies nicht den Erlaß der angefallenen Gebühr.

Schuldner der Gebühr ist nur derjenige, gegen den sich das Verfahren richtet. Er haftet außerdem für die baren Auslagen des Verfahrens. Auch er kann nur dann in Anspruch genommen werden, wenn er in die Kosten des Verfahrens verurteilt ist, §§ 35 I S 2, 138 RFGG.

Personenstandsangelegenheiten

Lehnt der Standesbeamte die Vornahme einer Amtshandlung ab, so kann er auf Antrag der Beteiligten oder der Aufsichtsbehörde durch das Amtsgericht dazu angehalten werden. Eine abgeschlossene Eintragung kann — abgesehen von der Berichtigung von offenbaren Schreibfehlern — nur auf Anordnung des Gerichts berichtigt werden. Auf das gerichtliche Verfahren finden die Vorschriften des RFGG entsprechende Anwendung.

Gegen eine Verfügung, durch die der Standesbeamte zur Vornahme einer Amtshandlung angehalten oder durch die eine Berichtigung des Familien-, Geburten- oder Sterbebuchs angeordnet wird, findet die sofortige Beschwerde statt; gegen andere Verfügungen ist einfache Beschwerde zulässig. Siehe §§ 45—50 PersStG vom 3. 11. 1937, RGBl 1937, 1146.

Die Zurückweisung von Anträgen ist nach § 122 KostO gebührenpflichtig; siehe „Zurückweisung von Anträgen". Im übrigen fallen Gebühren und Auslagen für die Tätigkeit des Amtsgerichts nicht an; im Beschwerdeverfahren auf Antrag der Beteiligten, — nicht der Aufsichtsbehörde des Standesamts — kommen die Gebühren nach § 123 KostO zum Ansatz; siehe unter „Beschwerden" § 118 II.

Pflegschaften und Beistandschaften

Man unterscheidet Dauerpflegschaft und Einzelpflegschaft, Dauerbeistandschaft und Einzelbeistandschaft.

1. Dauerpflegschaft oder Dauerbeistandschaft wird angeordnet, wenn alle Angelegenheiten oder ein Kreis von Angelegenheiten des Fürsorgeberechtigten von dem Pfleger oder Beistand dauernd wahrzunehmen sind. Beispiel: Pflegschaft für einen gebrechlichen Volljährigen (§ 1910 BGB), für einen Abwesenden (§ 1911 BGB) hinsichtlich aller Vermögensangelegenheiten, für die Leibesfrucht (§ 1912 BGB), für einen unbekannten Beteiligten (§ 1913 BGB), für einen noch nicht erzeugten Nacherben (§ 1913 S 2), Pflegschaft für eine Sammlung (§ 1914 BGB). Dauerbeistandschaft liegt auch dann vor, wenn über ihren Umfang nichts bestimmt ist (§ 1688 II BGB). Es fallen dann unter sie alle, also die persönlichen und Vermögensangelegenheiten des Mündels. Besteht eine Vormundschaft, dann kommt in der Regel eine Dauerpflegschaft nicht in Frage; sie kann aber vorkommen. Beispiel: Einem unter Vormundschaft stehenden Fürsorgebedürftigen wird von Todes wegen oder unter Lebenden Vermögen mit der Bestimmung zugewendet, daß die Verwaltung des Vermögens dem Vormund entzogen sein soll (§ 1909 BGB). Hier ist die Vormundschaft neben der Dauerpflegschaft gebührenpflichtig. Das gleiche gilt für eine Dauerbeistandschaft und eine daneben bestehende Dauerpflegschaft. Das OLG München hat am 2. 12. 1937 entschieden: Eine Dauerbeistandschaft und eine Dauerpflegschaft, die sich beide auf das ganze Vermögen eines und desselben Pfleglings beziehen, erfordern die Jahresgebühr aus § 86 II, 85 I S 1 je besonders, da der Gesetzgeber eine Bestimmung, wie sie für den im § 86 I geregelten Fall der Einzelpflegschaft im Absatz 1 Satz 5 vorgesehen ist, für den Fall nebeneinander bestehender Dauerbeistandschaft und Dauerpflegschaft nicht getroffen hat, JVBl 1938, 140. **Gebühren:** Siehe unter „Vormundschaft".

Hat das Vormundschaftsgericht unzulässigerweise eine Nacherbenpflegschaft für einen lebenden Nacherben, eine sogenannte **„allgemeine Beobachtungspflegschaft"** angeordnet, so sind für sie Gebühren nur insoweit zu erheben, als sie entstanden wären, wenn Einzelpflegschaften für diejenigen Angelegenheiten angeordnet worden wären, an deren Besorgung der Gewalthaber oder der Vormund wirklich verhindert war. Neben einer Beistandschaft ist daher für eine Beobachtungspflegschaft im Hinblick auf § 86 I letzter Satz überhaupt keine Gebühr zu erheben, wenn beide dasselbe Vermögen betreffen KG 10. 3. 1939, JVBl 1939, 191.

2. a) Einzelpflegschaft wird vom Vormundschaftsgericht angeordnet, wenn für einen unter elterlicher Gewalt oder unter Vormundschaft stehenden Minderjährigen eine Angelegenheit oder einzelne bestimmte Angelegenheiten zu besorgen sind und der elterliche Gewalthaber oder Vormund an der Besorgung rechtlich oder tatsächlich verhindert ist. Beispiele: Der Vater eines ehelichen Kindes soll auf Zahlung von Unterhalt verklagt werden, § 1909 I S 1 BGB. Diese Unterhalts- (Ergänzungs-) Pflegschaft endigt nicht kraft Gesetzes mit Erledigung der Angelegenheit, sondern durch Aufhebung gemäß § 1919 BGB (KG JW 1935, 1441). — Es wird ein Pfleger für die Auseinandersetzung zwischen Vater (Mutter) und Kindern über den Nachlaß des verstorbenen Elternteils bestellt. — Ein nicht unter Vormundschaft stehender Volljähriger erhält einen Pfleger, weil er infolge geistiger oder körperlicher Gebrechen eine bestimmte oder mehrere bestimmte vermögensrechtliche Angelegenheiten nicht zu besorgen vermag, § 1910 II BGB. — Für einen Volljährigen, dessen Aufenthalt unbekannt oder der infolge längerer Abwesenheit, weil z.B. im Ausland, an der Besorgung einer bestimmten Vermögensangelegenheit verhindert ist, wird ein Pfleger bestellt (sogenannte kurzdauernde Abwesenheitspflegschaft, § 1911 BGB). — Pflegschaft für eine Leibesfrucht zur Wahrung einzelner künftiger Rechte, §§ 1912 BGB. — Pflegschaft für einen unbekannten Beteiligten, wenn es sich um die Wahrnehmung einzelner Angelegenheiten handelt, § 1913 BGB. — Die Pflegschaft zur Vertretung eines Beamten im Verfahren auf dessen zwangsweise Versetzung in den Ruhestand wegen Dienstunfähigkeit (§ 75 I DBG) ist eine öffentlich-rechtliche Pflegschaft, KG 8. 10. 1937, 1a Wx 1237/37. Ein Kostenschuldner ist hier nicht vorhanden.

b) Einzelbeistandschaft wird vom Vormundschaftsgericht angeordnet, wenn es z.B. der Vater letztwillig angeordnet (§ 1777 BGB), die Mutter es selbst beantragt hat oder das Vormundschaftsgericht aus besonderen Gründen es im Interesse des Mündels für nötig erachtet, §§ 1666, 1667, 1668 BGB, und die Wahrnehmung einer einzelnen Angelegenheit in Frage steht.

Ob **Einzel- oder Dauerpflegschaft** vorliegt, ist aus dem Bestallungsvermerk und aus dem tatsächlichen Verlauf der Fürsorgetätigkeit zu ersehen. Es handelt sich um Einzelpflegschaften im Sinne des § 86 I, wenn bei der Bestellung des Pflegers die von ihm wahrzunehmenden Geschäfte einzeln bestimmt worden sind, dagegen um Dauerpflegschaften im Sinne des § 86 II in Verbindung mit § 85, wenn die Wahrnehmung der Interessen des Fürsorgebedürftigen durch den Pfleger ganz allgemein oder in bezug auf einen bestimmten Kreis dieser Interessen angeordnet ist. So wird z.B. eine sogenannte Unterhaltspflegschaft (siehe oben) als Einzelpflegschaft zu behandeln sein, wenn sie nur zur Erhebung der Unterhaltsklage gegen den Gewalthaber (§ 1909 I BGB) angeordnet ist, dagegen als Dauerpflegschaft, wenn dem Pfleger die laufende Geltendmachung der Unterhaltsansprüche des Mündels gegenüber dem Verpflichteten und die Verwaltung der Unterhaltsbeträge übertragen ist. Im Zweifel entscheidet das Vormundschaftsgericht; hiergegen kein Beschwerderecht der Reichskasse, ObLG 11 ä.F. 412.

3. Bei **Einzelpflegschaften und Einzelbeistandschaften** wird die **volle Gebühr** erhoben (§ 86 I); **Geschäftswert** siehe unter 4.

Keine Gebühr:

a) wenn die nach §§ 85, 86 und § 88 gebührenpflichtige Tätigkeit des Vormundschaftsgerichts eine minderjährige, geisteskranke, geistesschwache oder gebrechliche Person betrifft **und** das Vermögen des Fürsorgebedürftigen (siehe „Mündelvermögen") nach Abzug der Schulden 5000 RM nicht übersteigt, § 89. In diesem Falle sind auch keine Schreib- und Rechnungsgebühren zu erheben. **Während jedoch bei Vormundschaften (§ 85) und Dauerpflegschaften (§ 86 II) die Gebühren nur von dem 5000 RM übersteigenden Betrag des reinen Vermögens des Fürsorgebedürftigen erhoben werden, besteht eine solche Einschränkung für Einzelpflegschaften (§ 86 I) und für die Fälle des § 88 nicht (§ 89).** Betrifft die Tätigkeit des Vormundschaftsgerichts eine andere als die oben angeführten Personen, so gilt die Freigrenze des § 89 überhaupt nicht.

b) wenn für den Fürsorgebedürftigen eine Vormundschaft, Dauerpflegschaft oder Dauerbeistandschaft (JVBl 1939, 193) bereits besteht oder gleichzeitig anzuordnen ist, § 86 I S. 5.

Wird jedoch nach Anordnung einer Einzelpflegschaft oder Einzelbeistandschaft Dauerpflegschaft, Dauerbeistandschaft oder Vormundschaft angeordnet, so bleibt die bei Anordnung der Einzelpflegschaft oder Einzelbeistandschaft fällig gewordene Gebühr (§ 86 I) bestehen. Die Dauerpflegschaft (=Beistandschaft, Vormundschaft) ist besonders gebührenpflichtig; eine Anrechnung der Gebühr des § 86 auf diejenige des § 85 findet nicht statt. Beziehen sich eine Dauerbeistandschaft und eine Dauerpflegschaft auf das ganze Vermögen eines Pfleglings, so ist die Jahresgebühr (§§ 86 II, 85 I) je besonders anzusetzen. OLG. München 2. 12. 1937, JVBl 1938, 140.

4. Geschäftswert ist der Wert des Gegenstandes, auf den sich die Rechtshandlung bezieht, § 86 I S 1, bei Pflegschaften zur Vornahme eines Rechtsgeschäfts somit der Wert des letzteren (§ 32); **Schulden sind hier nicht abzuziehen,** § 17 III.

Ist die **Einzelpflegschaft zwecks Vornahme mehrerer Rechtshandlungen** angeordnet: Zusammenrechnung der Werte. Beispiel: Auf Antrag eines Kriegsblinden wird zur Wahrung seiner Rechte bei der Versteigerung eines Grundstücks, auf dem für ihn 2 Hypotheken zu 4000 und 3000 RM eingetragen sind, Pflegschaft angeordnet. Mit der Anordnung ist, wenn das reine Vermögen des Kriegsblinden über 5000 RM beträgt, die Gebühr des § 86 I aus 4000 + 3000 = 7000 RM fällig. Belanglos ist, ob und mit welchem Betrag die beiden Hypotheken zum Zug kommen.

Ist der Fürsorgeberechtigte an dem Gegenstand der Rechtshandlung nur mitberechtigt: Gebühr aus dem Wert seines Anteils, § 86 I S 2. Beispiel: Auf Antrag eines Kriegsblinden wird zum Zwecke seiner Vertretung bei einer Nachlaßauseinandersetzung Pflegschaft angeordnet. Der Kriegsblinde ist am Nachlaß mit $^1/_{16}$ berechtigt. Beträgt das reine Vermögen des Kriegsblinden mehr als 5000 RM, so ist die volle Gebühr des § 86 I S 1 aus $^1/_{16}$ der den Gegenstand der Nachlaßauseinandersetzung bildenden Nachlaßmasse (ohne Schuldenabzug, § 17 III) zu erheben.

Liegt ein Gesamthandverhältnis vor: Bemessung des Anteils des Fürsorgebedürftigen entsprechend der Beteiligung an dem Gesamthandvermögen, § 86 I S 2. Beispiele: A hebt die mit seinem minderjährigen Kind fortgesetzte Gütergemeinschaft auf. Zum Zweck der Auseinandersetzung wird ein Pfleger bestellt. Das Gesamtgut beträgt ohne Schuldenabzug 30000 RM. Am

Gesamtgut sind A und das Kind je zu ½, also mit je 15000 beteiligt. Angenommen, der Wert des Gesamtgutes beträgt nach Abzug der Gesamtgutsverbindlichkeiten 10500 RM, der Anteil des Kindes am reinen Gesamtgut also 5250 RM. Anderes Vermögen hat das Kind nicht. Die Gebühr des § 86 für die Anordnung der Einzelpflegschaft ist, da das reine Vermögen des Kindes 5000 RM übersteigt, aus ½ von 30000 RM = 15000 RM zu erheben. Betrüge der Wert des reinen Gesamtgutes nur 10000 RM oder weniger, der Hälfteanteil des Kindes also 5000 RM oder weniger, und hätte das Kind kein weiteres Vermögen als den Anteil am Gesamtgut, so dürfte für die Anordnung der Einzelpflegschaft keine Gebühr erhoben werden, § 89. Weitere Beispiele: KGR Hornig in JVBl 1941, 114.

Bei Anordnung einer Einzelpflegschaft zwecks Wahrnehmung der Rechte mehrerer Fürsorgebedürftiger in derselben Angelegenheit ist die Gebühr aus dem zusammengerechneten Wert der Beteiligung der mehreren Fürsorgebedürftigen zu erheben, § 86 I S 3. Beispiel: Für eine aus 3 Personen bestehende Erbengemeinschaft, an der zwei minderjährige Kinder des A beteiligt sind, ist auf 2 Grundstücken des A im Einheitswert von 10000 + 5000 RM eine Gesamthypothek zu 4000 RM eingetragen. A will das Grundstück im Einheitswert von 5000 RM verkaufen. Zum Zwecke der Herbeiführung der Entlassung dieses Grundstücks aus der Mithaft wird für die minderjährigen Erben ein Pfleger bestellt. Beträgt das Reinvermögen jeden Mündels einschließlich seines Anteils an der Gesamthypothek mehr als 5000 RM, so ist für die Anordnung der Einzelpflegschaft die volle Gebühr aus dem zusammengerechneten Wert der Beteiligung der beiden Kinder, also aus (4000:3 = 1333 × 2 =) 2666 RM zu erheben. Wäre der Wert des aus der Mithaft zu entlassenden Grundstücks geringer als der zusammengerechnete Wert der Anteile der beiden Kinder an der Gesamthypothek, so wäre die Gebühr aus dem niedrigeren Wert des Grundstücks zu berechnen, § 21 II.

5. **Schuldner** der Gebühr des § 86 und der Auslagen ist der Fürsorgebedürftige, einerlei, auf wessen Antrag bzw. Anregung das Vormundschaftsgericht tätig wurde. Siehe: „Amts wegen, von . . . vorgenommene Geschäfte". Mehrere Fürsorgebedürftige haften als Gesamtschuldner, § 4. Bei Pflegschaft für einen noch nicht erzeugten Nacherben (§ 1913 S 2 BGB) sind die Erben Kostenschuldner, § 5.

Pflichtteilsverzicht für das Kind

Vormundschaftsgerichtliche Genehmigung hierzu, §§ 1643 II, 2303ff. BGB: siehe „Genehmigung" unter 1 l.

Prokura

Vormundschaftsgerichtliche Genehmigung für den elterlichen Gewalthaber oder den Vormund des Inhabers eines Handelsgeschäfts zur Erteilung einer Prokura nach §§ 1643, 1822 I 11 BGB: siehe „Genehmigung“ unter 1 k.

Rechnungsgebühren

1. Ausführungsbestimmungen über den Ansatz der Rechnungsgebühren und die Bestellung der Rechnungsbeamten enthält die AVdRJM vom 25. 4. 1938 (DJ 1938, 654) in der Fassung der AV vom 24. 10. 1938 (DJ 1938, 1702). Sie gilt auch im Reichsgau Sudetenland, aber nicht in den Reichsgauen Ostmark und im Protektorat Böhmen und Mähren.

2. Die Rechnungsgebühren gehören zu den nach der KostO. zu erhebenden Auslagen, § 139 Z 7. Sie dürfen nur angesetzt werden, wenn die Rechnungsarbeiten durch Rechnungsbeamte ausgeführt worden sind, die für solche Arbeiten besonders bestellt und mit der Ausführung im Einzelfalle durch den Richter ausdrücklich beauftragt worden sind. Ein solcher Auftrag, der auch in familienrechtlichen Angelegenheiten erteilt werden kann, ist nur dann zulässig, wenn nicht die Erhebung von Rechnungsgebühren nach § 89 ausgeschlossen ist, und wenn die Einnahmen nach den in Vormundschafts- und Pflegschaftssachen zu prüfenden Rechnungen den Betrag von 1000 RM für das Jahr übersteigen. § 142 II. Dabei sind die aus einer früheren Rechnung übernommenen Beträge und die Einnahmen aus dem Verkauf von Vermögensstücken nicht mitzurechnen. Die Freigrenze von 1000 RM gilt auch dann, wenn bei mehreren Mündeln in derselben Sache die Gesamteinnahme für das Jahr zwar mehr als 1000 RM beträgt, der Anteil des einzelnen Mündels jedoch diesen Betrag nicht übersteigt. RVdRJM vom 12. 11. 1940 (2334 — VI a 9. 2671). Sie gilt ferner, wenn der Rechnungsbeamte sich nicht auf die bloße Prüfung der Rechnung beschränkt, sondern zur Unterstützung eines weniger gewandten Vormunds (Pflegers) die Rechnung gleich selbst aufstellt. RVdRJM vom 24. 5. 1941, 2334 — VI a 9. 1125.

Rechnungsarbeiten, für die ein besonderer Auftrag nicht erteilt worden ist, sind Dienstaufgaben der nach der Geschäftsverteilung hierfür zuständigen Beamten. Dies gilt auch dann, wenn diese Beamten zugleich Rechnungsbeamte sind.

3. Die **Rechnungsgebühr** beträgt bei einem Wert des Gegenstandes bis 500 RM einschließlich . . . . RM 1.—,
von mehr als 500—1500 RM einschließlich . . . . . RM 1.50,
von mehr als 1500—5000 RM einschließlich . . . . . RM 2.—,
von mehr als 5000 RM . . . . RM 2.50

für die Stunde. Die letzte Stunde wird voll gerechnet, auch wenn sie nur angefangen war.

4. Der **Wert des Gegenstandes** bestimmt sich grundsätzlich nach dem Wert, nach dem die Gerichtsgebühren sich richten, bei Vormundschaften und Dauerpflegschaften nach dem Wert, der für die Berechnung der Jahresgebühr maßgebend ist, §§ 85 I, 86 II, 89.

5. Die Rechnungsgebühren werden vom Gericht festgesetzt. Beschwerden werden im Aufsichtsweg erledigt.

Regelwert

des § 24 II: 3000 RM, ausnahmsweise niedriger oder höher, jedoch nicht unter 200 RM und nicht über 1 Million Reichsmark. Soweit dieser Regelwert in familienrechtlichen Angelegenheiten in Frage kommt, ist er ohne Rücksicht darauf, ob etwa im Einzelfalle tatsächliche Anhaltspunkte für eine Schätzung nach freiem Ermessen (§ 24 I) vorliegen oder nicht, ausdrücklich als maßgebend bezeichnet für die Berechnung der Gebühren in den Fällen

a) des § 87 I 1—6: Einzelne Verrichtungen des Vormundschaftsgerichts,
b) des § 88 I 2—4: Anordnungen, Verfügungen und sonstige Fürsorgetätigkeiten des Vormundschaftsgerichts für ein unter elterlicher Gewalt stehendes Kind,
c) des § 90: Verfügungen des Vormundschaftsgerichts, die sich nicht auf Mündel, Pflegebefohlene oder unter elterlicher Gewalt stehende Kinder beziehen,
d) des § 91: Annahme an Kindes Statt,
e) des § 92: Volljährigkeitserklärung.

Der Wert von 3000 RM ist regelmäßig anzunehmen. Von ihm soll nur ausnahmsweise in dem obenbezeichneten Rahmen abgewichen werden, wenn nach den Umständen des Einzelfalles eine Bewertung mit 3000 RM nicht angemessen wäre. Hierbei kommen hauptsächlich in Betracht die wirtschaftliche Bedeutung des Geschäfts, das Interesse der Beteiligten und die Vermögenslage des Kostenschuldners. So ist z.B. bei der Wertannahme für die Berechnung der Gebühr des § 87 I 1 der Wert des Unterhaltsanspruchs des Kindes im Rahmen des § 24 II angemessen zu berücksichtigen, nicht aber die allgemeine Wertvorschrift in § 22 anzuwenden. Auch im Falle des § 91 ist nicht der tatsächliche Wert des Vermögens des Kindes oder des Annehmenden entscheidend; das Vermögen der Beteiligten ist vielmehr bei der Bewertung lediglich mitzuberücksichtigen, KG 13. 12. 1940, JVBl 1941, 61. Die Abweichung vom

Regelwert hat der Kostenbeamte bei der Aufstellung der Gebührenrechnung kurz zu begründen. § 24 IV KostVfg.

Ruhen der elterlichen Gewalt des Vaters

Siehe „Feststellung des Ruhens".

Reines Vermögen

des Mündels, siehe „Mündelvermögen".

Schlüsselgewalt

Aufhebung der Beschränkung oder der Ausschließung der Schlüsselgewalt durch das Vormundschaftsgericht (§ 1357 BGB): **volle Gebühr** § 90 I 1; keine Freigrenze nach § 89: siehe „Ehegatten".

Schlußrechnung

Für die Beurkundung des Anerkenntnisses der Schlußrechnung durch das Vormundschaftsgericht (§ 1892 II S 2 BGB) ist keine Beurkundungsgebühr zu erheben; sie wird durch die Gebühr für die Vormundschaft, Pflegschaft oder Beistandschaft mitabgegolten, § 85.

Schreibgebühren

fallen in Vormundschafts- und Pflegschaftssachen für auf Antrag erteilte Ausfertigungen und Abschriften an, § 138 I 1; gleiches gilt für Ausfertigungen und Abschriften, die angefertigt werden müssen, weil zu den Akten gegebene Urkunden, von denen eine Abschrift zurückbehalten werden muß, zurückgefordert werden; in diesem Falle wird die bei den Akten zurückbehaltene Abschrift gebührenfrei beglaubigt. § 138 I 2. Auch in den Fällen, in denen für das Geschäft keine Gebühr bestimmt ist, handelt es sich nicht um persönliche und sachliche Gebührenfreiheit im Sinne des § 138 I 3. Für den Ansatz von Schreibgebühren für „Ausfertigungen und Abschriften jeder Art" besteht daher kein Raum. Wegen der Nichterhebung von Schreibgebühren nach § 89 siehe „Freigrenze". — Höhe und Berechnung der Schreibgebühren: § 138 II KostO, § 16 KostVfg.

Schreibgebühren für Erteilung von Abschriften aus Vormundschaftsakten zu Zwecken der Sippenforschung siehe „Sippenforschung".

Schulden

Verbindlichkeiten, die auf dem Gegenstand der Gebührenberechnung lasten und zwar schuldrechtliche Verpflichtungen aller Art sowie Belastungen der zu einer Vermögensmasse gehörenden Grundstücke wie Pfandrechte, Reallasten, Nießbrauchrechte werden bei Ermittlung des Geschäftswertes nach § 17 III KostO grundsätzlich nicht abgezogen. Dieser Grundsatz findet u.a. Anwendung bei Einzelpflegschaften (§ 86 I), z.B. bei der Pflegschaft anläßlich der Auseinandersetzung des Vaters mit den Kindern über das Vermögen der verstorbenen Mutter, ferner bei den nach § 88 I 1 gebührenpflichtigen Genehmigungen (siehe auch § 88 II S 1), sowie bei den aus § 98 gebührenpflichtigen Abwesenheitspflegschaften im nachlaßgerichtlichen Verfahren (§ 88 RFGG). Dagegen sind zufolge der Ausnahmeregelung in § 85 I S 1 die Schulden abzuziehen bei der Ermittelung des der Jahresgebühr aus §§ 85 I, 86 II zugrunde zu legenden Mündelvermögens (siehe dort) bei Vormundschaften, Dauerpflegschaften und Dauerbeistandschaften. (In den Fällen der §§ 87, 88 I 2—4, 90—92, bestimmt sich der Wert nach § 24 II; siehe „Regelwert“). —

Öffentliche Lasten, Erbbaurechte und Grunddienstbarkeiten gehören nicht zu den Verbindlichkeiten im Sinne des § 17 III. Sie sind bei der Bewertung des belasteten Gegenstandes stets als wertmindernd zu berücksichtigen, und zwar auch dann, wenn ein Schuldenabzug nicht stattfindet.

Schwägerschaft

Befreiung von dem Eheverbot: siehe „Ehehindernis“.

Sippenforschung

Ob für die Erteilung von Abschriften aus Vormundschaftsakten zu Zwecken der Sippenforschung Kosten nach den Verwaltungsgebührenordnungen oder nach der Kostenordnung anzusetzen sind, richtet sich lediglich danach, ob die Abschrift auf Grund einer Verwaltungsanordnung oder nach § 34 RFGG auf Anordnung des Gerichts erteilt wird. RJM vom 4. 1. 1938, 5560 — IV d 1878/37.

An die Stelle der Verwaltungsgebührenordnungen der Länder ist die VO über Kosten im Bereich der Justizverwaltung (JVKostO) vom 14. 2. 1940, RGBl 357 getreten. Nach § 4 daselbst werden für Ausfertigungen und Abschriften, die auf besonderen Antrag erteilt werden, Schreibgebühren in gleicher Höhe wie nach § 138 II KostO erhoben. Im übrigen werden nach dem der JVKostO beigefügten Gebührenverzeichnis erhoben:

a) für **Beglaubigungen von Abschriften und Auszügen,** jedoch nur, wenn die Beglaubigung beantragt ist: eine Gebühr von 0.20 RM für jede angefangene Seite, mindestens aber 2 RM; bei Schriftstücken, die nicht in deutscher Sprache abgefaßt sind: anstatt 0.20 RM: 0.30 RM. Wird die Abschrift von der Behörde selbst hergestellt, so kommen die Schreibgebühren (siehe oben) hinzu;

b) für **Bescheinigungen und schriftliche Auskünfte** aus Akten und Büchern eine Gebühr von 1—10 RM;

c) für die **Einsicht oder Durchsicht von Akten und Büchern**: eine Gebühr von 0.50 RM je Band, mindestens 1 RM, wenn die Vorlegung verlangt wird, nachdem 5 Jahre seit Schluß des Jahres vergangen sind, in dem die Akten weggelegt oder die Bücher geschlossen sind.

Bei Rahmengebühren (wie zu b) setzt der Beamte, der die Sachentscheidung zu treffen hat, die Höhe der Gebühr fest. Vgl. § 2 II JVKostO und AV vom 21. 5. 1940, DJ 621 unter IV Z 1.

Wird die Abschrift nach § 34 RFGG auf Anordnung des Gerichts erteilt, so ist ohne weiteres davon auszugehen, daß es sich um eine Angelegenheit der freiwilligen Gerichtsbarkeit handelt; Gebühren und Schreibgebühren siehe §§ 124, 49, 138. Wird die Abschrift im Interesse des Mündels erteilt, so sind nur Schreibgebühren anzusetzen (siehe § 84).

Der Reichsminister der Justiz hat nach dem obenerwähnten Erlaß keine Bedenken dagegen, daß die Erteilung von Abschriften zu Zwecken der Sippenforschung in der Regel, sofern sich aus dem Antrag oder anderen Umständen nichts anderes ergibt, als Verwaltungsangelegenheit behandelt wird, wenn die Abschrift von Dritten, d.h. anderen als den an der Vormundschaft beteiligten Personen verlangt oder aus bereits weggelegten Akten erteilt wird. Hierdurch kann jedoch der Befugnis des Gerichts nicht vorgegriffen werden, auch in diesen Fällen nach § 34 RFGG selbst die Abschrift zu erteilen; denn auf Grund dieser Vorschrift kann jedem, der ein berechtigtes Interesse glaubhaft gemacht hat, u. U. also auch anderen Personen als dem Mündel eine Abschrift aus den Gerichtsakten erteilt werden. Auch besteht kein ausreichender Grund dafür, die Anwendung des § 34 RFGG auf laufende Vormundschaftsakten zu beschränken. Soweit die Gerichte statt einer Abschrift ausnahmsweise eine „Bescheinigung“ aus den Akten erteilen, werden nur Schreibgebühren angesetzt werden können. Die Kostenordnung hat, da die Erteilung von Bescheinigungen im RFGG nicht vorgesehen ist, Gebühren dafür nicht bestimmt.

Sorge für die Person des Kindes

1. Ist die Ehe geschieden, so bestimmt das Vormundschaftsgericht, welchem Ehegatten die Sorge für die Person eines gemeinschaftlichen Kindes zustehen soll (§ 81 I S 1 EheG).

2. Das Vormundschaftsgericht kann die Sorge einem Pfleger übertragen, wenn dies aus besonderen Gründen zum Wohle des Kindes erforderlich ist, § 81 III EheG.

3. Das Vormundschaftsgericht kann die Anordnung jederzeit ändern, wenn das Wohl des Kindes es erfordert, § 81 V EheG.

4. Der Ehegatte, dem die Sorge für die Person eines gemeinschaftlichen Kindes nicht zusteht, behält die Befugnis, mit ihm persönlich zu verkehren. Das Vormundschaftsgericht kann den Verkehr näher regeln, § 82 EheG.

5. Ist eine Ehe vor Inkrafttreten des Ehegesetzes geschieden oder für nichtig erklärt worden, so bestimmt sich die Sorge für die Person der gemeinschaftlichen Kinder nach den bisherigen Vorschriften. Das Vormundschaftsgericht kann jedoch jederzeit eine abweichende Regelung im Sinne der §§ 81 und 82 EheG. treffen, wenn es das Wohl des Kindes erfordert, § 97 EheG.

6. Für die Maßnahmen des Vormundschaftsgerichts: **volle Gebühr,** § 88 I 2. Freigrenze aus § 89: siehe „Freigrenze" unter 3. Betrifft die Anordnung des Vormundschaftsgerichts mehrere Kinder: nur eine Gebühr, §§ 88 III, 87 II S 2. **Keine Gebühr,** wenn für den Fürsorgebedürftigen eine Vormundschaft, Dauerpflegschaft oder Dauerbeistandschaft besteht oder einzuleiten ist, oder, wenn die Verrichtungen des Vormundschaftsgerichts in den Rahmen einer Einzelpflegschaft (§ 86 I, siehe „Pflegschaft") fallen, § 88 I S 2.

Geschäftswert: §§ 88 II 2, 24 II; siehe Regelwert.

Kostenschuldner: das Kind.

Trunksüchtige

Keine Freigrenze bei geringem Vermögen nach § 89, wenn es sich bei der Tätigkeit des Vormundschaftsgerichts um einen Trunksüchtigen handelt.

Übergang

einer vorläufigen Vormundschaft in eine endgültige. Das Verfahren bildet eine Einheit im Sinne des § 85 III; siehe „Vormundschaft".

Überlassung

gewisser Gegenstände an das Kind und vormundschaftsgerichtliche Genehmigung nach § 1644 BGB; siehe „Fürsorgetätigkeit" und „Genehmigung" unter I 3 d.

Übernahme

einer Vormundschaft, einer Dauerpflegschaft oder Dauerbeistandschaft durch ein anderes Gericht. Das Verfahren vor beiden Gerichten bildet eine Einheit im Sinne des § 85 III. Gebührenerhebung so, als ob kein Wechsel stattgefunden hätte, d.h. auch für das Kalenderjahr, in dem die Übernahme erfolgt, ist nur eine Gebühr zu erheben.

Übertragung der elterlichen Gewalt

auf die Mutter nach Auflösung der Ehe, § 1685 II BGB, siehe „Elterliche Gewalt".

Unbekannter Aufenthalt

Siehe „Abwesenheitspflegschaft".

Uneheliches Kind

1. Anerkennung der Vaterschaft des unehelichen Kindes: siehe „Vaterschaftsanerkennung".

2. Feststellung der Rechtsstellung eines unehelichen Kindes durch die Heirat der Eltern gemäß Beschluß des Vormundschaftsgerichts nach § 31 PersStG, § 22 AusfVO hierzu. Gebührenfrei nach § 84 KostO. Siehe „Ehelichkeitserklärung" und „Ersetzung" unter 1.

3. Erklärung des Ehemannes der Mutter des unehelichen Kindes, dem er seinen Namen erteilen will: siehe „Namenserteilung".

Unterhalt eines Kindes

Haben Eltern einem unverheirateten Kind Unterhalt zu gewähren, so können sie bestimmen, in welcher Weise und für welche Zeit im voraus der Unterhalt gewährt werden soll. Aus besonderen Gründen (das Kind mußte sich z.B. von seiner Familie infolge unerquicklicher Verhältnisse trennen) kann das Vormundschaftsgericht auf Antrag des Kindes die Bestimmung der Eltern ändern, § 1612 II BGB. Für diese Entscheidung: **volle Gebühr,** § 87 I 1, die auch nicht durch eine Gebühr, die etwa aus § 85 zu erheben ist, gedeckt wird.

Geschäftswert: § 24 II; siehe „Regelwert".

Bezieht sich die Entscheidung des Vormundschaftsgerichts auf mehrere Fürsorgebedürftige: nur eine Gebühr, § 87 II S 2.

Kostenschuldner: das Kind, § 2 Z 1.

Bei **Zurückweisung oder Zurücknahme** des Antrags: keine Gebühr. — Die sogenannte Unterhaltspflegschaft (das eheliche Kind verklagt seinen Vater auf Unterhalt) fällt unter § 86 I, sie endet nicht kraft Gesetzes, sondern durch Aufhebung gemäß § 1919 BGB, KGJW 1935, 1441.

Unterhaltsregelung

und sonstige einstweilige Anordnungen während des Ehescheidungsstreites durch das Landgericht nach §§ 627, 627a ZPO. Gebühr nach § 33a GKG.

Untersagung

der Weiterführung des Namens des Mannes: siehe „Namensführung".

Unterstützung

der Eltern bei Ausübung des Erziehungsrechts, § 1631 II BGB: siehe „Verfügungen" unter 1 c.

Vaterschaftsanerkennung und Unterhaltsverpflichtung

Die Beurkundung von Erklärungen über die Anerkennung der Vaterschaft eines unehelichen Kindes (§ 1718 BGB) und die Verpflichtung zur Unterhaltsgewährung (§ 1708 BGB) durch das Amtsgericht (§ 167 RFGG) ist gebührenpflichtig:

a) in der Form einer einseitigen Erklärung des Vaters nach § 29 I,

b) in der Form eines Vertrags nach § 29 II.

Zu a. Der Vormund (Amtsvormund, Einzelvormund) teilt dem Vormundschaftsgericht den Namen des Vaters und die gegen ihn geltend zu machenden Ansprüche mit. Der Vater anerkennt in einer **einseitigen Erklärung** zu gerichtlichem Protokoll die Vaterschaft, verpflichtet sich zur Zahlung der Unterhaltsbeträge und unterwirft sich der sofortigen Zwangsvollstreckung. Es handelt sich mithin um die gleichzeitige Beurkundung mehrerer Erklärungen, die einen verschiedenen Gegenstand haben, demselben Gebührensatz unterliegen (§ 38 II a) und von denen die letzte Erklärung auch als gebührenfreie Nebenerklärung gelten kann; Jonas-Melsheimer A V 3 zu § 24, Korintenberg-Wenz A I 2 zu § 38 S 273, 274.

Gebühr: Volle Gebühr, § 29 I. **Geschäftswert:** der Gesamtbetrag der Werte (§ 38 II) für die Beurkundung der Vaterschaftsanerkennung (§ 24 II, siehe Regelwert) und für die Beurkundung der Unterhaltsverpflichtung: Betrag des einjährigen Bezugs, § 22 IV, zuzüglich der bis zum Verpflichtungstag fällig gewordenen Rückstände (Beachte: Der Unterhalt ist vierteljährlich vorauszahlbar, § 1710 II BGB).

Falls sich die Erklärung des Vaters auch auf die von der Mutter geforderten Leistungen aus § 1715 BGB erstreckt, so ist der Betrag dieser Leistungen dem der Berechnung der vollen Gebühr zu grunde zu legenden Wert hinzuzurechnen.

Kostenschuldner: der Vater des Kindes.

Zu b. In **Bayern** wird zur Beurkundung der Anerkennung der Vaterschaft und der Zahlungsverpflichtungen des Vaters, wenn ein Laienvormund bestellt ist, oft noch das in der ehemaligen bayerischen Vormundschaftsordnung vorgeschriebene (Beurkundungs-) Formular benützt. Darin bezeichnen der Vormund und die Kindesmutter den Vater des Kindes und verlangen von ihm die Anerkennung der Vaterschaft und Gewährung des Unterhalts an das Kind sowie Zahlung der von der Mutter gemäß § 1715 BGB geforderten Beträge. Der miterschienene Vater des Kindes erkennt die Vaterschaft an und verpflichtet sich bei Unterwerfung unter die sofortige Zwangsvollstreckung zu den verlangten Leistungen. Das Vormundschaftsgericht genehmigt das Unterhaltsübereinkommen (Art 167 bayer. AGBGB).

Hier liegt die gerichtliche Beurkundung eines **Vertrags** vor. (Die dadurch entstandenen Mehrkosten sind vermeidbar, weil die Beurkundung in der Form der einseitigen Erklärung zu dem gleichen praktischen Ergebnis führt —.) **Gebühr: das Doppelte der vollen Gebühr,** § 29 II. **Geschäftswert:** Gesamtbetrag der Werte wie unter a. — **Kostenschuldner:** der Vater, das Kind und die Mutter als Gesamtschuldner; die Haftung des Kindes bzw. der Mutter beschränkt sich auf den Betrag, der entstanden wäre, wenn im ersten Falle nur die Erklärungen über die Vaterschaftsanerkennung und die Unterhaltsverpflichtung und im zweiten Fall nur die Erklärung über die Forderungen der Mutter beurkundet worden wäre, § 4.

Wohnt der Vater des Kindes nicht im Bezirk des Vormundschaftsgerichts, „beurkundet" das Vormundschaftsgericht die Erklärungen des Laienvormunds und der Mutter des Kindes als „Vertragsantrag"; der Vater des Kindes erkennt den Antrag zu gerichtlicher Urkunde an und unterwirft sich der sofortigen Zwangsvollstreckung. **Gebühr:** 1 ½ + ½, §§ 30, 31 I Z 2. (Das in Bayern noch übliche Verfahren ist umständlich und auch aus kostenrechtlichen Erwägungen abzulehnen; durch die gerichtliche Tätigkeit sollen nicht unnötige Kosten bzw. Mehrkosten verursacht werden. Da es genügt, wenn der Laienvormund und die Mutter des Kindes schriftlich oder zu Protokoll des Urkundsbeamten ihre Ansprüche geltend machen und nur die einseitige Erklärung des Vaters des Kindes gerichtlich beurkundet wird, können für den Kostenschuldner $^{10}/_{10}$ Gebühren erspart werden. Nicht angängig ist, unter Berufung auf Art 167 bay. AGBGB und die Vormundschaftsordnung den teureren Weg der gerichtlichen Beurkundung in Form des Vertrags oder Vertragsantrags und Vertragsannahme zu wählen.)

2. Zur Anerkennung der Vaterschaft durch den minderjährigen Erzeuger nebst seiner Verpflichtung zur Zahlung einer Unterhaltsrente und der Unterwerfung unter die sofortige Zwangsvollstreckung ist die Einwilligung des elterlichen Gewalthabers erforderlich, zu der dieser der vormundschaftsgerichtlichen Genehmigung bedarf. §§ 1643 I, 1822 Z 2 BGB. Hierfür wird die Gebühr des § 88 I 1 erhoben. Freigrenze nach § 89.

3. Für das Ersuchen an den Standesbeamten um Beischreibung der Vaterschaftsanerkennung am Rand der Geburtsurkunde (§ 30 II PersStG vom 3. 11. 1937, RGBl 1937, 1146; § 59 III der 1. VO zur Ausführung des PersStG vom 19. 5. 1938, RGBl 1938, 533) sind weder Gebühren noch Schreibgebühren vorgesehen, auch nicht für die dem Ersuchen beizufügende beglaubigte Abschrift der Anerkennungsurkunde.

Verfügungen des Vormundschaftsgerichts in den in § 88 I 3 erwähnten Fällen.

Die für Verfügungen und Genehmigungen vorgesehenen Gebühren entstehen nur dann, wenn die Verfügung oder Genehmigung tatsächlich ergeht bzw. erteilt wird, und wenn sie im Einzelfall nach bürgerlichem Recht erforderlich war.

1. a) Das Vormundschaftsgericht genehmigt die vom gesetzlichen Vertreter dem Minderjährigen erteilte Ermächtigung zum selbständigen Betrieb eines Erwerbsgeschäftes; es erteilt die Genehmigung zur Zurücknahme dieser Ermächtigung, **§ 112 BGB.** Wegen der Genehmigung zu einem Vertrag, der auf den entgeltlichen Erwerb oder die Veräußerung eines Erwerbsgeschäfts gerichtet ist, sowie zu einem Gesellschaftsvertrag, der zum Betrieb eines Erwerbsgeschäfts eingegangen wird (§ 1822 Z 3 BGB) siehe „Genehmigung" unter I 1 e.

b) Das Vormundschaftsgericht entzieht dem Vater für einzelne Angelegenheiten oder für einen bestimmten Kreis von Angelegenheiten die Vertretung des Kindes, weil dessen Interesse zu dem Interesse des Vaters in erheblichen Gegensatz steht, **§§ 1630 II, 1796 BGB.**

c) Der Vater kann kraft des Erziehungsrechtes angemessene Zuchtmittel gegen das Kind anwenden. Auf seinen Antrag hat das Vormundschaftsgericht ihn durch Anwendung geeigneter Zuchtmittel zu unterstützen, **§ 1631 BGB.**

d) Der Vater soll nicht ohne Genehmigung des Vormundschaftsgerichts ein neues Erwerbsgeschäft im Namen des Kindes beginnen, **§ 1645 BGB.**

e) Ist der Vater verhindert, die elterliche Gewalt auszuüben, so hat das Vormundschaftsgericht, sofern nicht die elterliche Gewalt nach § 1685 BGB von der Mutter ausgeübt wird, die im Interesse des Kindes erforderlichen Maßregeln zu treffen, **§ 1665 BGB.**

f) Das Vormundschaftsgericht stellt das Ruhen der elterlichen Gewalt fest **(§ 1677 I BGB)**, oder daß der Grund des Ruhens nicht mehr besteht **(§ 1677 II BGB)**.

g) Für einen geschäftsunfähigen Erblasser ficht sein gesetzl. Vertreter mit Genehmigung des Vormundschaftsgerichts den Erbvertrag an, **§ 2282 BGB**.

h) Ein Erbvertrag sowie eine einzelne vertragsmäßige Verfügung kann durch Vertrag von den Personen aufgehoben werden, die den Erbvertrag geschlossen haben. Steht der dem Erblasser gegenüber stehende andere Teil unter Vormundschaft oder unter elterlicher Gewalt und ist im letzteren Falle der Vertrag nicht unter Ehegatten oder unter Verlobten geschlossen, so ist zur Aufhebung des Vertrags die Genehmigung des Vormundschaftsgerichts erforderlich, **§ 2290 III BGB**.

i) Zu einem Erbverzichtsvertrag ist, wenn der Verzichtende unter Vormundschaft oder unter elterlicher Gewalt steht und im letzteren Falle der Vertrag nicht unter Ehegatten oder unter Verlobten geschlossen wird oder wenn der Erblasser geschäftsunfähig ist, die Genehmigung des Vormundschaftsgerichts erforderlich, **§ 2347 BGB**; das gleiche gilt in Ansehung des geschäftsunfähigen Erblassers von dem Vertrag, durch den ein Erbverzichtsvertrag aufgehoben wird, **§ 2351 BGB**.

k) Wer durch Testament als Erbe eingesetzt oder mit einem Vermächtnis bedacht ist, kann durch Vertrag mit dem Erblasser auf die Zuwendung verzichten. Das gleiche gilt für eine Zuwendung, die in einem Erbvertrag einem Dritten gemacht ist. Steht der Verzichtende unter Vormundschaft oder unter elterlicher Gewalt, oder ist der Erblasser geschäftsunfähig, so ist zum Vertragsabschluß vormundschaftsgerichtliche Genehmigung erforderlich, **(§ 2352 BGB)**, zur Aufhebung des Vertrags nur, wenn der Erblasser geschäftsunfähig ist (Jonas-Melsheimer A II 3 i zu § 88).

2. Für jede der unter 1 genannten **Verfügungen** (nicht auch für die Zurückweisung eines dahin abzielenden Antrages) ist die **volle Gebühr (§ 88 I 3)** zu erheben. Werden in derselben Angelegenheit Fürsorgemaßnahmen für mehrere Kinder ergriffen: nur eine Gebühr, § 88 III in Verbindung mit § 87 II S 2.

Geschäftswert: §§ 88 II S 2, § 24 II; siehe „Regelwert".

Fälligkeit der Gebühr: mit Erlaß der Anordnung oder Entscheidung.

Kostenschuldner: nur der Fürsorgebedürftige. Er haftet bei Zurückweisung nur für die Auslagen des § 139 und etwaige Schreibgebühren nach § 138 I 1 und 2. Schreibgebühren nach

§ 138 I 3 für Ausfertigungen und Abschriften jeder Art sind nicht anzusetzen.

3. **Keine Gebühr aus § 88 I 3,** wenn für den Fürsorgebedürftigen eine Vormundschaft (§ 85), Dauerpflegschaft oder -beistandschaft (§ 86 II) besteht oder wenn die Verrichtungen des Vormundschaftsgerichts in den Rahmen einer Einzelpflegschaft fallen, §86 I, letzter Satz. **Freigrenze:** siehe „Freigrenze" unter 3.

Verhinderung

des Vaters oder der Mutter an der Ausübung der elterlichen Gewalt, § 1665 BGB: siehe „Verfügungen" unter 1 e.

Verkehr

Regelung des Verkehrs von Kindern aus einer geschiedenen Ehe mit dem zur Fürsorge nicht berechtigten Elternteil durch das Vormundschaftsgericht (§§ 82, 97 EheG). **Gebühr:** § 88 I 2; siehe „Sorge für die Person des Kindes".

Vermächtnis

Vormundschaftsgerichtliche Genehmigung des Verzichts auf ein Vermächtnis durch den unter elterlicher Gewalt stehenden Bedachten (§ 2352 BGB). **Gebühr:** § 88 I 3; siehe „Verfügungen" unter 1 k.

Vermögen des Kindes

Gefährdung durch die Verwaltung des Vaters (der Mutter): siehe „Gefährdung des Kindes".

Vermögensverwaltung

Erfüllt jemand, der ein Kind an Kindes Statt angenommen hat, die ihm nach § 1760 I BGB obliegenden Verpflichtung (Errichtung eines Verzeichnisses über das Kindesvermögen) nicht, so kann ihm das Vormundschaftsgericht die Vermögensverwaltung entziehen, § 1760 II BGB. Für diese Entscheidung **und** für die Aufhebung der Entziehung: **volle Gebühr,** § 87 I 3. Keine Freigrenze nach § 89. Bezieht sich die Entscheidung auf mehrere Kinder: nur eine Gebühr, § 87 II S 2. Siehe „Vermögensverzeichnis" unter 2. Ebenso, wenn dem Vater (der Mutter) die Vermögensverwaltung entzogen wird, § 1670 BGB; siehe Gefährdung des Kindes" und „Vermögensverzeichnis" unter 1 d.

Geschäftswert: § 24 II, § 87 II S 1; siehe „Regelwert".

Kostenschuldner: der Annehmende bzw. der Vater (die Mutter), § 87 III. — In beiden Fällen wird die Gebühr (§ 86) für die Bestellung des Pflegers (§ 1909 BGB) besonders erhoben. Siehe „Vermögensverzeichnis" unter 1 d.

Vermögensverzeichnis

1. a) Der überlebende Elternteil hat das seiner Verwaltung unterliegende **Vermögen** des Kindes, das bei dem Tod des Vaters bzw. der Mutter vorhanden ist, oder dem Kind später zufällt, zu **verzeichnen** und das Verzeichnis dem Vormundschaftsgericht einzureichen, § 1640 I BGB). Für die **Entgegennahme und Prüfung** dieses Verzeichnisses durch das Vormundschaftsgericht: keine Gebühr; § 84.

b) Ist das **Verzeichnis ungenügend,** so kann das **Vormundschaftsgericht anordnen,** daß das Verzeichnis durch eine zuständige Behörde oder durch einen zuständigen Beamten oder Notar (§ 22 I RNotO) aufgenommen wird, § 1640 II S 1 BGB. Für diese **Anordnung: volle Gebühr,** § 87 I 3. Keine Freigrenze aus § 89.

Geschäftswert: §§ 87 II S 1, 24 II; siehe „Regelwert". Bezieht sich die Anordnung auf mehrere Fürsorgebedürftige: nur eine Gebühr, § 87 II S 2.

Kostenschuldner: der Vater (bzw. die Mutter) § 87 III.

c) Für die **Aufnahme des Vermögensverzeichnisses** auf Grund Anordnung des Vormundschaftsgerichts durch den Richter oder den Urkundsbeamten des Gerichts oder durch den Notar: **die volle Gebühr** aus dem Wert der verzeichneten Gegenstände ohne Schuldenabzug, § 17 III. Nimmt das Geschäft einen Zeitaufwand von mehr als zwei Stunden in Anspruch, so erhöht sich die Gebühr für jede weitere angefangene Stunde um 3 RM, **§ 46.** Ist das Verzeichnis außerhalb der Gerichtsstelle aufzunehmen, so bleibt die auf den Hin- und Rückweg ebenso wie die für Büroarbeiten verwendete Zeit bei Feststellung des Zeitaufwandes außer Betracht. Bei Aufnahme durch einen Gerichtsvollzieher bestimmen sich die Gebühren nach den entsprechenden landesrechtlichen Vorschriften. In Preußen ist nach Art 20 der PrLandesgebOfRAuGV die Vorschrift der KostO mittelbar anzuwenden. Keine Zusatzgebühr (§ 52 III) bei auswärtigem Dienstgeschäft, aber Reisekosten gemäß § 139 I 5. —

d) Reicht der Vater (die Mutter) trotz Aufforderung durch das Vormundschaftsgericht kein Vermögensverzeichnis ein, so kann ihm das Vormundschaftsgericht die **Vermögensverwaltung entziehen**, § 1670 BGB; für diese Entscheidung: **volle Gebühr,** § 87 I 3. Keine Freigrenze aus § 89. **Geschäftswert:** § 24 II; siehe „Regelwert" und „Vermögensverwaltung".

2. Der ein Kind **an Kindes Statt Annehmende** hat über das Vermögen des Kindes, soweit es auf Grund der elterlichen Gewalt seiner Verwaltung unterliegt, auf seine Kosten ein Verzeichnis aufzunehmen und dem Vormundschaftsgericht einzureichen, § 1760 I BGB. Ist das eingereichte Verzeichnis ungenügend, so kann das Vormundschaftsgericht die Aufnahme durch einen Urkundsbeamten oder Notar anordnen. Wird die Einreichung des Verzeichnisses verweigert, kann die Vermögensverwaltung entzogen werden, §§ 1640 II 1, 1760 II BGB. Gebühren wie unter 1 b, c, d.

3. Wegen des Vermögensverzeichnisses nach § 1669 BGB siehe „Wiederverehelichungszeugnis".

Verschwender

Keine Freigrenze bei geringem Vermögen nach § 89, wenn es sich bei der Tätigkeit des Vormundschaftsgerichts um einen Verschwender handelt.

Vertreterbestellung

in anderen als vormundschaftsgerichtlichen Angelegenheiten, z.B. auf Grund des §§ 57, 58, 494, 668, 679, 686, 787 ZPO, § 6 ZVG gehört zu dem betreffenden gerichtlichen Verfahren und unterliegt nicht der Gebührenvorschrift des § 86 KostO.

Vertretungsbefugnis

Entziehung der Vertretungsbefugnis des Vaters oder der Mutter für eine einzelne Angelegenheit oder einen bestimmten Kreis von Angelegenheiten, § 1630 II BGB: siehe „Verfügungen" unter 1 b.

Verzicht

1. Verzicht des elterlichen Gewalthabers auf die Nutznießung am Kindesvermögen durch Erklärung gegenüber dem Nachlaßgericht, § 1662 BGB: gebührenfrei, § 84.

2. Vormundschaftsgerichtliche Genehmigung von Verzichtsverträgen nach §§ 2347, 2352 BGB und von Aufhebungsverträgen zu solchen Verträgen, § 2351 BGB. **Gebühr:** § 88 I 3; siehe „Verfügungen" unter i und k, 2 sowie „Erbverzichtsvertrag".

Volljährigkeitserklärung

Ein Minderjähriger, der das 18. Lebensjahr vollendet hat, kann auf seinen oder seines gesetzlichen Vertreters Antrag durch Beschluß des Vormundschaftsgerichts für volljährig erklärt werden (§§ 3, 4 BGB, §§ 36, 43, 56, 196 RFGG). Hierfür **volle Gebühr** (neben der Gebühr des § 85 oder des § 86), § 92. Die Gebühr entsteht mit dem Erlaß des dem Antrag stattgebenden Beschlusses in den Akten, auch wenn der Antrag später zurückgenommen worden ist. Keine Gebühr bei **Zurückweisung oder Zurücknahme des Antrags von Erlaß des Beschlusses,** auch nicht aus § 122. Bare Auslagen, auch Schreibgebühren aus § 138 I 1, 2, nicht aber aus § 138 I 3 werden erhoben. Bei Volljährigkeitserklärung in der Beschwerdeinstanz wird nur eine Gebühr aus

§ 92 erhoben; bei Zurückweisung kommt weder für die erste Instanz noch für die Beschwerdeinstanz eine Gebühr in Ansatz, § 123 III.

Geschäftswert: §§ 92, 24 II; siehe „Regelwert". Das reine Vermögen des für volljährig zu Erklärenden ist angemessen zu berücksichtigen.

Kostenschuldner: der für volljährig Erklärte (§ 2 Z 1), auch wenn sein gesetzlicher Vertreter den Antrag gestellt hat.

Ist die Volljährigkeitserklärung des Mannes zum Zwecke der Eheschließung herbeigeführt worden, so bedarf es außerdem noch der Befreiung von der Vorschrift des § 1 I EheG; siehe „Ehemündigkeit".

Vorläufige Vormundschaft

Siehe Vormundschaft unter 4.

Vormund

Beschwerde des Vormundes: siehe „Beschwerden". Ordnungsstrafverfahren gegen den Vormund: siehe „Ordnungsstrafen". Kein Haftung des Vormundes für die Kosten des Vormundschaft. Schuldner: nur das Mündel.

Vormundschaft

1. Vormundschaft (§ 85), **Dauerpflegschaft oder Dauerbeistandschaft** (§ 86 II) über eine minderjährige, geisteskranke, geistesschwache oder gebrechliche Person sind **nur gebührenpflichtig, wenn das Vermögen des Mündels** (nach Abzug der Verbindlichkeiten; siehe „Mündelvermögen" und „Schulden") am Tage der Fälligkeit der Gebühr **mehr als 5000 RM beträgt.** Die Gebühren sind nur aus dem 5000 RM übersteigenden Vermögen zu erheben. Betrifft die Vormundschaft usw. einen wegen Verschwendung oder Trunksucht Entmündigten oder einen Volljährigen, dessen Aufenthalt unbekannt ist (Dauerpflegschaft nach § 1911 BGB), so besteht keine Freigrenze, also Gebühr aus dem reinen Vermögen ohne Rücksicht auf dessen Höhe. Wenn keine Gebühr nach §§ 85, 86 entsteht, dann fallen auch keine Schreib- und Rechnungsgebühren an, § 89. Siehe auch „Rechnungsgebühren".

Durch die Gebühr des § 85 wird grundsätzlich die gesamte Tätigkeit des Vormundschaftsgerichts für das Mündel abgegolten, mag es sich auch um eine Tätigkeit handeln, die sonst (d.h. ohne daß Vormundschaft besteht) vom Vormundschaftsgericht entfaltet gebührenpflichtig sein würde. Beispiel: Vormundschaft über A. Während des Bestehens der Vormundschaft erteilt das Vormundschaftsgericht im Interesse des Mündels eine

Bescheinigung oder nach Beendigung der Vormundschaft wird das Anerkenntnis der Schlußrechnung nach § 1892 II BGB beurkundet. Ferner ist die Nichterhebung der Gebühr des § 86 I und des § 88 ausdrücklich angeordnet, wenn für den Fürsorgebedürftigen eine Vormundschaft besteht, § 86 I S 5, § 88 I S 2. Beispiele: Es wird zur Wahrnehmung einzelner Geschäfte, z.B. weil der Vormund an dem Geschäft selbst beteiligt ist, eine Einzelpflegschaft (§ 86 I) angeordnet. Das Vormundschaftsgericht erteilt die nach § 1641 BGB erforderliche Genehmigung zu einem Rechtsgeschäft. Zu erheben ist in diesen Fällen nur die Vormundschaftsgebühr des § 85. Neben dieser Gebühr sind jedoch z.B. zu erheben die Gebühren für die Volljährigkeitserklärung des Mündels (§ 92), für die Bestätigung des Vertrags über die Annahme des Mündels an Kindes Statt (§ 91).

Jede Vormundschaft ist für sich gebührenpflichtig.

Beispiel: Vormundschaft über den minderjährigen A. Vor Volljährigkeit wird A mit Wirkung vom Eintritt der Volljährigkeit an wegen Geisteskrankheit entmündigt und die Vormundschaft über ihn als Volljährigen, gegebenenfalls als vorläufige oder auch unmittelbar als endgültige weitergeführt. Hier liegen kostenrechtlich zwei Vormundschaften vor; die vorläufige und die endgültige Vormundschaft bilden — neben der Vormundschaft über den Minderjährigen — eine Einheit, wie auch bei der Übernahme der Vormundschaft von einem anderen Gericht nur ein Verfahren vorliegt, § 85 III.

Erstreckt sich eine Vormundschaft, Dauerpflegschaft oder Dauerbeistandschaft auf mehrere Mündel: Gebühr des § 85 für jedes Mündel besonders, § 85 II, wenn sein Vermögen 5000 RM übersteigt, also keine Zusammenrechnung der Mündelvermögen wie bei der Einzelpflegschaft für mehrere Fürsorgebedürftige (§ 86 I S 3). Werden für dasselbe Mündel aus besonderen Gründen mehrere Vormünder bestellt (§ 1775 BGB), so kommt die Jahresgebühr doch nur einmal in Ansatz. Auch der Wechsel in der Person des Vormunds ist kostenrechtlich ohne Bedeutung.

2. Die für jedes Jahr zum Ansatz kommende Gebühr beträgt 0,50 RM für jede angefangene 1000 RM des nach Abzug der Verbindlichkeiten verbleibenden **reinen Mündelvermögens,** wie es sich bei Fälligkeit der Gebühr ergibt. Die erste Jahresgebühr wird mit der Einleitung der Vormundschaft fällig, d.i. zur Zeit der Bestellung des Vormunds oder Pflegers; die Amtsvormundschaft (§§ 33, 38 RJWG) gilt als eingeleitet, sobald das Vormundschaftsgericht von der Vormundschaft Kenntnis erlangt. Korintenberg-Wenz A 2 zu § 85; Jonas-Melsheimer A IV zu § 85. Für das bei Einleitung der Vormundschaft, Dauerpflegschaft oder Dauerbeistandschaft laufende und das folgende Kalenderjahr wird nur eine Jahresgebühr erhoben. Das bei Beendigung der Vormundschaft usw. laufende Jahr wird voll gerechnet. Fälligkeit der zweiten Jahresgebühr: am 1. Januar des übernächsten Jahres. Beispiel: Über A wurde nach Anordnung der Vormundschaft am 5. 2. 1940 der Vormund bestellt. Da das Reinvermögen des A in diesem Zeitpunkt 5800 RM betrug, war am 5. 2. 1940 die Jahresgebühr in Höhe von 2 RM (Mindestgebühr: § 26 III S 1) zu erheben. Sie gilt auch für das Jahr 1941. Beträgt das Vermögen zu Beginn des Jahres 1942 ebenfalls mehr als 5000 RM, so wird die nächste Jahresgebühr am 1. 1. 1942 aus dem an diesem Tag vorhandenen reinen Vermögen, soweit es den Betrag von 5000 RM übersteigt, fällig, §§ 85, 89. Beträgt das reine Vermögen des Mündels am 1. 1. 1942 weniger als 5000 RM, so fällt für das Jahr 1942 keine Gebühr an.

3. Wegen des Begriffs „Reinvermögen des Mündels" siehe „Mündelvermögen" und „Schulden". Möglichkeit der Ermäßigung oder des Erlasses der Gebühr bei einem Reinvermögen minderjähriger Abkömmlinge eines Gefallenen über 5000 RM.: AVRJM von 13. 10. 1941, DJ 993. Siehe auch: „Wehrmacht— Wehrdienst" im Abschnitt B: Gerichtskosten in Nachlaß- und Teilungssachen.

Ergibt sich das Reinvermögen nicht aus dem Vormundschaftsakt, so hat es der Kostenbeamte beim Vormund zu erfragen.

4. Kostenschuldner: Mündel, § 2 Z 2, auch bei vorläufiger Vormundschaft, mag auch ein Dritter die Anordnung veranlaßt haben, ObLG 12, 459; 17 B 165. Siehe auch „Amtsbetrieb".

Vormundschaftsgerichtliche Genehmigung

Siehe „Genehmigung des Vormundschaftsgerichts".

Vormundschaftsrechnung

Siehe „Rechnungsgebühren".

Vorschußpflicht und Abhängigmachung

der Vornahme des Geschäfts von der Zahlung der Kosten, § 7. Die Vorschußpflicht besteht bei Antragsgeschäften für Gebühren und Auslagen; bei Verrichtungen von Amts wegen kann nur ein Vorschuß zur Deckung der Auslagen erhoben werden. Die Abhängigmachung der Vornahme des Geschäfts von der Zahlung (§ 7 I KostO, § 18 KostVfg) oder Sicherstellung (§ 7 II KostO, § 19 KostVfg) des Vorschusses findet nur bei Antragsgeschäften statt. Die Anordnungen und Entscheidungen des Vormundschaftsgerichts in Vormundschaften, Beistandschaften und Pflegschaften ergehen im Interesse und zum Wohle des Mündels, des Pflegebefohlenen oder des unter elterlicher Gewalt stehenden Kindes von Amts wegen, auch wenn die Tätigkeit des Gerichts durch einen „Antrag" von dritter Seite angeregt worden ist. Siehe „Amtsbetrieb". Insoweit kommt mithin als Sicherungsmittel für die Reichskasse — abgesehen von dem Zurückbehaltungsrecht (§ 9), siehe dort — nur eine Vorschußleistung für Auslagen in Frage. Antragsgeschäfte im Sinne von § 7 sind in familienrechtlichen Angelegenheiten hauptsächlich die im Interesse der Ehegatten wahrzunehmenden Geschäfte — wie z.B. die Erteilung des Wiederverehelichungszeugnisses (§ 87 I 2), sowie die Volljährigkeitserklärung (§ 92) und die Bestätigung des Vertrags über die Annahme an Kindes Statt durch das Amtsgericht (§ 91). Keine Vorauszahlungspflicht, wenn der Zahlungspflichtige dartut, daß er infolge der besonderen Verhältnisse, die sich aus der gegenwärtigen politischen Lage ergeben, zur Vorauszahlung der Kosten nicht imstande ist. § 5 der 2. VO vom 4. 10. 1939, RGBl 1939, 1994, zur Durchführung der VO über Maßnahmen auf dem Gebiete der Gerichtsverfassung und der Rechtspflege (Vereinfachungsverordnung) vom 1. 9. 1939, RGBl 1939, 1658. Im übrigen siehe „Vorschußpflicht und Abhängigmachung" im Abschnitt B „Nachlaß- und Teilungssachen."

Wartezeit

Befreiung von der Wartezeit der Frau durch den Standesbeamten: siehe „Aufgebot".

Weiterführung

des Namens des Ehemannes, Untersagung durch das Vormundschaftsgericht: siehe „Namensführung" unter 2.

Wiederannahme

des Familiennamens oder des Namens eines früheren Ehemannes durch die geschiedene Frau: siehe „Namensführung" unter 1.

Wiederübertragung

der Vermögensverwaltung auf den elterlichen Gewalthaber nach Aufhebung des Konkurses über dessen Vermögen, § 1647 II BGB: siehe „Fürsorgetätigkeit".

Wiederverehelichungszeugnis

1. Wer ein eheliches Kind hat, das minderjährig ist oder unter Vormundschaft steht oder wer mit einem minderjährigen oder bevormundeten Abkömmling in fortgesetzter Gütergemeinschaft lebt, soll eine Ehe nicht eingehen, bevor er ein Zeugnis des **Vormundschaftsrichters** darüber beigebracht hat, daß er dem Kinde oder dem Abkömmling gegenüber die ihm aus Anlaß der Wiederverheiratung obliegenden Pflichten erfüllt hat oder daß ihm solche Pflichten nicht obliegen, § 12 EheG (Anzeige an das Vormundschaftsgericht nebst Einreichung eines Verzeichnisses des seiner Verwaltung unterliegenden Vermögens des Kindes und, soweit in Ansehung dieses Vermögens eine Gemeinschaft zwischen ihm und dem Kinde besteht, Herbeiführung der Auseinandersetzung, § 1669 BGB, bzw. Einreichung des Gesamtgutsverzeichnisses, Aufhebung der Gütergemeinschaft und Auseinandersetzung, § 1493 II BGB). — Dieses Zeugnis des Vormundschaftsgerichts nennt man **Wiederverehelichungszeugnis oder Heiratsschein.**

2. Für die **Entgegennahme des Vermögensverzeichnisses,** des Gesamtgutsverzeichnisses, der Urkunde über die Auseinandersetzung **und die Erteilung des Wiederverehelichungszeugnisses** kommt **eine volle Gebühr** (§ 87 I 2) ohne Rücksicht auf den Umfang der Tätigkeit des Vormundschaftsgerichts zum Ansatz. Die Gebühr fällt somit auch für das Zeugnis an, daß eine Pflicht zur Auseinandersetzung nicht besteht. Keine Freigrenze nach § 89. Keine Schreibgebühr, aber Porto für Übersendung der Kostennachricht.

☞ **Geschäftswert:** §§ 87 II S 1, 24 II; siehe „Regelwert". Bei Festsetzung des Wertes hat der Kostenbeamte das Vermögen und Einkommen des Antragstellers sowie seine persönlichen Verhältnisse (hier z. B. Zahl der Kinder, Notwendigkeit, sich wieder zu verheiraten) sowie den Umfang der Tätigkeit des Gerichts zu berücksichtigen, OLG München 23. 9. 1937, JVBl 1938, 139. Als Sicherungsmittel der Reichskasse wegen der Kosten kommen sowohl die Vorschußerhebung und die Abhängigmachung nach § 7 als auch die Ausübung des Zurückbehaltungsrechts nach § 9 in Frage. Siehe „Vorschußpflicht und Abhängigmachung" und „Zurückbehaltungsrecht".

Kostenschuldner: der Vater oder die Mutter.

3. Bei **Zurückweisung oder Zurücknahme** des Antrags: keine Gebühr, Schreibgebühren und sonstige Auslagen nur im Rahmen der §§ 138 I 1, 2, 139.

4. Die zur Durchführung der Vermögensauseinandersetzung angeordnete **Einzelpflegschaft** ist, wenn nicht gleichzeitig Vormundschaft oder Dauerpflegschaft über das Kind besteht, nach § 86 I gebührenpflichtig (siehe „Pflegschaft"); die Gebühr fällt aber nur an, wenn das Reinvermögen des Fürsorgebedürftigen 5000 RM übersteigt; Berechnung der Gebühr dann aus dem Wert des Gegenstandes, auf den sich die Rechtshandlung bezieht, § 86 I S 1, d.i. dem Anteil des Kindes an dem den Gegenstand der Auseinandersetzung bildenden Vermögen ohne Abzug der Schulden. Näheres siehe „Pflegschaft" A 2.

5. Für die gerichtliche in den Formen des RFGG (§§ 86ff.) stattfindende **Vermittlung der Auseinandersetzung des Gesamtguts oder des Nachlasses** des verstorbenen Ehegatten: Gebühr des § 108 aus dem Wert der den Gegenstand der Auseinandersetzung bildenden Vermögensmasse ohne Abzug der Schulden. Bei Beurkundung des Auseinandersetzungsvertrages (entweder außerhalb eines Vermittlungsverfahrens oder nach dessen Einleitung): **Gebühr:** doppelte Gebühr, § 29 II vom Bruttobetrag der Auseinandersetzungsmasse. Im übrigen siehe „Gerichtliche Vermittlung der Auseinandersetzung" im Abschnitt B „Nachlaß- und Teilungssachen". Wegen der Gebührenbefreiungen und -ermäßigungen für Wehrmachtsangehörige als Erblasser, sowie in einem einschlägigen Verfahren des Nachlaßgerichts: siehe „Wehrmacht — Wehrdienst" im Abschnitt B „Nachlaß- und Teilungssachen".

Zuchtmittel

Vormundschaftsgerichtliche Unterstützung des Vaters durch Anwendung von Zuchtmitteln gegen das Kind, § 1631 II BGB: siehe „Verfügungen" unten 1 c.

Zurückbehaltungsrecht

Neben den unter „Vorschußpflicht und Abhängigmachung" erörterten Maßnahmen stellt das Zurückbehaltungsrecht aus § 9 ein weiteres Sicherungsmittel der Reichskasse als Kostengläubigerin dar. Es ist für Antragsgeschäfte insofern nur von beschränkter Bedeutung, als hier der Eingang der Kosten schon durch die in § 7 angeordnete Vorschußerhebung und Abhängigmachung der Vornahme des Geschäfts von der Zahlung der Kosten weitgehend sichergestellt ist. Siehe „Vorschußpflicht und Abhängigmachung". Bei Verrichtungen von Amts wegen kann jedoch ein Vorschuß nur zur Deckung der Auslagen erhoben werden (§ 7 I S 2), während die Abhängigmachung überhaupt nicht zulässig ist. Hier kommt deshalb die Ausübung des Zurückbehaltungsrechts wegen der Gebühren und der Auslagen in Frage, das jedoch nicht in bezug auf Urkunden-Ausfertigungen, Abschriften und Urkunden ausgeübt werden kann, die auf Grund gesetzlicher Vorschriften von Amts wegen den Beteiligten mitzuteilen sind. Deshalb besteht kein Zurückbehaltungsrecht z.B. an der Bestallung des Vormunds. Im übrigen siehe „Zurückbehaltungsrecht" im Abschnitt B „Nachlaß- und Teilungssachen".

Zurücknahme, Zurückweisung

Die Erhebung der Gebühr des **§ 122** für die Zurücknahme oder Zurückweisung eines Antrags ist in dem Verfahren vor dem Vormundschaftsgericht ausgeschlossen, weil für dessen Tätigkeit nur die Gebühren der §§ 85—92 erhoben werden, im übrigen aber die Tätigkeit des Vormundschaftsgerichts gebührenfrei ist, § 84. (Anders im Beschwerdeverfahren; siehe „Beschwerde“). Im übrigen werden diejenigen Gebühren, die für Entscheidungen des Vormundschaftsgerichts vorgesehen sind, auch für die Zurückweisung der betreffenden Anträge erhoben, so z.B. in den Fällen der §§ 87 I 1 und 90 I 1. Dagegen bleibt auch die Zurückweisung ohne jede kostenrechtliche Auswirkung, soweit die Gebühren nur für die dem Antrag stattgebende Entscheidung bestimmt sind, so z.B. in den Fällen des § 87 I 4, 5, § 88 und § 92. Da die Gebühr des § 122 nur bei Antragsgeschäften in Frage kommen kann, entfällt die Möglichkeit ihres Ansatzes auch aus diesem Grund von vornherein, soweit es sich bei der Tätigkeit des Vormundschaftsgerichts um Geschäfte handelt, die von Amts wegen vorzunehmen sind. Auch die Gebühren, die für ein Verfahren bestimmt sind, schließen den Ansatz von Gebühren nach § 122 aus, weil sie jede Art der Erledigung des Verfahrens nach dessen Einleitung abgelten.

Zurückzahlung

von Vorschüssen § 8: siehe wie vorstehend im Abschnitt B „Nachlaß- und Teilungssachen“.

B. Gerichtskosten in Nachlaß- und Teilungssachen

Abhängigmachung

der Vornahme des Geschäfts von der Zahlung der Kosten: siehe „Vorschußpflicht und Abhängigmachung".

Abkömmlinge

Verzicht auf den Anteil am Gesamtgut der fortgesetzten Gütergemeinschaft: siehe „Verzicht".

Ablehnung

I. des Amtes als Testamentsvollstrecker (§ 2202 BGB): siehe „Annahme";

II. der Fortsetzung der Gütergemeinschaft innerhalb der Frist des § 1944 BGB seitens des überlebenden Ehegatten durch Erklärung gegenüber dem Nachlaßgericht in öffentlich beglaubigter Form, § 1484 BGB,

1. a) ¼ Gebühr für die Beurkundung, §§ 104 III, 31 II; bei **Beglaubigung** der Erklärung: ¼ Gebühr, § 39 I.

b) ¼ Gebühr für Entgegennahme der Erklärung (Kenntnisnahme durch das Nachlaßgericht), § 104 I 2; siehe „Entgegennahme" unter 2 b α.

c) Geschäftswert für die Berechnung der Gebühren zu 1 a und b: das Gesamtgut nach Abzug der Gesamtgutsverbindlichkeiten, § 104 II S 1 KostO, § 1459 BGB.

d) Schuldner der Gebühren zu 1 a und b: der überlebende Ehegatte, § 2 Z 1.

2. Für die **vormundschaftsgerichtliche Genehmigung** (§ 1484 II S 2 BGB) der Erklärung des gesetzlichen Vertreters

a) des unter elterlicher Gewalt stehenden überlebenden Ehegatten; **volle Gebühr** aus dem nach § 24 II anzunehmenden Wert (siehe „Regelwert"), wenn das reine Vermögen des Fürsorgebedürftigen mehr als 5000 RM beträgt, § 88 1 4, II S 2, § 89;

b) des unter Vormundschaft stehenden überlebenden Ehegatten **keine Gebühr,** weil die Gebühr des § 85 die gesamte Tätigkeit des Vormundschaftsgerichts für das Mündel umfaßt.

Zu a und b: Im übrigen findet die Befreiungsvorschrift in § 88 I Satz 2 Anwendung.

Ablieferung

von Testamenten: siehe „Erzwingung der Ablieferung des Testaments".

Abnahme

a) einer eidesstattlichen Versicherung (§ 43 II) zur Erlangung: eines Erbscheins (§ 99), von Zeugnissen über die Fortsetzung der Gütergemeinschaft (§ 101 I 1) und über die Ernennung eines Testamentsvollstreckers (§ 101 I 2) sowie der sonstigen in § 101 II und 103 erwähnten Zeugnisse und Bescheinigungen: siehe „Eidesstattliche Versicherung",

b) des Offenbarungseids in Nachlaß- und Teilungssachen; siehe „Offenbarungseid".

Abschriften

von Verfügungen von Todes wegen: siehe „Eröffnung einer Verfügung von Todes wegen" unter 6.

Abweichung vom Regelwert

Siehe „Regelwert".

Abweisung

Bei Abweisung oder Zurücknahme eines Antrags kann Gebühren- und Auslagenfreiheit gewährt werden, wenn der Antrag auf nicht anzurechnender Unkenntnis der Verhältnisse oder auf Unwissenheit beruht, § 15 I S 3 (Irrtum über tatsächliche, für die Entscheidung maßgebende Umstände, deren Kenntnis nach Lage des Falles vom Antragsteller nicht verlangt werden kann — Rechtsunkenntnis). Siehe „Beschwerden", „Zurücknahme", „Zurückweisung".

Allgemeine Gütergemeinschaft

Siehe „Gerichtliche Vermittlung der Auseinandersetzung".

Ablieferung

Zwangsweise Ablieferung eines Testaments oder Erbvertrags: siehe „Erzwingung".

Zwangsweise Einziehung eines Erbscheins: siehe „Einziehung".

Abwesenheitspflegschaft

für einen abwesenden Beteiligten im gerichtlichen Auseinandersetzungsverfahren, **§ 98.** Sie wird vom Nachlaßgericht nach § 88 RFGG angeordnet, wenn die Voraussetzungen der Abwesenheitspflegschaft vorliegen und eine vom Vormundschaftsgericht angeordnete Pflegschaft für den Abwesenden nicht bereits anhängig ist (siehe „Abwesenheitspflegschaft" im Abschnitt A „Familienrechtliche Angelegenheiten").

Volle Gebühr vom Erbteil des Abwesenden ohne Abzug von Schulden. — Sie wird mit der Anordnung der Pflegschaft fällig. § 98 I. — Für die **Kosten haftet** der abwesende Beteiligte, § 2 Z 2. — Keine Anrechnung der Gebühr auf andere Gebühren, auch nicht auf die Gebühr des § 86 II, wenn anschließend vom Vormundschaftsgericht eine allgemeine Abwesenheitspflegschaft für den Beteiligten zur Verwaltung des ihm bei der Auseinandersetzung zugeteilten Vermögens gemäß § 1911 BGB eingeleitet wird. Siehe auch: „Gerichtliche Vermittlung der Auseinandersetzung".

Abzug

oder Nichtabzug der Schulden: siehe „Schulden".

Allgemeine Gütergemeinschaft

Siehe „Gerichtliche Vermittlung der Auseinandersetzung".

Amtsbetrieb

Bei Geschäften, die von Amts wegen vorgenommen werden, ist grundsätzlich derjenige zur Zahlung der Kosten verpflichtet, dessen Interesse wahrgenommen wird, § 2 Z 2; anders bei Antragsgeschäften, siehe dort.

Für die Kosten der von Amts wegen betriebenen Geschäfte des Nachlaßgerichts, wie z.B. der Eröffnung von Testamenten (§ 94), der Sicherung des Nachlasses durch Siegelung oder auf andere Weise, der Nachlaßpflegschaft und der Nachlaßverwaltung haften nach § 5 nur die Erben, und zwar nach den Vorschriften über Nachlaßverbindlichkeiten. Die Haftung desjenigen, der durch seinen „Antrag" die Vornahme des Geschäfts „anregt", ist bei Geschäften dieser Art ausgeschlossen mit der alleinigen Ausnahme, daß bei der Ablehnung oder Zurücknahme eines Antrags auf Anordnung einer Nachlaß- oder Gesamtgutsverwaltung nur der Antragsteller (Gläubiger bzw. überlebender Ehegatte) für die in diesem Fall zu erhebende Gebühr in Höhe von einem Viertel der vollen Gebühr haftet, § 98 III. Siehe auch: „Haftung". Die Gebühr des § 122 für Zurückweisung und Zurücknahme von Anträgen kann nur bei Antragsgeschäften, nicht aber bei von Amts wegen betriebenen Geschäften entstehen. Wird bei solchen Geschäften der nur als Anregung zu wertende „Antrag" abgelehnt oder auch förmlich zurückgewiesen oder von dem „Antragsteller" zurückgenommen, so wird eine Gebühr nicht erhoben.

Anerbe

Dem Anerben kann kein gebührenbegünstigtes Zeugnis im Sinne des § 103 I 1 (§ 36 GBO), sondern nur das gebührenrechtlich als Erbschein zu behandelnde Hoffolgezeugnis (§ 15 EHRV) erteilt werden (KG 27. 1. 1939, JVBl 1941, 89). Siehe auch „Hoffolgezeugnis".

Anfechtung

1. der Ehelichkeit eines Kindes nach dessen Tod durch Erklärung gegenüber dem Nachlaßgericht in öffentlich beglaubigter Form, § 1597 BGB

a) ¼ Gebühr für die Beurkundung, §§ 104 III, 31 II. Bei **Beglaubigung** der Erklärung: ¼ Gebühr, § 39 I.

b) ¼ Gebühr für die Entgegennahme der Erklärung durch das Nachlaßgericht, § 104 I 3; siehe „Entgegennahme".

c) Geschäftswert für die Berechung der Gebühren unter a und b: §§ 104 II, 24 II; siehe „Regelwert".

d) Schuldner der Gebühren zu a und b: der Anfechtende, § 2 Z 1.

2. der Ehe nach Auflösung durch den Tod des zur Anfechtung nicht berechtigten Ehegatten in öffentlich beglaubigter Form, § 1342 BGB. Die Vorschrift ist außer Kraft getreten. § 84 EheG. (Bisher § 104 I 1 KostO.).

3. der Annahme oder Ausschlagung einer Erbschaft, § 1955 BGB, **der Versäumung der Ausschlagungsfrist** (von regelmäßig 6 Wochen, § 1956 BGB) oder **der Ausschlagung der Erbschaft durch einen Pflichtteilsberechtigten,** der als Erbe oder Vermächtnisnehmer in der im § 2306 BGB bezeichneten Weise beschränkt oder beschwert ist, wenn die Beschränkung oder Beschwerung zur Zeit der Ausschlagung weggefallen oder der Wegfall ihm nicht bekannt war, § 2308 I BGB:
durch Erklärung gegenüber dem Nachlaßgericht in öffentlich beglaubigter Form, § 1945 BGB.

a) ¼ Gebühr für die Beurkundung, §§ 104 III, 31 II. Bei **Beglaubigung** der Erklärung: ¼ Gebühr, § 39 I.

b) ¼ Gebühr für die Entgegennahme durch das Nachlaßgericht, § 104 I Z 4; siehe „Entgegennahme".

c) Geschäftswert für die Berechnung der Gebühren zu a und b: der Nachlaß nach Abzug der Schulden (einschließlich der Vermächtnisse, Pflichtteilsrechte, Auflagen, Beerdigungskosten) bzw. der Wert des auf den Anfechtenden (Miterben) treffenden Nachlaßteils (nach Schuldenabzug). Bei Anfechtung der Ausschlagung einer bedingten Nacherbschaft bildet der Nacherbteil nur die oberste Grenze bei Bewertung des Rechts; im übrigen aber Abschätzung des Wertes des Rechts gemäß § 24 I unter Berücksichtigung des Maßes der Wahrscheinlichkeit des Anfalls der Erbschaft, OLG München 3. 12. 1938, DFG 1939, 45 und JFGErg 18, 52 = HRR 1938 Nr. 1139. War der die Ausschlagung Anfechtende zu einem Bruchteil als Erbe, im übrigen als Nacherbe berufen, so erstreckt sich die Anfechtung der Ausschlagung im Zweifel nur auf die Erbfolge, nicht auch auf die Nacherbfolge; Gebührenerhebung nach dem Erbteil, KG 12. 4. 1935, JW 1935, 2652.

d) **Schuldner der Gebühren** zu 3 a und b: der Anfechtende, § 2 Z 1. Bei Anfechtung durch mehrere Personen in einem Protokoll beschränkt sich die Haftung des einzelnen auf den Betrag, der entstanden wäre, wenn die übrigen Erklärungen nicht beurkundet worden wären, § 4 I S 2. Bei Anfall der Mindestgebühr samtverbindliche Haftung, § 4 I S 1.

e) Für die **vormundschaftsgerichtliche Genehmigung der Anfechtungserklärung** des gesetzlichen Vertreters eines unter elterlicher Gewalt stehenden Minderjährigen, Geistesschwachen, Geisteskranken oder Gebrechlichen: **volle Gebühr** aus dem Gegenstand, auf den sich die Anfechtung bezieht, ohne Schuldenabzug (§ 88 I, II), wenn das Vermögen des Fürsorgebedürftigen mehr als 5000 RM beträgt, § 89.

Keine Gebühr aus § 88 I 1, wenn für den Anfechtenden eine Vormundschaft oder Dauerpflegschaft besteht oder wenn die Genehmigung des Vormundschaftsgerichts in den Rahmen einer Einzelpflegschaft (§ 86 I) fällt, § 88 I S 2.

4. der Ausschlagung eines Vermächtnisses durch formlose Erklärung gegenüber dem Beschwerten (nicht gegenüber dem Nachlaßgericht), § 2308 II BGB; Gerichtsgebühr kann nicht anfallen.

5. eines Testaments, durch das ein Erbe eingesetzt, ein gesetzlicher Erbe von der Erbfolge ausgeschlossen, ein Testamentsvollstrecker ernannt oder eine Verfügung solcher Art aufgehoben wird, durch formfreie Erklärung gegenüber dem Nachlaßgericht, § 2081 I BGB.

a) **Für die Aufnahme der Erklärung** zu Protokoll des Nachlaßgerichts oder eines anderen Gerichts: **keine Gebühr,** § 104 III. — Bei ausdrücklich verlangter **gerichtlicher Beurkundung** der Erklärung: ¼ **Gebühr,** §§ 104 III, 31 II. Bei **Beglaubigung:** ¼ Gebühr, § 39 I.

b) **¼ Gebühr für die Entgegennahme der Erklärung** durch das Nachlaßgericht, § 104 I 6. Siehe „Entgegennahme".

c) **Geschäftswert** für die Gebühren unter a und b: Wert des Nachlasses nach Abzug der Schulden (einschließlich der Vermächtnisse, Pflichtteilsrechte, Auflagen, Beerdigungskosten), über den verfügt wurde, nicht des Interesses des Anfechtenden; dies gilt auch, wenn der Anfechtende bei gesetzlicher Erbfolge nur zu einem Teil als Erbe berufen war. Erfolgt die Anfechtung mit der bestimmten Erklärung des Erben, daß er seinen gesetzlichen Erbteil beanspruche: Gebühr aus dem Wert des Gesamtreinnachlasses, über den verfügt ist, nicht aus dem Erbteil des anfechtenden Miterben; denn die Anfechtung ergreift die ganze letztwillige Verfügung; ebenso bei Anfechtung eines Testaments durch mehrere Miterben. — Gebühr für die Entgegennahme jeder Anfechtungserklärung; § 107 trifft nicht zu; denn die Anfechtung durch einen Beteiligten bildet nicht die Veranlassung zur Anfechtung durch andere Beteiligte (a.M. Korintenberg-Wenz S 525).

d) Schuldner der Gebühren zu a und b: der Anfechtende, § 2 Z 1.

6. eines Erbvertrages durch den Erblasser nach dem Tod des anderen Vertragsschließenden durch formfreie Erklärung gegenüber dem für den Todesfall des Erstverstorbenen zuständigen Nachlaßgericht, § 73 RFGG, innerhalb der in § 2283 BGB bestimmten Frist, §§ 2281, 2282 III BGB.

a) Für die Aufnahme der Erklärung zu Protokoll des Nachlaßgerichts oder eines anderen Gerichts: **keine Gebühr,** § 104 III. Bei ausdrücklich verlangter **gerichtlicher Beurkundung** der Erklärung: ¼ **Gebühr,** §§ 104 III, 31 II. Bei **Beglaubigung:** ¼ Gebühr (§ 39 I).

b) ¼ Gebühr für die Entgegennahme der Erklärung durch das Nachlaßgericht, § 104 I 6. Siehe „Entgegennahme".

c) Geschäftswert: der Wert der ganzen Erbvertragsmasse nach Abzug der Schulden, § 104 II S 1.

d) Schuldner der Gebühren zu a und b: der Anfechtende, § 2 Z 1.

Anfragen

über die Art der Erledigung oder den Verbleib eines Nachlasses oder nach dem ermittelten Erben: siehe „Bescheinigung des Nachlaßgerichts" unter 2.

Anmeldung von Forderungen der Nachlaßgläubiger

nach Aufforderung eines Miterben im Falle des § 2061 BGB durch formfreie Erklärung gegenüber dem Nachlaßgericht.

a) Für die Aufnahme der Erklärung zu Protokoll des Nachlaßgerichts oder eines anderen Gerichts: **keine Gebühr,** § 104 III. Bei ausdrücklich verlangter **gerichtlicher Beurkundung** der

Erklärung: ¼ **Gebühr,** §§ 104 III, 31 II, aus dem angemeldeten Betrag. Bei **Beglaubigung:** ¼ Gebühr, § 39 I.

b) ¼ Gebühr für die Entgegennahme der Anmeldung durch das Nachlaßgericht, § 104 I 5. Siehe „Entgegennahme".

c) Geschäftswert für die Gebühr unter b: der Gesamtbetrag der angemeldeten Forderungen, § 104 II S 2.

d) Schuldner der Gebühr unter a: der Anmeldende, § 2 Z 1, der Gebühr unter b: der Miterbe, der die Aufforderung zur Anmeldung erlassen hat, § 104 II S 2. Keine Haftung der anmeldenden Gläubiger.

Annahme oder Ablehnung des Testamentsvollstreckeramts

nach dem Eintritt des Erbfalls durch formfreie Erklärung gegenüber dem Nachlaßgericht (ohne Bedingung oder Zeitbestimmung), § 2202 BGB.

1. a) Für die Aufnahme der Erklärung zu Protokoll des Nachlaßgerichts oder eines anderen Gerichts: **keine Gebühr,** § 104 III. Bei ausdrücklich verlangter **gerichtlicher Beurkundung** der Erklärung (höchst selten vorkommend): ¼ **Gebühr,** §§ 104, III, 31 II. Bei **Beglaubigung:** ¼ Gebühr, § 39 I.

b) ¼ Gebühr für die Entgegennahme der Erklärung durch das Nachlaßgericht, § 104 I 8. Siehe „Entgegennahme".

c) Geschäftswert für die Gebühren zu a und b: §§ 104 II, 24 II; siehe „Regelwert" und „Bestimmung der Person des Testamentsvollstreckers" unter 1 c.

d) Schuldner der Gebühr unter a: der Veranlasser der Beurkundung, § 2 Z 1, unter b: die Erben, § 5 S 2; siehe „Haftung".

2. Keine Gebühr bei Zusammenhang mit anderen Geschäften im Sinne des § 107. Siehe „Zusammenhang".

Annahme der Erbschaft (§ 1943 BGB)

zu Protokoll des Nachlaßgerichts ist gebührenfrei, § 1. Anfechtung der Annahme siehe „Anfechtung" unter 3.

Anordnungen

a) des Nachlaßgerichts bei Testamentsvollstreckung: siehe „Testamentsvollstrecker" unter II 1 c.

b) zur Sicherung eines Nachlasses durch Siegelung oder auf andere Weise, einschließlich der Anordnungen wegen der Aufbewahrung und Auslieferung des Nachlasses: siehe „Nachlaßsicherung".

Anrechnung

der Gebühr des § 96 für die Sicherung des Nachlasses durch Siegelung oder auf andere Weise **auf die Gebühr des § 98** für eine lediglich ebenfalls der Sicherung des Nachlasses dienende Nachlaßpflegschaft (§ 1960 BGB). Keine Anrechnung bei einer Nachlaßpflegschaft, die auf Antrag eines Gläubigers nach § 1961 BGB angeordnet worden ist, wenn dafür nicht die Sicherung des Nachlasses, sondern nur die Notwendigkeit der Grund war, dem Gläubiger die Geltendmachung seiner Ansprüche zu ermöglichen. Ebenfalls keine Anrechnung der Gebühr des **§ 98** für eine Nachlaßpflegschaft aus § 1960 BGB auf die gleiche Gebühr für eine nachfolgende Nachlaßverwaltung aus § 1975 BGB, auch nicht bei einer Pflegschaft für einen abwesenden Beteiligten nach § 88 RFGG auf die vom Vormundschaftsgericht anzuordnende allgemeine Abwesenheitspflegschaft gemäß § 1911 BGB, die unter § 86 fällt.

Ansatz

der Kosten siehe „Kostenansatz".

Antragsgeschäfte

sind Geschäfte, die nur auf Antrag — nicht von Amts wegen, siehe „Amtsbetrieb" – vorzunehmen sind. Kostenschuldner bei Antragsgeschäften ist jeder, der die Tätigkeit des Gerichts veranlaßt, bei der Beurkundung von Rechtsgeschäften insbesondere jeder Teil, dessen Erklärung beurkundet ist, § 2 Z 1. Eine Zahlungsverpflichtung der „Interessenten" besteht nur bei Geschäften, die von Amts wegen vorgenommen werden, § 2 Z 2. Als Antragsgeschäft in Nachlaßsachen kommt hauptsächlich die Erteilung des Erbscheins in Betracht. Kostenschuldner ist hier der Erbe. Mehrere antragstellende Miterben haften als Gesamtschuldner, § 4 I. Beantragt jedoch nur einer von mehreren Miterben die Erteilung eines gemeinschaftlichen Erbscheins, so ist er alleiniger Kostenschuldner, nicht auch die Miterben, KGJ 34 B 3. Siehe auch „Vorschußpflicht und Abhängigmachung", „Zurückbehaltungsrecht".

Anzeige

1. des Verkäufers oder Käufers einer Erbschaft über deren Verkauf, § 2384 BGB, durch formfreie Erklärung gegenüber dem Nachlaßgericht.

a) Für die Niederschrift der Anzeige zu Protokoll des Nachlaßgerichts: **keine Gebühr.** Anzeige erfolgt meist durch Übersendung der notariellen Urkunde, § 2371 BGB. Erbschaftsverkauf liegt nicht vor, wenn der Erbe im Auseinandersetzungsverfahren den bei der Erbteilung auf Miterben entfallenden Anteil am Grundbesitz „übernimmt".

b) ¼ **Gebühr für die Entgegennahme der Anzeige** durch das Nachlaßgericht, § 104 I 9. Siehe „Entgegennahme".

c) **Geschäftswert:** der Kaufpreis, § 104 II S 1.

d) **Schuldner** der Gebühr zu b: der Anzeigende, § 2 Z 1.

2. des Vorerben oder Nacherben über den Eintritt der Nacherbfolge durch formfreie Erklärung gegenüber dem Nachlaßgericht, § 2146 BGB.

a) **Für die Aufnahme der Erklärung** zu Protokoll des Nachlaßgerichts oder eines anderen Gerichts: **keine Gebühr,** § 104 III. Bei ausdrücklich verlangter **gerichtlicher Beurkundung** der Erklärung: ¼ Gebühr, §§ 104 III, 31 II. Bei **Beglaubigung:** ¼ Gebühr, § 39 I.

b) ¼ **Gebühr für die Entgegennahme der Erklärung** durch das Nachlaßgericht, § 104 I 7. Siehe „Entgegennahme".

c) **Geschäftswert** für die Gebühren zu a und b: Wert des reinen Nachlasses zur Zeit des Eintritts der Nacherbfolge nach Abzug der Schulden (einschließlich der Vermächtnisse, Pflichtteilsrechte, Auflagen, Beerdigungskosten), § 104 II Halbsatz 1.

d) **Schuldner der Gebühren** zu a und b: der Anzeigende, § 2 Z 1.

Armenrecht

Die Bewilligung des Armenrechts gemäß § 14 RFGG befreit von der Kostenzahlung sowie von der Vorschußpflicht und der damit verbundenen Abhängigmachung der Vornahme des beantragten Geschäfts nach § 7. Auch das Zurückbehaltungsrecht nach § 9 kann in diesem Falle nicht ausgeübt werden, selbst dann nicht, wenn es sich um eine Urkunde handelt, die zu dem Antrag des zum Armenrecht Zugelassenen von einem zahlungsfähigen Dritten eingereicht ist. Siehe auch: § 9 KostVfg sowie § 10 das. über „Unvermögen des Kostenschuldners in anderen Fällen".

Aufforderung

eines Miterben an die Nachlaßgläubiger zur Anmeldung von Forderungen: siehe „Anmeldung".

Aufgebotsverfahren

Siehe „Todeserklärung".

Aufhebung der fortgesetzten Gütergemeinschaft

durch den überlebenden Ehegatten gegenüber allen Abkömmlingen durch Erklärung gegenüber dem für den Nachlaß des verstorbenen Ehegatten zuständigen Nachlaßgericht in öffentlich beglaubigter Form, § 1492 I BGB. (Bei vertragsmäßiger Aufhebung ist Erklärung gegenüber dem Nachlaßgericht nicht erforderlich, § 1492 II BGB).

1. a) ¼ Gebühr für die Beurkundung der Erklärung durch das Nachlaßgericht, §§ 104 III, 31 II. Bei **Beglaubigung:** ¼ Gebühr, § 39 I.

b) ¼ Gebühr für die Entgegennahme der Erklärung durch das Nachlaßgericht, § 104 I 2; siehe „Entgegennahme".

c) Geschäftswert für die Berechnung der Gebühren zu a und b: das Gesamtgut nach Abzug der Gesamtgutsverbindlichkeiten, § 104 II S 1 KostO.

d) Schuldner der Gebühren zu a und b: der überlebende Ehegatte, § 2 Z 1.

2. Für vormundschaftsgerichtliche Genehmigung der Aufhebungserklärung

a) des unter Vormundschaft stehenden überlebenden Ehegatten, § 1492 III BGB: **keine** Gebühr, weil die Gebühr des § 85 die gesamte Tätigkeit des Vormundschaftsgerichts für das Mündel umfaßt;

b) des unter elterlicher Gewalt stehenden Ehegatten: **volle Gebühr,** § 88 Z 4, wenn das reine Vermögen des Ehegatten 5000 RM übersteigt, § 89; dann **Geschäftswert:** Annahme nach § 24 II (§ 88 II S 2); siehe „Regelwert".

Zu a und b: Im übrigen findet die Befreiungsvorschrift in § 88 I Satz 2 Anwendung.

Auseinandersetzung

eines Nachlasses oder Gesamtguts: siehe „Gerichtliche Vermittlung der Auseinandersetzung".

Auflagen

Sie sind als Nachlaßschulden, die erst mit dem Erbfall entstehen, bei der Ermittlung des reinen Vermögens des Erblassers für die Berechung der Gebühren der §§ 93, 94 für die Verwahrung und Rückgabe sowie für die Eröffnung von Verfügungen von Todes wegen gemäß § 95 I in Verbindung mit § 40 IV nicht abzuziehen. Auch bei der Ermittlung des Wertes „der den Gegenstand der Auseinandersetzung bildenden Vermögensmasse" im Sinne des § 108 V werden die Auflagen nicht abgezogen, § 17 III. Dagegen sind bei der Ermittlung des Wertes für die Berechnung der Erbscheinsgebühr und der neben ihr zu erhebenden Gebühr für die Abnahme der eidesstattlichen Versicherung alle Nachlaßverbindlichkeiten, d.h. sowohl die vom Erblasser selbst herrührenden Schulden als auch alle anderen Verbindlichkeiten, darunter auch die Auflagen abzuziehen, § 99 II. — Dasselbe gilt für Pflichtteilsrechte und Vermächtnisse. Siehe auch „Fristbestimmungen".

Ausfertigungen

Für die auf die Verfügung des Richters über die Erteilung des Erbscheins dem Erben zu übermittelnde Ausfertigung des Erbscheins werden — neben der Gebühr (§ 99) — Schreibgebühren nicht erhoben. Dagegen werden für weitere Ausfertigungen und beglaubigte Abschriften des Erbscheins nur Schreibgebühren, aber keine Beglaubigungsgebühren erhoben, § 124. Dasselbe gilt für die erste Ausfertigung und für weitere Ausfertigungen des ersten Testamentsvollstreckerzeugnisses (Gebühr § 101 Z 2, 1. Halbsatz) sowie eines „weiteren" Zeugnisses (Gebühr § 101 Z 2, 2. Halbsatz).

Ausgleichsansprüche

von Miterben = Abkömmlingen nach § 2050 BGB sind keine Nachlaßgegenstände und bleiben deshalb bei der Ermittlung des Wertes der den Gegenstand der Auseinandersetzung bildenden Vermögensmasse außer Betracht, KG vom 22. 10. 09, KGJ 39 B 55. Siehe „Gerichtliche Vermittlung der Auseinandersetzung" unter I 6.

Ausländer

Ist der Erblasser ein Ausländer, der nach ausländischem Recht beerbt wird, so wird ein auf die im Inland befindlichen Gegenstände beschränkter Erbschein erteilt, § 2369 BGB; § 99 II KostO. Siehe „Erbschein" unter I 2 f.

Ausschlagung der Erbschaft

gegenüber dem Nachlaßgericht in öffentlich beglaubigter Form, § 1945 BGB.

1. a) ¼ Gebühr für die Beurkundung der Erklärung, §§ 104 III, 31 II.

Bei **Beglaubigung** der Erklärung: ¼ Gebühr, § 39 I.

b) ¼ Gebühr für die Entgegennahme der Erklärung durch das Nachlaßgericht, § 104 I 4. Siehe „Entgegennahme".

c) Geschäftswert: Wert des Nachlasses nach Abzug der Schulden (einschließlich der Vermächtnisse, Pflichtteilsrechte, Auflagen und Beerdigungskosten).

Mindestgebühr im Falle a und b: je 2 RM (z.B. bei Überschuldung).

Schlägt ein Miterbe die Erbschaft aus: Wert des auf ihn treffenden Anteils des Reinnachlasses. Ist der Ausschlaggebende zu einem Bruchteil als Erbe und im übrigen als Nacherbe berufen, so erstreckt sich die Ausschlagung im Zweifel nur auf die Erbfolge, nicht auf die Nacherbfolge; Geschäftswert: der Erbteil, KG 12. 4. 1935, JW 1935, 2652. Schlagen mehrere nacheinander als Erben Berufene in einem Protokoll vor dem Nachlaßgericht die Erbschaft aus (z.B. der Sohn des Erblassers für sich und sein nach ihm berufenes minderjähriges Kind): eine Gebühr nach 1 a und 1 b aus dem Wert der „ausgeschlagenen Erbschaft" (nach Schuldenabzug), also aus dem Erbteil des Sohnes. Schlagen mehrere nebeneinander zur Erbschaft Berufene in einem Protokoll die Erbschaft aus: eine Gebühr nach 1 a und 1 b aus dem zusammengerechneten Wert der verschiedenen Erbanteile (nach Abzug der Schulden). Bei Überschuldung des Nachlasses in den beiden letztgenannten Fällen nur eine Gebühr zu 1 a und b von 2 RM (Mindestgebühr). Schlagen mehrere neben- oder nacheinander als Erben Berufene in getrennten Protokollen die Erbschaft aus: Berechnung der Gebühren zu 1 a und 1 b für jede Ausschlagungserklärung besonders.

Bei Ausschlagung einer bedingten Nacherbschaft Bestimmung des Geschäftswertes durch das Nachlaßgericht nach § 24 I (siehe: „Freies Ermessen"), wobei die obere Grenze durch den Betrag des Nacherbteils gebildet wird. Den näheren Anhaltspunkt für die Ausübung des Ermessens gibt der für den Zeitpunkt der Fälligkeit der Gebühr zu ermittelnde Wert der Nacherbschaft, der infolge ihrer Bedingtheit nur als Anwartschaft anzusehen ist. Zu berücksichtigen ist das Maß der Wahrscheinlichkeit des Anfalls der Nacherbschaft, ferner, ob es sich um eine befreite Vorerbschaft handelt oder nicht, OLG München 3. 12. 1938, DFG 1939, 45 = JVBl 1939, 59 = HRR 1938 Nr. 1139, DJR 1939, 200 Nr 2023; s. auch Reckert in JVBl 1939, 117.

d) Schuldner der Gebühr zu 1 a und 1 b: der Ausschlagende, § 2 Z 1.

2. Vormundschaftsgerichtliche Genehmigung der Ausschlagung: **Volle Gebühr des § 88 I Z 1,** wenn der Erbe unter elterlicher Gewalt steht und das Reinvermögen des Fürsorgebedürftigen 5000 RM übersteigt, § 89. **Geschäftswert:** der Wert des Gegenstandes, auf den sich die Ausschlagung bezieht, ohne Schuldenabzug, § 88 II. **Keine Gebühr,** wenn für den Fürsorgebedürftigen eine Vormundschaft oder Dauerpflegschaft besteht, oder wenn die Genehmigung des Vormundschaftsgerichts in den Rahmen einer Einzelpflegschaft (§ 86 I) fällt, § 88 I Satz 2. Beispiel: Der gesetzliche Vertreter wird erst durch die Ausschlagung des Kindes als Erbe berufen. Hier ist Pflegerbestellung (§ 1909 BGB) und Genehmigung des Vormundschaftsgerichts für die Ausschlagungserklärung erforderlich.

3. Keine Gebühr nach § 104 I Z 4 **bei Zusammenhang** mit anderen Geschäften im Sinne des § 107. Siehe „Zusammenhang".

4. Anfechtung der Ausschlagung einer Erbschaft siehe „Anfechtung" unter 3.

Ausschlagung eines Vermächtnisses

durch formfreie Erklärung gegenüber dem Beschwerten, Nachlaßpfleger oder Testamentsvollstrecker, sofern der Vermächtnisanspruch gegen sie geltend gemacht werden kann, nötigenfalls auch zu Protokoll des Nachlaßgerichts, wenn dieses es weiterleitet, RG 113, 237; auch bei Erklärung vor dem Nachlaßgericht keine Gebühr aus §§ 31 II, 104 I, 4, § 104 III, weil die Erklärung nicht gegenüber dem Nachlaßgericht abgegeben wird.

Ausschlagungsfrist

Anfechtung der Versäumung: siehe „Anfechtung" unter 3.

Beendigung

des Geschäfts: siehe „Fälligkeit der Gebühren".

Beisitzbescheinigungen,

Zeugnisse für Samtgutsverwalter und ähnliche Zeugnisse des Nachlaßgerichts (z.B. über das dem hinterbliebenen Ehegatten zustehende „Leibzuchtsrecht"). Die Vorschrift in § 101 I findet sinngemäße Anwendung, d. h. die Vorschriften über den Erbschein gelten entsprechend. § 101 II. Siehe „Gütergemeinschaft", „Zeugnis über Fortsetzung".

Wegen der Kosten für **Zeugnisse,** die in bestimmten Verfahren **gebührenfrei** zu erteilen sind, siehe „Erbschein" unter I 7.

Bescheinigung des Nachlaßgerichts

1. erforderlich nach den Gesetzen über das **Reichs- und Staatsschuldbuch** darüber, daß ein Rechtsnachfolger von Todes wegen, ein die Gütergemeinschaft fortsetzender Ehegatte oder ein Testamentsvollstrecker über die Buchforderung verfügen kann:

a) ¼ **Gebühr,** höchstens aber 10 RM, aus dem Betrag der Buchforderung, § 103 I Z 2, II.

b) Schuldner der Gebühr: der Antragsteller, § 2 Z 1.

c) Fälligkeit der Gebühr: mit Erteilung der Bescheinigung, § 6.

Daneben wird für die **Abnahme der eidesstattlichen Versicherung** die Gebühr des § 43 II — ohne Beschränkung auf den Höchstbetrag von 10 RM — besonders erhoben, § 103 III. Siehe „Eidesstattliche Versicherung". Auch hier gilt die Wertvorschrift des § 103 II (Betrag der Buchforderung), § 43 II S 1, 2. Halbsatz.

2. auf Antrag über die Art der Erledigung oder den Verbleib eines Nachlasses, oder darüber, wer als Erbe eines Verstorbenen ermittelt wurde, wenn das berechtigte Interesse einer Anfrage glaubhaft gemacht ist: nur Postgebühren (§ 139 I Z 1), weil nur schriftliche Auskunftserteilung aus den Akten, nicht aber eine Bescheinigung im Sinne des § 44 Z 1 vorliegt, AG Nürnberg vom 18. 3. 1937, NR 156/1934, 22. 4. 1937. Bedarf ein Gläubiger für die Zwangsvollstreckung eines Erbscheins, § 792 ZPO: Gebühr für seine Erteilung nach § 99.

3. für den Testamentsvollstrecker, daß er nach der von ihm eingereichten Erklärung das Amt angenommen habe, ist kostenrechtlich ein Testamentsvollstreckerzeugnis, § 101; siehe „Testamentsvollstreckerzeugnis", KG 30. 9. 1911, KGJ 22 B 32; 19. 4. 1909 38 A 136, KG 14. 10. 1938, JVBl 1939, 28. Gleiches gilt von der Bescheinigung auf einem mehreren Testamentsvollstreckern erteilten Zeugnis, daß einer von ihnen ausgeschieden und der statt seiner ernannte X das Amt angenommen habe, KG 9. 3. 1905, KGJ 29 B 79.

4. Beisitzbescheinigungen: siehe dort.

Beschränkte Zeugnisse

zu Grundbuchzwecken. § 103 I 1; siehe „Rechtsnachfolge".

Beschränkter Erbschein

nach § 2369 BGB. Siehe „Erbschein" unter 2 f. Inhaltlich unbeschränkte Erbscheine „zu beschränktem Gebrauch" waren nach der früheren Landesgesetzgebung vielfach nur nach dem Wert bestimmter Rechte oder Gegenstände gebührenpflichtig, wenn von ihnen nach entsprechender Glaubhaftmachung nur zur Verfügung über solche Rechte oder Gegenstände Gebrauch gemacht werden sollte. Eine solche Regelung ist in die Kostenordnung nicht übernommen worden. Wird nach Inkrafttreten der KostO eine Ausfertigung oder beglaubigte Abschrift eines derartigen Erbscheins erteilt, so entsteht die Gebühr des § 99, auf die die früher entstandene Gebühr anzurechnen ist, § 163 Z 3 KostO, § 53 KostVfg.

Beschwerden

Für das Verfahren über Beschwerden[1]) — auch weitere Beschwerden — in Angelegenheiten der freiwilligen Gerichtsbarkeit werden nach **§ 123** Gebühren **nur** erhoben:

---

[1]) Nach der VO von 4. 10. 1939, RGBl 1149, § 6 Z 1 sind Beschwerden gegen Entscheidungen des Gerichts über den Ansatz von Gerichtskosten und die Festsetzung des zugrunde zu legenden Wertes nur zulässig, wenn der Wert des Beschwerdegegenstandes 200 RM übersteigt.

1. bei Verwerfung oder Zurückweisung: die Hälfte der vollen Gebühr,

2. bei Zurücknahme: ein Viertel der vollen Gebühr. Betrifft die Zurücknahme nur einen Teil des Beschwerdegegenstandes so ist die Gebühr nur insoweit zu erheben, als sich die Beschwerdegebühr erhöht haben würde, wenn die Entscheidung auf den zurückgenommenen Teil erstreckt worden wäre, d. h. der Kostenschuldner soll durch die teilweise Zurücknahme seiner Beschwerde nicht mehr belastet werden, als wenn er es auch insoweit statt der Zurücknahme auf eine Zurückweisung ankommen läßt.

Das Beschwerdeverfahren ist **gebührenfrei,** wenn der Beschwerde stattgegeben oder die Sache an die untere Instanz zurückverwiesen wird. Die Auslagen werden grundsätzlich auch hier erhoben, jedoch nicht die Schreib- und Postgebühren für die Ausfertigung und Übersendung der Beschwerdeentscheidungen, es sei denn, daß Ausfertigungen oder Abschriften auf besonderen Antrag erteilt werden. KG 9. 10. 1936, JVBl 1937, 10 = DRpfl 1936, Rspr Nr. 792 = JW 1936, 3336. Nach § 15 I S 2 sind jedoch Auslagen, die durch eine für begründet befundene Beschwerde entstanden sind, nicht zu erheben. Es kann auch nach S. 3 bei Abweisung oder Zurücknahme eines Beschwerdeantrags Gebühren- und Auslagenfreiheit gewährt werden, wenn der Antrag auf nicht anzurechnender Unkenntnis der Verhältnisse oder auf Unwissenheit beruht. An dieser Voraussetzung wird es jedoch im Hinblick auf die Darlegungen in der angefochtenen Entscheidung regelmäßig fehlen.

Geschäftswert: § 123 I S 2, § 24; siehe „Regelwert". Dies gilt auch für Beschwerden in vermögensrechtlichen Angelegenheiten, für die in der ersten Instanz der Geschäftswert in anderer Weise zu bestimmen war. Nicht der Wert des Beschwerdegegenstandes schlechthin ist für die Berechnung der Beschwerdegebühr entscheidend, sondern die Bedeutung, die der Beschwerde für die Beteiligten zukommt, wenn auch bei dem Ausmaß der Würdigung dieser Bedeutung der Wert des Gegenstandes von wesentlichem Einfluß sein kann, OLG München 24. 9. 1937 Wx 382.37, Jonas-Melsheimer A III zu § 123 und Fußnote. — Wegen der Beschwerde im Ordnungsstrafverfahren siehe „Einziehung" oder „Kraftloserklärung des Erbscheins" und „Erzwingung der Ablieferung des Testaments".

Bestätigung

einer Auseinandersetzung: siehe „Gerichtliche Vermittlung der Auseinandersetzung".

Bestimmung

I. der Person des Testamentsvollstreckers — vom Erblasser einem Dritten überlassen — durch Erklärung des Dritten gegenüber dem Nachlaßgericht in öffentlich beglaubigter Form, § 2198 BGB.

1. a) ¼ Gebühr für die Beurkundung der Erklärung, § 31 II. Bei **Beglaubigung** der Erklärung: ¼ Gebühr § 39 I. Wenn die Bestimmung der Person des Testaments seitens des Dritten mit der Annahme des Testamentsvollstreckeramts in einem Protokoll beurkundet wird: nur eine Gebühr, § 38 KostO.

b) ¼ Gebühr für die Entgegennahme der Erklärung durch das Nachlaßgericht, § 104 I Z 8. Siehe „Entgegennahme".

Siehe auch: „Zusammenhang".

c) Geschäftswert für die Gebühren unter a und b: §§ 104 II, 24 II; siehe „Regelwert". Berücksichtigung des Nachlasses, des Umfanges, der Dauer und Bedeutung der Tätigkeit des Testamentsvollstreckers. Im allgemeinen bei einem Reinnachlaß bis zu 50000 RM Annahme eines Geschäftswertes von 3000 RM, bei höherem Nachlaß 10% des Reinnachlasses, OLG München 23. 9. 1937, JVBl 1938, 139; KG 14. 10. 1938, JVBl 1939, 29.

d) Schuldner der Gebühren a und b: der den Testamentsvollstrecker Bestimmende unbeschadet seines Ersatzanspruchs gegen die Erben, § 2 Z 1.

II. einer Inventarfrist: siehe dort.

III. von Fristen nach §§ 2151, 2153—2155, 2192, 2193 BGB: siehe „Fristbestimmungen".

Beurkundung

1. der eidesstattlichen Versicherung in Nachlaß- und Teilungssachen: siehe „Eidesstattliche Versicherung".

2. der gerichtlich oder notariell zu beurkundenden Erklärungen, die gegenüber dem Nachlaßgericht abzugeben sind und für deren Entgegennahme die Gebühr des § 104 erhoben wird: siehe „Entgegennahme".

3. einer vertragsmäßigen Auseinandersetzung ohne gerichtliche Vermittlung. Für eine solche Beurkundung wird die **Gebühr des § 29 II** besonders erhoben, § 108 III und zwar

a) neben der doppelten Gebühr nach § 108 I 1, wenn die Beurkundung der Auseinandersetzung erfolgt, nachdem nach Einleitung des förmlichen Vermittlungsverfahrens in die Verhandlung über die Sache bereits eingetreten worden war, ohne daß es zur Bestätigung eines vielleicht schon angefertigten Planes gekommen war,

b) neben der Hälfte der vollen Gebühr nach § 108 I 2, wenn die Beurkundung der Auseinandersetzung erfolgt, bevor noch in die Verhandlung eingetreten ist, z.B. wenn sie unmittelbar nach dem Beginn des Verhandlungstermins, aber vor Beginn der Verhandlung über die Sache beantragt wird.

Die Vorschrift in § 108 VI, wonach für die in § 108 I und IV geregelten Gebühren des Auseinandersetzungsverfahrens alle Anteilsberechtigten, d.h. auch soweit sie an dem Verfahren nicht beteiligt sind, als Gesamtschuldner haften, erstreckt sich nicht auf die Beurkundungsgebühr.

Kostenschuldner sind insoweit nur diejenigen, deren Erklärungen beurkundet worden sind, § 2 Z 1. Siehe auch „Gerichtliche Vermittlung der Auseinandersetzung". — Wegen der Gebührenbefreiungen und -ermäßigungen für Wehrmachtsangehörige, als Erblasser, sowie in einem einschlägigen Verfahren des Nachlaßgerichts: siehe „Wehrmacht", „Wehrdienst".

Ehelichkeit

eines Kindes. Anfechtung, § 1597: siehe „Anfechtung" unter 1.

Eidesstattliche Versicherung

Für die **Abnahme der eidesstattlichen Versicherung** ist grundsätzlich die **volle Gebühr** zu erheben, wenn dieses Geschäft nicht Teil eines anderen Verfahrens ist, § 43 I. Unter Ermäßigung **auf die Hälfte der vollen Gebühr** (§ 43 II S 1, 1. Halbsatz) ist die **Gebühr des § 43** neben den Gebühren

a) aus § 99 für die Erteilung des Erbscheins,

b) aus § 101 für das Zeugnis über die Fortsetzung der Gütergemeinschaft, für das Testamentsvollstreckerzeugnis und für andere in § 101 II erwähnte Zeugnisse und Bescheinigungen des Nachlaßgerichts,

c) aus § 103 für die Zeugnisse gemäß §§ 36, 37 GBO und für die nach dem Gesetz über das Reichsschuldbuch und das Staatsschuldbuch eines Landes erforderlichen Bescheinigungen zu erheben, § 99 I S 2, § 101 I und II, § 103 III.

Die **Wertvorschriften** für die Berechnung dieser Gebühren sind auch für die Berechnung der neben ihnen zu erhebenden Gebühr für die Abnahme der eidesstattlichen Versicherung maßgebend; § 43 II S 1, 2. Halbsatz. Siehe „Erbschein, Gütergemeinschaft, Testamentsvollstreckerzeugnis, Zeugnis gemäß §§ 36, 37

GBO und Rechtsnachfolge, Bescheinigung des Nachlaßgerichts". Wird mit der eidesstattlichen Versicherung zugleich der Antrag auf Erteilung des Erbscheins oder des Zeugnisses beurkundet, so wird dafür eine besondere Gebühr nicht erhoben. Treten im Erbscheinsverfahren weitere Erben einer anderweit beurkundeten eidesstattlichen Versicherung bei, so bestimmt sich die Gebühr nach dem Wert ihres Anteils an dem Nachlaß, § 43 II S 2 und 3.

Kostenschuldner ist nur der Antragsteller.

Einsicht

Keine Gebühr für die Gestattung der Einsicht in das eröffnete Testament sowie für die Öffnung und Wiederverschließung einer Verfügung von Todes wegen, wenn dem Erblasser beim Vorliegen eines dringenden Interesses die Einsichtnahme in seine Verfügung ermöglicht worden ist. Auch die Gestattung der Einsicht der Erbscheinsverhandlungen ist — als Nebengeschäft (§ 27) der Erteilung des Erbscheins — gebührenfrei. Dasselbe gilt von der Gestattung der Einsicht des eingereichten Inventars, § 2010 BGB.

Einziehung oder Kraftloserklärung des Erbscheins

durch das Nachlaßgericht — auf Antrag oder von Amts wegen — wegen Unrichtigkeit, § 2361 I BGB. Die Unrichtigkeit kann auf tatsächlichen oder rechtlichen Gründen beruhen, OLG 3, 259. Beispiele: ein vom Antrag abweichender Erbschein; ein Erbschein für den Nacherben, wenn der Tag des Nacherbfalls nicht angegeben ist; ein Erbschein für den befreiten Vorerben, der die Befreiung nicht enthält; nachträgliche Auffindung eines Testaments oder eines späteren Testaments; Namensverwechslung; unrichtige Annahme der Erbeneigenschaft.

1. a) ½ Gebühr für das gesamte Verfahren der Einziehung oder Kraftloserklärung. § 100. Sie entsteht bereits mit dem Erlaß der Verfügung, daß der Erbschein eingezogen werde und umfaßt auch die etwa vorher von Amts wegen veranstalteten Ermittlungen über die Richtigkeit des Erbscheins, § 2361 III BGB, wenn daraufhin die Einziehung verfügt wird. Ergibt sich dabei die Richtigkeit des Erbscheins, so fällt neben der Gebühr des § 99 eine weitere Gebühr nicht an. Die Kraftloserklärung ist erfolgt, sobald der Beschluß hierzu ergangen ist. Die Gebühr des § 100 ist eine Pauschgebühr für das gesamte Verfahren. Sie wird daher auch dann nur einmal erhoben, wenn die Einziehung des Erbscheins verfügt wird, nachdem er nach seiner Kraftloserklärung in den Besitz des Nachlaßgerichts gelangt ist.

b) Geschäftswert: der Wert des Nachlasses im Zeitpunkt des Erbfalls unter Abzug der Nachlaßverbindlichkeiten (einschließlich der Vermächtnisse, Pflichtteilsrechte, Auflagen, Beerdigungskosten). § 100 Satz 2 in Verb. mit § 99 II. Zugrundelegung desselben Wertes, nach dem die Erbscheinsgebühr zu berechnen war, auch wenn der Erbschein nur in gewissen Beziehungen unrichtig war oder das Interesse des Erben, der den Einziehungsantrag gestellt hat, geringer ist, KG. vom 21. 1. 1916 und 12. 9. 1921; Korintenberg-Wenz § 100 A 3.

Ist über mehrere Erbfälle ein Erbschein erteilt und wird er wegen Unrichtigkeit eines Erbscheinteiles eingezogen: Gebühr des § 100 nur aus dem Erbfall, hinsichtlich dessen der Erbschein unrichtig war, KG 14. 12. 1916, KGJ 50 A 96; der über die in dem eingezogenen Erbschein richtig dargestellten Erbfälle zu erteilende neue Erbschein ist gebührenfrei.

c) **Schuldner** der Gebühr a: der Erbe, in dessen Interesse die Einziehung erfolgt, § 2 Z 2.

d) **Keine Gebühr** für die Einziehung oder Kraftloserklärung, wenn in demselben Verfahren ein neuer Erbschein erteilt wird, der wirkliche Erbe also die Erteilung des Erbscheins (wenn auch nur bezüglich der Größe seines Erbteils) beantragt hat, bevor das Verfahren betreffend die Einziehung oder Kraftloserklärung des unrichtigen Erbscheins (einschließlich des angeordneten Ordnungsstrafverfahrens) abgeschlossen war, § 100 S 3. Wird nach Beendigung dieses Verfahrens ein neuer Erbschein beantragt: Gebühr aus § 100 neben derjenigen des § 99 (keine Anrechnung!). Bei unrichtiger Sachbehandlung durch das Gericht, bei dem die Kosten anzusetzen sind oder angesetzt worden sind, ist Nichterhebung bzw. Rückvergütung von Amts wegen anzuordnen, § 15. Anträge des Kostenschuldners auf Aufhebung des Kostenansatzes aus § 15 sind als Erinnerungen, § 13, zu behandeln. Beschwerde bei einem Beschwerdegegenstand über 200 RM, § 13 III, § 8 VO vom 1. 9. 1939, RGBl 1939, 1659.

2. Maßnahmen gegen den Besitzer des Erbscheins bei Nichtablieferung desselben.

a) **Strafandrohung allein:** gebührenfrei, § 110 IV.

Für **Festsetzung der Ordnungsstrafe: dreifache Gebühr in jedem Rechtszug** aus dem Betrag der Strafe, aber nicht mehr als diese selbst, § 110 I 1, II. Für **Verwerfung des Einspruchs** gegen die Straffestsetzung: Gebühr wie vor.

b) **Schuldner** der Gebühr zu a: der zu den Kosten des Ordnungsstrafverfahrens Verurteilte, § 3 Z 1. Keine Haftung des „Antragstellers", weil Amtsbetrieb.

c) **Anordnung der Wegnahme des Erbscheins: ¼ Gebühr** des § 8 GKG, § 33 Z 4 GKG, § 126 KostO.

d) **Offenbarungseidverfahren,** wenn der Erbschein bei Durchführung der Anordnung unter c nicht vorgefunden wurde: $^5/_{10}$ der Sätze des § 8 GKG, gemäß § 33 Z 5 GKG (§ 126 KostO).

e) **Schuldner** der Gebühr zu c und d: nur der Vollstreckungsschuldner, gegen den sich die Maßnahme richtete.

f) Jede **Wiederholung** der Ordnungsstrafe (mit Festsetzung einer Ordnungsstrafe bzw. mit Verwerfung des Einspruchs wird jedesmal eine neue Strafe angedroht) gilt als ein besonderes gebührenpflichtiges Verfahren.

g) **Sofortige Beschwerde** gegen die Straffestsetzung gewährt § 139 RFGG. Gebühr wie unter **a**. § 123 kommt nicht in Frage.

Entgegennahme

1. **eines Nachlaßinventars:** siehe „Nachlaßinventar".

2. **folgender Erklärungen gegenüber dem Nachlaßgericht,** § 104:

a) Ablehnung der fortgesetzten Gütergemeinschaft, § 1484 BGB,

b) Ablehnung des Amtes des Testamentsvollstreckers, § 2202 BGB,

c) Anfechtung der Annahme oder Ausschlagung einer Erbschaft, §§ 1954, 1955, 1956 BGB und der Ausschlagung durch einen Pflichtteilsberechtigten, § 2308 I BGB,

d) Anfechtung der Ehe im Falle des § 1342 BGB. — außer Kraft, § 84 EheG —,

e) Anfechtung der Ehelichkeit eines Kindes, § 1597 BGB,

f) Anfechtung der Versäumung der Ausschließungsfrist gemäß § 2308 I BGB,

g) Anfechtung eines Erbvertrags durch den Erblasser, § 2281 II BGB,

h) Anfechtung eines Testamentes, § 2081 BGB,

i) Anmeldung von Forderungen im Falle des § 2061 BGB,

k) Annahme des Amtes des Testamentsvollstreckers, § 2202 BGB,

l) Anzeige des Verkäufers einer Erbschaft über deren Verkauf, § 2384 BGB,

m) Anzeige der Vorerben oder des Nacherben über den Eintritt der Nacherbfolge, § 2146 BGB,

n) Aufhebung der fortgesetzten Gütergemeinschaft durch den überlebenden Ehegatten gemäß § 1491 BGB,

o) Ausschlagung der Erbschaft, § 1945 BGB,

p) Bestimmung der Person des Testamentsvollstreckers, § 2198 I S 2 BGB,

q) Ernennung von Mitvollstreckern, § 2199 III BGB,

r) Kündigung des Amtes des Testamentsvollstreckers, § 2226 BGB,

s) Verzicht eines anteilsberechtigten Abkömmlings auf seinen Anteil an dem Gesamtgut nach dem Eintritt der fortgesetzten Gütergemeinschaft, § 1491 BGB.

Die Entgegennahme nur dieser — nicht auch anderer — Erklärungen durch das Nachlaßgericht ist gebührenpflichtig.

3. Die **„Entgegennahme"** besteht in der Kenntnisnahme von der Schrift, in der die Erklärung enthalten ist, durch das Gericht und in deren Annahme zu den Akten oder bei mündlicher Abgabe in der Aufnahme eines Protokolls über die Erklärung.

Die **Aufnahme** ist, auch wenn sie durch ein anderes Gericht als das Nachlaßgericht erfolgt, bei den formlos zulässigen Erklärungen, **gebührenfrei.** Es sind dies die Erklärungen unter **b, g, h, i, k, l, m** und **r** vorstehend.

Im übrigen ist für die **Beurkundung oder Beglaubigung** — auch, wenn sie in den vorstehend erwähnten Fällen ausdrücklich verlangt wird — die **Beurkundungsgebühr des § 31 II bzw. die Beglaubigungsgebühr des § 39 I** in Höhe eines Viertels der vollen Gebühr, im letzteren Falle von höchstens 200 RM, zu erheben, § 104 III.

Für die Entgegennahme wird die **Gebühr des § 104** in Höhe eines Viertels der vollen Gebühr erhoben. Grundsätzlich wird diese Gebühr hinsichtlich jeder einzelnen Erklärung besonders erhoben, auch wenn mehrere Erklärungen gleicher Art — mögen sie auch inhaltlich übereinstimmen — gemeinschaftlich und gleichzeitig abgegeben werden. Durch eine Sonderregelung in § 104 III S 2 und 3 ist jedoch bestimmt:

a) daß die Gebühr für die Anmeldung von Forderungen im Fall des § 2061 BGB (s. unter **i**) nur einmal nach dem Gesamtbetrag der angemeldeten Forderungen erhoben wird,

b) daß die Gebühr für die Ausschlagung der Erbschaft (s. unter **o**) durch mehrere neben- und nacheinander berufene Personen durch gleichzeitige Erklärung vor dem Nachlaßgericht oder durch Einreichung einer Urkunde nur einmal (nach dem reinen) Wert der ausgeschlagenen Erbschaft bzw. des ausgeschlagenen Erbschaftsteils erhoben wird. Gegebenenfalls ist nur einmal die Mindestgebühr zu berechnen. Diese Sonderregelung gilt entsprechend für die Berechnung der Beurkundungsgebühr aus § 31 II.

Die **Entgegennahme** einer Erklärung bleibt nach § 107 **gebührenfrei,** wenn sie im Zusammenhang mit einem anderen nach den Vorschriften des Unterabschnitts „Nachlaß- und Teilungssachen" gebührenpflichtigen Verfahren steht oder wenn ein Zusammenhang unter mehreren Erklärungen besteht, die nach § 104 gebührenpflichtig sind. Die Gebühr des § 104 wird dann nur einmal erhoben. Siehe „Zusammenhang".

4. Der Wert wird nach § 24 II (siehe „Regelwert") bestimmt, soweit es sich um nichtvermögensrechtliche Angelegenheiten handelt. Dies trifft in den Fällen unter **2 b, d, e, k, p, q** und **r** zu. Im übrigen sind die Angelegenheiten vermögensrechtlicher Art. Hier richtet sich der Gegenstandswert für die Gebühr nach dem Wert der reinen Vermögensmasse (Nachlaß, Gesamtgut) nach Abzug der Schulden. Siehe „Schulden". Bei Überschuldung des Nachlasses wird die Mindestgebühr mit 2 RM berechnet. Betrifft die Erklärung (wie z.B. die Ausschlagungserklärung eines Miterben) nur einen Teil des Nachlasses, so ist der (reine) Wert dieses Teiles maßgebend.

5. Schuldner der Gebühr ist grundsätzlich der Erklärende; im Falle unter **i** der Miterbe, der die Aufforderung zur Anmeldung erlassen hat, nicht der anmeldende Gläubiger; in den Fällen unter **b, k** und **r**: die Erben. § 5 Satz 2. Siehe Haftung. In den Fällen unter **p** und **q**: der Bestimmende bzw. der Ernennende.

6. Fälligkeit der Gebühr: mit der Entgegennahme der Erklärung durch das Nachlaßgericht, § 6.

Entsiegelung

eines Nachlasses: siehe „Nachlaßsicherung".

Erbauseinandersetzung

Siehe „Gerichtliche Vermittlung der Auseinandersetzung".

Erbe

als Kostenschuldner: siehe „Haftung".

Erbenermittlung

gebührenfrei, § 97; auch keine Schreib- und Postgebühren. Anfrage, wer als Erbe ermittelt wurde: siehe „Bescheinigung" 2.

Erbfolge

Zeugnis über die Erbfolge nach §§ 36, 37 GBO: siehe „Rechtsnachfolge". Siehe ferner: „Reichsheimstättengesetz — Erbfolge".

Erbrecht

des Fiskus, einer öffentlichen Körperschaft oder Stiftung; siehe „Feststellung des Erbrechts".

Erbschaft

Anfechtung der Annahme oder Ausschlagung: siehe „Anfechtung“ unter 3; Ausschlagung: siehe dort.

Erbschaftskauf oder -verkauf.

Anzeige an das Nachlaßgericht: siehe „Anzeige“.

Erbschaftskäufer

Er haftet für die Kostenschulden des Erblassers als Nachlaßverbindlichkeiten neben dem Erbschaftsverkäufer als Gesamtschuldner, § 2382 BGB. Die Beschränkung seiner Haftung steht ihm in derselben Weise zu wie dem Erben, § 2383 BGB.

Erbschein

I. 1. a) Volle Gebühr für die Erteilung des Erbscheins, d. i. eines Zeugnisses über das Erbrecht des oder der Erben oder über die Größe des Erbteils eines Miterben, §§ 2353ff. BGB, durch das Nachlaßgericht, § 99 I S 1. Wegen der Gebührenbefreiungen und -ermäßigungen für Wehrmachtsangehörige als Erblasser sowie in einem einschlägigen Verfahren des Nachlaßgerichts: siehe „Wehrmacht — Wehrdienst“.

Erteilt ist der Erbschein mit seiner Verfügung durch den Richter, nicht erst mit Erteilung einer Ausfertigung oder ihrer Aushändigung an den Erben; wegen Zurücknahme des Antrags siehe unter 5. Die Erbscheinsgebühr deckt das der Erteilung vorangegangene Verfahren, in welchem das Nachlaßgericht von Amts wegen insbesondere die Erben, das Vorhandensein, die Echtheit, die Wirksamkeit und den Sinn der Verfügung von Todes wegen, die Anfechtung, Ausschlagung und Gebundenheit durch Erbvertrag und gemeinschaftliches Testament zu ermitteln hat. Zum Verfahren gehört auch die vom Nachlaßgericht erlassene öffentliche Aufforderung zur Anmeldung der anderen Personen zustehenden Erbrechte, § 2358 BGB, und die Gestattung der Einsicht in die Erbschaftsverhandlungen.

Die vom Antragsteller im Verfahren abzugebende eidesstattliche Versicherung ist besonders gebührenpflichtig; s. A II. Auslagen sind in dem in den §§ 138, 139 KostO vorgesehenen Maße zu erheben.

Nach § 2363 BGB muß in dem Erbschein, der einem Vorerben erteilt wird, angegeben werden, daß eine Nacherbfolge angeordnet ist, unter welchen Voraussetzungen sie eintritt und wer Nacherbe ist. Diese Angaben sind durch die Erbscheinsgebühr abgegolten, OLG München vom 10. 11. 1937, Wx 439, 37, Jonas-Melsheimer, § 99 II 3, Fußnote 1a.

b) Schuldner der Gebühr: nur der Antragsteller, § 2 Z 1. Mehrere Antragsteller sind Gesamtschulder, § 4. Dagegen ist der Miterbe, der einen gemeinschaftlichen Erbschein für alle Miterben erwirkt, alleiniger Kostenschuldner, KGJ 34 B 3. Keine beschränkte Erbenhaftung im Sinne des § 5.

c) Fälligkeit der Gebühr mit Verfügung durch den Richter, § 6. Die Einleitung des Verfahrens soll von der Zahlung eines zur Deckung der Kosten ausreichenden Vorschusses abhängig gemacht werden; auf keinen Fall Erbscheinsaushändigung vor Zahlung der Kosten, §§ 7, 9 KostO und §§ 18, 19, 22 KostVfg. Siehe „Vorschußpflicht und Abhängigmachung" und „Zurückbehaltungsrecht".

2. Geschäftswert:

a) Ist ein **Erbschein** dem Alleinerben oder allen Erben über das Erbrecht **am ganzen Nachlaß** erteilt, so ist Geschäftswert nicht das subjektive Interesse des Erben, sondern der objektive Wert des im Zeitpunkt des Erbfalls (nicht der Erteilung des Erbscheins — KG 25. 2. 1938, DNotZ 1939, 100 —) vorhandenen Nachlasses nach Abzug aller Nachlaßverbindlichkeiten (§§ 1967 bis 1969 BGB). Zu den letzteren gehören (im Gegensatz zur Wertberechnung in Testamentssachen) außer den vom Erblasser herrührenden und den aus Anlaß seines Todes entstandenen Kosten auch die Beerdigungskosten; hierunter fallen die Kosten der Todesanzeige und Danksagung, des Sarges, Leichenmahles, der Seelenmessen, der Feuerbestattung, Überführung der Leiche, des Grabdenkmals je nach Lebensstellung und Sitte und dem festen Herkommen am Begräbnisort, nicht aber die Kosten der künftigen Unterhaltung und Pflege der Grabstätte — OLG Rspr 14, 290 — oder der Grabverlängerung, jedoch die Kosten der Trauerkleidung für vermögenslose Angehörige und das Gesinde, auch Pflichtteilsrechte, Auflagen und Vermächtnisse. Hierzu gehört auch der Wert eines Zinsenvermächtnisses (Leibrente). Er ist nach freiem Ermessen nach § 24 I in entsprechender Anwendung der Wertvorschriften des § 22 I und II zu bestimmen. OLG München 31. 8. 1939, 8 Wx 493/39. Nicht anwendbar ist die Ermäßigungsvorschrift des § 22 III. Sie gilt nur, wenn z.B. ein Nießbrauchsrecht selbst den Gegenstand des Geschäfts bildet, nicht aber, wenn diese Vorschrift — wie hier — nur entsprechend, aber nicht unmittelbar anzuwenden ist. Nicht unter den Begriff des Vermächtnisses fällt die Anordnung, durch welche der Erblasser einen Nachlaßgegenstand einem Erben mit der Bestimmung zuweist, er solle den Gegenstand auf seinen Erbteil erhalten. Hier liegt nur Teilungsanordnung vor. Mit ihr kann allerdings durch Bestimmung eines zu niedrigeren oder zu hohen Preises, zu welchem der betreffende Gegenstand dem Erben auf seinen Erbteil angerechnet werden soll, auch eine Vermächtnisanordnung zugunsten des Bedachten oder der übrigen Erben verbunden sein; es handelt sich hierbei aber nur um ein Vorausvermächtnis im engeren Sinne; vgl. Staudinger, BGB § 2150; OLG Rspr 9, 396ff. Als Nachlaßverbindlichkeit gelten nicht die erst nach dem Erbfall entstehenden Kosten, z.B. die Kosten der Testamentseröffnung, für das Testamentsvollstreckerzeugnis und den Erbschein nebst eidesstattlicher Versicherung, für die Eintragung der Miterben als Eigentümer im Grundbuch und die Erbschaftssteuer (KG 1 a Wx 359/39, JFGErg 20, 92).

Der Wert der Aktiven und Passiven richtet sich nach den allgemeinen Vorschriften, KG 7. 10. 1938, JVBl 1939, 27 und 18. 2. 1938, DNotZ 1939, 100. Nach dem Erbfall verteilte oder veräußerte Gegenstände sind mit ihrem Werte dem Nachlaß hinzuzurechnen. Nach dem Erbfall eingetretene Änderungen im Wert der Nachlaßgegenstände dagegen scheiden bei der Berechnung des Wertes aus. Hausrat ist Nachlaß; Versicherungssummen sind ihm hinzuzurechnen, wenn die Versicherung nicht zugunsten eines Dritten oder des Inhabers des Versicherungsscheines abgeschlossen ist, KG 16. 1. 1931 und 20. 3. 1931, BBl 1931, 154. Für einen Erbfall, der vor der Stabilisierung unserer Währung eingetreten ist, ist nicht der Wert des Nachlasses zur Zeit des Erbfalls zu ermitteln und dann in Goldmark umzurechnen, sondern der zur Zeit des Erbfalls vorhandene Reinnachlaß festzustellen und dessen Wert nach den heutigen Wertgrundsätzen in Reichsmark auszudrücken, KG 25. 2. 1938, DFG 1938, 81 = DNotZ 1939, 100 = DJRecht 1938, 339 Nr. 3708 = JFGErg 19, 110. Bei Grundstücken ist der letzte durch Anfrage beim Finanzamt zu ermittelnde Einheitswert, der das Grundstück und Zubehör umfaßt (anders bei der Grundbucheintragung!), anzunehmen, KG 7. 10. 1938, JVBl 1939, 27, es sei denn, dieser Wert hat sich bis zum Erbfall (z.B. infolge Bebauung des Grundstücks) wesentlich verändert; hier ist der Wert auf der Grundlage des Einheitswertes vom Kostenbeamten selbständig nach freiem Ermessen zu ermitteln, § 18 I.

Wer einen **gemeinschaftlichen Erbschein über die Gesamterbfolge** erwirkt, muß die Gebühr aus dem gesamten Reinnachlaß bezahlen, auch wenn nur bezweckt war, den Wegfall eines Vorerben oder eines Miterben aus einem bereits vorliegenden Erbschein bescheinigen zu lassen. Gleiches gilt, wenn der Erbschein dem Antrag entsprechend so gefaßt wird, daß er seinem Inhalt nach für jedermann ein Zeugnis für das Erbrecht am ganzen Nachlaß ist, OLG München 18. 5. 1938, JVBl 1938, 271 = DFG 1938, 162 = HRR 1938 Nr. 991.

b) Wird auf Antrag eines oder mehrerer Miterben ein **gemeinschaftlicher Erbschein über die Erbfolge in den ganzen Nachlaß** erteilt (der Erbschein hat in diesem Fall die Angabe zu enthalten, daß die übrigen Erben die Erbschaft angenommen haben, § 2357 III BGB), so ist die Gebühr aus dem Gesamtnachlaß unter Abzug der Schulden zu berechnen (siehe 2 a).

c) Wird einem **Miterben ein Erbschein über sein Erbrecht** oder, wenn er nur zu einem Teil der Erbschaft berufen ist, über die Größe des Erbteils erteilt (§ 2353 BGB — Teilerbschein —), so ist Geschäftswert: der Anteil des Miterben am Nachlaß nach Abzug der auf dem Anteil lastenden Schulden. Treffen einzelne Schulden (z.B. Vermächtnisse oder Auflagen) nur den Miterben, dem der Erbschein erteilt wird, so sind sie bei seinem Erbteil ganz abzuziehen; treffen sie einen anderen Miterben, so werden sie bei dem zu erteilenden Erbschein nicht berücksichtigt.

d) Wird ein **Gruppenerbschein** (äußere Zusammenfassung mehrerer Teilerbscheine KGJ 41, 90) oder ein gemeinschaftlicher Teilerbschein für einzelne Erbstämme, wenn z.B. ein Miterbe ausgewandert ist (zugelassen vom KG JFG 13, 41) erteilt, so ist die Gebühr des § 99 aus dem Wert der auf die in Frage kommenden Erben entfallenden Erbteile unter Abzug der auf sie treffenden Schulden zu berechnen.

e) Werden **mehrere Erbscheine** von dem Nachlaßgericht **in einer Urkunde zusammengefaßt** (es ist z.B. der Vater und nach ihm die Mutter gestorben), so wird die Gebühr für jeden Erbschein besonders erhoben und zwar nach dem Wert, der für ihn in Frage kommt, auch wenn darin ein Teil des anderen Nachlasses enthalten ist, z.B. wenn in dem Nachlaß des letztverstorbenen Elternteiles der Nachlaß des Erstverstorbenen enthalten ist (Groenewald in NSBZ 1939, 309; KG 1 a Wx 81/39, JFGErg 19, 110).

f) Für die Erteilung eines **beschränkten Erbscheins** (nur möglich, wenn zu einem Nachlaß, für den es an einem zur Erteilung des Erbscheins zuständigen deutschen Gericht fehlt, im Inland gelegene Gegenstände gehören, § 2369 BGB — Erblasser war z.B. ein Ausländer, der in Deutschland Vermögen hatte und nach Art 25, 27 EGBGB. oder nach Staatsvertrag nach ausländischem Recht beerbt wird; Zuständigkeit des Erbscheinsgerichts: § 73 I oder III RFGG) bestimmt sich der Wert nach den im Inland befindlichen Gegenständen (§ 99 II Satz 3) **ohne Abzug der auf ihnen lastenden Verbindlichkeiten,** KG 19. 9. 1937, JFGErg 17, 77 = DRpfl 1937 Nr. 605 = HRR 1937 Nr. 1676 = DJRecht 1938, 68 Nr. 712. Erbschein „zum beschränkten Gebrauch" (z.B. zur Verfügung über einen geringfügigen Nachlaßgegenstand) kann nicht erteilt werden; Geschäftswert ist hier immer der volle Nachlaßwert (wie unter 2 a) KG 18. 2. 1938, DNotZ 1939, 100 = JW. 1938, 2703. Soweit für einen solchen Erbschein nach Landesrecht ermäßigte Gebühren erhoben worden sind, nach Inkrafttreten der KostO jedoch die Erteilung einer weiteren (unbeschränkten) Ausfertigung beantragt wird, sind nach § 163 Z 3 KostO (§ 53 KostVfg) die vollen Gebühren des § 99 unter Anrechnung der nach Landesrecht erforderten Gebühren einzuziehen, LG Wuppertal 31. 10. 1938, JVBl 1939, 120.

g) Erbschein für den Nacherben nach Eintritt der Nacherbfolge. Volle Gebühr des § 99, unabhängig von der für den Erbschein des Vorerben bereits entrichteten Gebühr. **Geschäftswert:** der nach Abzug der noch vorhandenen Nachlaßverbindlichkeiten an den Nacherben (bei Eintritt der Nacherbfolge) gelangende Teil des Nachlasses einschließlich der dem Nacherben gegen den Vorerben als solchen etwa zustehenden Ansprüche. Diesem Standpunkt kann auch nicht entgegengehalten werden, daß der so berechnete Geschäftswert zu gering sei, wenn während des Bestehens der Vorerbschaft der Vorerbe dem Nacherben bereits Teile des Vermögens überlassen hat; denn auch bei der gewöhnlichen Erbschaft besteht die Möglichkeit, daß der Erblasser noch bei Lebzeiten seinem künftigen Erben einen Vorteil übereignet und auch hier wird der Geschäftswert dann nur nach dem Vermögen berechnet, das der Erbe tatsächlich als Nachlaß erhalten hat. KG 21. 10. 1938, JVBl 1939, 26 = DNotZ 1939, 100. Ist ein gemeinschaftlicher Erbschein erteilt, in dem hinsichtlich eines Miterben eine Nacherbeneinsetzung vermerkt ist und wird nach dem Eintritt der Nacherbfolge ein neuer Erbschein erteilt, in dem — unter Beibehalt des Wortlautes des ersten Erbscheins im übrigen — an Stelle des Vorerben der Nacherbe als Miterbe bezeichnet wird, so liegt gebührenrechtlich der Fall des § 99 II Satz 1 vor; Geschäftswert für den neuen gemeinschaftlichen Erbschein ist deshalb der ganze Reinnachlaß (wie unter 2 a), nicht etwa der Wert des von dem Vorerben auf den Nacherben überkommenen Erbteils, KG 23. 12. 1938, JVBl 1939, 74; OLG München 18. 5. 1938, DFG 1938, 162 = HRR 1938, 991.

3. Bei namentlicher **Benennung des Testamentsvollstreckers im Erbschein** kommt außer der Gebühr des § 99 die Gebühr für das Testamentsvollstreckerzeugnis aus § 101 zum Ansatz. Siehe „Testamentsvollstreckerzeugnis" unter f. Enthält der Erbschein nur die Angabe, daß ein Testamentsvollstrecker ernannt ist, so fällt nur die Gebühr des § 99 an.

4. Weitere Ausfertigungen des Erbscheins: Für weitere Ausfertigungen und beglaubigte Abschriften werden nur Schreibgebühren und Porto erhoben, §§ 124, 138 I 1 und 139 I 1. Für die Erteilung der ersten Ausfertigung entstehen — neben der Gebühr für die Erteilung des Erbscheins — keine Kosten.

5. Zurücknahme des Antrags auf Erteilung eines Erbscheins vor Verfügung durch den Richter:

¼ **Gebühr**, höchstens 25 RM, § 122 II. Zurücknahme zwischen richterlicher Verfügung und Erteilung einer Ausfertigung des Erbscheins bewirkt keinen Wegfall der mit dem Erlaß der Verfügung entstandenen Gebühr, § 99; gegebenenfalls kann mit § 15 I Satz 3 geholfen werden, wenn der Erbscheinsantrag aus Unwissenheit oder nicht anzurechnender Unkenntnis der Verhältnisse gestellt war, KG 21. 2. 1936 1 a Wx 225/36; OLG München 10. 6. 1937, JFGErg 17, 117 = JW 38, 2703.

Bei **Zurückweisung** des Antrags: ½ **Gebühr**, höchstens 50 RM, § 122 I. Die etwa entstandene Gebühr für die Abnahme der eidesstattlichen Versicherung (§ 43 II) bleibt in beiden Fällen unberührt.

6. Ist auf Antrag ein **Zeugnis zum beschränkten Gebrauch** erteilt, das im Grundbuchverkehr dazu dienen soll, die Übertragung von Nachlaßgrundstücken oder Grundpfandrechten auf einen von mehreren beteiligten Miterben zu begünstigen: **Gebühr aus § 103 Z 1.** Gleiches gilt für Bescheinigungen, die im Verkehr mit den öffentlichen Schuldenverwaltungen bestimmt sind, § 103 Z 2. Ist ein gegenständlicher Erbschein erteilt worden, ohne daß § 103 zutrifft, so ist er als unbeschränkter Erbschein zu behandeln, KG 18. 2. 1938, DNotZ 1939, 100. Siehe unter 4.

7. Erbscheine und ähnliche Zeugnisse (§§ 101, 103), die zur Verwendung in einem bestimmten Verfahren **gebührenfrei** zu erteilen sind, z.B. in Versorgungssachen, bei der landwirtschaftlichen Schuldenregelung, nach § 28 der FürsorgepflichtVO usw. sind in Urschrift und Ausfertigung mit dem Vermerk „Zum ausschließlichen Gebrauch für das .... verfahren gebührenfrei erteilt" zu versehen. Die Ausfertigung ist der Behörde oder Dienststelle, bei der das Verfahren anhängig ist, mit dem Ersuchen zu übersenden, die Ausfertigung den Beteiligten weder auszuhändigen noch eine Abschrift zu erteilen. Die außer Ansatz gebliebenen Gebühren sind nachzuerheben, wenn eine weitere Ausfertigung oder eine beglaubigte Abschrift den Beteiligten erteilt wird, oder wenn sich diese bei Erledigung einer anderen gerichtlichen Angelegenheit auf die Akten beziehen, in denen sich die Urkunde befindet. § 10 a KostVfg. — Siehe auch „Hoffolgezeugnis" und „Anerbe".

8. **Einziehung** und Kraftloserklärung des Erbscheins: siehe „Einziehung".

II. Eidesstattliche Versicherung zur Erlangung eines Erbscheins.

a) ½ **Gebühr** für die **Beurkundung** der eidesstattlichen Versicherung, § 43. Wird mit der eidesstattlichen Versicherung zugleich der Antrag auf Erteilung des Erbscheins beurkundet, so entsteht hierfür keine besondere Gebühr, § 43 II. Anzusetzen sind also bei Erteilung des Erbscheins die halbe Gebühr des § 43 und die volle Gebühr des § 99.

Keine Gebühr, wenn sich der Erbe bereit erklärt hat, die Richtigkeit seiner Angaben an Eides Statt zu versichern oder die Versicherung im Antrag abgegeben hat, das Nachlaßgericht aber von der eidesstattlichen Versicherung nach § 2356 II BGB absieht, § 121.

b) **Geschäftswert:** der reine Nachlaß wie bei Erteilung des Erbscheins (§ 99 I Satz 2, § 43 II, siehe vorstehende Anmerkung I 2 a). Geben mehrere Erben in einer Urkunde dieselbe Versicherung ab: nur eine Gebühr. Treten in einem Verfahren auf Erteilung eines gemeinschaftlichen Erbscheins einzelne Miterben einer bereits beurkundeten eidesstattlichen Versicherung nachträglich bei: Gebühr nur aus dem Wert ihres Anteils an dem Nachlaß, § 43 II.

c) **Ansatz der Gebühr** nach Abgabe der Versicherung, § 6, bei dem Nachlaßgericht, auch wenn die Erklärung von einem anderen Gericht aufgenommen wird. § 2 V KostVfg.

Erbteilung

Siehe „Gerichtliche Vermittlung der Auseinandersetzung".

Erbvertrag

Siehe „Anfechtung" unter 5, 6, „Verwahrung und Rückgabe" und „Wehrmacht".

Erklärungen

gegenüber dem Nachlaßgericht. Entgegennahme solcher Erklärungen: § 104. Siehe unter „Entgegennahme" sowie unter den hinsichtlich der einzelnen in § 104 I Z 1—9 erwähnten Erklärungen zutreffenden Stichwörtern, ferner unter „Reichsheimstättengesetz — Erbfolge".

Ermittlung der Erben

durch das Nachlaßgericht, z.B. nach Sicherung des Nachlasses (§ 96), anläßlich der Erteilung des Erbscheins (§ 99), im Verfahren der Vermittlung der Auseinandersetzung (§ 108), zwecks Mitteilung von dem Nachlaßgericht gegenüber abgegebenen Erklärungen (§ 104). In diesen Fällen handelt es sich bei der Ermittlung des Erben um ein gebührenfreies Nebengeschäft. Aber auch für die nach landesgesetzlichen Vorschriften von Amts wegen stattfindende Erbenermittlung (vgl. Art 3 Abs 10 des bayer. Nachlaßgesetzes vom 9. 8. 1902, §§ 42ff. der bayer. Nachlaßordnung vom 20. 3. 1903) wird nach § 97 keine Gebühr erhoben.

Für **Ermittlungen über die Richtigkeit des Erbscheins** (§ 2361 III BGB) wird ebenfalls keine Gebühr erhoben. Sie werden im Falle der Einziehung des Erbscheins durch die Gebühr des § 100 mitabgegolten; im übrigen sind sie durch die Gebühr für die Erteilung des Erbscheins gedeckt.

Ernennung und Entlassung

des Testamentsvollstreckers durch das Nachlaßgericht: siehe „Testamentsvollstrecker".

Ernennung von Mittestamentsvollstreckern

durch einen auf Grund Testaments hierzu ermächtigten Testamentsvollstrecker (§ 2199 I BGB) oder Ernennung eines Nachfolgers des Testamentsvollstreckers durch diesen (§ 2199 II BGB) durch Erklärung gegenüber dem Nachlaßgericht in öffentlich beglaubigter Form, § 2198 I Satz 2 BGB.

1. a) ¼ **Gebühr** für die **Beurkundung** der Erklärung durch das Nachlaßgericht, §§ 104 III, 31 II.

b) ¼ **Gebühr** für die **Entgegennahme der Erklärung** (Kenntnisnahme) durch das Nachlaßgericht, § 104 I 8: siehe „Entgegennahme".

c) Geschäftswert für die Gebühren zu **a** und **b**: §§ 104 II, 24 II; siehe „Regelwert". Im allgemeinen bei einem Nachlaß bis zu 50000 RM Annahme eines Geschäftswertes von 3000 RM, bei höherem Nachlaß 10% des reinen Nachlasses, KG 14. 10. 1938, JVBl 1939, 29. Siehe auch bei „Testamentsvollstreckerzeugnis" unter c.

d) Schuldner der Gebühr unter **a** und **b**: der Testamentsvollstrecker, § 2 Z 1, zu Lasten des Nachlasses. Haftung der Erben. § 2206 BGB.

2. Keine Gebühr

War die durch den Testamentsvollstrecker kraft Ermächtigung erfolgte Ernennung des Mittestamentsvollstreckers oder eines Nachfolgers die Veranlassung zu einem in dem Unterabschnitt 5 mit einer Gebühr belegten Geschäft, so fällt die Gebühr des § 104 I 8 (siehe 1 b) nicht an; zu erheben ist aber die Gebühr unter **1 a**. Siehe „Zusammenhang“. Beispiel: Das Nachlaßgericht ernennt einen Testamentsvollstrecker, nimmt seine Erklärung über die Annahme des Amtes sowie über die Ernennung eines Mittestamentsvollstreckers oder Nachfolgers in gerichtlich beurkundeter Form entgegen und erteilt sodann Testamentsvollstreckerzeugnis. Zur Erhebung kommt nur die Gebühr des § 101 I 2, nicht auch diejenige des § 104 I 8. Kein Wegfall der Gebühr des § 31 II.

Eröffnung einer Verfügung von Todes wegen (eines Testaments oder Erbvertrags) durch das Nachlaßgericht, § 40 TestG.

1. ½ der vollen Gebühr, auch wenn die Eröffnung wegen Ablaufs einer bestimmten Zeit seit Annahme in amtliche Verwahrung erfolgt, §§ 94, 26. Die Eröffnung einer letztwilligen Verfügung kann, weil von Amts wegen vorzunehmen, von der vorherigen Zahlung eines Vorschusses nicht abhängig gemacht werden, § 7. Durch die Gebühr ist abgegolten:

a) die Aufforderung an den Besitzer des Testaments zur Ablieferung und die Veranlassung der Ablieferung des Testaments, das sich bei einer anderen Behörde als einem Gericht in Verwahrung befindet, § 39 TestG,

b) die Übersendung des Eröffnungsprotokolls an das Nachlaßgericht, wenn ein anderes Gericht die Verfügung in besonderer amtlicher Verwahrung hatte und sie eröffnet hat, § 41 TestG,

c) die formlose Benachrichtigung der Beteiligten, die bei der Eröffnung der letztwilligen Verfügung nicht anwesend waren, § 42 TestG., und notfalls ihre Ermittlung,

d) die Gestattung der Einsicht in eine eröffnete letztwillige Verfügung und der eigenen Anfertigung von Abschriften oder Photokopien, § 47 TestG,

e) die Mitteilung der Eröffnung an das Finanzamt unter Stellungnahme zur Frage der Gültigkeit des Testaments, § 27 II ErbschStG.

Wegen der Gebührenbefreiungen für Wehrmachtsangehörige als Erblasser sowie in einem einschlägigen Verfahren des Nachlaßgerichts siehe „Wehrmacht — Wehrdienst“.

2. Zu eröffnen ist, auch wenn die Beteiligten darauf verzichtet und sich gegen die Kosten der Eröffnung verwahrt haben (OLG

Colmar 10. 12. 1908, Recht 1909 Nr. 291) jedes Schriftstück, das äußerlich und seinem Inhalt nach eine letztwillige Verfügung darstellt, auch wenn es offenbar wegen Formmangels ungültig ist (KG 17. 9. 1936, DJ 1936, 1619 = JFG 14, 158; OLG München 4. 12. 1936, JFGErg 16, 72 = HRR 1936 Nr. 677; ebenso sind ungültige (z.B. durch ein bereits eröffnetes späteres Testament) widerrufene Testamente zu eröffnen, KG 11. 1. 1935 JW 1935, 787; OLG München 3. 12. 1938 DFG 1939, 4 = JVBl 1939, 56. Die Gebühren können in diesen Fällen nicht „wegen unrichtiger Behandlung der Sache" außer Ansatz bleiben. § 15 I Satz 1 ist nur anwendbar, wenn ein Schriftstück eröffnet worden ist, das sich nach Form und Inhalt überhaupt nicht als ein Testament im Sinne des Gesetzes darstellt, KG 21. 3. 1930, BBl 1930, 195. Ist ein Testament ordnungsgemäß eröffnet worden, so kann die Nichterhebung der Gebühr auch nicht deshalb gefordert werden, weil bereits vor Eröffnung ein mit dem Testament nicht in Einklang stehender Erbschein erteilt worden ist, KG JW 1938, 2703.

3. Geschäftswert:

a) bei Verfügung über den ganzen Nachlaß oder einen Bruchteil desselben: der Bestand des Nachlasses, über den verfügt wurde, mit den am Tag der Eröffnung gültigen Werten nach Abzug der vor dem Tod des Erblassers entstandenen Verbindlichkeiten. Hausrat und andere bewegliche Sachen sind als Vermögenswert mitzuberücksichtigen. Kein Abzug der Vermächtnisse, Pflichtteilsrechte und Auflagen sowie der Beerdigungskosten, die nach § 1968 BGB. der Erbe zu tragen hat. Der Wert der nach dem Erbfall veräußerten Gegenstände ist dem Nachlaßbestand hinzuzurechnen.

Bei der Gebühr für die Beurkundung einer letzwilligen Verfügung kommt es grundsätzlich nicht darauf an, ob der Erblasser über die einzelnen, namentlich bezeichneten Gegenstände zu verfügen berechtigt war; es genügt vielmehr zur Bewertung, daß er nach dem Inhalt der Urkunde tatsächlich über sie in bindender Weise verfügen wollte. Dies gilt auch, wenn der Verfügende vorsorglich über Gegenstände Bestimmungen traf, die er erst im Wege des Erbgangs zu erwerben hoffte. Nur ist in diesem Fall der Wert unter Berücksichtigung der aus der Sachlage sich ergebenden Ungewißheiten nach freiem Ermessen zu bestimmen. Daraus kann aber nicht der Schluß gezogen werden, daß die Gebühr für die Eröffnung einer Verfügung von Todes wegen von einem höheren Wert als dem Wert des Nachlasses berechnet werden könne, wenn der Erblasser Anordnungen getroffen hat, deren Wert insgesamt den Wert des Nachlasses übersteigt. Vielmehr können die Gebühren, die aus Anlaß des Todes des Erblassers entstehen, von keinem höheren Wert berechnet werden, als dem Wert dessen, was der Erblasser tatsächlich an Vermögen hinterlassen hat, in das eine Erbfolge im Sinne des Bürgerlichen Rechts stattfindet. Darnach ist der Wert einer zukünftigen Erbschaft oder fideikommißgebundenen Gutes bei Berechnung der Gebühr des § 94 außer Betracht zu lassen (KG. 10. 6. 1938, JVBl 1938, 365 = HRR 1938 Nr. 1257).

Ist über **einzelne Gegenstände** von Todes wegen **verfügt,** so ist gemäß § 17 III der volle Aktivwert dieser Gegenstände (ohne Schuldenabzug) als Wert einzusetzen. Bezieht sich die letztwillige Verfügung auf einen **Erbhof,** wird darin z.B. der eine Erbe bestimmt, so ist dieser Vorgang kostenrechtlich gesondert zu behandeln, da der Erbhof eine besondere Erbmasse bildet. Entscheidend ist der Zeitpunkt der Errichtung der letztwilligen Verfügung; maßgebend ist die Vermögenslage des Bauern in diesem Zeitpunkt, so daß Hypotheken, Grund- und Rentenschulden nur insoweit abzuziehen sind, als sie nicht aus dem zur Zeit der Errichtung der letztwilligen Verfügung vorhandenen sonstigen Vermögen berichtigt werden konnten; eine spätere Änderung der Vermögenslage ist unbeachtlich, KG 19. 11. 1937, JVBl 1938, 77 = JFGErg 18, 83 = HRR 1938 Nr. 481 = DRpfl 1938 Nr. 232 = DNotZ 1938, 183 und Reckert in JVBl 1939, 118. Hat ein Bauer durch letztwillige Verfügung einen Alleinerben eingesetzt, sollte sich aber nach dem Willen des Bauern die Erbeinsetzung nur auf sein erbhoffreies Vermögen beziehen, so hat bei der Berechnung des Geschäftswertes für die Gebühr des § 94 der Wert des Erbhofes außer Betracht zu bleiben, KG 20. 1. 1939, JVBl 1939, 87. Entscheidend ist immer, wie das Testament auszulegen ist. Wollte der Bauer seine Ehefrau als Alleinerbin seines Erbhofes und seines freien Vermögens einsetzen, so ist Geschäftswert der reine Nachlaß einschließlich des letzten Einheitswertes des Erbhofes, § 18 I; darauf, ob das Testament insoweit gültig ist, kommt es für die Gebührenberechnung nicht an.

b) Bei der Eröffnung eines gemeinschaftlichen Testaments sind die Verfügungen des überlebenden Ehegatten, soweit sie sich sondern lassen, weder zu verkünden noch sonst zur Kenntnis der Beteiligten zu bringen. Von den Verfügungen des verstorbenen Ehegatten ist eine beglaubigte Abschrift anzufertigen. Das Testament ist wieder zu verschließen und in die besondere amtliche Verwahrung zurückzubringen (§ 44 I TestG). Ein nach § 39 TestG abgeliefertes gemeinschaftliches Testament verbleibt auch nach der Eröffnung bei den Akten, wenn nicht der Überlebende die besondere Amtsverwahrung beantragt, § 27 AktO; AV 4. 8. 1938, DJ 1938, 1260/61. Lassen sich die in einem gemeinsamen Testament getroffenen Verfügungen des überlebenden Ehegatten bei der Eröffnung des Testaments von den Verfügungen des anderen Ehegatten nicht trennen, so sind die Verfügungen des Überlebenden „mit zu verlesen"; dieses ist jedoch nur ein tatsächlicher Vorgang, keine Verkündung im Rechtssinn, z.B. im Sinne des § 1944 II 2 BGB (Palandt BGB § 44 TestG A 2). Es kann daher auch die Gebühr des § 94 nur aus dem Nachlaß des Erstverstorbenen erhoben werden, KG JW 1933, 1336. Nach dem Tode des letztverstorbenen Ehegatten ist das Testament, auch wenn es bei der Eröffnung des Testaments des Erstverstorbenen „mitverlesen" worden ist, erneut zu „eröffnen", RG 14. 7. 1932, RG 137, 222; RG 5. 3. 1936, RG 150, 315; KG JFG. 14, 172. Die Gebühr des § 94 ist dann aus dem Nachlaß des Letztverstorbenen, in dem meistens der Nachlaß des Erstverstorbenen ganz oder zum Teil enthalten ist, zu erheben, JVBl 1939, 84; AVJM vom 12. 6. 1933, DJ 1933, 187. Eine Anrechnung der beim ersten Todesfall erhobenen Gebühr findet nicht statt.

Haben sich Eheleute in einem gemeinschaftlichen Testament oder Erbvertrag gegenseitig als Alleinerben eingesetzt, ohne daß gleichzeitig der überlebende Ehegatte für den Fall seines Todes Bestimmungen traf, so ist die aus Anlaß des Todes des Erstversterbenden eröffnete letztwillige Verfügung im Akt aufzubewahren und nach dem Tod des Längstlebenden nicht mehr zu eröffnen. Ist die Eröffnung trotzdem erfolgt, so fällt keine Gebühr an, Hoffmann NSBZ 1939, 688; AV RJM vom 12. 3. 1940, DJ 1940, 366. Haben Eheleute sich gegenseitig als Alleinerben eingesetzt und zugleich die Erbfolge für den Fall des Todes des zuletzt Versterbenden bestimmt (RG 137, 122), so ist die letztwillige Verfügung nach dem Tode des zuerst Versterbenden nur insoweit zu eröffnen, als die gegenseitige Erbeinsetzung in Frage kommt. Nach dem Tode des letztversterbenden ist der bei der ersten Testamentseröffnung noch nicht eröffnete (wenn auch „mitverlesene") Teil der letztwilligen Verfügung besonders zu eröffnen, RG 150, 319; JVBl 1939, 32, 84 und 119.

c) Bei gleichzeitiger Eröffnung mehrerer Verfügungen von Todes wegen desselben Erblassers bei demselben Gericht: eine Gebühr aus dem zusammengerechneten Wert der Gegenstände, über die verfügt ist. Ist über den ganzen Nachlaß oder einen Bruchteil desselben mehrfach verfügt, so ist dieser nur einmal anzusetzen. Wird aber in einem Testament über den ganzen Nachlaß und in anderen nur über einzelne Gegenstände verfügt, so sind die Werte zusammenzurechnen, auch wenn dadurch der nach § 40 errechnete Nachlaßwert überschritten wird. Ebenso ist, wenn über einzelne Gegenstände mehrfach verfügt ist, deren Wert (ohne Schuldenabzug) mehrfach anzusetzen (Groenewald in NSBZ 1938, 177).

d) Bei Eröffnung mehrerer letztwilliger Verfügungen zu verschiedenen Zeiten oder durch verschiedene Gerichte (es wird z.B. ein Testament beim Nachlaßgericht, ein anderes bei dem Gericht eröffnet, in dessen besonderer Verwahrung es sich befindet, oder es wird nach der Eröffnung eines Testaments ein anderes dem Nachlaßgericht vorgelegt und von diesem eröffnet): Gebühr für die Eröffnung eines jeden Testaments nach dem Wert, über den in ihm verfügt ist, auch wenn in den mehreren Testamenten über denselben Gegenstand verfügt ist oder ein Testament durch das andere überholt und damit gegenstandslos geworden ist oder wenn der Nachlaß auf Grund des erstverkündeten Testaments unter den Erben bereits verteilt ist. — Nach § 27 II AktO. ist über mehrere von derselben Person errichtete Testamente nur ein Aktenstück zu führen, so daß alle bekannten Verfügungen desselben Erblassers in einem Termin eröffnet werden. Aber auch bei Testamenten, die bereits vor Inkrafttreten der AktO in amtliche Verwahrung gelangt sind, sind die Mehrkosten für die Eröffnung mehrerer Verfügungen in verschiedenen Terminen wegen unrichtiger Behandlung nicht zu erheben, wenn der Urkundsbeamte durch Einsicht des Namensverzeichnisses zum Erbrechtsregister das Vorhandensein der später eröffneten Verfügung hätte feststellen können, KG 17. 4. 1936, JFGErg 15, 37. Sind mehrere letztwillige Verfügungen bei demselben Nachlaßgericht verwahrt und wird aus Versehen nur ein Testament eröffnet, so ist die Gebühr so zu berechnen, als wenn die Eröffnung der mehreren Verfügungen gleichzeitig erfolgt ist, KG 11. 3. 1938, JVBl 1938, 291 = JFGErg 18, 38 = HRR 1938 Nr. 842; s. auch KG 39, 37; JVBl 1938, 308 Fußnote 61.

e) Ist dem Kostenbeamten bekannt, daß das **Finanzamt** den **Nachlaß** zum Zwecke der Erbschaftssteuererhebung genau **ermittelt,** so erholt er zweckmäßig zwecks richtiger Festsetzung der Gebühren die Wertermittlung des Finanzamtes hinsichtlich des Nachlasses (siehe auch § 35 KostVfg). Es empfiehlt sich dabei um Mitteilung zu ersuchen, welcher reiner Nachlaß (ausgeschieden) ermittelt und welcher Bestand nicht mit eingesetzt wurde. Dies erübrigt sich, wenn keine Erbschaftssteuer anfällt.

§ 9 ErbschStG unterscheidet nach dem persönlichen Verhältnis des Erwerbers zum Erblasser folgende fünf Steuerklassen:

Steuerklasse I:

1. der Ehegatte, wenn er nicht nach § 17 a von der Steuer befreit ist,

2. die Kinder. Als solche gelten
   a) die ehelichen Kinder,
   b) die an Kindes Statt angenommenen Personen und sonstigen Personen, denen die rechtliche Stellung ehelicher Kinder zukommt,
   c) die unehelichen Kinder beim Erwerb von der Mutter, beim Erwerb vom Vater nur, wenn er die Vaterschaft anerkannt hat,
   d) die Stiefkinder.

Steuerklasse II:

Die Abkömmlinge der in der Steuerklasse I Nr. 2 Genannten, die Abkömmlinge der an Kindes Statt angenommenen Personen, jedoch nur dann, wenn sich die Wirkungen der Annahme an Kindes Statt auch auf die Abkömmlinge erstrecken.

Steuerklasse III:

1. die Eltern, Großeltern und weiteren Voreltern,
2. die Stiefeltern,
3. die voll- und halbbürtigen Geschwister.

Steuerklasse IV:

1. die Schwiegerkinder,
2. die Schwiegereltern,
3. die Abkömmlinge ersten Grades von Geschwistern.

Steuerklasse V:

alle übrigen Erwerber und die Zweckzuwendungen.

Steuerfrei bleibt nach § 17 a I ErbschStG der ganze Erwerb des Ehegatten des Erblassers, wenn im Zeitpunkt des Entstehens der Steuerschuld leben

1. die Kinder des Ehegatten aus seiner Ehe mit dem Erblasser oder
2. Personen, denen in der Ehe des Ehegatten mit dem Erblasser im Verhältnis zu jedem von ihnen die rechtliche Stellung ehelicher Kinder zukäme, oder
3. Abkömmlinge der unter Nr. 1 oder 2 fallenden Personen oder
4. Abkömmlinge von Personen, die von dem Ehegatten und dem Erblasser gemeinsam an Kindes Statt angenommen waren, wenn sich die Annahme an Kindes Statt auf die Abkömmlinge erstreckte.

Die Steuerfreiheit nach Absatz II tritt auch ein, wenn im Zeitpunkt des Entstehens der Steuerschuld Kinder oder Abkömmlinge (Abs. 1)

1. bereits erzeugt sind und später lebend geboren werden oder
2. im Weltkrieg gefallen oder infolge einer Kriegsverletzung oder Kriegsdienstbeschädigung oder im Kampf für den nationalsozialistischen Gedanken verstorben sind.

Steuerfreiheit nach den Absätzen I und II tritt nicht ein in den Fällen, in denen sich die Besteuerung auf inländische landwirtschaftliche, forstwirtschaftliche oder gärtnerische Vermögen, inländisches Betriebsvermögen oder inländisches Grundvermögen, auf ein Nutzungsrecht an einem solchen Vermögen oder auf solche Rechte beschränkt, deren Übertragung an eine Eintragung in inländische Bücher geknüpft sind (§ 8 I 2).

Steuerfrei bleibt nach § 17 b:

1. für Personen der Steuerklasse I der Erwerb, soweit er 30000 RM nicht übersteigt,
2. für Personen der Steuerklasse II der Erwerb, soweit er 10000 RM nicht übersteigt,
3. für Personen der Steuerklassen III oder IV ein Erwerb von nicht mehr als 2000 RM,
4. für Personen der Steuerklasse V ein Erwerb von nicht mehr als 500 RM.

Für die Erbschaftssteuerberechnung wird in der Regel — wie für die Gebührenberechnung — der letzte Einheitswert der Grundstücke angesetzt. Bei Berechnung des Nachlasses hat der Kostenbeamte zu beachten, daß bei der Berechnung der Erbschaftssteuer die in § 18 ErbschStG aufgeführten Gegenstände (z.B. Hausrat einschließlich Wäsche und Kleidungsstücke, Kunstgegenstände und Sammlungen, die nicht zu einem Betriebsvermögen gehören, beim Erwerb durch Personen der Steuerklassen I, II und III unter den in § 18 Z 5 bezeichneten Voraussetzungen) unberücksichtigt bleiben. — Wegen der Feststellung des letzten Einheitswerts siehe auch § 13 KostVfg.

4. Ansatz der Gebühren vom Kostenbeamten des Nachlaßgerichts, auch wenn die letztwillige Verfügung bei einem anderen Gericht in besondere amtliche Verwahrung gegeben war, dort eröffnet und die Urschrift der Verfügung mit Abschrift des Eröffnungsprotokolls dem Nachlaßgericht übermittelt wurde, § 95 III KostO.

5. Schuldner der Gebühr: die Erben nach den Vorschriften des BGB über Nachlaßverbindlichkeiten, § 5, auch wenn sie kein Interesse an der Eröffnung hatten (weil z.B. das Testament durch ein später aufgefundenes überholt war oder der Bedachte schon vor dem Erblasser gestorben war, oder wenn ein Gläubiger die Testamentseröffnung beantragt hat, da es sich hierbei nur um Anregung für ein von Amts wegen vorzunehmendes Geschäft [§ 40 TestG] handelt). Siehe „Haftung". Bis zur Teilung des Nachlasses kann jeder Erbe die Berichtigung der Gebühr aus seinem eigenen Vermögen verweigern, soweit er nicht unbeschränkt haftet. Nach Teilung des Nachlasses haftet jeder Erbe nur nach Kopfteilen, §§ 2060, 2061 BGO. Befindet sich der Nachlaß in Händen eines Testamentsvollstreckers, Nachlaßverwalters oder -pflegers, so ist die Gebühr von ihnen einzufordern. Ist Nachlaßkonkurs eröffnet, so ist die Gebühr des § 94 Masseschuld, § 224 Z 4 KO, also vorwegzudecken.

6. **Schreibgebühren und sonstige Auslagen** nur nach §§ 138, 139. Ist die Verkündung der letztwilligen Verfügung im Eröffnungstermin unterblieben, weil keiner von den Beteiligten (Erben, Testamentsvollstrecker, Vermächtnisnehmer, nicht auch Nachlaßgläubiger) erschienen ist und werden gemäß § 42 TestG die Beteiligten von dem sie betreffenden Inhalt des Testaments durch Abschriften formlos benachrichtigt, so fallen hierfür weder Schreib-, noch Postgebühren an. Für **beglaubigte Abschriften** von beim Akt in Urschrift befindlichen letztwilligen Verfügungen, die auf Antrag erteilt werden, § 2264 BGB: nur **Schreibgebühren und Postgebühren**, keine Beglaubigungsgebühr § 124.

7. **Erzwingung der Testamentsablieferung** siehe „Erzwingung".

Errungenschaftsgemeinschaft

Siehe „Gerichtliche Vermittlung der Auseinandersetzung des Gesamtguts".

Erzwingung der Ablieferung des Testaments

nach dem Tod des Erblassers.

I. Erzwingung durch Androhung und Verhängung von Ordnungsstrafen, wenn als feststehend angenommen wird, „daß jemand im Besitz eines Testaments des Verstorbenen ist". Verfahren: §§ 83 I, 132 RFGG.

1. **Erfolgt Testamentsablieferung:** nach Androhung, aber vor Festsetzung der Strafe oder wird der Einspruch gegen die Straffestsetzung für begründet erklärt: keine Gebühr und keine Auslagen.

2. **Unterbleibt Testamentsablieferung** trotz Strafandrohung **und erfolgt**

a) **Festsetzung einer Ordnungsstrafe:** $^{30}/_{10}$ **Gebühr,** § 110.
b) **Verwerfung des Einspruchs** gegen den Ordnungsstrafbeschluß, §§ 134, 135 RFGG: **weitere** $^{30}/_{10}$ **Gebühr.** Die Gebühr deckt auch eine Beweisaufnahme. Wird gegen den Ord-

nungsstrafbeschluß keine Beschwerde eingelegt: Gebühr nur für den Ordnungsstrafbeschluß.

Geschäftswert in den Fällen **a und b:** der Betrag der Strafe.

Höchstgebühr: Betrag der Strafe, § 110 II.

c) Mit Festsetzung der Ordnungsstrafe bzw. Verwerfung des Einspruchs wird immer die Androhung einer neuen Strafe verbunden; damit beginnt ein neues Verfahren. Erfolgt **erneut Festsetzung einer Ordnungsstrafe** und Verwerfung des Einspruchs hiergegen: neues, nach 2 a, b gebührenpflichtiges Verfahren.

d) Bei **Beschwerde gegen die Festsetzung der Ordnungsstrafe** oder gegen die Verwerfung des Einspruchs, § 139 RFGG, kommt § 123 nicht in Frage; bei Zurückweisung oder Verwerfung der Beschwerde entsteht vielmehr nur die Gebühr des § 110 I 1; denn diese Gebühr wird für jeden Rechtszug (nicht für jede Instanz) erhoben.

e) **Schuldner** der Gebühren und Auslagen ist nur der zu den Verfahrenskosten Verurteilte, § 33 I 2, § 138 RFGG, § 3 Z 1 KostO, auch wenn ein Dritter das Verfahren angeregt hat und zu ihm zugezogen war, KG 15. 10. 1908, KGJ 36 B 36. Fehlt Kostenausspruch: kein Schuldner.

3. Wird das **Testament** nicht abgeliefert, so kann das Nachlaßgericht die zwangsweise **Wegnahme** durch den Gerichtsvollzieher **anordnen.** § 33 II RFGG. **Gebühr des Gerichtsvollziehers:** § 8 GebOfGV.

Eine Gerichtsgebühr ist für diese Anordnung, die nur auf die entsprechende Anwendbarkeit der Vorschrift in § 883 ZPO gestützt werden kann (§ 887 ZPO trifft nicht zu; siehe dort Absatz III und Meyer-Zöller ZPO § 887 Anm. 3), nicht vorgesehen. Korintenberg-Wenz und Jonas-Melsheimer wollen § 33 I 4 GKG angewendet wissen, der jedoch die Zwangsvollstreckung gemäß §§ 887, 888, 890 ZPO betrifft.

4. Wird das Testament nicht vorgefunden, so kann das Nachlaßgericht den Besitzer zur Leistung des **Offenbarungseides** anhalten, § 33 II Satz 4, 5 RFGG. **Gebühr** für das ganze Offenbarungseidverfahren: **$^5/_{10}$ der Sätze des § 8 GKG,** § 126 KostO, § 33 Z 5 GKG, aus dem Wert der Gegenstände, über die im Testament verfügt ist; gegebenenfalls Wertfestsetzung gemäß § 3 ZPO. **Schuldner** der Gebühr und Auslagen: derjenige, gegen den sich das Verfahren richtet; ergibt die Eidesleistung, daß der Verpflichtete das Testament nicht besitzt, auch über den Verbleib nichts weiß, so sind Kostenschuldner die Erben, § 5; so auch Korintenberg-Wenz § 94 A 6, Jonas-Melsheimer § 94 Anm. II 2.

II. 1. Besteht Grund zu der Annahme, wird also **vermutet, daß jemand ein Testament im Besitz hat** (§ 83 II RFGG), so kann ihn das Nachlaßgericht zur **Offenbarungseidleistung** anhalten (kein Ordnungsstrafverfahren wie unter I behandelt).

2. Volle Gebühr für die Verhandlung in dem **Offenbarungseidtermin** und die freiwillige Leistung des Eides, § 115 I. Die Gebühr fällt auch an, wenn die Eidesleistung nach Eintritt in die Verhandlung verweigert wird. Erstreckt sich die Verhandlung über denselben Antrag auf mehrere Termine, nur eine Gebühr. Erledigt sich das Verfahren vor Eintritt in die Verhandlung infolge **Zurücknahme** des Antrags oder in anderer Weise, z.B. wenn die Ablieferung des Testaments an das Gericht im Offenbarungstermin vor Beginn der Verhandlung erfolgt: ¼ **Gebühr**, höchstens aber 25 RM, § 122 II; nach Eintritt in die Verhandlung ist die Gebühr des § 115 entstanden, gleichviel, ob der Eid abgenommen wird oder nicht. Siehe auch: „Offenbarungseid".

3. Geschäftswert: der Wert des Beschworenen bzw. Annahme nach § 24 II. Siehe „Regelwert".

4. Schuldner der Gebühren und Auslagen: nur die Erben, § 2 Z 2.

5. Eidesverweigerung im Offenbarungseidtermin, Verfahren zur Erzwingung der Eidesleistung (§ 33 II Satz 4 und 5 RFGG) nach den Vorschriften der §§ 901 ff. ZPO; dann ½ **Gebühr des § 8 GKG** (§ 126 KostO, § 33 Z 5 GKG) aus dem gemäß § 3 ZPO festzusetzenden Wert.

Fälligkeit der Gebühren

Nach § 6 werden Gebühren mit der Beendigung des gebührenpflichtigen Geschäfts fällig. Diese „Beendigung des Geschäfts" ist nicht gleichbedeutend mit der „endgültigen Erledigung der Angelegenheit" im Sinne des § 14, weil eine „Angelegenheit" eine Reihe von gebührenpflichtigen Geschäften umfassen kann, mit deren Beendigung im einzelnen die dafür zu erhebende Gebühr fällig wird. Grundsätzlich hindern noch gebührenfrei zu erledigende Nebengeschäfte das Fälligwerden der Gebühr für das Hauptgeschäft nicht. Jedoch wird die Gebühr des § 94 für die Testamentseröffnung erst mit der Benachrichtigung der Beteiligten fällig. Siehe Jonas-Melsheimer II 2 zu § 6. Auf Grund besonderer Regelung werden fällig:

1. die Gebühr des § 93 für die amtliche Verwahrung einer Verfügung von Todes wegen: bei der Annahme,
2. die Gebühr des § 96 für die Sicherung des Nachlasses: mit der Anordnung der Sicherungsmaßnahme,

3. die Gebühr des § 98 für eine Nachlaßverwaltung, eine Gesamtgutsverwaltung, eine sonstige Nachlaßpflegschaft oder eine Pflegschaft nach § 88 RFGG mit deren Anordnung. Der Zeitpunkt der Fälligkeit der Gebühr, also in der Regel der Zeitpunkt der Beendigung des Geschäfts, ist maßgebend für die Feststellung des Geschäftswerts, § 17 I. Eine Sonderregelung enthält § 99 II. Danach ist für die Berechnung der Erbscheinsgebühr der Wert des Reinnachlasses im Zeitpunkt des Erbfalls maßgebend.

Fahrnisgemeinschaft

„Siehe „Gerichtliche Vermittlung der Auseinandersetzung des Gesamtguts".

Feststellung des Erbrechts des Fiskus

oder der an seine Stelle tretenden öffentlichen Körperschaft, Stiftung oder Anstalt des öffentlichen Rechts, §§ 1964, 1965 BGB.

a) Fällt der **Nachlaß** an den **Fiskus** und wird ihm ein **Erbschein** erteilt: **keine Gebühr** und Auslagen, § 10 I. Fällt der Nachlaß nach landesrechtlicher Vorschrift an eine **öffentliche Körperschaft** usw. und wird ihr ein **Erbschein** erteilt: **Volle Gebühr** für das ganze Verfahren zur Feststellung des Erbrechts, falls sie nicht nach geltenden landesrechtlichen Vorschriften Gebührenfreiheit genießt (§ 10 II), aus dem Nachlaß nach Abzug der Schulden, §§ 99, 102 siehe „Erbschein" A 2; daneben keine Erbscheinsgebühr, §§ 99, 102 II. **Schuldner** der Gebühr und Auslagen: die Körperschaft usw., es sei denn, sie genießt Gebührenfreiheit, § 10 II.

b) Wurde im Verfahren ein **Erbe ermittelt** und fällt deshalb der Nachlaß weder an den Fiskus noch an eine öffentliche Körperschaft: **Volle Gebühr**, §§ 102, 99 wie a. Wird dem ermittelten Erben Erbschein erteilt: Gebühr des § 102 neben der Erbscheinsgebühr des § 99.

Schuldner der Gebühren und Auslagen: der Erbe, § 2 Z 2.

Flugmeldedienst

Besonderer Einsatz, Testament: siehe „Wehrmacht".

Fortsetzung der Gütergemeinschaft

siehe „Gütergemeinschaft — Zeugnis über Fortsetzung"; siehe auch „Gerichtliche Vermittlung der Auseinandersetzung".

Freies Ermessen

In vermögensrechtlichen Angelegenheiten wird der Geschäftswert nach freiem Ermessen bestimmt, § 24 I, wenn nicht eine besondere Wertvorschrift der KostO Platz greift, auch ein bestimmter Geldwert — wie er z.B. bei Geldforderungen gegeben ist — nicht feststeht, jedoch ausreichende Anhaltspunkte vorhanden sind, um den Geschäftsgegenstand in freier Würdigung der im Einzelfall vorliegenden objektiven Merkmale bewerten zu können. Das Interesse der Beteiligten an der Vornahme des Geschäfts, welches bei der in Ermangelung solcher Anhaltspunkte stattfindenden Bewertung nach dem Regelwert (§ 24 II) — siehe „Regelwert" — mitzuberücksichtigen ist, scheidet bei der Bewertung nach freiem Ermessen gemäß § 24 I aus.

Fremde Sprache

Hat an der gerichtlichen Vermittlung der Auseinandersetzung ein Beteiligter mitgewirkt, der sich in fremder Sprache erklärt hat, so wird neben der Gebühr des § 108 die Zusatzgebühr des § 53 in Höhe der Hälfte der im übrigen erwachsenden Gebühr bis zum Höchstbetrag von 50 RM erhoben.

Fristbestimmungen

des Nachlaßgerichts in bezug auf Vermächtnisse und Auflagen.

1. a) an den durch ein Vermächtnis Beschwerten oder Dritten, dem der Erblasser die Bestimmung überlassen hat, wer von mehreren das Vermächtnis erhalten soll, § 2151 BGB,

b) an den Beschwerten oder Dritten, denen der Erblasser es überlassen hat zu bestimmen, was jeder von mehreren Vermächtnisnehmern von dem ihnen vermachten Gegenständen erhalten soll, § 2053 BGB,

c) bei einem Vermächtnis, bei dem der Bedachte nach der Anordnung des Erblassers von mehreren Gegenständen nur den einen oder anderen wahlweise erhalten soll (Wahlvermächtnis), § 2154 BGB,

d) bei einem nur der Gattung nach bestimmten Vermächtnis, § 2155 BGB,

e) bei der Auflage, §§ 2192, 2193 BGB.

2. Gebühr in jedem der vorgenannten Fälle: $^5/_{10}$ (§ 106 Z 2) aus dem Wert des Vermächtnisses oder der Auflage.

3. Schuldner der Gebühr: der Antragsteller, § 2 Z 1.

4. Sind die Fristbestimmungen durch ein nach dem 5. Unterteil (Nachlaß- und Teilungssachen: §§ 93—108) gebührenpflichtiges Verfahren veranlaßt worden oder stehen sie mit diesem Verfahren oder untereinander im **Zusammenhang,** so fällt die Gebühr des § 106 Z 2 nicht bzw. nur einmal an (§ 107). Siehe „Zusammenhang".

5. Bestimmung einer Inventarfrist siehe „Inventarfrist".

Gebührenfreie Erledigung einzelner Geschäfte

Nach besonderer Regelung der Kostenordnung werden in folgenden Fällen keine Gebühren erhoben:

1. für die Ermittlung von Erben, § 97,
2. für die Einziehung oder Kraftloserklärung eines Erbscheins, wenn in demselben Verfahren ein neuer Erbschein erteilt wird, § 100 S 3,
3. für die in den §§ 104—106 aufgeführten Verrichtungen, wenn sie im Zusammenhang mit einem anderen nach den Vorschriften des Unterabschnitts Nachlaß- und Teilungssachen gebührenpflichtigen Verfahren stehen, § 107. Siehe auch „Zusammenhang".

Gemeinschaftlicher

Erbschein: siehe „Erbschein";

Testament: siehe „Eröffnung einer Verfügung von Todes wegen", „Verwahrung und Rückgabe einer Verfügung von Todes wegen".

Gerichtliche Vermittlung der Auseinandersetzung eines Nachlasses auf Antrag eines Miterben, des Erwerbers eines Erbteils oder eines Pfandgläubigers (Nießbrauchers) am Erbteil durch das Nachlaßgericht in den Formen der §§ 86ff. RFGG oder auf Grund Landesrechts von Amts wegen (wie in Bayern siehe Art. 4 NachlGes, §§ 100f. NachlO) oder **des Gesamtguts einer Gütergemeinschaft** (allgemeiner Gütergemeinschaft, Errungenschaftsgemeinschaft, einer fortgesetzten allgemeinen Gütergemeinschaft oder Fahrnisgemeinschaft).

I. 1. Grundsätzliches zum Gebührenanfall nach § 108: Die Auseinandersetzungstätigkeit des Gerichts ist keine Streitentscheidung, sondern Rechtsgestaltung, KG 6. 11. 1936 JVBl 1937, 101 = DNotZ 1937, 78. Gestaltet wird die Auseinandersetzung des Miterbenverhältnisses in seinem gesamten Umfang; gleichgültig ist dabei, über welche Punkte im einzelnen die Erben streiten und wann ein etwaiger Versuch außergerichtlicher Einigung gescheitert ist. Selbst wenn die Miterben sich über alle Punkte geeinigt haben, wegen eines Streitpunktes aber doch die Vermittlung des Gerichts (oder Notars) anrufen müssen, bildet den Gegenstand des Verfahrens der gesamte auseinanderzusetzende Nachlaß, nicht etwa nur der Wert des einen Streitpunktes. Allerdings ist immer zu prüfen, ob wirklich ein förmliches Auseinandersetzungsverfahren stattgefunden hat, da nur dann die Gebühr des § 108 anfällt. Wird nur ein Beurkundungsauftrag bezüglich des bereits außergerichtlich festgelegten Auseinandersetzungsvertrags erteilt — und dieser Fall ist gegeben, wenn die Beteiligten sich in allen wesentlichen Punkten geeinigt haben und über einige Restfragen lediglich um den Rat des Gerichts oder Notars nachsuchen, ohne davon aber den Bestand der Vereinbarung abhängig zu machen —, so erfällt für die daraufhin stattfindende Beurkundung der Vereinbarung die Beurkundungsgebühr des § 29 II und nicht die Auseinandersetzungsgebühr, § 108 III. Streiten die Beteiligten dagegen über die Abfindungssumme, so ist das ein so wesentlicher Punkt, daß ohne seine Klärung ein außergerichtlicher Vertrag nicht als zustandegekommen angesehen werden kann; denn die Feststellung der Abfindung erfordert die Ermittlung und Schätzung des gesamten Nachlasses. Eine Einigung über das eine oder das andere ist also denkbar. Hier bedeutet die Anrufung des Nachlaßgerichts oder Notars im Zweifel den Antrag auf Vermittlung der Auseinandersetzung bezüglich des ganzen Nachlasses. Allerdings ist im Gegensatz dazu möglich, daß die Beteiligten sich über bestimmte Teile des Nachlasses bereits endgültig unter sich geeinigt haben (z.B. durch Aufteilung der Mobilien) und die Vermittlung des Gerichts oder Notars bezüglich des ungeteilten Restes des Nachlasses, etwa der Grundstücke, in Anspruch nehmen. Hier bildet den Gegenstand der Tätigkeit des Gerichts immer nur der ungeteilte Nachlaß, wenn das übrige bereits ausgeschieden ist, ohne die Gestaltung des Verhältnisses der Miterben zueinander noch zu beeinflussen, KG 6. 11. 1936, JVBl 1937, 101 = DNotZ 1937, 18. — Zwischen Vorerben und Nacherben besteht keine Rechtsgemeinschaft; auf ihr Verhältnis zueinander findet deshalb § 108 keine Anwendung, KG vom 24. 3. 1916, KGJ 49 B 303 und vom 18. 1. 1935, HRR 1935 Nr. 627. Jonas-Melsheimer (3) 578, Fußnote 1. Da nach § 99 RFGG die Vorschriften des Erbteilungsverfahrens auf die Auseinandersetzung des Gesamtguts von ehelichen Gütergemeinschaften und damit auch auf die Auseinandersetzung des Gesamtguts geschiedener Ehegatten (§ 1478 BGB) Anwendung finden, so gelten insoweit auch dieselben Gebührenvorschriften.

Wegen der Gebührenbefreiung und -ermäßigung für Wehrmachtsangehörige als Erblasser, sowie in einem einschlägigen Verfahren des Nachlaßgerichts: siehe „Wehrmacht — Wehrdienst".

2. a) Gebühr, wenn das Verfahren mit Bestätigung der Auseinandersetzung durch das Nachlaßgericht abgeschlossen wird: das Vierfache der vollen Gebühr, § 108 I Satz 1

Damit wird die gesamte sich auf die Auseinandersetzung beziehende Tätigkeit des Nachlaßgerichts abgegolten, also z.B. die Beurkundung von Erklärungen, welche die Gültigkeit des Testaments betreffen, die Ermittlung und Feststellung der Nachlaßmasse, die Beurkundung von Vereinbarungen der Beteiligten über die

Schätzung und Art der Teilung einzelner Nachlaßgegenstände (Teilung in Natur oder durch Verkauf oder Übernahme seitens eines Miterben), ferner über die Art des Verkaufs (freihändiger Verkauf oder öffentliche Versteigerung und unter wessen Leitung) einschließlich der Bestätigung derartiger Vereinbarungen durch das Nachlaßgericht (§ 91 II RFGG), bei Teilung zwischen Abkömmlingen die Feststellung der Ausgleichspflichten, § 2050 BGB; die Bezeichnung der Nachlaßgegenstände, die für Nachlaßverbindlichkeiten zurückzubehalten sind, BGB § 2046; die Übernahme von Nachlaßverbindlichkeiten durch einzelne Erben (namentlich den überlebenden Ehegatten), ferner die Aufforderung an den Antragsteller zur Einreichung eines Nachlaßverzeichnisses oder eines Erbscheins (für den die Gebühr des § 99 erhoben wird) oder zur Beibringung von Urkunden (Sterbe- oder Geburtsurkunden § 87 II RFGG). Die Aufnahme der Nachlaßgegenstände in die Verhandlung über die gerichtliche Vermittlung der Auseinandersetzung ist gebührenfreies Nebengeschäft. Dagegen wird die Gebühr des § 46 besonders erhoben, wenn die Beteiligten im Laufe des Verfahrens die Aufnahme eines Vermögensverzeichnisses besonders beantragen. Durch die Gebühr des § 108 werden ferner mitabgegolten die Bekanntgabe von Schriftsätzen Beteiligter an die übrigen Miterben zur Äußerung, die Ladung der Beteiligten mit der Androhung aus § 89 RFGG, die Entscheidung über den Antrag auf Wiedereinsetzung in den vorigen Stand, § 93 RFGG oder die Rechtmäßigkeit der Zeugnisverweigerung oder die Weigerung, in einem zur Aufklärung des Sachverhalts eingeleiteten Beweisverfahren ein Gutachten abzugeben, ferner, wenn vereinbarungsgemäß eine Verteilung durch das Los erfolgen soll, die Bestellung eines Vertreters für die nicht erschienenen Beteiligten. Zu dem durch die Gebühr des § 108 abgegoltenen Verfahren gehört auch die im Laufe des Verfahrens erfolgte Beurkundung der Vereinbarungen, die mehrere Beteiligte treffen, wenn und soweit eine Einigung erzielt wird, die Anfertigung des Auseinandersetzungsplanes durch das Gericht, die Beurkundung der Auseinandersetzung, wenn alle Beteiligten dem Auseinandersetzungsplan zugestimmt haben und die Bestätigung der Auseinandersetzung, § 93 I RFGG, endlich die Beurkundung von Erklärungen, die aus den im Auseinandersetzungsverfahren getroffenen Vereinbarungen folgen und in die Urkunde über die Auseinandersetzung nach § 93 RFGG aufgenommen wurden (z.B. die Beurkundung von Eintragungs- und Löschungsbewilligungen, soweit sie landesrechtlich vor dem Nachlaßgericht erfolgen können). Korintenberg-Wenz § 108 A 3, Jonas-Melsheimer § 108 A III 1 e. — Die Bestätigung erfolgt entweder anläßlich der Beurkundung der Zustimmung der Beteiligten zu dem Auseinandersetzungsplan oder, falls nicht sämtliche Beteiligte erschienen sind, nach Erklärung ihrer Zustimmung zu gerichtlichem Protokoll oder in öffentlich beglaubigter Urkunde oder nach fruchtlosem Ablauf der Frist, die den Nichterschienenen zur Beantragung eines neuen Termins zur Abgabe ihrer Zustimmungserklärung gestellt worden ist, oder wenn sie auch in dem neuen Termin nicht erschienen sind. Gegen den Bestätigungsbeschluß steht ihnen die sofortige Beschwerde zu.

b) Werden Erklärungen im Auseinandersetzungsverfahren beurkundet, die nicht Ausfluß des Verfahrens sind, mit ihm als solchem nichts zu tun haben (Beispiel: Der Vater erhöht den Erbteil seines Kindes), **so sind sie unabhängig** von der gerichtlichen Vermittlung der Auseinandersetzung **besonders gebührenpflichtig.** (Im genannten Fall also Erhebung der Beurkundungsgebühr des § 29 I oder — wenn die Annahme mitbeurkundet ist — des § 29 II aus dem Wert der Zuwendung). Der Gegenstand dieser Beurkundung ist sodann bei Berechnung des Geschäftswertes, aus dem die Gebühr des § 108 zur Erhebung kommt, nicht zu berücksichtigen. Besonders gebührenpflichtig ist ferner, weil kein Bestandteil des Vermittlungsverfahrens: die Erteilung eines Erbscheins (Gebühr § 99), die Leistung des Offenbarungseides durch einen Dritten, der sich mit dem Erblasser in häuslicher Gemeinschaft befand (Gebühr: § 115), die Bestellung eines Pflegers für einen abwesenden Beteiligten gemäß § 88 RFGG (Gebühr § 98 I) siehe „Abwesenheitspflegschaft"; die Aufnahme einer Schätzung oder eines Vermögensverzeichnisses; die Vornahme von Versteigerungen, § 108 III; Gebühr §§ 44, 46, 47, 48.

3. Gebührenermäßigung.

a) Bei Erledigung des Verfahrens vor Eintritt in die Verhandlung in dem Verhandlungstermin (§ 89 RFGG) über die materielle Erledigung der Erbteilung durch Zurücknahme des Antrags oder auf andere Weise (Beurkundung einer vertragsmäßigen Auseinandersetzung): $^5/_{10}$ **Gebühr**, § 108 I 2. — Nur bei Zurücknahme des Antrags vor Beginn des Verfahrens wird die Gebühr aus § 122 II erhoben.

Die Gebühr entsteht mit dem Beginn des Verfahrens. Ein ausdrücklicher Einleitungsbeschluß braucht nicht erlassen zu werden. Begonnen hat das Verfahren, sobald eine auf die sachliche Durchführung gerichtete Verfügung ergangen ist, wie z.B. die Aufforderung, den Antrag zu stellen, ein Nachlaßverzeichnis, einen Erbschein oder Sterbe- oder Geburtsurkunden einzureichen, oder wenn die Beteiligten mit der Androhung nach § 89 RFGG geladen worden sind. Nach Beginn des Verfahrens kommt eine Gebühr für Zurücknahme der Zurückweisung nicht mehr in Frage, weil dann bereits die Gebühr des § 108 fällig geworden ist. Für die vertragsmäßige Beurkundung der Auseinandersetzung nach Beginn des Verfahrens, aber vor Eintritt in die Verhandlung zur Sache fällt neben der $^{5}/_{10}$ Gebühr aus § 108 I Z 2 die $^{20}/_{10}$ Gebühr gemäß § 29 II an.

b) Bei Erledigung des Verfahrens nach Eintritt in die Verhandlung, aber vor Bestätigung der Auseinandersetzung: $^{20}/_{10}$ Gebühren, § 108 I 1. Wieweit das Verfahren nach Eintritt in die Verhandlung gediehen ist, ist gleichgültig. Die Gebührenermäßigung auf $^{20}/_{10}$ tritt auch ein, wenn der Auseinandersetzungsplan bereits gefertigt und das Einverständnis der Beteiligten (§ 93 RFGG) beurkundet ist, aber vor Bestätigung die Zurücknahme des Antrags erfolgt. Setzen sich die Beteiligten nach Eintritt in das förmliche gerichtliche Auseinandersetzungsverfahren unter Zurücknahme des Antrags vertraglich auseinander, so fallen an: $^{20}/_{10}$ Gebühr aus § 108 I Z 1 und $^{20}/_{10}$ Gebühr für die Beurkundung des Vertrags, § 29 II.

4. Bei Erledigung des Verfahrens hinsichtlich eines Teiles der Masse in der unter 3a oder b behandelten Weise und Weiterführung bezüglich des anderen Teiles: ermäßigte Gebühr nach a oder b und von dem weiter fortgesetzten Teil eine weitere Gebühr bis zur Höhe des für ihn maßgebenden Satzes, KG 1. 2. 1935 HRR 1935 Nr. 896, Korintenberg-Wenz § 108 A 5, Jonas-Melsheimer § 108 A VII 4.

Beispiele: Nachlaß ohne Schuldenabzug 70000 RM.

Vor Eintritt in die Verhandlung vor dem Nachlaßgericht Erledigung des Verfahrens über Nachlaßgegenstände im Werte von 10000 RM; später Erledigung des Verfahrens bezüglich 60000 RM ohne Bestätigung der Auseinandersetzung: $^{5}/_{10}$ Gebühr aus 70000 RM und $^{15}/_{10}$ Gebühren aus 60000 RM.

Nach Eintritt in die Verhandlung, aber vor Bestätigung der Auseinandersetzung Erledigung des Verfahrens über Nachlaßgegenstände im Werte von 30000 RM, Erledigung des Verfahrens bezüglich 40000 RM mit Bestätigung der Auseinandersetzung: $^{20}/_{10}$ Gebühr aus 70000 RM und $^{20}/_{10}$ der Sätze des § 26 aus 40000 RM.

5. Zusatzgebühr aus **§ 53** bei Abgabe der zu beurkundenden Erklärungen eines Beteiligten in fremder Sprache, auch wenn der Richter bzw. alle Beteiligten der fremden Sprache mächtig sind: Neben der Gebühr aus § 108 I in Höhe der Hälfte dieser Gebühr bis zum Höchstbetrag von 50 RM § 108 I Satz 3. — **Schuldner** der Zusatzgebühr aus § 53 und der durch die Zuziehung eines Dolmetschers entstandenen Auslagen ist der der fremden Sprache nicht Mächtige, § 53 II. Keine Zusatzgebühr, wenn die Verhandlung der der deutschen Sprache Mächtigen außerhalb der Geschäftsstelle vorgenommen wurde, wohl aber Reisekosten, § 139 I 5. — Die Zusatzgebühr aus **§ 52** kommt neben der Gebühr aus § 108 III, nicht aber neben der Gebühr aus § 108 I in Frage.

6. Geschäftswert ist der Wert der den Gegenstand des gerichtlichen Auseinandersetzungsverfahrens bildende Vermögensmasse — des Nachlasses oder Gesamtgutes — (bewegliche Sachen, Forderungen, andere Vermögensrechte, Grundstücke — Bewertung: §§ 17, 18 — bei Grundstücken letzter Einheitswert: KG 6. 11. 1936, JVBl 1937, 102) ohne Abzug etwaiger auf dem Nachlaß lastenden Verbindlichkeiten (z. B. der Vermächtnisse, Pflichtteilsrechte, Auflagen, Arztunkosten, Hypotheken, Grund- und Rentenschulden, aber unter Abzug des Wertes eines Nießbrauchs, Wert: § 22). Forderungen des Erblassers an einen Miterben sind dem Nachlaß hinzuzurechnen, wenn bei Erledigung des Verfahrens ihr Nichtbestehen nicht feststeht, KG 2. 2. 1904 KGJ 27 B 23. Zweifelhafte Außenstände sind nach freiem Ermessen zu schätzen. Der Erlös aus im Laufe des Verfahrens verkauften Gegenständen ist der Masse hinzuzurechnen, auch wenn er zur Schuldentilgung verwendet wurde. Beträge, die Miterben-Abkömmlinge nach § 2050 BGB untereinander zur Ausgleichung zu bringen haben (sich also auf ihren Erbteil anrechnen lassen müssen) bleiben außer Betracht, KG 22. 10. 1909, KGJ 39 B 55, ebenso der Erlös aus vor Einleitung des Verfahrens an einen Dritten verkauften Sachen, der bereits vor Einleitung des Verfahrens zur Tilgung von Schulden verwendet worden ist.

a) **Betrifft das Auseinandersetzungsverfahren mehrere im Zusammenhang stehende Erbmassen,** an denen dieselben Personen oder wenigstens eine von ihnen beteiligt ist, so ist zunächst der Wert jeden Nachlasses ohne Rücksicht auf die Bestandteile, die auch in einer der anderen Massen enthalten sind, festzustellen. Der Erbteil des zuletzt Verstorbenen ist seinem sonstigen Nachlaß hinzuzurechnen. Sodann Berechnung der Gebühr des § 108 aus der Summe der Werte der getrennt berechneten Nachlaßgegenstände.

Beispiel: A wird von seiner Witwe zu ¼ und seinen 2 Kindern zu insgesamt ¾ beerbt. Kurze Zeit später stirbt die Mutter der Kinder. Gerichtliche Vermittlung der Nachlaßauseinandersetzung. Beträgt der Nachlaß des Vaters 12000 RM (Schulden 2000 RM), derjenige der Mutter 7000 RM (Schulden 1000 RM) und der Anteil der Mutter an dem Nachlaß ihres Mannes 3000 RM, so ist die Gebühr des § 108 zu erheben aus 12000 RM (Aktivnachlaß des Vaters) + 7000 RM (Aktivnachlaß der Mutter) +

3000 RM (¼ Anteil der Mutter am Nachlaß ihres Mannes) = 22000 RM.

b) Gütergemeinschaft- und Nachlaßauseinandersetzung in einem Verfahren. Fortsetzung der allgemeinen Gütergemeinschaft tritt nicht ein, wenn der überlebende Ehegatte die Fortsetzung ablehnt oder keine gemeinschaftlichen Abkömmlinge vorhanden sind, §§ 1482, 1484 I BGB. Bei der Errungenschaftsgemeinschaft ist die Fortsetzung nicht möglich, bei der Fahrnisgemeinschaft kann die Gütergemeinschaft nur fortgesetzt werden, wenn es im Ehevertrag vereinbart ist, § 1575 BGB.

Betrifft das gerichtliche Auseinandersetzungsverfahren nur das Gesamtgut einer Gütergemeinschaft, so ist die Gebühr des § 108 aus dem Gesamtgut ohne Schuldenabzug zu berechnen. Betrifft es das Gesamtgut und den Nachlaß des Ehegatten, der in Gütergemeinschaft gelebt hat, so ist zunächst das Gesamtgut (ohne Schuldenabzug) und dann der Nachlaß des Verstorbenen (ohne Schuldenabzug) ohne Berücksichtigung der auf den Verstorbenen treffenden Hälfte des Gesamtgutes festzustellen und abweichend von § 108 V S 2 gemäß Abs. V S 3 die Gebühr einheitlich aus dem Wert des ganzen Gesamtgutes und des Nachlasses ohne der zu ihm gehörenden Hälfte des Gesamtgutes zu berechnen.

Beispiel: Nach dem Tode einer Ehefrau, die in allgemeiner Gütergemeinschaft gelebt hat, lehnt der Witwer die Fortsetzung der Gütergemeinschaft ab, und beantragt gerichtliche Auseinandersetzung des Gesamtgutes und des Nachlasses seiner Frau. Das Gesamtgut ohne Abzug der Gesamtgutsverbindlichkeiten wird auf 40000 RM festgestellt; das Vorbehaltsgut der Verstorbenen beträgt 8000 RM. Geschäftswert bezüglich der Nachlaßauseinandersetzung an sich: 20000 RM (d.i. der auf die Verstorbene treffende Hälfteanteil am Gesamtgut) + 8000 RM eigenes Vermögen der Verstorbenen; zusammen 28000 RM. Die Gebühr des § 108 wäre mithin aus 40000 (Gesamtgut) + 28000 (Nachlaß) = 68000 RM zu berechnen. Dadurch würde der Anteil des Verstorbenen am Gesamtgut zu 20000 RM zweimal Gegenstand der Gebührenberechnung sein. Durch § 108 V Satz 3 wird dies vermieden; nach ihm ist die Gebühr nur aus der Summe des Gesamtgutes (40000 RM) und des übrigen Nachlasses (8000 RM), also aus 48000 RM zu berechnen.

c) Gerichtliches Auseinandersetzungsverfahren bezüglich des Gesamtgutes nach Aufhebung der fortgesetzten Gütergemeinschaft und gleichzeitig bezüglich des Nachlasses des verstorbenen Ehegatten. Gebühr des § 108 aus dem Wert des Gesamtgutes der fortgesetzten Gütergemeinschaft (ohne Schuldenabzug) — dem Wert des Nachlasses des Verstorbenen ohne Schuldenabzug und ohne Berücksichtigung des auf ihn treffenden Gesamtgutsanteils. § 108 V S 3 ist hier entsprechend anzuwenden.

d) In Gütergemeinschaft lebende Eheleute sterben innerhalb drei Tage. Da gemeinschaftliche und nichtgemeinschaftliche Kinder der verstorbenen Ehegatten vorhanden sind, erfolgt gleichzeitig **Teilung des Gesamtgutes der allgemeinen Gütergemeinschaft und der beiden Nachlässe:** Gebühr des § 108 aus dem Wert des Gesamtgutes ohne Schuldenabzug + dem Wert des sonstigen Nachlasses der Ehegatten ohne Schuldenabzug

Beispiel: Wert des Gesamtgutes der allgemeinen Gütergemeinschaft ohne Schuldenabzug: 40000 RM, Wert des sonstigen Nachlasses des Mannes ohne Schuldenabzug 6000 RM, Wert des Nachlasses der Frau ohne Schuldenabzug 4000 RM. Gebühr aus 40000+6000+4000 RM = 50000 RM.

e) Der überlebende Ehegatte hat die Gütergemeinschaft mit den gemeinschaftlichen Abkömmlingen ohne Ausscheidung des Anteils eines nichtgemeinschaftlichen Abkömmlings **fortgesetzt;** erst **nach dem Tod des überlebenden Ehegatten** findet das gerichtliche **Auseinandersetzungsverfahren bezüglich des** auf die gemeinschaftlichen Abkömmlinge treffenden **Gesamtgutes** statt. Hier ist der Wert des Gesamtgutes der allgemeinen Gütergemeinschaft und derjenige des Gesamtgutes der fortgesetzten Gütergemeinschaft festzustellen. Beträgt das erstere 40000 RM, das letztere (infolge Ausscheidens des Anteils des nicht gemeinschaftlichen Abkömmlings an dem Gesamtgut der Gütergemeinschaft) 30000 RM, so ist die Gebühr des § 108 aus der Summe der beiden den Gegenstand der Auseinandersetzung bildenden Massen (40000 + 30000 RM) zu berechnen; § 108 V Satz 3 findet keine Anwendung.

f) Bildet im Falle e den Gegenstand des gerichtlichen Auseinandersetzungsverfahrens das Gesamtgut der allgemeinen Gütergemeinschaft und dasjenige der fortgesetzten Gütergemeinschaft und der Nachlaß beider Ehegatten, so ist die Gebühr des § 108 aus den zusammengerechneten Werten des Gesamtgutes der Gütergemeinschaft + der fortgesetzten Gütergemeinschaft + des übrigen Nachlasses der verstorbenen Ehegatten (ohne Berücksichtigung ihres Anteils am Gesamtgut) zu berechnen (§ 108 V Satz 3).

7. Schuldner der Gebühren: wenn das gerichtliche Auseinandersetzungsverfahren eingeleitet war, die Anteilsberechtigten, d.h. die Erben oder die an ihrer Stelle tretenden Erwerber eines Anteils (§ 36 II RFGG, auch wenn sie sich am Verfahren nicht beteiligt haben, als Gesamtschuldner, § 108 VI; gegebenenfalls der Pfandgläubiger oder der Nießbraucher an einem Erbteil, wenn sie die Einleitung des Verfahrens beantragt haben, § 2 Z 1. Genießt ein Anteilsberechtigter persönliche Gebührenfreiheit, so ist dies auf die Kostenhaftung der übrigen Anteilsberechtigten ohne Einfluß, § 11 I. Wird der Antrag vor Beginn des eingeleiteten Verfahrens zurückgenommen oder zurückgewiesen, so ist der Antragsteller Alleinschuldner der Gebühren des § 122: mehrere Antragsteller haften als Gesamtschuldner. Wegen der Entstehung der Gebühren aus § 122 siehe oben unter 3a.

8. **Vorschußpflicht.** Von den als Schuldner der Gebühren in Frage kommenden Beteiligten (s. A 7) ist vom Gericht nach Antragstellung ein Vorschuß in Höhe der vierfachen Gebühr des § 26 anzufordern, wenn nicht bereits feststeht, daß die Vermittlung der Auseinandersetzung dem Notar übertragen wird oder werden muß (Sollstellung!). KG 14. 1. 1938, JVBl 1938, 154 = JFGErg 18, 181 = HRR 1938 Nr. 620 = DNotZ 1938, 323.

Nur wenn von vornherein feststeht, daß diese Überweisung stattfinden muß oder wird, so beträgt der Vorschuß die zweifache Gebühr, JVBl 1938, 303 und Fußnote: Siehe „Vorschußpflicht".

9. **Wird zum Zweck der Auseinandersetzung vor dem Teilungsgericht ein Vertrag mit einem an dem Verfahren nicht beteiligten Dritten geschlossen** (werden z.B. Nachlaßgegenstände einem Dritten verkauft oder einem Pflichtteilsberechtigten durch Vergleich oder beteiligten Nachlaßpfandgläubiger zugewiesen) und getrennt vom Auseinandersetzungsvertrag oder in diesem Vertrag beurkundet, so wird unabhängig von der Gebühr des § 108 die Hälfte der Beurkundungsgebühr (§§ 29—38, 43) aus dem Wert des Gegenstandes des Geschäfts erhoben, § 108 II.

II. **Das Nachlaßgericht überträgt einem Notar die Auseinandersetzung** (in Bayern immer der Fall, wenn Grundstücke zum Nachlaß oder Gesamtgut gehören).

a) $^5/_{10}$ **Gebühr für das gerichtliche Verfahren** einschließlich der Übertragung und der Anordnung von Beweisaufnahmen, § 108 IV 1. In welcher Lage des Verfahrens die Überweisung erfolgt, ist gleichgültig; also Anfall der Gebühr, auch wenn mit den Parteien materiell über die Auseinandersetzung noch nicht verhandelt worden ist.

b) $^5/_{10}$ **Gebühr für die Bestätigung** der vom Notar in den Formen des RFGG durchgeführten Auseinandersetzung. Wird beim Notar zunächst nur Auseinandersetzung bezüglich eines Nachlaßteils durchgeführt und vom Gericht bestätigt und später bezüglich weiterer Teile: Gebühr für jede Bestätigung von dem

Wert, auf den sich die Auseinandersetzung bezog, aber nicht mehr, als die Gebühr des § 108 IV 2 von dem Gesamtnachlaß oder Gesamtgut ohne Schulden beträgt. Gebühren des Notars: § 147.

Geschiedene Ehegatten

Auseinandersetzung bezüglich des Gesamtguts. Siehe „Gerichtliche Vermittlung der Auseinandersetzung".

Gesetzlicher Vertreter

Haftung für Gerichtskosten des Vertretenen: siehe „Haftung".

Gesamtgutsauseinandersetzung

Siehe „Gerichtliche Vermittlung der Auseinandersetzung".

Gesamtgutsverwaltung

Für die Gesamtgutsverbindlichkeiten der fortgesetzten Gütergemeinschaft haftet der überlebende Ehegatte persönlich, § 1489 I BGB. Anders als in § 1459 II endet diese Haftung nicht mit der Beendigung der fortgesetzten Gütergemeinschaft. Will nun der überlebende Ehegatte die Haftung für Verbindlichkeiten vermeiden, für die er ohne Eintritt der fortgesetzten Gütergemeinschaft nicht in Anspruch genommen werden konnte, so muß er die Verwaltung des Gesamtgutes der ehelichen Gütergemeinschaft beantragen; auf sie finden dann die Vorschriften der §§ 1975, 1981—1988 BGB über die Nachlaßverwaltung entsprechende Anwendung, § 1489 II BGB. Verwaltet wird an Stelle des Nachlasses das Gesamtgut in seinem Bestand zur Zeit des Eintritts der fortgesetzten Gütergemeinschaft einschließlich der Surrogate, § 1473 BGB, und der etwa aus der Verwaltung des überlebenden Ehegatten den Gesamtgutsgläubigern zustehenden Ansprüche, §§ 1978 I, II, aber ohne Berücksichtigung des späteren Erwerbs, § 1485 I.

1. **Volle Gebühr** (§ 98 I) aus dem **Wert** des von der Verwaltung betroffenen Vermögens, also aus dem Wert des Gesamtgutes zur Zeit des Eintritts der fortgesetzten Gütergemeinschaft ohne Abzug der Schulden, § 17 III. Fälligkeit der Gebühr: mit Anordnung der Verwaltung, § 98 I S 2.

Schuldner der Gebühr: der überlebende Ehegatte persönlich, vorbehaltlich der Berufung auf die Beschränkung seiner Haftung auf das Gesamtgut.

2. **Bei Ablehnung des Antrags** auf Anordnung einer Gesamtgutsverwaltung **oder bei Zurücknahme des Antrags** vor Erlaß einer Entscheidung: **ein Viertel der vollen Gebühr** — jedoch ohne Höchstgrenze (wie in § 122) — aus dem Gesamtgut zur Zeit des Eintritt der fortgesetzten Gütergemeinschaft ohne Schuldenabzug, § 98 III Halbsatz 1. **Schuldner** der Gebühr: der Antragsteller.

Ist ein Gläubiger Antragsteller: Gebühr aus dem Betrag seiner Forderung, wenn das zu verwaltende Gesamtgut geringer ist, aus dessen Wert, § 98 III Halbsatz 2.

Gütergemeinschaft — Zeugnis über Fortsetzung

1. Das Nachlaßgericht hat dem überlebenden Ehegatten auf Antrag ein **Zeugnis** über die Fortsetzung der Gütergemeinschaft zu erteilen, § 1507 BGB. Das Zeugnis enthält Name, Stand und Wohnort beider Ehegatten, den Todestag des Verstorbenen, die Bescheinigung, daß nach dessen Tod zwischen dem überlebenden Ehegatten und den gemeinschaftlichen Abkömmlingen die Gütergemeinschaft fortgesetzt worden ist, die Angabe der nicht gemeinschaftlichen Abkömmlinge und den Bruchteil des früheren Gesamtgutes, das nunmehr Gesamtgut der fortgesetzten Gütergemeinschaft ist, ferner, falls das Zeugnis erst nach beendeter fortgesetzter Gütergemeinschaft beantragt wurde, den Vermerk, daß diese inzwischen beendet worden ist.

2. a) Volle Gebühr für die Erteilung des Zeugnisses aus dem halben Wert des reinen Gesamtgutes der fortgesetzten Gütergemeinschaft im Zeitpunkt der Erteilung des Zeugnisses, § 101 I 1. Das Gesamtgut der fortgesetzten Gütergemeinschaft besteht aus dem ehelichen Gesamtgut, soweit es nicht nach § 1483 II BGB einem nicht anteilsberechtigten Abkömmling zufällt, und aus dem Vermögen, das der überlebende Ehegatte aus dem Nachlaß des verstorbenen Ehegatten erhält (also auch Vermächtnis und Pflichtteil), ferner aus dem, was der Überlebende nach dem Eintritt der fortgesetzten Gütergemeinschaft erwirbt (§ 1485 BGB), insbesondere also den Nutzungen, auch denen des Sondergutes des verstorbenen Ehegatten, nicht aber seines Vorbehaltsgutes. Zum Gesamtgut gehört aber nicht das Vorbehalts- und Sondergut des überlebenden Ehegatten (§ 1486) und das Vermögen eines Abkömmlings, gleichgültig, wann es erworben ist, ferner nicht die Nutzungen aus dem letztgenannten Vermögen, falls sie nicht auf Grund von §§ 1649, 1686 BGB in das Vermögen des Überlebenden fallen. Von dem Wert des Gesamtgutes sind die Gesamtgutsverbindlichkeiten (§ 1488 BGB), das sind alle Verbindlichkeiten des überlebenden Ehegatten abzuziehen, gleichgültig, wann sie entstanden sind und ob sie vor Eintreten der fortgesetzten Gütergemeinschaft solche der allgemeinen Gütergemeinschaft waren. Gesamtgutsverbindlichkeiten sind auch die Verbindlichkeiten, die das Vorbehalts- und Sondergut des überlebenden Ehegatten betreffen, und die aus der Unterhaltspflicht gegenüber seinem Kinde entstandenen Verbindlichkeiten, KG JW 37, 3159, ferner die Verbindlichkeiten des verstorbenen Ehegatten, die Gesamtgutsverbindlichkeiten der ehelichen Gütergemeinschaft waren, gleichgültig, ob sie im inneren Verhältnis der Ehegatten dem Gesamtgut zur Last fallen, §§ 1463—1465 BGB; ist die Frau die Überlebende, sind mithin alle Verbindlichkeiten des Mannes, ist der Mann der Überlebende alle Verbindlichkeiten der Frau, Gesamtgutsverbindlichkeiten, soweit sie nicht wegen §§ 1460—1462 als solche ausscheiden (Dr. Palandt BGB § 1488 A 1 a und b).

b) Schuldner der Gebühr: der Antragsteller, § 2 Z 1. Fälligkeit der Gebühr: mit Anstellung des Zeugnisses, § 6.

Anforderung eines Vorschusses durch Sollstellung in Höhe der Gebühr, § 7 I, wenn die Erteilung des Zeugnisses von der vorherigen Zahlung oder Sicherstellung eines Vorschusses abhängig gemacht ist, § 7 II, Anforderung des Vorschusses mit Kostennachricht 17 ohne Sollstellung. Auf keinen Fall Aushändigung des Zeugnisses vor Kostenzahlung, § 9. Siehe „Vorschuß" und §§ 18, 22 KostVfg.

c) Für die eidesstattliche Versicherung: $^{5}/_{10}$ Gebühr aus dem halben Wert des Gesamtgutes wie unter a, § 43 II, neben der Gebühr unter 2a.

Wird die eidesstattliche Versicherung erlassen: keine Gebühr.

d) Bei Verbindung des Zeugnisses über die Fortsetzung der Gütergemeinschaft mit dem Erbschein, der bezüglich des Vorbehaltsgutes des verstorbenen Ehegatten oder bei Fortsetzung der Fahrnisgemeinschaft bezüglich des Vorbehaltsgutes und eingebrachten Gutes der verstorbenen Frau oder des eingebrachten Gutes des verstorbenen Mannes erteilt wird, erfällt **neben der Gebühr des § 101** für das Zeugnis über die Fortsetzung der Gütergemeinschaft (siehe A 2 a), **für den Erbschein die volle Gebühr aus § 99** aus dem Vorbehaltsgut + dem eingebrachten Gut. Der Anteil des Verstorbenen am Gesamtgut gehört nicht zum Nachlaß, § 1483 I Satz 2 BGB.

3. Ablehnung der Fortsetzung der Gütergemeinschaft; siehe Ablehnung II; **Aufhebung** der fortgesetzten Gütergemeinschaft; siehe Aufhebung. **Auseinandersetzung** des Gesamtguts: siehe gerichtliche Ermittlung der Auseinandersetzung. **Verzicht** eines anteilsberechtigten Abkömmlings auf seinen ganzen Anteil am Gesamtgut der fortgesetzten Gütergemeinschaft: siehe Verzicht.

Wegen des Kostenansatzes für **Zeugnisse,** die in bestimmten Verfahren **gebührenfrei** zu erteilen sind: siehe „Erbschein" unter I 7.

Haftung der Erben für Gerichtskosten

I. Für die Kosten in den nachstehend bezeichneten Angelegenheiten **haften** nach § 5 nur die Erben. Ihre Haftung besteht jedoch nur nach den Vorschriften des BGB über Nachlaßverbindlichkeiten. Sie beschränkt sich daher auf den Nachlaß, wenn der Erbe von den gesetzlichen Mitteln zur Herbeiführung einer solchen Beschränkung Gebrauch macht (Aufgebot der Nachlaßgläubiger, §§ 1970ff., Nachlaßverwaltung, Nachlaßkonkurs, §§ 1975ff. BGB, §§ 214ff. KO), es sei denn, daß der Erbe durch Nichterrichtung des Nachlaßinventars trotz Fristbestimmung oder durch absichtliche Errichtung eines unvollständigen Inventars (§§ 1994, 2005 BGB) in jedem Fall unbeschränkt haftet. — Es handelt sich hierbei um:

a) die Eröffnung einer Verfügung von Todes wegen, § 94,
b) die Sicherung eines Nachlasses, §§ 96, 46,
c) die Errichtung eines Nachlaßinventars, § 106,
d) eine Nachlaßpflegschaft, § 98,
e) eine Nachlaßverwaltung, § 98,
f) eine Pflegschaft für einen Nacherben, § 86 II,
g) die Entgegennahme von Erklärungen über die Annahme, Ablehnung oder Kündigung des Amtes als Testamentsvollstrekker, § 104 I 8.

Zu a. Testamente und Erbverträge. Auch die Maßnahmen zur Erzwingung der Ablieferung des Testaments gehören hierher. Richten sich diese Maßnahmen gegen den vermuteten Besitzer des Testaments (§ 83 II RFGG), so kommen nur die Kosten der Abnahme des Offenbarungseides (§ 115) in Frage. Keine Mithaft der Eidespflichtigen. Ist jedoch gegen den wirklichen Besitzer eine Ordnungsstrafe verhängt worden (§ 83 I RFGG), und wird er später zur Leistung des Offenbarungseides angehalten (§ 83 II RFGG), so haftet nur er für die ihm zur Last gelegten Kosten des Ordnungsstrafverfahrens (§ 110) und für die in diesem Fall nach § 33 I 5 GKG zu erhebenden Kosten des Offenbarungseidsverfahrens, § 126.

Zu b. Siegelung und Entsiegelung sowie Aufnahme des Vermögensverzeichnisses.

Zu c. Einschließlich der Kosten der Aufnahme des Inventars (§ 46), nicht aber der Entscheidung über Bestimmung und Verlängerung der Inventarsfrist gemäß §§ 1994—1996 BGB.

Zu d und e. Auch auf Veranlassung eines Gläubigers (§§ 1961, 1981 II BGB), der jedoch als Kostenschuldner nicht in Betracht kommt. Wird jedoch der Antrag auf Anordnung einer Nachlaßverwaltung abgelehnt oder vor Erlaß einer Entscheidung zurückgenommen, so ist stets allein der Antragsteller Kostenschuldner der nach § 98 III zu erhebenden Gebühr. § 122 greift in diesem Falle nicht Platz.

Zu f. Pflegschaft aus § 1913 Satz 2 BGB für den noch nicht erzeugten Nacherben. Die Anordnung einer Pflegschaft für einen lebenden Nacherben (sogenannte Beobachtungspflegschaft) ist unzulässig, KG 10. 3. 1939, 1 a Wx 224/39, DR 1939, 527; siehe auch „Pflegschaft".

Zu g. Bei formloser Abgabe der Erklärung: alleinige Haftung des Erben. Wird ausdrücklich Beurkundung oder Beglaubigung beantragt, so haftet für die hierdurch entstehenden Kosten nicht der Erbe, sondern der Antragsteller.

Nachlaßpfleger, Nachlaßverwalter und Testamentsvollstrecker haften nicht, wenn auch die Kosten zur Entnahme aus der Masse zunächst von ihnen anzufordern sind, weil die Erben in diesen Fällen keine Nachlaßgegenstände in ihrem Besitz haben. Die Zwangsvollstreckung ist jedoch dann nur in Nachlaßgegenstände, nicht in das Vermögen der oben Genannten zulässig. Gehen die Kosten auf diesem Wege nicht ein, so sind sie von den Erben einzuziehen und zwar in derselben Weise wie von einem unbeschränkt Zahlungspflichtigen. Die Erben haften, wenn auch — wie oben ausgeführt — nur nach den Vorschriften des BGB über Nachlaßverbindlichkeiten, d.h. vorbehaltlich der Einrede der beschränkten Erbenhaftung, persönlich, und zwar selbst dann, wenn sie Gebührenfreiheit genießen (§ 11 I). Von mehreren Erben kann zwar jeder für die ganze Kostenschuld in Anspruch genommen werden. Sofern er nicht unbeschränkt haftet, kann er jedoch bis zur Erbteilung der Vollstreckung in sein eigenes Vermögen widersprechen. Nach der Teilung haftet jeder Miterbe nach Maßgabe der Regelung in §§ 2058—2061 BGB nur noch für den seinem Erbteil entsprechenden Anteil an der Kostenschuld (Kopfteil). Die Einrede der Beschränkung der Erbenhaftung kann nur mit den Behelfen im Beitreibungsverfahren (§ 6 V JBeitrO) geltend gemacht werden, KG 4. 3. 1939, JVBl 1939, 303. Es handelt sich dabei nur um die Frage, in welche Gegenstände die Zwangsvollstreckung betrieben werden kann. Nur wenn der als Erbe in Anspruch Genommene die Erbfolge bestreiten will, findet die Erinnerung nach § 13 statt. Ob eine bestimmte Person Erbe ist, hat der Kostenbeamte vor Anforderung der Kosten festzustellen, KG 27. 7. 1936, JVBl 1936, 347; 1939, 89.

Unbeschränkt haften die Erben unbedingt ebenso wie andere Beteiligte für Kosten, die nur aus Anlaß der in § 5 genannten Verfahren — nicht in einem solchen Verfahren — durch ihre besonderen Anträge, wie z.B. auf Erteilung besonderer Abschriften, entstanden sind.

II. Für die dem Erblasser selbst erwachsenen Gerichtskosten haftet — ebenso, wie für die sonstigen persönlichen

Schulden des Erblassers — **der Erbe** nach § 1967 BGB, d.h. er kann auch in diesem Falle seine Haftung auf den Nachlaß beschränken. — Über Haftung des elterlichen Gewalthabers siehe Abschnitt A unter „Elterliche Gewalt". Über Haftung des Mannes für die Kosten der Frau siehe Abschnitt A unter „Haftung".

Heimstätten

Siehe „Reichsheimstättengesetz = Erbfolge".

Hilfsdienst

Besonderer Einsatz, Testament: siehe „Wehrmacht".

Hoffolgezeugnis

nach § 15 II EHRV.

a) **Für die Erteilung des Zeugnisses** einschließlich des vorangegangenen Verfahrens **volle Gebühr,** § 99; KG 18. 2. 1938; JFGErg 18, 177.

b) **Geschäftswert:** der letzte Einheitswert des Erbhofes. Von ihm sind die Nachlaßverbindlichkeiten einschließlich der auf dem Hof ruhenden Hypotheken, Grund- und Rentenschulden abzuziehen, insoweit sie nicht aus dem außer dem Hof vorhandenen freien Nachlaß berichtigt werden können, KG 7. 10. 1938, DFG 1938, 247 = DJR 1938, 839 = JVBl 1939, 27.

Nach §§ 42, 43 werden die gerichtlichen (und notariellen) **Gebühren,** die entstehen, **nur zur Hälfte** erhoben; hierunter fallen auch die Gebühren für die Beurkundung einer eidesstattlichen Versicherung. Wesentliches Erfordernis ist aber, daß die Beurkundung zur Erreichung des Zweckes notwendig war.

Inventarfrist

1. a) Bestimmung durch das Nachlaßgericht auf Antrag eines Nachlaßgläubigers (§ 1994 BGB), einschließlich der Anordnung über die Aufnahme des Inventars durch einen Notar oder sonstigen zuständigen Beamten,

b) Verlängerung der Frist zu a auf Antrag des Erben durch das Nachlaßgericht, § 1995 III BGB,

c) **Bestimmung einer neuen Inventarfrist,** weil der Erbe von der ersten Frist unverschuldet keine Kenntnis erhalten hatte (§ 1996 BGB), oder weil das Inventar unvollständig war, § 2005 BGB.

Bei Nichteinreichung des Inventars innerhalb der Frist haftet der Erbe für alle Nachlaßverbindlichkeiten unbeschränkt, § 1994 I Satz 2 BGB.

Zu a: ½ Gebühr aus dem Wert des reinen Nachlasses nach Abzug der Schulden (auch der Beerdigungskosten, Vermächtnisse,

Pflichtteilsrechte und Auflagen), auch wenn ein Miterbe die Anordnung der Aufnahme durch einen Notar beantragt hat, § 106 Z 1. Das Interesse des Beteiligten ist nicht maßgebend.

Zu b und c: Hatte das Nachlaßgericht eine Inventarfrist bestimmt, so sind die unter b und c nachfolgenden Anordnungen desselben Gerichts gebührenfrei; gleiches gilt für die Entgegennahme des Inventars nach erfolgter Bestimmung der Inventarfrist, § 107. Siehe „Nachlaßinventar".

2. Aufnahme des Inventars: ½ Gebühr aus dem Wert der vorbezeichneten Gegenstände, § 46 I. — Siehe „Nachlaßinventar".

Kauf

einer Erbschaft, Anzeige an das Nachlaßgericht: siehe „Anzeige" unter 1.

Kostenansatz

1. Der Kostenansatz besteht in der Berechnung der Kosten und deren Mitteilung an den Schuldner (§ 6 KostVfg). Er erfolgt bei dem Gericht, bei dem die Angelegenheit anhängig ist oder zuletzt anhängig war, auch wenn die Kosten bei dem ersuchten Gericht entstanden sind oder die Angelegenheit bei einem anderen Gericht anhängig war, § 13 I (Zeit des Kostenansatzes im allgemeinen: § 11 KostVfg).

Abweichend von diesem Grundsatz ist:

a) die Gebühr für die gerichtliche Beurkundung einer eidesstattlichen Versicherung zur Erlangung eines Erbscheins auch dann beim Nachlaßgericht zu erheben, wenn die eidesstattliche Versicherung von einem anderen Gericht aufgenommen wurde, § 99 I KostO; § 2 V KostVfg;

b) die Gebühr für die Eröffnung einer Verfügung von Todes wegen auch dann beim Nachlaßgericht zu erheben, wenn ein anderes Gericht das Testament eröffnet hat, § 95 III.

2. Gegen den Kostenansatz können der Kostenschuldner und die Reichskasse, diese durch den Bezirksrevisor oder den Leiter des Rechnungsamtes (AV RJM 9. 3. 1937, DJ 1937, 431) frist- und formlos **Erinnerung** erheben. Solange noch keine gerichtliche Entscheidung über den Kostenansatz vorliegt, kann die Reichskasse durch Beanstandung im Verwaltungsweg die Berichtigung des Ansatzes veranlassen. Den entsprechenden Anweisungen der Behördenvorstände und der Kostenprüfungsbeamten hat der Kostenbeamte Folge zu leisten; er ist nicht berechtigt, hiergegen die Entscheidung des Gerichts anzurufen. § 38 KostVfg. Die Erinnerungen des Kostenschuldners können den Geschäftswert, die Höhe der Kosten, den Haftungsgrund und die Zahlungspflicht zum

Gegenstand haben. Der Kostenbeamte kann den Erinnerungen abhelfen; will er dies nicht, so entscheidet das Gericht gebührenfrei. Hiergegen ist Beschwerde gegeben, wenn der Beschwerdegegenstand 50 RM übersteigt, § 13 III [1]). Die Beschwerde ist schriftlich oder zu Niederschrift der Geschäftsstelle des Gerichts einzulegen; bei Dringlichkeit ist Einlegung auch beim Beschwerdegericht zulässig. Das Gericht hat die Beschwerde, wenn es ihr nicht abhelfen will, binnen einer Woche dem Landgericht vorzulegen, — wenn der Kostenansatz beim Landgericht erfolgte, dem Oberlandesgericht. Die Entscheidung des letzteren ist unanfechtbar.

Weitere Beschwerde ist nur zulässig, wenn sie im Beschluß des Landgerichts wegen der grundsätzlichen Bedeutung der zur Entscheidung stehenden Rechtsfrage ausdrücklich zugelassen wird und der Beschwerdegegenstand 50 RM (jetzt 200 RM[1])) übersteigt.

Kostenerlaß

aus Billigkeitsgründen: § 35a KostVfg. Siehe auch: AV. vom 28. 3. 1935 (DtJust S 480), abgedruckt in „Amtliche Sonderveröffentlichungen der DtJust" Nr. 22 Seite 68.

Kostenhaftung

siehe „Haftung".

Kraftloserklärung eines Erbscheins

durch unanfechtbaren Beschluß des Nachlaßgerichts, weil der einzuziehende, ganz oder nur in gewissen Beziehungen unrichtige Erbschein nicht sofort erlangt werden kann, § 2361 II BGB: siehe „Einziehung oder Kraftloserklärung des Erbscheins".

Kriegsteilnehmer

Testament: siehe „Wehrmacht".

Kündigung des Amtes des Testamentsvollstreckers

durch formfreie Erklärung gegenüber dem Nachlaßgericht, § 2226 BGB.

1. Für die **Aufnahme der Erklärung** zu Protokoll des Nachlaßgerichts oder eines anderen Gerichts: **keine Gebühr,** § 104 III. Bei **ausdrücklich verlangter** gerichtlicher **Beurkundung:** ¼ **Gebühr,** §§ 104 III, 31 II.

2. a) ¼ **Gebühr** für die **Entgegennahme** der Kündigungserklärung durch das Nachlaßgericht, § 104 I Z 8; siehe „Entgegennahme".

b) Geschäftswert: §§ 104 II, 24 II; siehe „Regelwert".

---

[1]) Nach der VO vom 4. 10. 1939, RGBl 1994, § 6 Z 1 ist Beschwerde über den Ansatz von Gerichtskosten und die Festsetzung des Geschäftswerts nur zulässig, wenn der Wert des Beschwerdegegenstandes 200 RM übersteigt.

c) Schuldner der Gebühr: die Erben, § 5 I Satz 2. Siehe „Haftung".

d) Keine Gebühr, wenn die Entgegennahme der Kündigungserklärung mit einem anderen nach §§ 93—108 gebührenpflichtigen Verfahren im Zusammenhang steht. § 107. Siehe „Zusammenhang".

Leibzuchtsrecht

Die auf Grund landesgesetzlicher Vorschriften erteilte Bescheinigung, daß einem Witwer oder einer Witwe ein Leibzuchtsrecht zusteht, fällt unter die „ähnlichen Zeugnisse des Nachlaßgerichts" im Sinne des § 101 II. Siehe „Gütergemeinschaft".

Letztwillige Verfügungen

Siehe „Eröffnung einer Verfügung von Todes wegen" und „Verfügungen von Todes wegen", „Anfechtung" unter 5 und „Verwahrung und Rückgabe".

Luftschutzwarndienst

Besonderer Einsatz: siehe „Wehrmacht".

Mehrere Erbfälle

Erbschein über . . . . .: siehe „Erbschein".

Meinungsverschiedenheiten

zwischen mehreren Testamentsvollstreckern, die das Amt gemeinschaftlich führen. Die Entscheidung des Nachlaßgerichts hierüber fällt unter die „sonstigen anläßlich einer Testamentsvollstreckung zu treffenden Anordnungen" im Sinne des § 105. Siehe „Testamentsvollstrecker".

Mittestamentsvollstrecker

Siehe „Ernennung von . . . ."

Nacherbe

Pflegschaft für den noch nicht erzeugten Nacherben und für den erbenden Nacherben: siehe „Haftung" unter I f und zu f sowie „Pflegschaft".

Nacherbfolge

Der Nacherbe ist Erbe des Erblassers, nicht des Vorerben.

Die Angaben im Erbschein des Vorerben über die angeordnete Nacherbfolge (§ 2363 BGB) genügen nicht zum Nachweis, daß der Nacherbe Erbe geworden ist. Für den nach Eintritt der Nacherbfolge dem Nacherben zu erteilenden Erbschein wird die Gebühr des § 99 besonders erhoben. Siehe „Anzeige" unter 2 und „Erbschein".

Nachforderung

von Gebühren aus **§ 93** für die Verwahrung und Rückgabe von Verfügungen von Todes wegen. Bei der Eröffnung von in amtlicher Verwahrung befindlichen oder dem Erblasser etwa vorher zurückgegebenen (eigenhändigen) Testamenten ist nachzuprüfen, ob die für die Verwahrung oder Rückgabe seinerzeit erhobenen Gebühren nach den zur Zeit der Fälligkeit der Gebühr tatsächlich maßgebenden Werten berechnet worden sind. In Zweifelsfällen, so z.B. wenn der von der Steuerbehörde festgestellte Wert erheblich abweicht, sind entsprechende Erhebungen vom Kostenbeamten anzustellen, § 35 KostVfg. Falls die Gebühren unrichtig berechnet sind und die Unrichtigkeit nur auf falschen Angaben des Erblassers über den Wert des Nachlasses beruht, sind die zu wenig erhobenen Beträge nachzufordern, auch wenn die **Frist des § 14** (Ende des nächsten Kalenderjahrs nach endgültiger Erledigung der Angelegenheit) bereits abgelaufen ist, §§ 40 V, 95 IV KostO. Beruht der unzutreffende Kostenansatz auf anderen Gründen, so gilt § 14. Die **Verjährungsfrist** des Kostenanspruchs **(§ 16)** beginnt erst mit Ablauf des Eröffnungs- bzw. des Rückgabejahres, § 95 IV in Verbindung mit § 40. — Die gleichen Grundsätze gelten in bezug auf die Nachforderung und Verjährung der Gebühren aus **§ 40.**

Nachlaßauseinandersetzung

Siehe „Gerichtliche Vermittlung der Auseinandersetzung".

Nachlaßforderungen

Siehe „Anmeldung von Forderungen".

Nachlaßgläubiger

haftet für die Kosten der Nachlaßverwaltung oder Gesamtgutsverwaltung nur bei der Zurücknahme oder Zurückweisung seines Antrags auf Anordnung der Verwaltung, § 98 III. Die Erben haften in diesem Falle nicht. Für die Berechnung der Gebühr des § 98 ist hier die Forderung des betreffenden Nachlaßgläubigers oder der niedrigere Wert der Nachlaßmasse maßgebend.

Anmeldung

von Forderungen der Nachlaßgläubiger: siehe „Anmeldung".

Nachlaßmasse

Ermittlung und Feststellung im Auseinandersetzungsverfahren, § 108. Die Nachlaßmasse wird aus sämtlichen zum Nachlaß gehörenden Gegenständen (Grundstücken, beweglichen Sachen, Forderungen und anderen Vermögensrechten) gebildet, für deren Bewertung im einzelnen die Vorschriften der §§ 17ff. maßgebend sind. So ist z.B. für Grundbesitz stets der letzte Einheitswert maßgebend, der zur Zeit der Fälligkeit der Gebühr festgestellt wird, § 18 I KostO, § 13 KostVfg. Dies gilt auch dann, wenn der gemeine Wert vom Einheitswert abweicht (KG 19. 1. 1940, JVBl 1940, 66), oder wenn im Auseinandersetzungsvertrag ein anderer Übernahmepreis vereinbart ist. So auch Korintenberg-Wenz § 19 A 1; a.M. Jonas-Melsheimer § 19 A 2. Nach dem allgemeinen Grundsatz in § 17 III werden Verbindlichkeiten, die auf dem Gegenstand lasten, nicht abgezogen. Siehe — auch wegen der Ausnahmen von diesem Grundsatz — unter: Schulden. Zum Nachlaß gehörende Forderungen, deren Beitreibbarkeit zweifelhaft ist, werden nach freiem Ermessen bewertet. Forderungen des Erblassers an Miterben sind Bestandteil der Nachlaßmasse, nicht aber Beträge, die Miterben-Abkömmlinge nach § 2250 BGB untereinander auszugleichen haben. Soweit bei einer Auseinandersetzung bezüglich einzelner Gegenstände der Masse vereinbart wird, daß bezüglich ihrer die Gemeinschaft bis auf weiteres fortbestehen soll, wird unter Zugrundelegung ihres Wertes nur die ermäßigte Gebühr aus § 108 I Z 1 und 2 erhoben. Der Wert des ganzen Nachlasses ist auch dann maßgebend, wenn die Auseinandersetzung die Beseitigung von Meinungsverschiedenheiten über einzelne Punkte, so z.B. über die Höhe der Abfindung, die ein Miterbe zu leisten hat, dem der ganze Nachlaß übertragen werden soll, betrifft. Vermögensgegenstände, die im Lauf des Verfahrens zur Schuldentilgung verwendet werden, bleiben außer Betracht. A. M. Korintenberg-Wenz Anm. VI zu § 108.

Bei der Auseinandersetzung über mehrere Massen in einem Verfahren wird der Wert jeder Masse für sich festgestellt, wenn auch infolgedessen einzelne Teile des Nachlasses mehrfach bewertet werden. Die Gebühr für das einheitliche Verfahren wird jedoch nach dem zusammengerechneten Wert dieser Massen nur einmal berechnet. Trifft die Auseinandersetzung des Gesamtguts einer Gütergemeinschaft mit der Auseinandersetzung des Nachlasses eines Ehegatten zusammen, so wird die Gebühr einheitlich nach dem zusammengerechneten Wert des Gesamtguts und des übrigen Nachlasses erhoben, § 108 V. Letzteres gilt entsprechend bei der Teilung des Gesamtguts und des Nachlasses des verstorbenen Ehegatten nach Aufhebung der fortgesetzten Gütergemeinschaft. Siehe auch „Gerichtliche Vermittlung der Auseinandersetzung" unter 6.

Nachlaßinventar

1. Der Erbe ist berechtigt (nicht verpflichtet), **ein** Verzeichnis des Nachlasses **(Inventar)** bei dem Nachlaßgericht **einzureichen,** § 1993 BGB. Auf Antrag des Erben oder Miterben (nicht der Gläubiger) hat das zuständige Nachlaßgericht (§ 73 RFGG) entweder das Inventar selbst aufzunehmen oder die Aufnahme einer zuständigen Behörde (im Wege der Rechtshilfe einem auswärtigen Gericht) oder einem zuständigen Beamten (z.B. dem Urkundsbeamten der Geschäftsstelle oder einem Notar oder einem Gerichtsvollzieher) zu übertragen. Das Inventar ist von der Behörde, dem Beamten oder Notar bei dem Nachlaßgericht einzureichen, § 2003

I, III BGB. Befindet sich bei dem Nachlaßgericht schon ein den Vorschriften des §§ 2002, 2003 BGB entsprechendes Inventar, so genügt es, wenn der Erbe vor dem Ablauf der Inventarfrist dem Nachlaßgericht gegenüber erklärt, daß das Inventar als von ihm eingereicht gelten soll, § 2004 BGB.

2. a) ½ Gebühr für die Entgegennahme des Inventars oder der Erklärung (§ 2004 BGB) durch das zuständige Nachlaßgericht, § 106 Z 1. Durch diese Gebühr wird auch die Anordnung des Nachlaßgerichts wegen Aufnahme des Inventars durch einen Notar oder sonstigen zuständigen Beamten mitabgegolten. Für die **Aufnahme selbst** wird die **Hälfte der vollen Gebühr** aus § 46 besonders erhoben und zwar aus dem Wert der verzeichneten Gegenstände ohne Abzug der Belastungen. Nimmt das Geschäft ohne Hin- und Rückweg einen **Zeitaufwand** von mehr als zwei Stunden in Anspruch, so erhöht sich die Gebühr für jede weitere angefangene Stunde um 3 RM, § 46 II. Keine Zusatzgebühr, wenn das Inventar außerhalb der Geschäftsstelle aufgenommen wird, § 52 III, aber Reisekostenersatz, § 139 I 5.

Die **Einsicht** des eingereichten Inventars ist gebührenfreies Nebengeschäft.

b) Geschäftswert: der Wert des Nachlasses nach Abzug der Schulden (auch der Pflichtteilsrechte, Vermächtnisse, Auflagen, Beerdigungskosten), auch wenn nur ein Miterbe die Anordnung der Aufnahme des Inventars durch einen Notar usw. beantragt hat, § 106 Z 1. Das Interesse des Beteiligten scheidet für die Wertberechnung aus.

c) Schuldner der Gebühr: die Erben nach Maßgabe des § 5. Siehe „Haftung". Von mehreren Erben kann jeder für die Zahlung der ganzen Gebühr in Anspruch genommen werden. Er kann jedoch bis zur Erbteilung, sofern er nicht unbeschränkt haftet, der Vollstreckung in sein eigenes Vermögen widersprechen und haftet nach der Teilung gegebenenfalls nur nach Kopfteilen, §§ 2058 bis 2061 BGB.

d) Fälligkeit mit Entgegennahme des Inventars, § 6.

e) Keine Gebühr aus § 106, wenn die Entgegennahme des Inventars im Zusammenhang mit einem anderen nach §§ 93 bis 108 gebührenpflichtigen Geschäft oder Verfahren des 5. Unterabschnitts (Nachlaß- und Teilungssachen) stattfindet (§ 107). Siehe „Zusammenhang". Beispiele: Das Nachlaßgericht hat eine Inventarfrist bestimmt. Hierfür: ½ Gebühr gemäß § 106 Z 1. Nach Fertigung des Inventars Einreichung bei dem zuständigen Nachlaßgericht, das es entgegennimmt. Keine Gebühr für die Entgegennahme (§ 107). — Der Nachlaßverwalter (§ 1802), Testamentsvollstrecker oder Erbschaftsbesitzer hat ein Inventar bei Gericht eingereicht. Der Erbe erklärt vor dem Ablauf der Inventarfrist dem Nachlaßgericht gegenüber, daß das Inventar als von ihm eingereicht gelten soll (§ 2004 BGB). Hier ist die Gebühr des § 106 sowohl für die Entgegennahme des Inventars wie für die der Erklärung des Erben zu erheben, weil beide Verrichtungen miteinander in keinem Zusammenhang im Sinne des § 107 stehen.

Nachlaßkonkurs

Im Nachlaßkonkurs gehören zu den Masseschulden die bei „Haftung der Erben nach § 5" unter a—e aufgeführten Kosten. Dagegen besteht ein Vorrecht weder für die unter f und g bezeichneten Kosten noch für die Kostenschulden des Erblassers.

Nachlaßpflegschaft

zur Sicherung des Nachlasses (der Erbe — Alleinerbe oder Miterbe zu einem Anteil — ist z.B. unbekannt, oder es ist ungewiß, ob er die Erbschaft angenommen hat, § 1960 II BGB) **oder zur Ermöglichung der gerichtlichen Geltendmachung seines Anspruchs gegen den Nachlaß durch einen Gläubiger,** § 1961 BGB. Der Nachlaßpfleger ist Vertreter dessen, der als Erbe ermittelt wird. Bis zur Ermittlung des Erben, die ihm obliegt, hat er den Nachlaß zu erhalten und zu verwalten.

a) Volle Gebühr, § 98, auch dann, wenn die Nachlaßpflegschaft zur Sicherung des Nachlasses im Sinne des § 96 dient; siehe e.

b) Geschäftswert: das von der Pflegschaft betroffene Vermögen zur Zeit der Anordnung ohne Abzug der Schulden, § 17 III, auch wenn ein Gläubiger die Pflegerbestellung beantragt hat. Bei Beschränkung der Nachlaßpflegschaft auf den Anteil eines Miterben: Gebühr aus dem Wert dieses Anteils ohne Abzug der Schulden, § 17 III.

Bei Bestellung eines Sonderpflegers neben dem allgemeinen Nachlaßpfleger (weil der letztere z.B. an der Besorgung einer einzelnen Angelegenheit wegen Widerstreits der Interessen verhindert ist) Gebühr aus dem von der Sonderpflegschaft betroffenen Vermögen: daneben die Gebühr für die allgemeine Nachlaßpflegschaft aus dem von ihr betroffenen Vermögen.

c) Fälligkeit der Gebühr: mit Anordnung der Nachlaßpflegschaft, § 98 I S 2.

d) Schuldner der Gebühr: die Erben (§ 5) nach den Vorschriften des BGB über Nachlaßverbindlichkeiten, auch wenn die Pflegschaft auf Antrag eines Nachlaßgläubigers eingeleitet ist. Siehe „Haftung". Sollstellung auf den Nachlaßpfleger, der sie aus dem Nachlaß entnimmt. Ist der Nachlaß im Besitz eines Testamentsvollstreckers: Sollstellung der Gebühr auf ihn mit dem Vermerk der beschränkten Haftung, KG 8. 3. 1918, Korintenberg-Wenz § 98 A 5. Wird die Anordnung der Nachlaßpflegschaft (§ 1960 BGB) als von Anfang an unzulässig wieder aufgehoben, so ist gemäß § 15 I S 1 und II S 1 von Amts wegen anzuordnen, daß die Anordnungsgebühr des § 98 nicht erhoben wird. Unerheblich ist dabei, daß die von dem Nachlaßpfleger vorgenommenen Handlungen sich nicht mehr rückgängig machen lassen, OLG München 6. und 8. 12. 1937, JFGErg 18, 36 = HRR 1938 Nr. 475; DFG 38, 39; siehe auch JVBl 1939, 119 Spalte 1.

e) **Anrechnung der Gebühr des § 96 auf diejenige des § 98**, wenn vor Anordnung der Nachlaßpflegschaft bereits Maßregeln zur Sicherung des Nachlasses durch Siegelung oder auf andere Weise angeordnet waren. Keine Anrechnung, wenn die Nachlaßpflegschaft auf Antrag eines Gläubigers nur zur Ermöglichung der gerichtlichen Geltendmachung seines Anspruchs gegen den Nachlaß angeordnet wurde, die Nachlaßpflegschaft also in keiner Weise der Nachlaßsicherung dient.

Siehe auch „Abwesenheitspflegschaft“.

Nachlaßsicherung

1. a) **Für die** — tatsächlich ergangene — **Anordnung** der Nachlaßsicherung (§ 1960 I BGB) durch Siegelung oder auf andere Weise (§ 1960 II BGB) einschließlich der erforderlichen Anordnungen wegen Aufbewahrung und Ausantwortung des Nachlasses und einschließlich der (gebührenfreien — § 97 —) Erbenermittlung (die Erteilung des Erbscheins ist nach § 99 gebührenpflichtig): **volle Gebühr, § 96. Anrechnung** der Gebühr auf die Gebühr des § 98 für eine Nachlaßpflegschaft, wenn sie (mit) zur Sicherung des Nachlasses eingeleitet wird, § 98 II. Die Gebühr wird mit der Anordnung fällig.

b) **Geschäftswert:** Wert des sichergestellten Nachlasses ohne Berücksichtigung der Rechte Dritter (z.B. einer Verpfändung, Pfändung, eines Nießbrauchs) und ohne Schuldenabzug (§ 17 I 3), auch wenn die Nachlaßsicherung für eine niedrigere Forderung des die Sicherung anregenden Gläubigers erfolgt. Schuldscheine bleiben, weil sie keinen gemeinen Wert haben (§ 18 III), vielmehr nur Beweismittel sind, außer Betracht, Korintenberg-Wenz § 96 A 2; a.M.: KG 13. 12. 1912, DGerSekrZ 1913, 39. Sparkassenbücher und auf den Inhaber ausgestellte Grundschuldbriefe sind mit dem Wert der darin verbrieften Forderung anzusetzen.

c) **Schuldner** der Gebühr: die Erben nach den Vorschriften des BGB über Nachlaßverbindlichkeiten, § 5. Siehe „Haftung“.

d) Keine Gebühr aus § 96, wenn auf Grund landesrechtlicher Zuständigkeit die Polizei, der Gemeindevorsteher, ein Dorf- oder Ortsgericht ohne Anordnung des Nachlaßgerichts eine Sicherungsmaßregel anordnet. Hebt in diesen Fällen das Nachlaßgericht die Sicherungsmaßregeln auf (ordnet es z.B. die Entsiegelung an), so entsteht zwar nicht die Gebühr des § 96, wohl aber diejenige des § 120 ($^1/_2$ Gebühr).

2. a) Für die Ausführung der Sicherungsmaßnahmen (durch **Siegelung, Entsiegelung, Aufnahme eines Nachlaßverzeichnisses)** durch den Richter, Urkundsbeamten der Geschäftstelle, Notar oder Gerichtsvollzieher neben der Gebühr unter 1: **½ Gebühr, § 46 I.** Wird die Siegelung und Entsiegelung durch den Urkundsbeamten, die Aufnahme des Vermögensverzeichnisses aber durch einen Notar vorgenommen, so fällt die Gebühr des § 46 sowohl für die Tätigkeit des Urkundsbeamten als auch für diejenige des Notars an. Dieselbe Gebühr wird erhoben **für die Mitwirkung als Urkundsperson** bei der Aufnahme von Vermögensverzeichnissen, wenn die Aufnahme z. B. dem Vormund (§ 1802 II BGB) oder dem Erben (§ 2002 BGB) oder dem Konkursverwalter (§ 123 KonkO) obliegt.

b) Geschäftswert: der Wert der unter Verschluß gebrachten Gegenstände (z.B. bei Siegelung einer Wohnung der Wert aller darin befindlichen Gegenstände, z.B. auch von Wertgegenständen, Sparkassenbüchern, die im Siegelungsprotokoll nicht besonders aufgeführt wurden, deren Wert erst später bei Angabe des „versiegelten" Nachlasses festgestellt wird) bei Aufnahme eines Nachlaßverzeichnisses der Wert der verzeichneten Gegenstände ohne Berücksichtigung der Rechte Dritter und ohne Schuldenabzug, § 17 I 3.

c) Siegelung, Entsiegelung und Aufnahme eines Nachlaßverzeichnisses sind gebührenrechtlich ein Verfahren (siehe unter a).

d) Nimmt das Geschäft (Siegelung, Entsiegelung und Aufnahme des Vermögensverzeichnisses) einen **Zeitaufwand** von insgesamt mehr als 2 Stunden in Anspruch, so erhöht sich die Gebühr für jede weitere angefangene Stunde um 3 RM. — Die auf den Hin- und Rückweg verwendete Zeit bleibt außer Betracht. Die Zusatzgebühr des § 52 wird ebenfalls nicht erhoben. § 52 III.

Beispiel: Anordnung der Nachlaßsicherung durch Siegelung, Beauftragung des Urkundsbeamten und Ausführung durch den Urkundsbeamten. Wert des versiegelten Hausrates einschließlich Wertpapiere und Sparkassenbücher: 2100 RM.

Volle Gebühr für die **Anordnung** der Nachlaßsicherung aus **§ 96** aus 2100 RM, **½ Gebühr** für die **Ausführung** der Nachlaßsicherung durch Siegelung, **§ 46** aus 2100 RM — Dauer des Siegelungsgeschäfts ohne Hin- und Rückweg 1¾ Stunden.

Später: a) Anordnung der Aufnahme eines Nachlaßverzeichnisses durch den Urkundsbeamten und Durchführung der Anordnung. Wert der verzeichneten Gegenstände: 2700 RM. Zeitdauer des Geschäfts: 2 Stunden. Keine weitere Gebühr aus § 96, da die Gebühr für die Anordnung der Sicherungsmaßregeln die Anordnung der Aufnahme des Nachlaßverzeichnisses mitumfaßt. Erhöhung der bereits für die Siegelung angesetzten Zeitgebühr aus § 46 I Satz 3 für 1¾ Stunden um 2 × 3 RM = 6 RM für weitere 2 Stunden. Da Siegelung, Entsiegelung und Aufnahme des Vermögensverzeichnisses kostenrechtlich ein Verfahren bilden, der Wert aber gegenüber der Siegelung von 2100 RM auf 2700 RM erhöht hat, ist ferner der sich ergebende Unterschiedsbetrag der (halben) Gebühr aus 2100 RM mit 7 RM und aus 2700 RM mit 8 RM, also 1 RM nachzuerheben, insgesamt 6 RM + 1 RM = 7 RM.

b) Anordnung der Entsiegelung und Vornahme derselben. Zeitdauer des Geschäfts: ¾ Stunden. Keine weitere Gebühr aus § 96, da diese bereits erhobene Gebühr die Anordnung der Siegelung und Entsiegelung sowie die Ausantwortung des Nachlasses abgilt. Dagegen weitere Erhöhung der Gebühr des § 46 gemäß Abs. 2 das., z. B. bei einer Gesamtzeitdauer für Siegelung, Aufnahme des Nachlaßverzeichnisses und Entsiegelung von 1¾ Stunden + 2 + ¾ Stunden = 4½ Stunden: Berechnung der Gebühr nach dem Gesamtzeitaufwand, also hier für insgesamt 5 Stunden, mithin weitere Erhöhung um 3 RM, da 6 RM bereits bei Aufnahme des Nachlaßverzeichnisses nachzuerheben waren.

Reisekosten: § 139 I 5.

Nachlaßteilung

Siehe „Gerichtliche Vermittlung der Auseinandersetzung".

Nachlaßverbindlichkeiten

Abzug oder Nichtabzug bei der Wertermittlung: Siehe „Schulden". Haftung der Erben für Kosten nach den Vorschriften über Nachlaßverbindlichkeiten: siehe „Haftung".

Nachlaßverwaltung

zum Zweck der Befriedigung der Nachlaßgläubiger unter Gewährleistung unparteiischer und gerechter Verteilung des Nachlasses, § 1975 BGB. Der Nachlaßverwalter ist amtliches Organ, wie der Konkursverwalter, nicht Vertreter der Erben.

a) Volle Gebühr für das ganze Verfahren, § 98. Wird nach Einleitung einer Nachlaßpflegschaft Nachlaßverwaltung angeordnet: zweimal die Gebühr aus § 98.

b) Geschäftswert: der Wert des von der Verwaltung betroffenen Vermögens zur Zeit der Anordnung ohne Abzug der Schulden, § 17 III. Nachlaßgegenstände ohne Wert, z.B. uneinbringliche Forderungen, scheiden aus.

c) Schuldner der Gebühr: die Erben nach den Vorschriften des BGB über Nachlaßverbindlichkeiten (siehe Haftung), auch wenn ein Gläubiger die Nachlaßverwaltung beantragt hat. Sollstellung auf den Nachlaßverwalter.

d) Fälligkeit der Gebühr mit Anordnung der Nachlaßverwaltung, § 98 I S 2.

e) Bei Ablehnung des Antrags auf Anordnung der Nachlaßverwaltung **oder Zurücknahme** desselben vor Erlaß einer Entscheidung: ¼ **Gebühr** (ohne Höchstgrenze) aus dem Wert der für die Verwaltung in Frage kommenden Masse, § 98 I S 3, falls ein Gläubiger Antragsteller war, aus dem Betrag seiner Forderung, wenn er niedriger ist als der Wert der Masse, sonst aus der letzteren, § 98 III.

Offenbarungseid

In Nachlaß- und Teilungssachen kommen folgende Fälle der Abnahme eines Offenbarungseids in Frage:

1. §§ 259, 260 ,2314 BGB: des Erben über die Vollständigkeit einer Rechnung und den Bestand des Nachlasses, auch auf Antrag des Pflichtteilsberechtigten;
2. § 2006 BGB: des Erben oder des Miterben über die Vollständigkeit des Nachlaßinventars auf Antrag eines Nachlaßgläubigers oder einer Pflichtteilsberechtigten;
3. § 2028 BGB: der Hausgenossen des Erblassers über die von ihnen geführten erbschaftlichen Geschäfte und über den Verbleib der Erbschaftsgegenstände auf Verlangen eines Erben;
4. § 2057 BGB: der Miterben über die von ihnen gemäß §§ 2050 bis 2053 BGB zur Ausgleichung zu bringenden Zuwendungen auf Verlangen der übrigen Erben;
5. § 83 II RFGG: der Eid zur Erzwingung zur Ablieferung eines Testaments, wenn als feststehend angenommen wird, daß jemand ein Testament besitzt, zu dessen Ablieferung er nach § 2259 I BGB verpflichtet ist. Siehe unter „Erzwingung".

Für die **Verhandlung** in dem Termin zur Abnahme des Offenbarungseids wird gemäß § 115 die **volle Gebühr** erhoben, auch wenn die Eidesleistung unterbleibt. Bei Erledigung vor Eintritt in die Verhandlung infolge Zurücknahme des Antrags oder auf andere Weise: nur ein Viertel der vollen Gebühr, höchstens jedoch 25 RM, gemäß §§ 115 II, 122 II. Bei wiederholter Verhandlung im Sinne des § 2006 IV BGB (nicht bei Verhandlung über denselben Antrag in mehreren Terminen): mehrfache Gebühr des § 115.

Geschäftswert: in den Fällen 1—4: der Wert dessen, was beschworen wird. So z.B. in den Fällen der §§ 2314 und 2006 BGB: der Wert des Nachlasses ohne Abzug der Schulden, im übrigen, soweit tatsächliche Anhaltspunkte fehlen, der Regelwert des § 24 II. So Jonas-Melsheimer A IV zu § 115; OLG München 7. 2. 1940 DR Ausgabe B 1940, 96 = JVBl 1940, 106; a.M. Korintenberg-Wenz in Anm. 4 zu § 115, wonach das Interesse des Antragstellers an dem Inhalt der eidlichen Bestätigung als maßgebend zu gelten hat.

Kostenschuldner. Zu 1—4: der oder die Antragsteller. Zu 5: die Erben; siehe „Erzwingung" unter II 4.

Ordnungsstrafverfahren

1. zur Erzwingung der Ablieferung eines Testaments: siehe „Erzwingung";
2. bei Einziehung eines unrichtigen Erbscheins: siehe „Einziehung".

Kostenpflicht nur desjenigen, gegen den sich das Verfahren richtet und nur bei dessen Verurteilung in die Kosten des Verfahrens nach § 138 RFGG. Auch Auslagen können nur in diesem Falle erhoben werden.

Pflegschaft

a) für einen abwesenden Beteiligten nach § 88 RFGG (§ 98): siehe „Abwesenheitspflegschaft";
b) Nachlaßpflegschaft (§ 98) siehe dort und „Haftung";
c) für einen noch nicht erzeugten Nacherben gemäß § 1913 S 2 BGB zur Wahrnehmung seiner Rechte. Gebühr des § 86 II. Ist für den lebenden Nacherben eine allgemeine Pflegschaft nach § 1909 I S 1 BGB (sogenannte Beobachtungs- (Vigilanz-) Pflegschaft) angeordnet, so sind für sie Gebühren nur insoweit zu erheben, als sie entstanden wären, wenn das Gericht Einzelpflegschaften für diejenigen Angelegenheiten angeordnet hätte, an deren Besorgung der Gewalthaber oder der Vormund wirklich verhindert war. KG 10. 3. 1939, 1a Wx 224/39, DR Ausg B 1939, 527. — Siehe auch „Haftung".

Pflichtteilsberechtigte

Siehe: „Anfechtung der Ausschlagung einer Erbschaft" unter 3.

Pflichtteilsrechte

Abzug oder Nichtabzug bei der Wertberechnung: siehe „Auflagen".

Rechnungsgebühren

gemäß § 142 können auch in Nachlaß- und Teilungssachen zum Ansatz kommen. Ihre Erhebung und die Bestellung von Rechnungsbeamten richtet sich nach der AV vom 25. 4. 1938, DJ 1938, 654 in der Fassung vom 24. 10. 1938, DJ 1938, 1702. Die Einschränkung in § 142 II (Freigrenze des § 89 und Mindestbetrag der Einnahmen von 1000 RM) bezieht sich nicht auf Nachlaßpflegschaften und Nachlaßverwaltungen (§ 98). Siehe auch unter „Rechnungsgebühren" im Abschnitt A „Familienrechtliche Angelegenheiten".

Rechtsnachfolge

Zeugnisse (des Nachlaßgerichts bzw. des für die Vermittlung der Auseinandersetzung zuständigen Amtsgerichts) nach §§ 36, 37 GBO zum Nachweis

a) der Rechtsnachfolge bei der Eintragung eines Miterben oder Beteiligten hinsichtlich eines zum Nachlaß oder zu dem Gesamtgut einer ehelichen oder fortgesetzten Gütergemeinschaft gehörenden Grundstücks oder Erbbaurechts oder bei einer dazu gehörenden Hypothek, Grundschuld oder Rentenschuld als Eigentümer oder Erbbauberechtigter oder als neuer Gläubiger,

b) der Abgabe der zum Übergang erforderlichen Erklärungen der Beteiligten (Auflassung, Einigung, Eintragungsbewilligung, Abtretung). Die Zeugnisse können nicht einem A l l e i n e r b e n erteilt werden, KG 10. 9. 1936, JW 1936, 3565. Er kann nur einen Erbschein erhalten. KG 18. 2. 1938, DRpfl Rspr 1938 Nr. 380. Siehe auch „Hoffolgezeugnis".

¼ **Gebühr,** höchstens aber 10 RM, § 103 I 1,

Wert: Wert des Grundstücks oder des Rechts.

Im übrigen siehe „Bescheinigung des Nachlaßgerichts".

Wegen der Kosten für **Zeugnisse,** die in einem bestimmten Verfahren **gebührenfrei** zu erteilen sind: siehe „Erbschein" unter I 7.

Regelwert

des § 24 II: 3000 RM, ausnahmsweise niedriger oder höher, jedoch nicht über 200 RM und nicht über eine Million RM. Er ist in Nachlaß- und Teilungssachen — ohne Rücksicht darauf, ob etwa im Einzelfalle tatsächliche Anhaltspunkte für eine Schätzung nach freiem Ermessen (§ 24 I) vorliegen oder nicht — a u s d r ü c k l i c h als maßgebend bezeichnet für die Berechnung der Gebühren in den Fällen

a) des § 101 I 2 und II: für die Erteilungen von Testamentsvollstreckerzeugnissen und des Zeugnisses für den Samtgutsverwalter, von Besitzbescheinigungen und ähnlichen Zeugnissen des Nachlaßgerichts;
b) des § 104, soweit es sich nicht um vermögensrechtliche Angelegenheiten handelt, mithin für die Entgegennahme der in § 104 I 1, 3 und 8 erwähnten Erklärungen gegenüber dem Nachlaßgericht;
c) des § 105 für die Ernennung oder Entlassung von Testamentsvollstreckern und für sonstige anläßlich einer Testamentsvollstreckung zutreffenden Anordnungen. Im übrigen ist der Regelwert des § 24 II maßgebend;
d) in vermögensrechtlichen Angelegenheiten, wenn nicht ein bestimmter Geldwert ohne weiteres feststeht oder wenn ausreichende Anhaltspunkte für eine Bewertung nach freiem Ermessen nach § 24 I tatsächlich fehlen,
e) in nichtvermögensrechtlichen Angelegenheiten nach § 24 III, wie z.B. bei der Berechnung der Gebühr des § 94 für die Eröffnung einer Verfügung von Todes wegen, die nur Anordnungen nicht vermögensrechtlicher Art enthält, wie etwa die Bestimmung eines Vormundes, die Ernennung eines Testamentsvollstreckers oder Anordnungen über das Begräbnis.

Der Wert von 3000 RM ist regelmäßig anzunehmen. Von ihm soll nur ausnahmsweise in dem oben bezeichneten Rahmen abgewichen werden, wenn nach den Umständen des Einzelfalles eine Bewertung mit 3000 RM nicht angemessen wäre. Hierbei kommen hauptsächlich in Betracht: die wirtschaftliche Bedeutung des Geschäfts, das Interesse der Beteiligten und die Vermögenslage des Kostenschuldners. So sind z.B. bei der Ermittlung des Wertes für die Berechnung der Gebühr für die Erteilung eines Testamentsvollstreckerzeugnisses (§ 101) der Wert des Nachlasses, der Umfang, die Dauer und die Schwierigkeit der Tätigkeit des Testamentsvollstreckers und ihre Bedeutung für den Nachlaß und die Erben zu berücksichtigen, OLG München 23. 9. 1937, JVBl 1938, 139. Siehe auch bei „Testamentsvollstreckerzeugnis" unter *c*.

Die Abweichung vom Regelwert von 3000 RM hat der Kostenbeamte bei Aufstellung der Gebührenberechnung kurz zu begründen, § 24 IV KostVfg.

Reichsarbeitsdienst

Besonderer Einsatz, Testament: siehe „Wehrmacht".

Reichsheimstättengesetz — Erbfolge

1. Für die Beerbung des Heimstätters ist das allgemeine Recht nur insoweit entscheidend, als sich aus dem Reichsheimstättengesetz in der Fassung der Bekanntmachung vom 25. 11. 1937, RGB. 1937, 1291 und aus der AV hierzu vom 19. 7. 1940, RGBl 1940, 1027 nichts anderes ergibt. Die Heimstätte fällt darnach beim Vorhandensein mehrerer Miterben einem Erben (Heimstättenfolger) zu; näheres siehe § 24 RHG und §§ 26, 27 AusfVO hierzu. Der Heimstättenfolger erwirbt das Eigentum an der Heimstätte mit dem Erbfall. Die Eintragung in das Grundbuch erfolgt auf Grund einer Bescheinigung des Nachlaßgerichts über die Heimstättenfolge, § 29 AusfVO.

2. Das Nachlaßgericht hat nach dem Tode des Heimstätters von Amts wegen die **Herbeiführung** der nach dem Heimstättengesetz und der Ausführungsverordnung hierzu erforderlichen **Erklärungen der Beteiligten,** des Ausgebers, der etwa nötigen Genehmigung einer Behörde **sowie der Auseinandersetzung** zu veranlassen. Es hat dem Ausgeber von dem Erbfall und dem Ergebnis der Auseinandersetzung Mitteilung zu machen. § 40 I AusfVO. Für dieses ganze Verfahren wird **ein Viertel der vollen Gebühr** nach dem gemäß § 31 der AusfVO zu ermittelnden Anrechungswert der Heimstätte erhoben.

3. Beantragt einer der Erben innerhalb einer Frist von 6 Monaten seit dem Erbfall bei dem Nachlaßgericht die **Herbeiführung einer Einigung,** leitet daraufhin das Nachlaßgericht ein **Verfahren über die Regelung der Heimstättenfolge** ein und genehmigt es den in dem Verfahren mit $^2/_3$ Mehrheit gefaßten Beschluß der Miterben bezüglich der Bestimmung des Heimstättenfolgers (§ 26 Z 3 AusfVO), so erhöht sich die Gebühr (siehe A 2) auf die **Hälfte der vollen Gebühr;** mit der Gebühr ist auch die Aufnahme der Einigungserklärungen durch das Nachlaßgericht abgegolten. § 108 a I KostO.

4. Für das **Zeugnis des Nachlaßgerichts zum Nachweis der Heimstättenfolge** (§§ 29 II, 34 AusfVO) dem Grundbuchamt gegenüber wird die **Hälfte der vollen Gebühr** erhoben. Schuldner der Gebühr ist der Heimstättenfolger. Wird ein Erbschein erteilt, so ist die Gebühr für das Zeugnis auf die Gebühr für den Erbschein aus § 99 anzurechnen. § 108 a II AusfVO.

5. Für die **Aufnahme der dem Nachlaßgericht gegenüber abzugebenden Erklärungen** (§ 104 I) werden Gebühren nach **§ 31 II** besonders erhoben, soweit sie in öffentlich beglaubigter Form abzugeben sind (Beispiel: § 27 I Satz 2 AusfVO). Im übrigen ist die Aufnahme von Erklärungen durch die Gebühr des § 108 a I abgegolten.

6. Zu beachten ist noch § 35 RHG; darnach dürfen von den hierzu erforderlichen Geschäften und Verhandlungen alle **Gebüh-**

ren und Steuern des Reichs **nur zur Hälfte,** solche der Länder und sonstiger öffentlicher Körperschaften höchstens zur Hälfte erhoben werden, wenn die Heimstätte auf den Ehegatten, einen Verwandten gerader Linie oder bis zum dritten Grad der Seitenlinie oder einen Verschwägerten bis zum zweiten Grad unter Lebenden oder von Todes wegen übertragen wird. Dies gilt nicht für die Errichtung letztwilliger Verfügungen. § 49 II AusfVO stellt hierzu klar, daß die Ermäßigung auch für die Übertragung an Verschwägerte in gerader Linie gilt. Die Ermäßigung oder eine Befreiung nach § 34 RHG kann dagegen nicht in Anspruch genommen werden, wenn die Heimstätte an einen Dritten übertragen wird, der nicht zu dem oben genannten Personenkreis gehört.

Reichsschuldbuch

Bescheinigung des Nachlaßgerichts über die Verfügungsberechtigung eines Rechtsnachfolgers von Todes wegen: siehe unter „Bescheinigung". Für die nach dem Reichsschuldbuch erforderlichen Unterschriftsbeglaubigungen wird nur die Mindestgebühr erhoben, § 39 II.

Rückgabe

von letztwilligen Verfügungen: siehe „Verwahrung und Rückgabe".

Samtgutsverwalter

Zeugnis für Samtgutsverwalter. Die Vorschrift in § 101 I findet sinngemäß Anwendung, § 101 II. Siehe „Gütergemeinschaft — Zeugnis über Fortsetzung". — „Beisitzbescheinigungen".

Sanitätsdienst

Besonderer Einsatz, Testament: siehe „Wehrmacht".

Schätzungen

Für die Aufnahme von Schätzungen im Laufe eines Auseinandersetzungsverfahrens ist — neben der Gebühr des § 108 — die Gebühr des § 44 Z 4 besonders zu erheben. Schätzung bei der Wertermittlung: siehe „Freies Ermessen" und „Regelwert".

Schulden

1. Verbindlichkeiten, die auf dem Gegenstand lasten, werden bei Ermittlung des Geschäftswerts grundsätzlich n i c h t a b g e z o g e n; dies gilt auch dann, wenn Gegenstand des Geschäfts ein Nachlaß oder eine sonstige Vermögensmasse ist, § 17 III. Hiernach sind schuldrechtliche Verpflichtungen jeder Art, auch Pfandrechte, Reallasten, Nießbrauchrechte von dem Wert des Gegenstandes, auf den sich das gebührenpflichtige Geschäft bezieht, nicht abzuziehen. Öffentliche Lasten, Erbbaurechte und Grunddienstbarkeiten wirken sich von vornherein als wertmindernd aus; sie sind also bei der Bewertung des Gegenstandes selbst dann zu berücksichtigen, wenn ein Schuldenabzug zufolge einer Ausnahmeregelung nicht stattfindet. Auch sonstige Schulden des Erblassers werden regelmäßig nicht abgezogen. Wegen des Abzugs oder Nichtabzugs von Auflagen, Pflichtteilsrechten und Vermächtnissen siehe „Auflagen". Diesem allgemeinen Grundsatz des § 17 III entsprechend werden in Nachlaß- und Teilungssachen die Schulden in folgenden Fällen nicht abgezogen:

a) von dem Wert der Gegenstände, die zu einem durch Siegelung oder auf andere Weise zu sichernden Nachlaß gehören, § 96,
b) von dem von einer Nachlaßverwaltung, Gesamtgutsverwaltung, einer sonstigen Nachlaßpflegschaft oder einer Abwesenheitspflegschaft nach § 88 RFGG betroffenen Vermögen, § 98,
c) von dem Wert eines Grundstücks, auf das sich ein zu erteilendes Zeugnis nach §§ 36 und 37 GBO bezieht, § 103 I 1,
d) bei der Ermittlung des Wertes einer den Gegenstand einer Auseinandersetzung bildenden Vermögens- (Nachlaß-) masse, § 108.

2. Dagegen sind die **Schulden** zufolge besonderer Ausnahmeregelung bei der Wertermittlung für die Gebührenberechnung in folgenden Fällen **abzuziehen:**

a) des § 93 für Verwahrung und Rückgabe von Verfügungen von Todes wegen,
b) des § 94 für die Eröffnung einer Verfügung von Todes wegen,
   Zu a und b: siehe § 95 I in Verbindung mit § 40 IV,
c) des § 99 für die Erteilung eines Erbscheins. Siehe § 99 II S 1. Jedoch kein Schuldenabzug bei Erteilung eines beschränkten Erbscheins, § 2369 BGB. Siehe § 99 II S 3,
d) des § 100 für die Einziehung oder Kraftloserklärung des Erbscheins. Siehe § 100 S 2 in Verbindung mit § 99 II S 1,
e) des § 101 I 1, II für das Zeugnis über die Fortsetzung der Gütergemeinschaft nach § 1507 BGB. Siehe § 101 I 1 in Verbindung mit § 99 II S 1,
f) des § 102 für die Feststellung des Erbrechts des Fiskus. Siehe § 102 I, § 99 II S 1,
g) der § 104 I 2, 4, 6, 7 und 9 für die Entgegennahme der daselbst erwähnten Erklärungen gegenüber dem Nachlaßgericht. Siehe § 104 II S 1, erster Halbsatz.

3. Bei der Ermittlung des Wertes für die Berechnung der Gebühr des § 43 für die Beurkundung der eidesstattlichen Versicherung, die neben den Gebühren der §§ 99, 101 und 103 für die Erteilung eines Erbscheins, eines Testamentsvollstreckerzeugnisses, eines Zeugnisses über die Fortsetzung der Gütergemeinschaft und der sonstigen dort bezeichneten Zeugnisse und Bescheinigungen zu erheben ist (siehe § 99 I, § 101 I und § 103 III) werden die Schulden abgezogen. § 43 II S 1, 2 Halbsatz, § 99 II.

Sicherheitsdienst

Besonderer Einsatz, Testament. siehe „Wehrmacht".

Sicherstellung

der Zahlung des Kostenvorschusses, § 7 II KostO, § 19 KostVfg. Siehe „Vorschußpflicht und Abhängigmachung".

Siegelung

des Nachlasses. siehe „Nachlaßsicherung".

Sonstige anläßlich einer Testamentsvollstreckung zu treffenden Anordnungen:

Siehe „Testamentsvollstrecker" unter II 1 c.

ϟϟ

Testament bei besonderem Einsatz. siehe „Wehrmacht".

Staatsschuldbuch

Bescheinigung des Nachlaßgerichts: siehe „Bescheinigung". Für die nach dem Staatsschuldbuchgesetz erforderlichen Unterschriftsbeglaubigungen wird nur die Mindestgebühr erhoben, § 39 II.

Strafandrohung

bei Nichtablieferung eines Erbscheins, siehe „Einziehung" .... A 2; einer letztwilligen Verfügung: siehe „Erzwingung" unter 2.

Testament

Siehe „Anfechtung" unter 5; Eröffnung siehe dort; Ablieferung nach Zwang; siehe „Erzwingung"; Verwahrung: siehe dort; Beurkundung siehe „Verfügungen von Todes wegen"; Wehrmacht: siehe dort.

Testamentsvollstrecker

I. a) Bestimmung der Person des Testamentsvollstreckers durch den Dritten, dem sie vom Erblasser überlassen wurde, § 2198 I S 2 BGB: siehe „Bestimmung ....."

b) Ernennung eines oder mehrerer Mitvollstrecker oder eines Nachfolgers durch den hierzu vom Erblasser ermächtigten Testamentsvollstrecker, § 2199 BGB: siehe „Ernennung von Mittestamentsvollstreckern";

c) Annahme oder Ablehnung des Amtes des Testamentsvollstreckers, § 2202 BGB: siehe „Annahme oder Ablehnung . . . ."

d) Kündigung des Amtes des Testamentsvollstreckers, § 2226 BGB, jeweils durch Erklärung gegenüber dem Nachlaßgericht: siehe „Kündigung des Amtes . . . ."

II. 1. a) Ernennung des Testamentsvollstreckers durch das Nachlaßgericht, wenn der Erblasser im Testament darum ersucht hat, § 2200 BGB.

b) Entlassung des Testamentsvollstreckers durch das Nachlaßgericht auf Antrag eines Beteiligten bei Vorliegen eines wichtigen Grundes, § 3227 BGB.

c) Sonstige anläßlich der Testamentsvollstreckung vom Nachlaßgericht zu treffenden **Anordnungen.** Beispiele: das Nachlaßgericht setzt dem Dritten, dem die Bestimmung des Testamentsvollstreckers überlassen ist, eine Frist zur Bestimmung des Testamentsvollstreckers, § 2198 II BGB. — Das Nachlaßgericht setzt dem zum Testamentsvollstrecker Ernannten auf Antrag eines Beteiligten eine Frist zur Erklärung über die Annahme des Amtes, § 2202 III BGB. — Das Nachlaßgericht setzt auf Antrag des Testamentsvollstreckers Anordnungen, die der Erblasser über die Verwaltung des Nachlasses durch letztwillige Verfügung getroffen hat, außer Kraft, da ihre Befolgung den Nachlaß erheblich gefährdet, § 2216 II BGB. — Das Nachlaßgericht entscheidet über Meinungsverschiedenheiten mehrerer Testamentsvollstrecker, § 2224 BGB.

d) In den Fällen **1 a—c** ist zu erheben die **Hälfte der vollen Gebühr,** § 105.

e) Geschäftswert: §§ 105 S 2; 24; siehe „Regelwert".

f) Fälligkeit der Gebühr mit der Anordnung, § 6.

g) Schuldner der Gebühr: im Falle II 1 a und wenn ein Testamentsvollstrecker Antragsteller ist, der Erbe, sonst der Antragsteller, § 2 Z 1.

2. Keine Gebühr für die in § 105 aufgeführte gerichtliche Tätigkeit, wenn sie mit einem anderen in §§ 93—108 gebührenpflichtigen Verfahren im Zusammenhang steht, § 107. Siehe „Zusammenhang". Z.B. werden nicht erhoben bzw. werden erstattet: die Gebühr aus § 105 neben der Gebühr aus § 104 I 2, ferner die Gebühr aus § 104 I 8 neben der Gebühr aus § 105, auch bei Erteilung des Zeugnisses nach Entgegennahme der Erklärung über die Annahme des Amtes.

3. Beschwerdeverfahren: § 123. Geschäftswert bei Beschwerde gegen die Aufstellung einer bestimmten Person als Testamentsvollstrecker das Interesse des Beschwerdeführers an der Aufstellung eines anderen Testamentsvollstreckers, ObLG 20 A 453

Testamentsvollstreckeramt

Annahme oder Ablehnung: siehe dort

Testamentsvollstreckerzeugnis

a) Das Nachlaßgericht erteilt dem Testamentsvollstrecker auf Antrag ein Zeugnis über seine Ernennung, § 2368 BGB. Als Testamentsvollstreckerzeugnis ist kostenrechtlich auch die Bescheinigung, daß der zum Testamentsvollstrecker Ernannte das Amt angenommen hat, zu behandeln; denn sie ist in Verbindung mit einer Ausfertigung des Eröffnungsprotokolls und einer beglaubigten Abschrift des öffentlichen Testaments, durch das die Testamentsvollstreckerschaft angeordnet ist, geeignet, ein Testamentsvollstreckerzeugnis zu ersetzen, insbesondere gemäß § 35 II Halbs. 2 GBO auch im Grundbuchverkehr, KG 14. 10. 1938, JVBl 1939, 29 = DRpfl 1939 Nr 158 = DJR 1939, 200 Nr. 2022.

b) Volle Gebühr für das erteilte erste Zeugnis, § 101.

Die Ernennung des Testamentsvollstreckers und die Entgegennahme der Erklärung über die Annahme des Testamentsvollstreckeramtes (§ 104 I Z 8) bleiben gebührenfrei, da sie im Zusammenhang mit dem Verfahren über die Erteilung des Testamentsvollstreckerzeugnisses stehen, § 107; KG 16. 1. 1920, KGJ 52, 282; 16. 5. 1904 KGJ 28 B 8. Die Gebühr für die Abgabe einer eidesstattlichen Versicherung (§ 43 II) wird neben der Gebühr des § 101 erhoben (siehe eidesstattliche Versicherung).

c) Geschäftswert: § 101 I 1 S 2, § 24 II; siehe „Regelwert", Bestimmung unter Berücksichtigung des Umfanges, der Dauer und Schwierigkeit der Tätigkeit des Testamentsvollstreckers, der Bedeutung für den Nachlaß und Erben, OLG München 23. 9. 1937, JVBl 1938, 139 = JFGErg 17, 81 Es kommt nicht darauf an, ob genügend tatsächliche Anhaltspunkte für eine Schätzung des Wertes ermangeln oder sich finden lassen. Auch wenn ein Geschäft infolge näherer Beziehung zu Vermögenswerten tatsächliche Anhaltspunkte für eine Schätzung geben würde, sind nicht diese Vermögenswerte maßgebend; es ist vielmehr von dem Regelwert des § 24 II (3000 RM) auszugehen. Gleichwohl kann aber die Höhe eines Vermögens, wenn sein Wert auch nicht unmittelbar den Geschäftswert bestimmt, doch den Anlaß dazu geben, eine Ausnahme von dem Regelwert des § 24 II zu machen. So wird z.B. bei einem reinen Nachlaß von 1 237 000 RM über den Regelwert hinausgegangen werden müssen — Annahme eines Geschäftswertes von 10% des reinen Nachlasses, wenn dieser über 50000 RM beträgt —, KG 14. 10. 1938, JVBl 1939, 28 = DRpfl 1939, 158; siehe auch KG 25. 6. 1937, JVBl 1937, 268 = JFGErg 17, 78 = DNotZ 1937, 770. **Kostenschuldner:** Der Testamentsvollstrecker bezahlt die Kosten aus dem Nachlaß. Es haften aber nur die Erben aus §§ 2206 BGB.

d) ¼ der vollen Gebühr für jedes weitere Zeugnis (z.B. das neue Zeugnis nach einem Wechsel in der Person des Testamentsvollstreckers oder die Bescheinigung auf einem mehreren Testamentsvollstreckern erteilten Zeugnis, daß einer von ihnen ausgeschieden und der statt seiner ernannte NN das Amt angenommen hat).

e) Für eine **weitere Ausfertigung** des erteilten Testamentsvollstreckerzeugnisses: nur Schreibgebühren, § 124.

f) Verbindung des Testamentsvollstreckerzeugnisses mit dem Erbschein. Enthält der Erbschein die Angabe, daß der Erblasser einen Testamentsvollstrecker ernannt hat: keine Gebühr aus § 101; enthält der Erbschein den Namen des Testamentsvollstreckers und — bei Abweichung von der Regelung in §§ 2203 bis 2206 BGB — den Umfang seiner Verfügungsmacht: Gebühr aus § 101 neben derjenigen aus § 99 (für den Erbschein), KG 14. 10. 1901, KGJ 23 B 8.

g) Einziehung und Kraftloserklärung des Testamentsvollstreckerzeugnisses. Die Vorschriften über den Erbschein finden entsprechende Anwendung, §§ 1507, 2368 III BGB. In bezug auf den Gebührenansatz gelten nach § 101 die Vorschriften über den Erbschein entsprechend. Für die Einziehung oder Kraftloserklärung des Testamentsvollstreckerzeugnisses ist daher die Gebühr des § 100 zu erheben. Siehe „Einziehung oder Kraftloserklärung eines Erbscheins". **Geschäftswert:** § 24 II, § 101 I 2 S 2. Korintenberg-Wenz 7 zu § 101. Siehe „Regelwert". Wegen des Kostenansatzes für **Zeugnisse,** die in bestimmten Verfahren **gebührenfrei** zu erteilen sind: siehe „Erbschein" unter I 7.

Todeserklärung

und Feststellung der Todeszeit. Das Doppelte der vollen Gebühr wird erhoben für a) die Todeserklärung, b) die Feststellung der Todeszeit, c) die Aufhebung der Todeserklärung einschließlich des vorangegangenen Verfahrens. Wird ein Aufgebotsverfahren in ein Verfahren zur Feststellung der Todeszeit übergeleitet, so ist es für die Gebührenberechnung als ein einheitliches Verfahren zu behandeln, § 118a. **Geschäftswert:** § 24 II; siehe „Regelwert".

Für die Todeserklärung und die Feststellung der Todeszeit von Kriegsverschollenen kommen nach § 3 der VO vom 4. 10. 1939,

RGBl I 1994. Gebühren nicht zum Ansatz, wohl aber Auslagen, z.B. für die Einrückung in den Zeitungen, die aber von den Amtsgerichten nach der VO des RJM vom 25. 10. 1941, DJ 1023, auf Grund des § 2 der VO vom 20. 3. 1935 (RGBl I 406) niederzuschlagen sind.

Unbekannter Aufenthalt

eines Beteiligten im Auseinandersetzungsverfahren. Falls nicht bereits ein Pfleger nach § 1911 BGB bestellt ist, wird eine Pflegschaft nach § 88 RFGG eingeleitet. Siehe Abwesenheitspflegschaft. Hierfür wird die Gebühr des § 98 neben der Gebühr des § 108 erhoben.

Unrichtige Wertangabe

bei der Berechnung der Gebühren für die Verwahrung und für die Rückgabe von Verfügungen von Todes wegen (§ 93). Siehe „Nachforderung".

Unrichtigkeit

des Erbscheins: siehe „Einziehung".

Verbindlichkeiten

Abzug oder Nichtabzug bei der Wertbestimmung: siehe „Schulden".

Vererbung

von Reichsheimstätten: siehe „Reichsheimstättengesetz".

Verfügungen von Todes wegen

können einseitig oder vertraglich getroffen werden. Die einseitigen heißen Testament oder letztwillige Verfügungen, §§ 1937, 1940 BGB, die vertraglichen heißen Erbverträge, § 1941 BGB.

I. 1. Für die **Beurkundung des Testaments** ist die **volle Gebühr** zu erheben, einerlei, ob der Erblasser dem Notar oder Richter seinen letzten Willen mündlich erklärt oder ob er ihnen eine offene oder verschlossene Schrift mit der Erklärung übergibt, diese enthalte seinen letzten Willen, § 2238 BGB. Die Beurkundung eines **Erbvertrags** erfordert das **Doppelte der vollen Gebühr**; dies gilt auch, wenn der Vertrag durch Übergabe einer den Vertrag enthaltenden Schrift geschlossen wird **§ 40 I.** — Siehe auch „Wehrmacht — Wehrdienst".

2. Geschäftswert. Der Gebührenberechnung unter 1 ist zugrunde zu legen

a) wenn über den ganzen Nachlaß oder einen Bruchteil davon verfügt wird,

der Wert des reinen Vermögens (oder der Bruchteil dieses Vermögens), das der Verfügende im Zeitpunkt der Errichtung der Verfügung hat, KG 1. 4. 1938, HRR 1938 Nr. 843. Kein Abzug von Pflichtteilsrechten, Vermächtnissen, Auflagen, und etwa bereits veranschlagter Beerdigungskosten.

Bei gemeinschaftlichem Testament und Erbvertrag: Zusammenrechnung der Werte der beiderseitigen Verfügungen; bei gegenseitiger Erbeinsetzung von Ehegatten ist Geschäftswert das Reinvermögen beider Ehegatten. Bei Ermittlung des Vermögens eines Ehegatten sind nur die auf ihm ruhenden Schulden abzuziehen. Haften die Eheleute für Schulden samtverbindlich, so sind letztere bei demjenigen Vermögen abzusetzen, dem die Schulden im Innenverhältnis der Eheleute zur Last fallen; liegt samtverbindliche Haftung nicht vor, so ist in Ermangelung sonstiger Anhaltspunkte von dem Vermögen jedes Ehegatten die Hälfte des Schuldbetrags abzuziehen, § 426 BGB. — Bei der Berechnung des Wertes für eine letztwillige Verfügung, durch die der Anerbe bestimmt ist, sind nicht schlechthin alle auf dem Erbhof lastenden Schulden abzuziehen, sondern Hypotheken, Grund- und Rentenschulden nur insoweit, als sie nicht gemäß § 43 REG aus dem außer dem Hof vorhandenen Vermögen zu berichtigen wären, wenn der Anfall des Erbhofes im Zeitpunkt der Errichtung der letztwilligen Verfügung eingetreten wäre. KG. 19. 11. 1937, DFG 38, 20.

b) wenn über bestimmte Gegenstände verfügt wurde, der Wert dieser Gegenstände ohne Schuldenabzug, § 17 III.

Sind nur nichtvermögensrechtliche Anordnungen getroffen, wie z.B. über die Ernennung eines Vormunds oder Testamentsvollstreckers, so ist der Wert nach § 24 zu bestimmen. Treffen nichtvermögensrechtliche Anordnungen mit anderen zusammen, die nicht nur bestimmte Gegenstände betreffen, so ist Höchstwert derjenige des reinen Vermögens des Verfügenden.

Der Berechnung der Gebühren sind in der Regel die Angaben des Verfügenden über den Geschäftswert zugrunde zu legen. Stellt sich nachträglich, z.B. bei Eröffnung der Verfügung, heraus, daß der Erblasser den Wert oder den Inhalt seiner letztwilligen Verfügung unrichtig angegeben hat, so ist die seinerzeit zu wenig erhobene Gebühr nachzuerheben; § 14 steht nicht entgegen, § 35 KostVfg. Die Verjährung des Anspruchs (§ 16) beginnt in diesem Falle mit Ablauf des Jahres, in dem die Verfügung eröffnet (oder zurückgegeben) ist, § 40 V.

II. Für die **gerichtliche oder notarielle Beurkundung des Widerrufs einer letztwilligen Verfügung**, §§ 2254, 2271 BGB, wird die **Hälfte der vollen Gebühr** aus dem **Wert** erhoben, den der Gegenstand des Widerrufs **im Zeitpunkt des letzteren hat, § 40 II.** Wird mit dem Widerruf gleichzeitig eine neue Verfügung von Todes wegen errichtet, so kommt nur die Gebühr für die neue Verfügung zum Ansatz (also keine Gebühr für die Beurkundung des Widerrufs), wenn der Wert der neuen Verfügung der gleiche oder höher ist als derjenige der widerrufenen Verfügung. Ist der Wert der neuen Verfügung geringer als derjenige der widerrufenen, so ist neben der Gebühr für die neue Verfügung die Gebühr für die Beurkundung des Widerrufs nach dem Betrag zu erheben, um den der Wert der widerrufenen Verfügung den der neuen Verfügung übersteigt. Beispiel: Erstes, widerrufenes Testament über den ganzen Nachlaß von 10000 RM. Neues Testament über 7000 RM. Volle Gebühr für das neue Testament aus 7000 RM, für die Beurkundung des Widerrufs die Hälfte der vollen Gebühr aus 3000 RM.

III. Für die **Beurkundung der Aufhebung eines Erbvertrags oder einer einzelnen vertragsmäßigen Verfügung,** sei es durch Erbvertrag (§ 2290 BGB) oder bei gegebener Voraussetzung durch gerichtlich oder notariell beurkundetes Testament (siehe §§ 2291, 2297 BGB) wird die **Hälfte der vollen Gebühr** erhoben. Bei gleichzeitiger Beurkundung einer neuen Verfügung von Todes wegen wird die Gebühr für die Aufhebung nur insoweit erhoben, als der Geschäftswert der neu errichteten Verfügung hinter dem der aufgehobenen Verfügung zurückbleibt, siehe A II. Die Hälfte der vollen Gebühr wird auch erhoben für die besonders erfolgende Beurkundung der Zustimmung des anderen Vertragschließenden zur Aufhebung eines Vermächtnisses oder einer Auflage durch Testament, § 2291 BGB. Wird sie zusammen mit dem aufgehobenen Testament beurkundet, so kommt nur eine Gebühr nach § 40 II zum Ansatz.

IV. Die **Beurkundung der Anfechtung einer vertragsmäßigen Verfügung bei Lebzeiten des andern Vertragsteils** (§§ 2281 I, 2282 BGB) unterliegt ebenso wie die Beurkundung des **Rücktritts** des Erblassers von einer vertragsmäßigen Verfügung (§§ 2295, 2296 BGB) der **Hälfte der vollen Gebühr,** § 40 II. Die nach dem Tode des einen Vertragsschließenden durch den Überlebenden erfolgende **Anfechtung eines Erbvertrags** (§ 2281 II BGB) ist dem Nachlaßgericht gegenüber zu erklären. Hierfür **¼ Gebühr,** § 31 II. Dieser Gebühr unterliegt auch eine dem Nachlaßgericht gegenüber zu erklärende **Anfechtung eines Testaments** (§ 2081 BGB).

Verjährung

der Kosten für Verwahrung und Rückgabe einer Verfügung von Todes wegen: siehe „Nachforderung".

Verkauf

Anzeige über den Verkauf einer Erbschaft: siehe „Anzeige".

Verlängerung

der Inventarfrist, § 1935 III BGB: siehe „Inventarfrist".

Vermächtnis

Abzug oder Nichtabzug von Schulden bei der Wertermittlung: siehe „Auflagen". Anfechtung der Ausschlagung eines Vermächtnisses: siehe „Anfechtung" unter 4. „Ausschlagung eines Vermächtnisses": siehe dort. Bestimmung einer Frist bei Wahlvermächtnissen, § 2154 BGB.: siehe „Fristbestimmungen".

Vermittelung

der Nachlaß- und Gesamtgutsauseinandersetzung: siehe „Gerichtliche Vermittlung".

Vermögensverzeichnis

zum Zweck der Nachlaßsicherung: siehe „Nachlaßsicherung".

Versäumung

der Anfechtungsfrist für Erbschaftsausschlagung: siehe „Anfechtung" unter 3.

Versteigerungen

Für Versteigerungen im Auseinandersetzungsverfahren sind — neben der Gebühr des § 108 — die Gebühren der §§ 47, 48 besonders zu erheben.

Vertragsmäßige Auseinandersetzung

im gerichtlichen Vermittlungsverfahren: siehe „Gerichtliche Vermittlung der Auseinandersetzung".

Verwahrung und Rückgabe von Verfügungen von Todes wegen (Testamenten und Erbverträgen).

1. a) **Für „besondere" amtliche Verwahrung** (§§ 20, 22, 23, 31, 37ff. TestG.) einschließlich der Erteilung des Hinterlegungsscheines und der Benachrichtigung des Amtsgerichts des Wohnsitzes des Erblassers: **¼ der vollen Gebühr** (§§ 93, 26) für die ganze Dauer der Verwahrung; keine besondere Gebühr, wenn das in besonderer amtlicher Verwahrung befindliche Testament auf Antrag an ein anderes Amtsgericht zur weiteren Verwahrung abgegeben oder nach teilweiser Eröffnung nach dem Tode eines der Testatoren oder Vertragsschließenden erneut in Verwahrung genommen wird, oder wenn das in besondere amtliche Verwahrung gebrachte Testament dem Verfügenden zur Einsicht vorgelegt und dann sofort wieder in amtliche Verwahrung genommen wird.

b) **Geschäftswert:** Wert des Vermögens oder des Vermögensbruchteiles, über den verfügt ist, nach Abzug der zur Zeit der

Übergabe vorhandenen Verbindlichkeiten, ausgenommen aber der Pflichtteilsansprüche, Vermächtnisse und Auflagen, §§ 95 I, 40 IV. Bei gemeinschaftlichen Testamenten oder Erbverträgen ist das Vermögen beider Verfügenden zusammenzurechnen, wenn und soweit beide Verfügungen getroffen haben. Bestimmt der Testator Berechtigte für eine abgeschlossene Lebensversicherung, so richtet sich der Wert nicht nach der Versicherungssumme, sondern ist (unter Berücksichtigung des Rückkaufwertes zur Zeit der Übergabe des Testaments) frei zu schätzen, KG 20. 3. 1931, JFGErg 11, 222. Verfügt der Erblasser nur über einzelne Vermögensstücke, so ist deren Wert ohne Abzug der Schulden maßgebend. Bei Bestimmung eines Anerben ist der Gebührenberechnung der Einheitswert des Erbhofes nach Abzug der Schulden zugrundezulegen. Da letztere aber nach § 34 REG grundsätzlich aus dem erbhoffreien Vermögen zu berücksichtigen sind, dürfen bei der Bewertung des Erbhofes nur die auf dem Hof verbleibenden Schulden abgesetzt werden (Jonas-Melsheimer § 17 A IV 3). Der Berechnung der Gebühr sind in der Regel die Angaben des Verfügenden über den Geschäftswert zugrundezulegen, um bei Lebzeiten ein lästiges Eindringen in die Vermögensverhältnisse des Testators zu verhindern. Erst nach Eröffnung der Verfügung ist zu prüfen, ob Gebühren nachzuerheben sind, § 35 KostVfg. — Einer Nachforderung wegen unrichtiger Wertangabe stehen die Vorschriften in §§ 14 und 16 nicht entgegen; denn die Fristen für die Nachforderung und auch für die Verjährung der Gebühr des § 93 beginnen hier nach §§ 40 V, 95 IV erst mit dem Schluß des Jahres, in dem die Verfügung eröffnet oder zurückgegeben ist. Siehe auch „Nachforderung“.

Wenn ein privatschriftliches, gemeinschaftliches Testament oder ein Erbvertrag, die sich nicht in amtlicher Verwahrung befunden haben, nach dem Tode des Erstversterbenden eröffnet worden sind, und dann auf besonderen Antrag des Überlebenden (vgl. § 27 IX AktO) in amtliche Verwahrung genommen werden, so ist die Verwahrungsgebühr nur nach dem Vermögen des Überlebenden zu berechnen.

c) Fälligkeit der Gebühr bei der Annahme der letztwilligen Verfügung, nicht erst mit dem Beginn der amtlichen Verwahrung. Überreicht ein Notar dem Gericht ein vor ihm errichtetes Testament zur besonderen amtlichen Verwahrung mit dem Bemerken, daß der Testator inzwischen verstorben sei, so ist eine amtliche Verwahrung nicht mehr erforderlich und auch nicht zulässig, da das Nachlaßgericht nach § 2260 BGB unverzüglich die Eröffnung zu veranlassen hat. Die Ablieferung des Testaments durch den Notar muß hier als solche nach § 2259 angesehen werden. Wird das Testament trotzdem in Verwahrung gegeben, dann muß die Gebühr nach § 15 außer Ansatz bleiben. Wird aber ein Testament auf Antrag des Notars, der es beurkundet hat, in besondere amtliche Verwahrung genommen, obwohl der Erblasser schon gestorben ist, so liegt hierin keine unrichtige Behandlung im Sinne des § 15, wenn das Gericht von dem Ableben keine Kenntnis hatte, KG 14. 2. 1929 PrJAmtmZ 1930, 19; Groenwald NSJB 1939, 176.

Die Annahme eines privatschriftlichen Testaments zur besonderen amtlichen Verwahrung kann von der vorherigen Zahlung der Gebühr abhängig gemacht werden, § 7. Siehe Vorschußpflicht. Dies ist aber nicht zulässig, wenn ein Notar oder Gemeindevorsteher das vor ihnen errichtete Testament zur besonderen Verwahrung überreichen, da hier die Annahme nicht auf Antrag, sondern auf Grund gesetzlicher Vorschrift erfolgt (§§ 20, 37, 38 TestG).

2. Für jede Rückgabe einer letztwilligen Verfügung aus der besonderen amtlichen Verwahrung an den Erblasser persönlich, bei gemeinschaftlichem Testament an die beiden Ehegatten, gegen Vorlage des Hinterlegungsscheines und — wenn es sich um ein vor einem Richter oder vor einem Notar oder nach § 23 TestG errichtetes Testament handelt — Belehrung darüber, daß mit der Rücknahme das Testament als widerrufen gilt (TestG § 34; AktO § 27 Nr. 6, 9; AV vom 4. 8. 1938, DJ 1938 1260): ¼ **der vollen Gebühr** (§§ 93 II, 26) aus dem **Wert** des Vermögens, über das verfügt ist, im Zeitpunkt der Rückgabe. Auf die formelle oder materielle Gültigkeit der Verfügung kommt dabei nichts an. Siehe im übrigen unten 1 b. Die Rückgabe soll in der Regel von der vorherigen Kostenzahlung abhängig gemacht werden.

Die Rückgabegebühr fällt auch an, wenn an Stelle der zurückgegebenen letztwilligen Verfügung eine andere in besondere amtliche Verwahrung gebracht wird (dann Gebühr für jeden Fall der Rückgabe und für die Annahme) oder, wenn ein Erbvertrag aus der besonderen amtlichen Verwahrung in die (einfache) Urkundenverwahrung des Gerichts oder Notars, die den Vertrag beurkundet haben, oder des Gerichts, das die Akten und Bücher des inzwischen ausgeschiedenen Notars verwahrt, gebracht wird. KG 12. 5. 1939 JVBl 1939, 318 = JFGErg 20, 141. Werden gleichzeitig mehrere letztwillige Verfügungen in Verwahrung genommen oder zurückgegeben: getrennte Gebührenberechnung.

3. Schuldner der Gebühr zu 1a und 2: Die Testatoren oder Vertragsschließenden, § 2 Z 1.

Verwerfung

von Beschwerden: siehe dort.

Verzicht eines anteilsberechtigten Abkömmlings auf seinen ganzen Anteil am Gesamtgut der fortgesetzten Gütergemeinschaft

1. durch einseitige Willenserklärung gegenüber dem Nachlaßgericht, das für den Nachlaß des verstorbenen Ehegatten zuständig ist, in öffentlich beglaubigter Form, §§ 129, 125, 1491 BGB; §§ 167, 183 RFGG.

a) ¼ **der vollen Gebühr** für die **Beurkundung**, §§ 104 III, 31 II. — Bei **Beglaubigung:** ¼ Gebühr, § 39 I.

¼ **Gebühr für Entgegennahme der Erklärung** (Kenntnisnahme, weitere Behandlung einschließlich Mitteilung der Erklärung an den überlebenden Ehegatten und die übrigen anteilsberechtigten Abkömmlinge) durch das Nachlaßgericht, § 104 I 2. Siehe „Entgegennahme".

c) Geschäftswert zu a und b: der Wert des Anteils, auf den verzichtet wird, nach Abzug der auf ihn treffenden Schulden.

d) Schuldner der Gebühren zu 1 a und b: der Verzichtende.

e) Der unter elterlicher Gewalt oder Vormundschaft stehende Abkömmling bedarf zum Verzicht der **Genehmigung des Vormundschaftsgerichts,** §§ 1643, 1828ff. BGB. Nur wenn der Abkömmling unter elterlicher Gewalt steht: für die vormundschaftsgerichtliche Genehmigung die **volle Gebühr des § 88,** wenn das Vermögen des Fürsorgepflichtigen 5000 RM übersteigt, § 89; wenn der Abkömmling unter Vormundschaft steht, keine Gebühr für die Genehmigung, weil durch die Vormundschaftsgebühr erfaßt. § 84. Ferner findet die Befreiungsvorschrift in § 88 I Satz 2 Anwendung.

2. durch gerichtlichen oder notariellen **Vertrag** mit dem überlebenden Ehegatten und den anteilsberechtigten Abkömmlingen, § 1491 II BGB. Bei gerichtlicher oder notarieller Beurkundung des Vertrags: **$^{20}/_{10}$ Gebühr** (§ 29 II). Bei vertraglichem Verzicht kommt „Entgegennahme" der Verzichtserklärung, § 104 I 2, nicht in Frage.

Vorerbe

Anzeige des Vorerben über den Eintritt der Nacherbfolge: siehe „Anzeige".

Vorschußpflicht und Abhängigmachung

der Vornahme des Geschäfts von der Zahlung der Kosten. Bei **Antragsgeschäften** besteht die Pflicht zur Zahlung eines zur Deckung der Kosten (d.h. der Gebühren und Auslagen) hinreichenden Vorschusses (§ 7 I) nicht nur für den Antragsteller, sondern auch für denjenigen, der entweder die Kosten bereits vor der Vornahme des Geschäfts übernommen hat (§ 3 Z 2) oder der nach den Vorschriften des bürgerlichen Rechts für die Kostenschuld eines anderen kraft Gesetzes haftet, § 3 Z 3. Endlich sind die in der Kostenordnung bei Antragsgeschäften in einzelnen Fällen ausdrücklich als zahlungspflichtig bezeichneten Personen auch vorschußpflichtig, so z.B. die „Anteilsberechtigten", die nach § 108 VI für die Gebühren des § 108 I und IV als Gesamtschuldner haften. Auch im übrigen haften für den Vorschuß mehrere Vorschußpflichtige als Gesamtschuldner, wobei Mehrkosten, die durch besondere Anträge eines Beteiligten entstanden sind, diesen allein zur Last fallen, § 4. Die **Erhebung von Vorschüssen,** von denen die Vornahme einer Amtshandlung nicht abhängt (§ 7 I), veranlaßt der Kostenbeamte regelmäßig selbständig nach eigener Entschließung, § 18 III KostVfg. Bei **Geschäften von Amts wegen** besteht eine allgemeine Vorschußpflicht nicht, insbesondere auch nicht für denjenigen, der die Vornahme eines solchen Geschäfts durch seinen „Antrag" angeregt hat. Siehe Amtsbetrieb. Es kann jedoch auch hier ein Vorschuß zur Deckung der mutmaßlich entstehenden baren Auslagen erhoben werden, § 7 I S 2, Soweit der Auslagenvorschuß nicht zur Deckung der Auslagen verbraucht wird, kann er auch bei Amtsgeschäften auf die Gebühren verrechnet werden (§ 8). Siehe „Zurückzahlung von Vorschüssen". Außerdem kann auch in Amtsgeschäften wegen aller Kosten das Zurückbehaltungsrecht des § 9 ausgeübt werden. Siehe Zurückbehaltungsrecht. Nach § 18 II KostVfg ist ein Auslagenvorschuß regelmäßig nur dann anzufordern, wenn die Auslagen voraussichtlich 20 RM übersteigen oder wenn sie im Verfahren vor einer ausländischen Behörde entstehen. Vorschußpflichtig ist insoweit derjenige, dessen Interesse wahrgenommen wird, § 2 Z 2. **Keine Vorschußpflicht** besteht für den Kostenschuldner, dem das Armenrecht bewilligt ist. Er ist nach § 14 RFGG in Verbindung mit § 115 ZPO von der Zahlung der rückständigen und der künftig erwachsenden Kosten befreit. Er hat bei nachträglicher Bewilligung des Armenrechts keinen Anspruch auf Zurückzahlung eines bereits zu Recht erhobenen und bezahlten Vorschusses. Bei Gebührenfreiheit besteht selbstverständlich auch keine Vorschußpflicht wegen der Gebühren; die Gebührenfreiheit entbindet jedoch regelmäßig nicht von der Verpflichtung zur Zahlung der Auslagen (§ 11 II), es sei denn, daß in reichsrechtlichen Befreiungsvorschriften ausdrücklich „Kostenfreiheit" ausgesprochen worden ist. Bei Gebührenfreiheit ist die Pflicht zur Zahlung und damit auch zur vorschußweisen Zahlung durch § 138 I Z 3 insofern erweitert, als Schreibgebühren für Ausfertigungen und Abschriften jeder Art, d.h. für alle Schriftstücke, die hinausgehen, erhoben werden.

Die **Abhängigmachung der Vornahme eines Geschäfts**

von der Zahlung oder Sicherstellung des Vorschusses, zu dessen Zahlung der Kostenschuldner nach § 7 I verpflichtet ist, kommt nur bei Antragsgeschäften in Betracht, nicht aber bei Geschäften, die von Amts wegen betrieben werden (siehe Amtsbetrieb), § 7 II S 1. Bei Geschäften letzterer Art ist die Abhängigmachung auch dann nicht zulässig, wenn im Laufe eines solchen Geschäfts der „Antragsteller" eine Beweisaufnahme (§ 12 RFGG) veranlaßt hat. Die Sollvorschrift des § 7 II S 1 begründet die grundsätzliche Pflicht des Gerichts zur Abhängigmachung, soweit nicht dem Antragsteller das Armenrecht bewilligt ist oder ihm Gebührenfreiheit zusteht. § 7 II S 2 Halbsatz 1. Eine weitere Ausnahme besteht dann, wenn glaubhaft gemacht ist, daß eine etwaige Verzögerung einem Beteiligten einen nicht oder nur schwer zu ersetzenden Schaden bringen würde, oder wenn aus einem anderen Grund das Verlangen nach vorheriger Zahlung oder Sicherstellung der Kosten nicht angebracht erscheint, § 7 II Satz 2 Halbsatz 2[1]). Die Entscheidung darüber, ob im Einzelfall abhängig zu machen ist oder ob ein Ausnahmefall der vorstehend erwähnten Art vorliegt, trifft der Richter, § 18 IV 2 KostVfg. Bei Anordnung der Abhängigmachung bestimmt der Kostenbeamte die Höhe des Vorschusses; er erteilt sodann die formelle Kostenvorschußrechnung, § 18 V KostVfg. Zur Vermeidung von Verzögerungen sollen etwaige Beanstandungen des Antrags zugleich mit der Kostenvorschußrechnung dem Antragsteller mitgeteilt werden, § 19 III KostVfg. Der Richter befindet auch darüber, ob die Vornahme des Geschäfts von der Zahlung des Vorschusses oder nur von seiner Sicherstellung abhängig zu machen ist, § 7 II. Die Sicherstellung soll jedoch nur ausnahmsweise zugelassen werden, wenn ein dahingehender begründeter Antrag gestellt ist, § 19 I KostVfg. Die Sicherstellung des in diesem Falle nur zu berechnenden, aber nicht anzufordernden Vorschusses kann, vorbehaltlich anderer Anordnung des Richters, in der in den §§ 232 bis 240 BGB vorgesehenen Weise erfolgen. Die Verwertung der Sicherheit ist Sache der Gerichtskasse, nachdem ihr die aus Anlaß des Geschäfts erwachsenen Kosten zur Einziehung überwiesen sind, § 19 II KostVfg. — Gegen die Anordnungen des Richters bezüglich der Abhängigmachung findet nur die gebührenfrei zu erledigende Erinnerung im Aufsichtsweg statt, § 7 III. Es entscheidet hiernach beim Amtsgericht der

---

[1]) **Keine Vorauszahlungspflicht,** wenn der Zahlungspflichtige dartut, daß er infolge der besonderen Verhältnisse, die sich aus der gegenwärtigen politischen Lage ergeben, zur Vorauszahlung der Kosten nicht imstande ist. § 5 der 2. VO vom 4. 10. 1939, RGBl 1994, zur Durchführung der VO über Maßnahmen auf dem Gebiete der Gerichtsverfassung und der Rechtspflege (Vereinfachungsverordnung) vom 1. 9. 1939 (RGBl 1939, 1658). Siehe „Wehrmacht".

Landgerichtspräsident (Amtsgerichtspräsident), beim Notar der Landgerichtspräsident, beim Rechtspfleger sein unmittelbarer Dienstvorgesetzter. Weiterer Aufsichtsweg: Oberlandesgerichtspräsident, Reichsminister der Justiz.

In bezug auf *Vorschußansatz* der Kostenbeamten findet die *Erinnerung und Beschwerde* nach § 13 KostO. statt. Die Rechtsbehelfe gegen die Anordnungen des Richters und den Vorschußansatz des Kostenbeamten sind beide völlig unabhängig voneinander gegeben. — Nach § 28 KostVfg fordert die Geschäftsstelle die Vorschüsse ohne vorherige Überweisung an die Gerichtskasse unmittelbar von dem Zahlungspflichtigen durch Kostennachricht an. Steht der Geschäftswert bei Aufstellung der Vorschußrechnung noch nicht endgültig fest, so sind der Berechnung vorläufig die Angaben des Antragstellers zugrunde zu legen, sofern sie nicht offenbar unrichtig sind. Reicht der eingesandte Betrag zur Deckung nicht völlig aus, so ist nach der Vorschrift in § 28 IV KostVfg zu verfahren.

Wehrmacht — Wehrdienst

Errichtet ein Erblasser, der der Wehrmacht angehört oder zum Wehrdienst einberufen ist, aus Anlaß eines besonderen Einsatzes der Wehrmacht ein einseitiges oder gemeinschaftliches Testament oder einen Erbvertrag, so werden für die Beurkundung, amtliche Verwahrung, Eröffnung und Rückgabe dieser Verfügung von Todes wegen Gerichtsgebühren nicht erhoben. Entsprechendes gilt für die Errichtung einer Verfügung von Todes wegen durch Erblasser, die den bewaffneten Teilen der ϟϟ, dem Reichsarbeitsdienst, dem Sanitätsdienst der Wehrmacht oder dem behördlichen Luftschutz (Luftschutzwarndienst, Sicherheits- und Hilfsdienst I., II. und III. Ordnung, Flugmeldedienst) angehören aus Anlaß eines besonderen Einsatzes seines Verbandes. § 1 der 2. VO vom 4. 10. 1939, RGBl 1939, 1994 zur Vereinfachungsverordnung vom 1. 9. 1939, RGBl 1939, 1658.

Für das Verfahren des Nachlaßgerichts (Verlassenschaftsgerichts) einschließlich der damit zusammenhängenden Beurkundungen (eidesstattliche Versicherung usw.) werden die Gerichtsgebühren nur zur Hälfte erhoben, wenn der Tod des Erblassers oder seine Todeserklärung die Folge eines Angriffs auf das Reichsgebiet oder eines besonderen Einsatzes ist (Mindestgebühr 2 RM). § 2 I erw. VO.

Beträgt der Wert des Nachlasses in den vorerwähnten Fällen nicht mehr als 5000 RM, dann sind Abkömmlinge, Eltern und der Ehegatte des Erblassers von der Zahlung der Gerichtsgebühren befreit, § 2 II. — Bei Mitbeteiligung nicht befreiter Erben: Gebührenberechnung aus dem Gesamtnachlaß; von dieser Gebühr ist der auf die Abkömmlinge usw. nach Maßgabe ihres Erbteils treffende Anteil abzuziehen.

Bei Nachlässen im Werte von mehr als 5000 RM erwachsen demnach stets die auf die Hälfte ermäßigten nachlaßgerichtlichen Gebühren. Nicht selten wird jedoch auch bei solchen höherwertigen Nachlässen nach den Umständen des Einzelfalles, insbesondere nach den persönlichen und wirtschaftlichen Verhältnissen des Erben, die Belastung mit der ermäßigten Gebühr noch eine unbillige Härte darstellen. Solche Härten dürfen durch einen gänzlichen oder teilweisen Erlaß der Gebühren auf Grund des § 2 der VO vom 20. 3. 1935 (RGBl I 406) in entgegenkommender Weise ausgeglichen werden (AVRJM vom 13. 10. 1941, DJ 993). Das gleiche gilt für die Gebühren für die Bestellung eines Vormundes oder Beistandes für die minderjährigen Kinder eines Gefallenen, soweit das Vermögen mehr als 5000 RM beträgt. Zuständig sind die OLGPräs. und LGPräs. (AGPräs.).

Im Verfahren der freiwilligen Gerichtsbarkeit soll die Vornahme einer gerichtlichen Verhandlung von der Vorauszahlung der Kosten nicht abhängig gemacht werden, wenn der Zahlungspflichtige dartut, daß er infolge der besonderen Verhältnisse, die sich aus der gegenwärtigen politischen Lage ergeben, zur Vorauszahlung der Kosten nicht imstande ist, § 5 erw. VO.

Im Falle des § 4 des Verschollenheitsgesetzes vom 4. 7. 1939, RGBl 1939, 1186 werden für die Todeserklärung und die Feststellung der Todeszeit (Beweisführung des Todes) von Kriegsverschollenen nach § 118a KostO nicht erhoben (wohl aber Auslagen, z.B. für Veröffentlichung), § 3 VO vom 4. 10. 1939, RGBl 1939, 1995. Die Auslagen sind jedoch von den Amtsgerichten niederzuschlagen. AV des RJM vom 25. 10. 1941, DJ 1023.

Zeugnis

a) über Fortsetzung der Gütergemeinschaft: siehe „Gütergemeinschaft";
b) über Ernennung des Testamentsvollstreckers: siehe „Testamentsvollstreckerzeugnis";
c) für Samtgutsverwalter: siehe dort;
d) gemäß §§ 36, 37 GBO: siehe „Rechtsnachfolge".

Zurückbehaltungsrecht

Das nach § 9 der Reichskasse und dem Notar außer der Vorschußpflicht und der Abhängigmachung der Vornahme des Geschäfts nach § 7 als weiteres Sicherungsmittel für den Eingang der Kosten zustehende Zurückbehaltungsrecht erstreckt sich auf Ausfertigungen und — einfache und beglaubigte — Abschriften, die im Verlauf des Verfahrens hergestellt sind sowie auf solche Ausfertigungen, Abschriften und zurückzugebende Urkunden, **die aus Anlaß des kostenpflichtigen Geschäfts** eingereicht sind. Durch die Ausübung dieses Rechts kann auf die Zahlung aller Kosten hingewirkt werden, die in der Angelegenheit entstanden sind, in der die Ausfertigungen und Abschriften zu erteilen waren oder zu deren geschäftlichen Erledigung die Ausfertigungen und Abschriften sowie die zurückzugebenden Urkunden eingereicht worden sind. Dabei ist es gleichgültig, ob der Kostenschuldner oder ein anderer Beteiligter, selbst wenn dieser Gebührenfreiheit genießt, oder ein an dem betreffenden Geschäft selbst nicht Beteiligter die Urkunden eingereicht hat und wem sie gehören, wenn nur die Einreichung mit Wissen und Willen des Eigentümers der Urkunde und aus Anlaß des kostenpflichtigen Geschäfts erfolgt ist. Bei der „Angelegenheit" kann es sich um mehrere Einzelgeschäfte handeln, die zu einem einheitlichen Vorgang oder zu einem Verfahren zusammengefaßt sind. Das Zurückbehaltungsrecht betrifft sämtliche Kosten, die in allen diesen eine Angelegenheit bildenden Geschäften entstanden sind. —

Kein Zurückbehaltungsrecht ist gegeben, wenn dem alleinigen Kostenschuldner das Armenrecht bewilligt ist, gleichgültig, von wem die Urkunde eingereicht ist. Dagegen kann bei Gebührenfreiheit des alleinigen Kostenschuldners wegen der baren Auslagen einschließlich der Schreibgebühren aller Art (§ 11 II, § 138 I 3) das Zurückbehaltungsrecht ausgeübt werden (Jonas-Melsheimer A IV zu § 9; a. M.: Korintenberg-Wenz A 2 zu § 9). An Ausfertigungen und Abschriften, die auf Grund gesetzlicher Vorschriften von Amts wegen den Beteiligten mitzuteilen sind, z.B. der Testamentsabschrift im Falle des § 2262 BGB, besteht kein Zurückbehaltungsrecht. —

Die Ausübung des Zurückbehaltungsrechts kommt hauptsächlich bei den von Amts wegen betriebenen Geschäften — siehe „Amtsbetrieb" — in Betracht, weil bei ihnen von einer Vorschußpflicht aus § 7 I nur hinsichtlich der baren Auslagen die Rede sein kann — siehe Vorschußpflicht — und die Abhängigmachung der Vornahme des Geschäfts von der Zahlung der Kosten nach § 7 II überhaupt ausgeschlossen ist. Dagegen kann bei Antragsgeschäften bereits durch diese Maßnahmen die Kostenzahlung weitgehend sichergestellt werden, so daß hier das Zurückbehaltungsrecht nur für die Fälle Bedeutung hat, in denen der Vorschuß nicht gezahlt ist oder nicht ausreicht und von der Abhängigmachung aus besonderen Gründen (§ 7 II S 2) abgesehen worden ist.

Nach der Fassung des § 9 ist zwar nur von der Befugnis zur Ausübung des Zurückbehaltungsrechts die Rede; in § 22 KostVfg, der Durchführungsvorschrift zu § 9, ist jedoch angeordnet, daß von dieser Befugnis regelmäßig Gebrauch zu machen ist — Ausnahmen: § 22 II KostVfg — und zwar auch in bezug auf Urkunden, die nur zur Unterschriftsbeglaubigung eingereicht sind. — Das Verfahren bei der Ausübung des Zurückbehaltungsrechts einschließlich der Herausgabe der zurückbehaltenen Urkunden ist in § 22 III—IX KostVfg geregelt. Danach liegt die Entscheidung über die Ausübung in erster Linie bei **dem Kostenbeamten, der mithin insoweit auch für die Folgen der Nichtausübung in den in Frage kommenden Fällen verantwortlich ist.** In Zweifelsfällen holt er die Entschließung seines Dienstvorgesetzten ein. Er benachrichtigt die Beteiligten und veranlaßt die Herausgabe nach Zahlung der Kosten oder nach Aufhebung der Zurückbehaltung aus eigener Entschließung oder auf Beschwerde, über die nach § 9 II KostO in Verbindung mit § 22 III S 3 KostVfg ausschließlich im Aufsichtsweg entschieden wird. Nur bezüglich der außerhalb des Rahmens des § 9 liegenden Streitfrage, daß im Einzelfall ein Zurückbehaltungsrecht überhaupt nicht besteht, z. B an dem wider dem Willen des Berechtigten eingereichten Hypothekenbrief, ist der Rechtsweg nicht ausgeschlossen. Nach § 24 VI KostVfg ist in der Urschrift der Kostenrechnung die Ausübung des Zurückbehaltungsrechts mit kurzer Begründung zu vermerken. Durch Anbringung des rot zu unterstreichenden Vermerks „ZA" ist die Kasse um Zahlungsanzeige zu ersuchen. Ist ein anderer als der Kostenschuldner zum Empfang des Schriftstücks berechtigt, so wird er gleichfalls in der Kostenrechung aufgeführt. Der Vermerk über die Ausübung des Zurückbehaltungsrechts ist in die Reinschrift der Kostenrechnung zu übertragen. § 26 II 4 KostVfg. —

Zurücknahme

eines Antrags, bevor über ihn entschieden ist oder die beantragte Handlung stattgefunden hat, hat die Erhebung eines **Viertels der vollen Gebühr, höchstens** jedoch eines Betrages von **25 RM** zur Folge, **§ 122 II.** Der für die beantragte Verhandlung oder Entscheidung bestimmte Gebührenansatz darf nicht überschritten werden. Bei teilweiser Zurücknahme ist die Gebühr nach dem Wert des zurückgenommenen Teils, jedoch nur insoweit zu erheben, als die Gebühr für die Erledigung des ganzen Antrags die Gebühr für die Erledigung des ganzen Antrags die Gebühr für die teilweise Erledigung übersteigt, § 122 IV. **Sonderregelung in § 98 III und § 108 I 2.** Handelt es sich um die Ausstellung eines Zeugnisses, z. B. eines Erbscheins, so kommt eine Zurücknahmegebühr nicht mehr in Frage, wenn das Zeugnis bereits in Urschrift ausgestellt, der Erbschein vom Richter verfügt war. Siehe „Erbschein" unter 5; **„Nachlaßverwaltung" unter e, „Gesamtguts-**

verwaltung" unter 2; „Gerichtliche Vermittlung der Auseinandersetzung unter I 3 a. Eine Haftung der Erben im Sinne des § 5 (siehe „Haftung") besteht hinsichtlich der Kosten zurückgenommener Anträge nicht. Diese Kosten fallen nur dem Antragsteller zur Last, § 2 Z 1. Wegen der Zurücknahme von Beschwerden siehe dort. Siehe ferner unter „Abweisung".

Zurückweisung von Anträgen

Wird in den Fällen, in denen das Gericht nur auf Antrag tätig wird, ein Antrag zurückgewiesen, so wird — abgesehen von dem in § 98 behandelten Fall — die **Hälfte der vollen Gebühr, höchstens** jedoch ein Betrag von **50 RM** erhoben, **§ 122 I.** Der für die beantragte Verhandlung oder Entscheidung bestimmte Gebührensatz darf nicht überschritten werden. Bei teilweiser Zurückweisung ist die Gebühr nach dem Wert des zurückgewiesenen Teils, jedoch nur insoweit zu erheben, als die Gebühr für die Erledigung des ganzen Antrags die Gebühr für die teilweise Erledigung übersteigt. Die Ablehnung einer „Anregung" hat kostenrechtlich keine Bedeutung. Siehe „Erbschein" unter 5; **Sonderregelung: „Nachlaßverwaltung" unter e und „Gesamtgutsverwaltung" unter 2.** Eine Haftung der Erben im Sinne des § 5 (siehe „Haftung") besteht hinsichtlich der Kosten zurückgewiesener Anträge nicht. Diese Kosten fallen nur dem Antragsteller zur Last, § 2 Z 1. Wegen der Zurückweisung von Beschwerden siehe dort. Siehe ferner unter „Abweisung".

Zurückzahlung

von Vorschüssen, § 8. Sie findet nur insoweit statt, als die Vorschüsse den Gesamtbetrag der bis zur Beendigung des gebührenpflichtigen Geschäfts (§ 6) für dieses entstandenen Kosten übersteigen. Gleichgültig ist, ob der Vorschuß für Gebühren oder Auslagen gezahlt ist. Auch bei Amtsgeschäften werden nicht verbrauchte Auslagenvorschüsse auf Gebühren verrechnet. Vorschüsse können jedoch nur auf die Kosten für diejenigen Geschäfte verrechnet werden, für die sie erhoben sind.

Zusammenhang

von Geschäften in Nachlaß- und Teilungssachen im Sinne des § 107. Für die Entgegennahme der im **§ 104** genannten Erklärungen gegenüber dem Nachlaßgericht, für die Ernennung oder Entlassung des Testamentsvollstreckers und für sonstige Anordnungen anläßlich einer Testamentsvollstreckung, siehe **§ 105,** sowie für die in **§ 106** erwähnten Geschäfte, betreffend die Entgegennahme und Anordnung der Aufnahme eines Nachlaßinventars nebst den sich hierauf beziehenden sowie anderer Fristbestimmungen werden keine Gebühren erhoben, wenn diese Verrichtungen mit einem anderen gebührenpflichtigen Verfahren in Nachlaß- und Teilungssachen oder untereinander im Zusammenhang stehen. Ein solcher Zusammenhang besteht, wenn eine der oben genannten Verrichtungen Anlaß zu einer anderen dieser Verrichtungen oder zu einem nach §§ 93—103, 108 gebührenpflichtigen Geschäft gegeben hat, oder wenn umgekehrt ein solches Geschäft die Veranlassung dazu gegeben hat, daß eine der Verrichtungen nach §§ 104—106 vorgenommen worden ist. Eine zu enge Auslegung des Begriffs „In-Zusammenhangstehen" soll jedoch nicht stattfinden, insbesondere soll die Anwendbarkeit des § 107 nicht von der Gleichzeitigkeit der betreffenden Geschäfte oder davon abhängig gemacht werden, daß ein Geschäft ohne das andere nicht denkbar ist. Anderseits genügt ein nur rein zufälliges Zusammentreffen nicht, um einen Zusammenhang im Sinne des § 107 zu begründen. Stehen Geschäfte dieser Art untereinander im inneren Zusammenhang, so wird nur eine Gebühr erhoben, § 107. So bei mehreren Erklärungen im Sinne des § 104 nur einmal die Gebühr des § 104, bei Erklärungen i.S. des § 104 mit Geschäften aus § 105 und § 106: nur die Gebühr aus § 105 oder § 106.

Beispiele: Keine Gebühr für die Entgegennahme der Erklärung über die Ausschlagung der Erbschaft (§ 104 I 4) im Erbteilungsverfahren (§ 108) oder bei anschließender Erteilung eines Erbscheins (§ 99), auch, wenn der Erbschein dem gesetzlichen Erben nach Ausschlagung durch den Testamentserben erteilt wird. — Keine Gebühr aus § 104 I 8 für die Entgegennahme der Erklärung über die Annahme des Amtes als Testamentsvollstrecker bei nachfolgender Erteilung eines Testamentsvollstreckerzeugnisses (§ 101 I 2) oder nach einer Fristbestimmung zur Annahme des Amtes (§ 105) oder bei Erteilung eines weiteren Zeugnisses im Sinne des § 101 I 2, 1. Satz, 2. Halbsatz nach Ablehnung des Amtes durch den Nachfolger eines ausgefallenen Testamentsvollstreckers und anschließender Annahme des Amtes durch den sodann Berufenen. Hier auch keine Gebühr aus § 104 I 4. — Keine Gebühren für die Ernennung eines Testamentsvollstreckers (§ 105) und für die Entgegennahme der Erklärung des Ernannten über die Annahme des Amtes (§ 104 I 8) bei nachfolgender Erteilung des Testamentsvollstreckerzeugnisses (§ 101 I 2). — Enthält das Protokoll, in welchem der Dritte dem Nachlaßgericht gegenüber den Testamentsvollstrecker bestimmt (§ 2198 BGB), auch die Erklärung über die Annahme des Amtes oder folgt die Entgegennahme der Erklärung über die Annahme des Amtes derjenigen über die Bestimmung des Testamentsvollstreckers nach, so fällt nur eine Gebühr des § 104 I 8 an. — Nur einmalige Erhebung der Gebühr des § 106 bei Bestimmung einer Inventarfrist, Verlängerung dieser Frist oder Bestimmung einer neuen Frist. — Keine Gebühr für die

Entgegennahme der nachträglichen Erklärung des Erben (§ 106), daß ein zur Nachlaßsicherung (§ 96) aufgenommenes Nachlaßverzeichnis als von ihm eingereicht gelten soll. Jonas-Melsheimer (3) S 576; a.M. Korintenberg-Wenz (2) S 530. —

Kein Zusammenhang im Sinne des § 107: Eröffnung des Testaments und Ausschlagung der Erbschaft oder Annahme des Amtes als Testamentsvollstrecker; — Nachlaßpflegschaft oder Nachlaßverwaltung und Erbausschlagung; — von zwei Testamentsvollstreckern erklärt jeder, daß er näher bezeichnete Personen zu seinen Nachfolgern ernannt habe, KG 5. 5. 1939, JVBl 1939, 279.

Anhang

1. Reichskostenordnung

vom 25. November 1935 (RGBl I 1371) mit Änderungen.

Inhaltsverzeichnis

Erster Teil:

Gerichtskosten.

Erster Abschnitt.

Allgemeine Bestimmungen.

1. § 1. Geltungsbereich.
2. Kostenschuldner.
   § 2. Allgemeiner Grundsatz.
   § 3. Weitere Kostenschuldner.
   § 4. Mehrere Kostenschuldner.
   § 5. Haftung der Erben.
3. § 6. Fälligkeit.
4. Vorauszahlung u. Sicherstellung.
   § 7. Vorschüsse.
   § 8. Zurückzahlung von Vorschüssen.
   § 9. Zurückbehaltungsrecht.
5. Gebührenfreiheit.
   § 10. Gebührenfreiheit d. Reichs, der Länder und der Partei. Reichs- u. landesrechtliche Befreiungsvorschriften.
   § 11. Einschränkungen.
   § 12. Gebührenfreiheit für einzelne Gesamtschuldner.
6. Der Kostenanspruch.
   § 13. Kostenansatz, Erinnerung, Beschwerde.
   § 14. Nachforderung.
   § 15. Nichterhebung von Kosten wegen unrichtiger Sachbehandlung.
   § 16. Verjährung.
7. Geschäftswert.
   § 17. Grundsatz.
   § 18. Sachen.
   § 19. Kauf, Vorkaufs- und Wiederkaufsrecht.
   § 20. Grunddienstbarkeiten.
   § 21. Pfandrechte und sonstige Sicherheiten, Rangänderungen.
   § 22. WiederkehrendeNutzungen oder Leistungen.
   § 23. Miet- und Pachtrechte, Dienstverträge.
   § 24. Angelegenheiten ohne bestimmten Geschäftswert, nichtvermögensrechtliche Angelegenheiten.
   § 25. Festsetzung des Geschäftswerts.
8. Gebührenstaffel, Nebengeschäfte.
   § 26. Gebührenstaffel.
   § 27. Nebengeschäfte.
   § 28. Einziehung der Kosten.

Zweiter Abschnitt.

Gebühren in Angelegenheiten der freiwilligen Gerichtsbarkeit.

1. Beurkundungen und ähnliche Geschäfte.
   § 29. Einseitige Erklärungen und Verträge.
   § 30. Vertragsangebot.
   § 31. Besondere Fälle.
   § 32. Geschäftswert.
   § 33. Geschäftswert bei zustimmenden Erklärungen einzelner Mitberechtigter.
   § 34. Geschäftswert bei Vollmachten.

§ 35. Geschäftswert bei Anmeldungen z. Handelsregister und ähnlichen Registern.
§ 36. Ergänzung und Änderung beurkundeter Erklärungen.
§ 37. Anerkennung einer schriftlich abgegebenen Erklärung.
§ 38. Mehrere Erklärungen in einer Urkunde.
§ 39. Beglaubigung von Unterschriften.
§ 40. Verfügungen von Todes wegen.
§ 41. Beschlüsse von Gesellschaftsorganen.
§ 42. Verlosung, Auslosung und Vernichtung von Wertpapieren, Wahlversammlungen.
§ 43. Eide, eidesstattliche Versicherungen, Vernehmung von Zeugen und Sachverständigen, Augenscheineinnahme.
§ 44. Bescheinigungen, Abmarkungen, Verklarungen, Proteste, Schätzungen.
§ 45. Wechsel- und Scheckproteste.
§ 46. Vermögensverzeichnisse, Siegelungen.
§ 47. Freiwillige Versteigerung von Grundstücken.
§ 48. Versteigerung von beweglichen Sachen und Rechten.
§ 49. Beglaubigung von Abschriften.
§ 50. Sicherstellung der Zeit.
§ 51. Erfolglose Verhandlung.
§ 52. Geschäfte außerhalb der Gerichtsstelle.
§ 53. Erklärungen in fremder Sprache.

2. Grundbuchsachen.
§ 54. Eintragung des Eigentümers.
§ 55. Eigentumswechsel bei Gemeinschaften zur gesamten Hand.
§ 56. Eintragung von Belastungen.
§ 57. Eintragung mehrerer Rechte, Belastung mehrerer Grundstücke.
§ 58. Eintragung von Veränderungen u. Löschungsvormerkungen
§ 59. Eintragung von Verfügungsbeschränkungen.
§ 60. Eintragung von Vormerkungen und Widersprüchen
§ 61. Sonstige Eintragungen.
§ 62. Löschungen und Entlassung aus der Mithaft.
§ 63. Gebührenfreie Eintragungen und Löschungen, Zwischenverfügungen.
§ 64. Löschung gegenstandsloser Rechte und Klarstellung der Rangverhältnisse.
§ 65. Erteilung von Hypotheken-, Grundschuld- oder Rentenschuldbriefen.
§ 66. Vermerke auf dem Brief.
§ 67. Beglaubigte Abschriften.
§ 68. Grundbucheinsicht.
§ 69. Eintragungsanträge.
§ 70. Grundstücksgleiche Rechte.
§ 71. Bahneinheiten.

3. Registersachen.
§ 72. Eintragung in das Handelsregister.
§ 73. Zweigniederlassung.
§ 74. Mehrere Eintragungen.
§ 75. Eintragungen in das Vereinsregister und in das sächsische Genossenschaftsregister.
§ 76. Eintragungen in das Güterrechtsregister.
§ 77. Eintragungen in das Schiffsregister, Schiffsurkunden.
§ 78. Eintragungen in das Schiffsbauregister und in das Kabelbuch.
§ 79. Anmeldungen und Anträge.
§ 80. Gebührenfreie Geschäfte des Registergerichts.

§ 81. Löschungsverfahren.
§ 82. Beglaubigte Abschriften, Bescheinigungen.
§ 83. Registereinsicht.

4. Familienrechtliche Angelegenheiten.
§ 84. Gebührenfreie Tätigkeit des Vormundschaftsgerichts
§ 85. Vormundschaft.
§ 86. Pflegschaft, Beistandschaft.
§ 87. Einzelne Verrichtungen des Vormundschaftsgerichts.
§ 88. Weitere Verrichtungen des Vormundschaftsgerichts.
§ 89. Freigrenze bei geringem Vermögen.
§ 90. Verfügungen des Vormundschaftsgerichts, die sich nicht auf Mündel, Pflegebefohlene oder unter elterlicher Gewalt stehende Kinder beziehen.
§ 91. Annahme an Kindes Statt.
§ 92. Volljährigkeitserklärung.

5. Nachlaß- und Teilungssachen.
§ 93. Verwahrung und Rückgabe von Verfügungen von Todes wegen.
§ 94. Eröffnung einer Verfügung von Todes wegen.
§ 95. Gemeinsame Vorschriften zu den §§ 93, 94.
§ 96. Sicherung des Nachlasses.
§ 97. Ermittlung des Erben.
§ 98. Nachlaßpflegschaften, Gesamtgutsverwaltung.
§ 99. Erbschein.
§ 100. Einziehung des Erbscheins.
§ 101. Andere Zeugnisse.
§ 102. Feststellung des Erbrechts des Fiskus.
§ 103. Beschränkte Zeugnisse, Bescheinigungen.
§ 104. Erklärungen gegenüber dem Nachlaßgericht.
§ 105. Testamentsvollstrecker.
§ 106. Nachlaßinventar, Fristbestimmungen.
§ 107. Gebührenfreie Erledigung in den Fällen der §§ 104 bis 106.
§ 108. Gerichtliche Vermittlung der Auseinandersetzung.
§ 108a. Verfahren bei Vererbung einer Heimstätte.

6. Sonstige Angelegenheiten.
§ 109. Genehmigung und Beaufsichtigung von Stiftungen.
§ 110. Ordnungsstrafverfahren.
§ 111. Ernennung von Sachverständigen, Bestellung eines Verwahrers, Verkauf oder Hinterlegung von Pfändern.
§ 112. Ernennung und Abberufung von Vorstandsmitgliedern usw.
§ 113. Bestellung eines Vertreters des Grundstücks oder Schiffseigentümers, Zustellung von Willenserklärungen, Kraftloserklärung von Vollmachten.
§ 114. Dispache.
§ 115. Offenbarungseid.
§ 116. Verteilungsverfahren bei Enteignungen u. dgl.
§ 117. Kapitalkreditbeschaffung für landwirtschaftliche Pächter.
§ 118. Personenstandsangelegenheiten.
§ 118a. Todeserklärung und Feststellung der Todeszeit.
§ 119. Rechtshilfe.
§ 120. Allgemeine Gebühr für nicht besonders genannte Geschäfte.

7. Ergänzende Gebührenvorschriften für Anträge, Beschwerden usw.
§ 121. Gesuche, Anträge.

§ 122. Zurückweisung und Zurücknahme von Anträgen.
§ 123. Beschwerden, Anrufung des Gerichts gegen Entscheidungen anderer Behörden oder Dienststellen.
§ 124. Ausfertigungen und beglaubigte Abschriften.
§ 125. Vollstreckbare Ausfertigungen.
§ 126. Vollstreckungshandlungen.
§ 127. Rechtskraftzeugnisse, Kostenfestsetzung.

Dritter Abschnitt.

Gebühren im Verfahren der Zwangsversteigerung und Zwangsverwaltung von Gegenständen des unbeweglichen Vermögens und in ähnlichen Verfahren.

§ 128. Anordnung der Zwangsversteigerung u. Zwangsverwaltung.
§ 129. Zwangsversteigerung.
§ 130. Zwangsversteigerung mehrerer Gegenstände.
§ 131. Besondere Bestimmungen über die Zahlungspflicht im Zwangsversteigerungsverfahren.
§ 132. Besondere Bestimmungen über die Fälligkeit der Zwangsversteigerungsgebühren.
§ 133. Vorschuß im Zwangsversteigerungsverfahren.
§ 134. Zwangsverwaltung.
§ 135. Beschwerden, Anrufung des Gerichts gegen Entscheidungen anderer Behörden oder Dienststellen.
§ 136. Schiffe und grundstücksgleiche Rechte.
§ 137. Zwangsliquidation einer Bahneinheit.

Vierter Abschnitt.

Auslagen.

§ 138. Schreibgebühren.
§ 139. Sonstige bare Auslagen.
§ 140. Zustellungen.
§ 141. Vornahme mehrerer Geschäfte auf derselben Reise.
§ 142. Rechnungsgebühren.

Zweiter Teil:

Kosten der Notare.

§ 143. Verbot der Gebührenvereinbarung.
§ 144. Anwendung des Ersten Teils.
§ 145. Entwürfe.
§ 146. Anträge und Beschwerden.
§ 147. Auseinandersetzungen.
§ 148. Erhebung, Verwahrung u. Ablieferung von Geld, Wertpapieren und Kostbarkeiten.
§ 149. Bürgschaftsübernahme für Kauf- und Pachtgelder.
§ 150. Sonstige Geschäfte, Nebentätigkeit.
§ 151. Zuziehung eines zweiten Notars.
§ 152. Schreib- und Postgebühren.
§ 153. Reisekosten.
§ 154. Einforderung der Kosten.
§ 155. Beitreibung der Kosten.
§ 156. Einwendungen gegen die Kostenberechnung.
§ 157. Zurückzahlung, Schadensersatz.

Dritter Teil:

Schlußbestimmungen.

§ 158. Inkrafttreten.
§ 159. Verweisung.
§ 160. Andere Behörden und Dienststellen.
§ 161. Stempel.
§ 162. Gerichtstage, Sprechtage.
§ 163. Übergangsbestimmungen.
§ 164. Ausführung.

Erster Teil: Gerichtskosten

Erster Abschnitt

Allgemeine Bestimmungen

1. Geltungsbereich

§ 1

In den Angelegenheiten der freiwilligen Gerichtsbarkeit und der Zwangsvollstreckung in das unbewegliche Vermögen werden, soweit nicht reichsrechtlich ein anderes bestimmt ist, Kosten (Gebühren und Auslagen) nur nach Maßgabe dieser Verordnung erhoben

2. Kostenschuldner

§ 2

Allgemeiner Grundsatz

Zur Zahlung der Kosten ist verpflichtet

1 bei Geschäften, die nur auf Antrag vorzunehmen sind, jeder, der die Tätigkeit des Gerichts veranlaßt, bei der Beurkundung von Rechtsgeschäften insbesondere jeder Teil, dessen Erklärung beurkundet ist;
2 bei Geschäften, die von Amts wegen vorgenommen werden, derjenige, dessen Interesse wahrgenommen wird

§ 3

Weitere Kostenschuldner

Kostenschuldner ist ferner

1. derjenige, dem durch eine gerichtliche Entscheidung die Kosten auferlegt sind;
2 derjenige, der sie durch eine vor Gericht abgegebene oder dem Gericht mitgeteilte Erklärung übernommen hat;
3. derjenige, der nach den Vorschriften des bürgerlichen Rechts für die Kostenschuld eines anderen kraft Gesetzes haftet;
4 der Vollstreckungsschuldner für die notwendigen Kosten der Zwangsvollstreckung

§ 4

Mehrere Kostenschuldner

(1) Mehrere Kostenschuldner haften als Gesamtschuldner. Sind an einer Beurkundung mehrere beteiligt und betreffen ihre Erklärungen verschiedene Gegenstände, so beschränkt sich die Haftung des einzelnen auf den Betrag, der entstanden wäre, wenn die übrigen Erklärungen nicht beurkundet worden wären.

(2) Sind durch besondere Anträge eines Beteiligten Mehrkosten entstanden, so fallen diese ihm allein zur Last.

§ 5

Haftung der Erben

Für die Kosten, die durch die Eröffnung einer Verfügung von Todes wegen, die Sicherung eines Nachlasses, die Errichtung eines Nachlaßinventars, eine Nachlaßpflegschaft, eine Nachlaßverwaltung oder eine Pflegschaft für einen Nacherben entstehen, haften nur die Erben, und zwar nach den Vorschriften des Bürgerlichen Gesetzbuchs über Nachlaßverbindlichkeiten. Das gleiche gilt für die Kosten, die durch die Entgegennahme von Erklärungen über die Annahme, Ablehnung oder Kündigung des Amtes als Testamentsvollstrecker entstehen.

3. Fälligkeit

§ 6

Gebühren werden mit der Beendigung des gebührenpflichtigen Geschäfts, Auslagen sofort nach ihrer Entstehung fällig.

4. Vorauszahlung und Sicherstellung

§ 7

Vorschüsse

(1) Bei Geschäften, die auf Antrag vorzunehmen sind, hat der zur Zahlung der Kosten Verpflichtete einen zur Deckung der Kosten hinreichenden Vorschuß zu zahlen. Bei Verrichtungen von Amts wegen kann ein Vorschuß nur zur Deckung der Auslagen erhoben werden. Auf die Verpflichtung zur Zahlung des Vorschusses finden die allgemeinen Bestimmungen über die Zahlungspflicht Anwendung.

(2) Bei Geschäften, die auf Antrag vorzunehmen sind, soll die Vornahme des Geschäfts davon abhängig gemacht werden, daß der Vorschuß gezahlt oder sichergestellt wird. Dies gilt nicht, wenn dem Antragsteller das Armenrecht bewilligt ist oder wenn ihm Gebührenfreiheit zusteht; es gilt ferner nicht, wenn glaubhaft gemacht ist, daß eine etwaige Verzögerung einem Beteiligten einen nicht oder nur schwer zu ersetzenden Schaden bringen würde, oder wenn aus einem anderen Grunde das Verlangen nach vorheriger Zahlung oder Sicherstellung der Kosten nicht angebracht erscheint, insbesondere wenn die Berichtigung des Grundbuchs oder die Eintragung eines Widerspruchs beantragt wird.

(3) Über Erinnerungen gegen Anordnungen gemäß Abs. 2 wird im Aufsichtsweg entschieden.

§ 8

Zurückzahlung von Vorschüssen

Vorschüsse werden nur insoweit zurückgezahlt, als sie den Gesamtbetrag der für das Geschäft bis zu dessen Beendigung entstandenen Kosten übersteigen.

§ 9

Zurückbehaltungsrecht

(1) Ausfertigungen, Abschriften sowie zurückzugebende Urkunden, die aus Anlaß des Geschäftes eingereicht sind, können zurückbehalten werden, bis die in der Angelegenheit erwachsenen Kosten bezahlt sind.

(2) Über Erinnerungen gegen Anordnungen gemäß Abs. 1 wird im Aufsichtsweg entschieden.

5. Gebührenfreiheit

§ 10

Gebührenfreiheit des Reichs, der Länder und der Partei. Reichs- und landesrechtliche Befreiungsvorschriften.

(1) Von der Zahlung der Gebühren sind befreit:

Das Reich und die Länder, die Nationalsozialistische Deutsche Arbeiterpartei samt ihren Gliederungen sowie die nach den Haushaltsplänen des Reichs und der Länder für Rechnung des Reichs oder eines Landes verwalteten öffentlichen Anstalten und Kassen.

(2) Die reichsrechtlichen Vorschriften, durch die für bestimmte Angelegenheiten oder bestimmte Personengruppen Gebührenfreiheit gewährt wird, bleiben unberührt. Im übrigen wird durch besondere Verordnung bestimmt werden, inwieweit für gewisse Angelegenheiten oder gewisse Personen Gebührenfreiheit zu gewähren ist. Bis zum Erlaß dieser Verordnung bleiben die einschlägigen landesrechtlichen Vorschriften in Kraft.

§ 11

Einschränkungen

(1) Die persönliche Gebührenfreiheit steht der Inanspruchnahme für die Gebühren nicht entgegen, wenn die Haftung auf der Vorschrift des § 3 Nr. 3 (Haftung nach bürgerlichem Recht) beruht, oder wenn der Kostenschuldner als Erbe nach § 5 oder als Anteilsberechtigter nach § 108 Abs. 6 für die Kosten haftet.

(2) Die Gebührenfreiheit entbindet, soweit nicht ein anderes bestimmt ist, nicht von der Verpflichtung zur Zahlung der Auslagen.

§ 12

Gebührenfreiheit für einzelne Gesamtschuldner

Wenn einzelnen von mehreren Gesamtschuldnern Gebührenfreiheit zusteht, so vermindert sich der Gesamtbetrag der Gebühren um den Betrag, den die befreiten Beteiligten an die Nichtbefreiten auf Grund gesetzlicher Vorschrift zu erstatten hätten.

6. Der Kostenanspruch

§ 13

Kostenansatz, Erinnerung, Beschwerde

(1) Die Kosten werden bei dem Gericht angesetzt, bei dem die Angelegenheit anhängig ist oder zuletzt anhängig war, auch wenn die Kosten bei einem ersuchten Gericht entstanden sind oder die Angelegenheit bei einem anderen Gericht anhängig war. Die Kosten eines Rechtsmittelverfahrens werden bei dem mit dem Rechtsmittel befaßten Gericht angesetzt.

(2) Über Einwendungen und Erinnerungen des Kostenschuldners und der Reichskasse gegen den Kostenansatz entscheidet das Gericht, bei dem die Kosten angesetzt sind. Die Entscheidung ergeht gebührenfrei. Die Entscheidung kann von dem Gericht, das sie getroffen hat, sowie von dem Gericht des höheren Rechtszugs von Amts wegen geändert werden.

(3) Gegen die Entscheidung findet die Beschwerde nach den Vorschriften der Zivilprozeßordnung statt, sofern der Beschwerdegegenstand 50 Reichsmark[1]) übersteigt. Die weitere Beschwerde ist nur statthaft, wenn das Beschwerdegericht sie wegen der grundsätzlichen Bedeutung der zur Entscheidung stehenden Frage zuläßt; die Vorschriften des § 568 Abs. 2 und 3 der Zivilprozeßordnung finden keine Anwendung. Die weitere Beschwerde kann nur darauf gestützt werden, daß die Entscheidung auf einer Verletzung des Gesetzes beruht; die Vorschriften der §§ 550 und 551 der Zivilprozeßordnung gelten entsprechend.

(4) Erinnerungen oder Beschwerden können in allen Fällen zur Niederschrift der Geschäftsstelle oder schriftlich ohne Mitwirkung eines Rechtsanwalts eingelegt werden. Die Kosten für die Beschwerde bestimmen sich nach den §§ 123, 138 bis 142.

(5) Der Kostenansatz kann auch im Verwaltungswege berichtigt werden, solange nicht eine gerichtliche Entscheidung getroffen ist.

§ 14

Nachforderung

Kosten können wegen unrichtigen Ansatzes nur nachgefordert werden, wenn der berichtigte Ansatz vor Ablauf des nächsten Kalenderjahres nach endgültiger Erledigung der Angelegenheit dem Zahlungspflichtigen mitgeteilt ist. Ist innerhalb dieser Frist dem Zahlungspflichtigen davon Mitteilung gemacht, daß ein Wertermittlungsverfahren eingeleitet ist, so ist die Angelegenheit erst mit der Beendigung dieses Verfahrens endgültig erledigt.

§ 15

Nichterhebung von Kosten wegen unrichtiger Sachbehandlung

(1) Gebühren und Auslagen, die bei richtiger Behandlung der Sache nicht entstanden wären, werden nicht erhoben. Das gleiche gilt von Auslagen, die durch eine von Amts wegen veranlaßte Verlegung eines Termins oder Vertagung einer Verhandlung oder durch eine für begründet befundene Beschwerde entstanden sind. Bei Abweisung oder Zurücknahme eines Antrags kann Gebühren- und Auslagenfreiheit gewährt werden, wenn der Antrag auf nicht anzurechnender Unkenntnis der Verhältnisse oder auf Unwissenheit beruht.

(2) Die Entscheidung trifft das Gericht. Solange nicht das Gericht entschieden hat, können Anordnungen nach Abs. 1 im Verwaltungswege getroffen werden. Eine im Verwaltungswege getroffene Anordnung kann nur im Verwaltungswege geändert werden.

§ 16

Verjährung

(1) Ansprüche auf Zahlung von Kosten verjähren in vier Jahren nach Ablauf des Kalenderjahrs, in dem der Anspruch entstanden ist.

---

[1]) 200 RM: § 6 der 2. VO. zur Durchführung der VO. über Maßnahmen auf dem Gebiet der Gerichtsverfassung und der Rechtspflege vom 4. 10. 1939, RGBl I 1994.

(2) Ansprüche auf Rückerstattung von Kosten verjähren in vier Jahren nach Ablauf des Kalenderjahrs, in dem der Anspruch entstanden ist.

(3) Auf die Verjährung finden die Vorschriften des Bürgerlichen Gesetzbuchs Anwendung. Im Fall des Absatzes 1 wird die Verjährung auch durch die Aufforderung zur Zahlung und durch eine dem Schuldner mitgeteilte Stundung unterbrochen; bei unbekanntem Aufenthalt des Zahlungspflichtigen genügt die Zustellung durch Aufgabe zur Post unter der letzten bekannten Anschrift des Kostenschuldners. Eine Unterbrechung der Verjährung tritt bei Kostenbeträgen unter 20 Reichsmark nicht ein.

7. Geschäftswert

§ 17

Grundsatz

(1) Die Gebühren werden nach dem Wert berechnet, den der Gegenstand des Geschäfts zur Zeit der Fälligkeit hat (Geschäftswert).

(2) Maßgebend ist der Hauptgegenstand des Geschäfts. Früchte, Nutzungen, Zinsen, Vertragsstrafen und Kosten werden nur berücksichtigt, wenn sie Gegenstand eines besonderen Geschäfts sind.

(3) Verbindlichkeiten, die auf dem Gegenstand lasten, werden bei Ermittlung des Geschäftswerts nicht abgezogen; dies gilt auch dann, wenn Gegenstand des Geschäfts ein Nachlaß oder eine sonstige Vermögensmasse ist.

(4) Bei der Berechnung des Geschäftswerts ist eine Goldmark einer Reichsmark gleichzusetzen.

§ 18

Sachen

(1) Bei der Bewertung von Grundbesitz ist regelmäßig der letzte Einheitswert maßgebend, der zur Zeit der Fälligkeit der Gebühr festgestellt ist. Das Gericht hat jedoch auf der Grundlage des Einheitswerts den Wert selbständig nach freiem Ermessen zu ermitteln, wenn der Gegenstand des gebührenpflichtigen Geschäfts vom Gegenstand der Einheitsbewertung wesentlich abweicht oder wenn der Wert infolge bestimmter Umstände, die nach dem Feststellungszeitpunkt des Einheitswerts eingetreten sind, sich wesentlich verändert hat.

(2) Im übrigen ist der Wert einer Sache der gemeine Wert. Er wird durch den Preis bestimmt, der im gewöhnlichen Geschäftsverkehr nach der Beschaffenheit der Sache unter Berücksichtigung aller den Preis beeinflussenden Umstände bei einer Veräußerung zu erzielen wäre; ungewöhnliche oder nur persönliche Verhältnisse bleiben außer Betracht.

§ 19

Kauf, Vorkaufs- und Wiederkaufsrecht

(1) Beim Kauf von Sachen ist der Kaufpreis maßgebend; der Wert der vorbehaltenen Nutzungen und der vom Käufer übernommenen oder ihm sonst infolge der Veräußerung obliegenden Leistungen wird hinzugerechnet. Ist der Kaufpreis niedriger als der Wert der Sache (§ 18), so ist dieser maßgebend; beim Kauf eines Grundstücks bleibt eine für Rechnung des Er-

werbers vorgenommene Bebauung bei der Ermittlung des Wertes außer Betracht.

(2) Als Wert eines Vorkaufs- oder Wiederkaufsrechts ist in der Regel der halbe Wert der Sache anzunehmen.

§ 20

Grunddienstbarkeiten

Der Wert einer Grunddienstbarkeit bestimmt sich nach dem Wert, den sie für das herrschende Grundstück hat; ist der Betrag, um den sich der Wert des dienenden Grundstücks durch die Dienstbarkeit mindert, größer, so ist dieser höhere Betrag maßgebend.

§ 21

Pfandrechte und sonstige Sicherheiten, Rangänderungen

(1) Der Wert des Pfandrechts oder der sonstigen Sicherstellung einer Forderung durch Bürgschaft, Sicherungsübereignung oder dgl. bestimmt sich nach dem Betrag der Forderung und, wenn der als Pfand oder zur Sicherung dienende Gegenstand einen geringeren Wert hat, nach diesem.

(2)[1]) Als Wert einer Hypothek, Schiffshypothek oder Grundschuld gilt der Nennbetrag der Schuld, als Wert einer Rentenschuld der Nennbetrag der Ablösungssumme; ist der Wert des Grundstücks (Schiffs, Schiffsbauwerks) geringer, so ist dieser maßgebend. Für Eintragungen im Grundbuch, Schiffsregister und Schiffsbauregister gelten die besonderen Vorschriften des § 56 Abs. 4, § 77 Abs. 3, § 78.

(3) Bei Einräumung des Vorrangs oder des gleichen Rangs ist der Wert des vortretenden Rechts, höchstens jedoch der Wert des zurücktretenden Rechts maßgebend. Die Vormerkung gemäß § 1179 des Bürgerlichen Gesetzbuchs zugunsten eines nach- oder gleichstehenden Berechtigten steht der Vorrangseinräumung gleich.

§ 22

Wiederkehrende Nutzungen oder Leistungen

(1) Der Wert des Rechts auf wiederkehrende oder dauernde Nutzungen oder Leistungen wird unter Zugrundelegung des einjährigen Bezugswerts nach Maßgabe folgender Vorschriften berechnet:

a) Der Wert von Nutzungen oder Leistungen, die auf bestimmte Zeit beschränkt sind, ist die Summe der einzelnen Jahreswerte, höchstens jedoch das Fünfundzwanzigfache des Jahreswerts; ist die Dauer des Rechts außerdem durch das Leben einer oder mehrerer Personen bedingt, so darf der nach Abs. 2 zu berechnende Wert nicht überschritten werden;

b) Bezugsrechte von unbeschränkter Dauer sind mit dem Fünfundzwanzigfachen, Nutzungen oder Leistungen von unbestimmter Dauer — vorbehaltlich der Bestimmungen im Abs. 2 — mit dem Zwölfeinhalbfachen des Jahreswerts zu bewerten.

---

[1]) Fassung nach der VO vom 21. 12. 1940 Art. 11, RGBl 1940, 1618.

(2) Ist die Nutzung oder Leistung auf die Lebensdauer einer Person beschränkt, so gilt als Geschäftswert bei einem Lebensalter

von	15	Jahren oder weniger			der	22	fache	Betrag,
über	15	,,	bis zu 25	Jahren	,,	21	,,	,, ,
,,	25	,,	,, ,, 35	,,	,,	20	,,	,, ,
,,	35	,,	,, ,, 45	,,	,,	18	,,	,, ,
,,	45	,,	,, ,, 55	,,	,,	15	,,	,, ,
,,	55	,,	,, ,, 65	,,	,,	11	,,	,, ,
,,	65	,,	,, ,, 75	,,	,,	7½	,,	,, ,
,,	75	,,	,, ,, 80	,,	,,	5	,,	,, ,
,,	80	,,			,,	3	,,	,, ,

der einjährigen Nutzung oder Leistung. Hängt die Dauer der Nutzung oder Leistung von der Lebensdauer mehrerer Personen ab, so entscheidet, je nachdem ob das Recht mit dem Tode des zuerst oder des zuletzt Sterbenden erlischt, das Lebensalter des Ältesten oder des Jüngsten.

(3) Der Geschäftswert ist höchstens das Fünffache des einjährigen Bezugs, wenn das Recht dem Ehegatten oder einem früheren Ehegatten des Verpflichteten oder einer Person zusteht, die mit dem Verpflichteten in gerader Linie verwandt, verschwägert oder durch Annahme an Kindes Statt verbunden oder in der Seitenlinie bis zum dritten Grade verwandt oder bis zum zweiten Grade verschwägert ist, auch wenn die die Schwägerschaft begründende Ehe nicht mehr besteht.

(4) Der Geschäftswert des einem unehelichen Kinde gegen seinen Erzeuger zustehenden Unterhaltsrechts bestimmt sich nach dem Betrag des einjährigen Bezugs. Ist dieser Betrag in den einzelnen Jahren verschieden, so kommt der höchste Betrag zum Ansatz.

(5) Der einjährige Wert von Nutzungen wird zu 4 vom Hundert des Werts des Gegenstands, der die Nutzungen gewährt, angenommen, sofern nicht ein anderer Wert festgestellt werden kann.

(6) Für die Berechnung des Geschäftswerts ist der Beginn des Bezugsrechts maßgebend. Bildet das Recht später den Gegenstand eines gebührenpflichtigen Geschäfts, so ist der spätere Zeitpunkt maßgebend. Steht im Zeitpunkt des Geschäfts der Beginn des Bezugsrechts noch nicht fest oder ist das Recht in anderer Weise bedingt, so ist der Geschäftswert nach den Umständen des Falles niedriger anzusetzen.

§ 23

Miet- und Pachtrechte, Dienstverträge

(1) Der Wert eines Miet- oder Pachtrechts bemißt sich nach dem Wert aller Leistungen des Mieters oder Pächters während der ganzen Vertragszeit. Bei Miet- oder Pachtrechten von unbestimmter Vertragsdauer ist der Wert dreier Jahre maßgebend; ist jedoch die Auflösung des Vertrags erst nach einem längeren Zeitraum zulässig, so ist dieser maßgebend. In keinem Fall darf der Wert den fünfundzwanzigfachen Betrag der einjährigen Leistung übersteigen.

(2) Der Wert eines Dienstvertrags bemißt sich nach dem Wert aller Bezüge des zur Dienstleistung Verpflichteten während der ganzen Vertragszeit, höchstens jedoch nach dem dreifachen Jahresbetrag der Bezüge.

§ 24

Angelegenheiten ohne bestimmten Geschäftswert, nichtvermögensrechtliche Angelegenheiten

(1) Soweit in einer vermögensrechtlichen Angelegenheit der Wert sich aus den Vorschriften dieser Verordnung nicht ergibt und auch sonst nicht feststeht, ist er nach freiem Ermessen zu bestimmen; insbesondere ist bei Änderungen bestehender Rechte, sofern die Änderung nicht einen bestimmten Geldwert hat, sowie bei Verfügungsbeschränkungen der Wert nach freiem Ermessen festzusetzen.

(2) In Ermangelung genügender tatsächlicher Anhaltspunkte für eine Schätzung ist der Wert regelmäßig auf 3000 Reichsmark, ausnahmsweise niedriger oder höher, jedoch nicht unter 200 Reichsmark und nicht über eine Million Reichsmark anzunehmen.

(3) In nichtvermögensrechtlichen Angelegenheiten ist der Wert nach Abs. 2 zu bestimmen.

§ 25

Festsetzung des Geschäftswerts

(1) Das Gericht setzt den Geschäftswert durch Beschluß gebührenfrei fest, wenn ein Zahlungspflichtiger oder die Reichskasse dies beantragt oder es sonst angemessen erscheint. Die Festsetzung kann von dem Gericht, das sie getroffen hat, sowie von dem Gericht des höheren Rechtszugs auch von Amts wegen geändert werden.

(2) Das Gericht kann eine Beweisaufnahme, insbesondere die Begutachtung durch Sachverständige auf Antrag oder von Amts wegen anordnen. Die Kosten können ganz oder teilweise einem Beteiligten auferlegt werden, der durch Unterlassung der Wertangabe, durch unrichtige Angabe, unbegründetes Bestreiten oder unbegründete Beschwerde die Abschätzung veranlaßt hat.

(3) Gegen den Beschluß findet Beschwerde nach Maßgabe des § 13 Abs. 3 und 4 statt.

8. Gebührenstaffel, Nebengeschäfte

§ 26

Gebührenstaffel

(1) Die volle Gebühr beträgt bei einem Geschäftswert

1.	bis zu 50 Reichsmark einschließlich					2	Reichsmark
2.	von mehr als	50	bis	100	Reichsmark einschl.	3	,,
3.	,, ,, ,,	100	,,	200	,, ,,	4	,,
4.	,, ,, ,,	200	,,	300	,, ,,	5	,,
5.	,, ,, ,,	300	,,	500	,, ,,	6	,,
6.	,, ,, ,,	500	,,	1000	,, ,,	8	,,
7.	,, ,, ,,	1000	,,	1500	,, ,,	10	,,
8.	,, ,, ,,	1500	,,	2000	,, ,,	12	,,
9.	,, ,, ,,	2000	,,	2500	,, ,,	14	,,
10.	,, ,, ,,	2500	,,	3000	,, ,,	16	,,
11.	,, ,, ,,	3000	,,	3500	,, ,,	18	,,

12.	von mehr als	3500	bis	4000	Reichsmark einschl.	20	Reichsmark
13.	,, ,, ,,	4000	,,	5000	,, ,,	22	,,
14.	,, ,, ,,	5000	,,	6000	,, ,,	24	,,
15.	,, ,, ,,	6000	,,	7000	,, ,,	26	,,
16.	,, ,, ,,	7000	,,	8000	,, ,,	28	,,
17.	,, ,, ,,	8000	,,	9000	,, ,,	30	,,
18.	,, ,, ,,	9000	,,	10000	,, ,,	32	,,
19.	,, ,, ,,	10000	,,	12000	,, ,,	36	,,
20.	,, ,, ,,	12000	,,	14000	,, ,,	40	,,
21.	,, ,, ,,	14000	,,	16000	,, ,,	44	,,
22.	,, ,, ,,	16000	,,	18000	,, ,,	48	,,
23.	,, ,, ,,	18000	,,	20000	,, ,,	52	,,
24.	,, ,, ,,	20000	,,	22000	,, ,,	56	,,
25.	,, ,, ,,	22000	,,	24000	,, ,,	60	,,
26.	,, ,, ,,	24000	,,	26000	,, ,,	64	,,
27.	,, ,, ,,	26000	,,	28000	,, ,,	68	,,
28.	,, ,, ,,	28000	,,	30000	,, ,,	72	,,
29.	,, ,, ,,	30000	,,	35000	,, ,,	80	,,
30.	,, ,, ,,	35000	,,	40000	,, ,,	88	,,
31.	,, ,, ,,	40000	,,	50000	,, ,,	100	,,
32.	,, ,, ,,	50000	,,	60000	,, ,,	112	,,
33.	,, ,, ,,	60000	,,	70000	,, ,,	124	,,
34.	,, ,, ,,	70000	,,	80000	,, ,,	136	,,
35.	,, ,, ,,	80000	,,	90000	,, ,,	148	,,
36.	,, ,, ,,	90000	,,	100000	,, ,,	160	,,

(2) Die weiteren Wertklassen steigen um je 10000 Reichsmark und die Gebühren um je 12 Reichsmark.

(3) Der Mindestbetrag einer Gebühr ist 2 Reichsmark. Pfennigbeträge sind auf volle 10 Reichspfennig aufzurunden.

§ 27

Nebengeschäfte

Die für ein Geschäft bestimmte Gebühr umfaßt die gesamte auf das Geschäft verwendete Tätigkeit des Gerichts, einschließlich der Nebengeschäfte.

9. Einziehung der Kosten

§ 28

(1) Gerichtskosten können durch Verwendung von Marken entrichtet werden.

(2) aufgehoben; siehe Justizbeitreibungsordnung vom 11. 3. 1937, RGBl 1937, 298.

Zweiter Abschnitt

Gebühren in Angelegenheiten der freiwilligen Gerichtsbarkeit

1. Beurkundungen und ähnliche Geschäfte

§ 29

Einseitige Erklärungen und Verträge

(1) Für die Beurkundung einseitiger Erklärungen wird die volle Gebühr erhoben; unerheblich ist, ob die Erklärung von einer oder von mehreren Personen abgegeben wird.

(2) Für die Beurkundung von Verträgen wird das Doppelte der vollen Gebühr erhoben.

§ 30

Vertragsangebot

Für die Beurkundung eines Antrags zum Abschluß eines Vertrags wird das Eineinhalbfache der vollen Gebühr erhoben.

§ 31

Besondere Fälle

(1) Die Hälfte der vollen Gebühr wird erhoben:

1. für jede besondere Beurkundung von Zustimmungserklärungen einzelner Teilnehmer zu einer bereits anderweit beurkundeten Erklärung;
2. für die Beurkundung der Annahme eines anderweit beurkundeten Vertragsantrags;
3. für die Beurkundung der Wiederaufhebung eines noch von keiner Seite erfüllten Vertrags;
4. für die Beurkundung einer Vollmacht oder des Widerrufs einer Vollmacht;
5. für die Beurkundung
   a)[1]) des Antrags auf Eintragung oder Löschung im Grundbuch, im Schiffsregister, im Schiffsbauregister und im Kabelbuch sowie einer Eintragungs- oder Löschungsbewilligung,
   b[1])) der Zustimmung nach § 27 der Grundbuchordnung, nach §§ 35, 74 der Schiffsregisterordnung und nach § 22 Abs. 1 des Kabelpfandgesetzes vom 31. März 1925 (Reichsgesetzbl. I S. 37);
6. für die Beurkundung der Auflassung sowie der Einigung über die Bestellung oder Übertragung eines Erbbaurechts oder der Abtretung von Geschäftsanteilen einer Gesellschaft mit beschränkter Haftung, wenn das zugrunde liegende Rechtsgeschäft bereits beurkundet ist;
7. für die Beurkundung der Anmeldung zum Handelsregister und ähnlichen Registern sowie für die Aufnahme einer besonderen Verhandlung über die Zeichnung einer Firma oder Unterschrift.

(2) Ein Viertel der vollen Gebühr wird erhoben für die Beurkundung von Erklärungen, die dem Nachlaßgericht gegenüber abzugeben sind (§ 104

---

[1]) Fassung nach der VO vom 21. 12. 1940, Art. 11, RGBl 1940, 1618.

Abs. 1 und § 108a Abs. 3)[1]); die Wertvorschrift des § 104 Abs. 2 gilt entsprechend.

(3) Ein Viertel der vollen Gebühr wird ferner erhoben für die Beurkundung von Zustimmungserklärungen zur Ehelichkeitserklärung oder zur Annahme an Kindes Statt.

§ 32

Geschäftswert

(1) Der Geschäftswert bestimmt sich nach dem Wert des Rechtsverhältnisses, auf das sich die beurkundete Erklärung bezieht. Handelt es sich um Veränderungen eines Rechtsverhältnisses, so darf der Wert des von der Veränderung betroffenen Rechtsverhältnisses nicht überschritten werden, und zwar auch dann nicht, wenn es sich um mehrere Veränderungen desselben Rechtsverhältnisses handelt.

(2) Bei Verträgen, die den Austausch von Leistungen zum Gegenstand haben, ist nur der Wert der Leistungen des einen Teils und, wenn der Wert der Leistungen verschieden ist, der höhere maßgebend.

(3) Bei Eheverträgen bestimmt sich der Geschäftswert nach dem zusammengerechneten Wert der gegenwärtigen Vermögen beider Ehegatten und, wenn der Ehevertrag nur das Vermögen eines Ehegatten betrifft, nach diesem. Bei Ermittlung des Vermögens werden die Schulden abgezogen. Betrifft der Ehevertrag nur bestimmte Gegenstände, so ist deren Wert maßgebend.

(4) Bei der Beurkundung von Satzungen ist der Wert höchstens auf 10 Millionen Reichsmark anzunehmen.

§ 33

Geschäftswert bei zustimmenden Erklärungen einzelner Mitberechtigter

Bei zustimmenden Erklärungen einzelner Mitberechtigter bestimmt sich der Geschäftswert nach dem Anteil an dem Gegenstand des Geschäfts. Bei Gesamthandverhältnissen ist der Anteil entsprechend der Beteiligung an dem Gesamthandvermögen zu bemessen.

§ 34

Geschäftswert bei Vollmachten

(1) Bei Vollmachten zum Abschluß eines bestimmten Rechtsgeschäfts ist der für dieses maßgebende Wert zugrunde zu legen.

(2) Der Wert einer allgemeinen Vollmacht ist nach freiem Ermessen zu bestimmen; dabei ist der Umfang der erteilten Ermächtigung und das Vermögen des Vollmachtgebers angemessen zu berücksichtigen.

(3) Bei der von einem Mitberechtigten ausgestellten Vollmacht bestimmt sich der Wert nach dem Anteil des Mitberechtigten. § 33 Satz 2 gilt entsprechend.

(4) In allen Fällen ist der Wert mit höchstens einer Million Reichsmark anzunehmen.

(5) Auf den Widerruf einer Vollmacht finden die vorstehenden Vorschriften entsprechende Anwendung.

---

[1]) VO vom 19. 7. 1940, RGBl 1940, 1033.

§ 35
Geschäftswert bei Anmeldungen zum Handelsregister und ähnlichen Registern

Bei Anmeldungen zum Handelsregister und ähnlichen Registern bestimmt sich der Geschäftswert, sofern nicht ein bestimmter Geldbetrag in das Register einzutragen ist, nach § 24 Abs. 2; er beträgt in keinem Fall, auch wenn mehrere Anmeldungen in derselben Verhandlung beurkundet werden, mehr als eine Million Reichsmark.

§ 36
Ergänzung und Änderung beurkundeter Erklärungen

Für die Beurkundung von Ergänzungen und Änderungen einer beurkundeten Erklärung wird derselbe Gebührensatz wie für die ursprüngliche Beurkundung erhoben, jedoch nicht mehr als die volle Gebühr.

§ 37
Anerkennung einer schriftlich abgegebenen Erklärung

Für die Anerkennung des Inhalts einer schriftlich abgegebenen Erklärung (§ 176 Abs. 2 des Gesetzes über die Angelegenheiten der freiwilligen Gerichtsbarkeit), einschließlich der Beurkundung ergänzender oder ändernder Erklärungen, wird dieselbe Gebühr wie für die Beurkundung der Erklärung erhoben.

§ 38
Mehrere Erklärungen in einer Urkunde

(1) Werden in einer Verhandlung mehrere Erklärungen beurkundet, die denselben Gegenstand haben (z. B. der Kauf und die Auflassung, die Schulderklärung und die zur Hypothekenbestellung erforderlichen Erklärungen), so wird die Gebühr nur einmal von dem Wert dieses Gegenstandes nach dem höchsten in Betracht kommenden Gebührensatz berechnet. Dies gilt auch dann, wenn von mehreren Erklärungen die einen den ganzen Gegenstand, die anderen nur einen Teil davon betreffen (z.B. das Schuldversprechen und die Bürgschaft für einen Teil der Schuld); unterliegen in diesem Fall die Erklärungen verschiedenen Gebührensätzen (z.B. die nachträgliche Auflassung — § 31 Abs. 1 Nr. 6 — und die einseitige Erklärung über die Abtretung eines Teils der Kaufpreisforderung), so werden die Gebühren gesondert berechnet, wenn dies für den Kostenschuldner günstiger ist.

(2) Haben die in einer Verhandlung beurkundeten Erklärungen einen verschiedenen Gegenstand, so gilt folgendes:

a) Unterliegen alle Erklärungen dem gleichen Gebührensatz, so wird dieser nur einmal nach den zusammengerechneten Werten berechnet.

b) Sind verschiedene Gebührensätze anzuwenden, so wird jede Gebühr für sich berechnet; soweit mehrere Erklärungen dem gleichen Gebührensatz unterliegen, werden die Werte zusammengerechnet; insgesamt darf in diesem Fall nicht mehr erhoben werden, als bei Zugrundelegung des höchsten der angewendeten Gebührensätze vom Gesamtwert zu erheben sein würde.

(3) Treffen Erklärungen, die sich auf eine Rangänderung beziehen, mit anderen Erklärungen in einer Urkunde zusammen, so gilt als Gegenstand der

Rangänderung das vortretende oder zurücktretende Recht, je nachdem es für den Kostenschuldner nach den vorstehenden Vorschriften günstiger ist. Die Vormerkung gemäß § 1179 des Bürgerlichen Gesetzbuchs zugunsten eines nach- oder gleichstehenden Berechtigten steht der Rangänderung gleich.

§ 39

Beglaubigung von Unterschriften

(1) Für die Beglaubigung von Unterschriften oder Handzeichen wird ein Viertel der vollen Gebühr, höchstens jedoch ein Betrag von 200 Reichsmark, erhoben. Der Wert ist ebenso zu bestimmen, wie wenn die Erklärung, unter der die Unterschrift beglaubigt wird, beurkundet würde.

(2) Für die nach dem Reichsschuldbuchgesetz und nach den Staatsschuldbuchgesetzen erforderlichen Unterschriftsbeglaubigungen wird nur die Mindestgebühr erhoben.

§ 40

Verfügungen von Todes wegen

(1) Für die Beurkundung eines Testaments wird die volle Gebühr, für die Beurkundung eines Erbvertrages das Doppelte der vollen Gebühr erhoben.

(2) Für die Beurkundung des Widerrufs einer letztwilligen Verfügung, der Aufhebung oder Anfechtung eines Erbvertrags sowie des Rücktritts von einem Erbvertrag wird die Hälfte der vollen Gebühr erhoben; ist die Anfechtung dem Nachlaßgericht gegenüber zu erklären, so gilt § 31 Abs. 2. Wird gleichzeitig eine neue Verfügung von Todes wegen beurkundet, so wird die Gebühr für den Widerruf oder die Aufhebung nur insoweit erhoben, als der Geschäftswert der neu errichteten Verfügung hinter dem der widerrufenen oder aufgehobenen Verfügung zurückbleibt.

(3) Wird ein Erbvertrag gleichzeitig mit einem Ehevertrag beurkundet, so gilt § 38.

(4) Wird über den ganzen Nachlaß oder einen Bruchteil davon verfügt, so ist der Gebührenberechnung der Wert des nach Abzug der Verbindlichkeiten verbleibenden reinen Vermögens oder der Wert des entsprechenden Bruchteils des reinen Vermögens zugrunde zu legen. Vermächtnisse, Pflichtteilsrechte und Auflagen werden nicht abgezogen.

(5) Der Berechnung der Gebühren sind in der Regel die Angaben des Verfügenden über den Geschäftswert zugrunde zu legen. Eine Nachforderung des deshalb zu wenig angesetzten Betrags wird durch § 14 nicht ausgeschlossen; die Verjährung des Anspruchs (§ 16) beginnt in diesem Fall erst mit dem Ablauf des Jahres, in dem die Verfügung eröffnet oder zurückgegeben ist.

§ 41 [1]

Beschlüsse von Gesellschaftsorganen

(1) Für die Beurkundung der Beschlüsse von Generalversammlungen, Aufsichtsräten und sonstigen Organen von Aktiengesellschaften, anderen Vereinigungen und Stiftungen wird das Doppelte der vollen Gebühr erhoben.

---

[1] Vgl. hierzu: Bek. d. RJM. vom 20. 11. 1940, DJ S 1327, betr. die Bemessung der Gebühren bei der Beurkundung von Versammlungsbeschlüssen und bei Eintragungen im Handelsregister.

(2) Bei Beschlüssen, deren Gegenstand einen bestimmten Geldwert nicht hat, ist der Geschäftswert auf 20000 Reichsmark, ausnahmsweise höher oder niedriger, jedoch nicht über eine Million Reichsmark und nicht unter 1000 Reichsmark anzunehmen. Werden in derselben Verhandlung mehrere Beschlüsse dieser Art beurkundet, so werden sie für die Gebührenberechnung als eine Einheit angesehen.

(3) Werden in Verbindung mit Beschlüssen der im Abs. 2 bezeichneten Art Beschlüsse beurkundet, deren Gegenstand einen bestimmten Geldwert hat, so sind die für diese Beschlüsse anzusetzenden Werte und der gemäß Abs. 2 anzusetzende Wert zusammenzurechnen.

(4) Die Gebühr beträgt in keinem Falle mehr als 5000 Reichsmark.

§ 42

Verlosung, Auslosung und Vernichtung von Wertpapieren, Wahlversammlungen

(1) Das Doppelte der vollen Gebühr wird erhoben für die Beurkundung des Hergangs bei Verlosungen, bei der Auslosung oder Vernichtung von Wertpapieren sowie bei Wahlversammlungen.

(2) Für das Einzählen von Losen wird neben der in Abs. 1 bestimmten Gebühr eine weitere Gebühr in Höhe der vollen Gebühr erhoben.

(3) Der Geschäftswert bestimmt sich, soweit nicht ein bestimmter Geldwert feststeht, nach § 41 Abs. 2; er beträgt in allen Fällen höchstens eine Million Reichsmark.

(4) Wird die Auslosung und Vernichtung in einer Verhandlung beurkundet, so wird die Gebühr nur einmal erhoben.

§ 43

Eide, eidesstattliche Versicherungen, Vernehmung von Zeugen und Sachverständigen, Augenscheinseinnahme

(1) Die volle Gebühr wird erhoben für die Abnahme von Eiden und Versicherungen an Eides Statt, für die Vernehmung von Zeugen und Sachverständigen sowie für die Mitwirkung bei Augenscheinseinnahmen, sofern diese Geschäfte nicht Teil eines anderen Verfahrens sind.

(2) Bei einer eidesstattlichen Versicherung zur Erlangung eines Erbscheins oder eines Zeugnisses der in den §§ 101 und 103 bezeichneten Art ermäßigt sich die Gebühr auf die Hälfte der vollen Gebühr; der Wert bestimmt sich nach den Vorschriften der §§ 99, 101 und 103. Wird mit der eidesstattlichen Versicherung zugleich der Antrag auf Erteilung des Erbscheins oder des Zeugnisses beurkundet, so wird dafür eine besondere Gebühr nicht erhoben. Treten im Erbscheinsverfahren weitere Erben einer anderweit beurkundeten eidesstattlichen Versicherung bei, so bestimmt sich die Gebühr nach dem Wert ihres Anteils an dem Nachlaß.

§ 44

Bescheinigungen, Abmarkungen, Verklarungen, Proteste, Schätzungen

Die volle Gebühr wird erhoben:

1. für die Erteilung von Bescheinigungen über Tatsachen oder Verhältnisse, die urkundlich nachgewiesen oder offenkundig sind;

2. für die Mitwirkung bei Abmarkungen;
3. für die Aufmahme von Protesten und ähnlichen Urkunden;
4. für die Aufnahme von Schätzungen;
5. für die Aufnahme von Verklarungen sowie Beweisaufnahmen nach dem Binnenschiffahrtsgesetz und dem Flößereigesetz; die Mindestgebühr beträgt 10 Reichsmark. Für die nachträgliche Ergänzung der Verklarung wird die Hälfte der vollen Gebühr erhoben; die Mindestgebühr beträgt 5 Reichsmark.

§ 45

Wechsel- und Scheckproteste

(1) Für die Aufnahme von Wechsel- und Scheckprotesten wird die Hälfte der vollen Gebühr erhoben.

(2) Daneben wird für jeden Weg, der zur Erledigung des Protestes zurückzulegen ist, eine Wegegebühr von 2 Reichsmark erhoben. Die dem Protestbeamten zustehenden Reisekosten werden auf die Wegegebühr angerechnet. Die Wegegebühr wird auch dann erhoben, wenn der Auftrag zur Protesterhebung nach Eintritt des Weges seine Erledigung gefunden hat.

(3) Die Protestgebühr ist auch dann zu zahlen, wenn ohne Aufnahme des Protestes an den Protestbeamten gezahlt oder die Zahlung ihm nachgewiesen wird.

(4) Enthält der Wechsel Notadressen, so ist für die Aufnahme eines jeden Protestes wegen Verweigerung der Ehrenannahme oder wegen unterbliebener Ehrenzahlung ein Viertel der vollen Gebühr zu erheben.

(5) Für das Zeugnis über die Protesterhebung (Artikel 90 Abs. 2 des Wechselgesetzes und Artikel 59 Abs. 2 des Scheckgesetzes) werden eine Gebühr von 2 Reichsmark und die durch die Abschriften erwachsenen Schreibgebühren erhoben.

§ 46

Vermögensverzeichnisse, Siegelungen

(1) Für die Aufnahme von Vermögensverzeichnissen sowie für Siegelungen und Entsiegelungen wird nach dem Wert der verzeichneten oder versiegelten Gegenstände die Hälfte der vollen Gebühr erhoben. Das gleiche gilt für die Mitwirkung als Urkundsperson bei der Aufnahme von Vermögensverzeichnissen. Nimmt das Geschäft einen Zeitaufwand von mehr als zwei Stunden in Anspruch, so erhöht sich die Gebühr für jede weitere angefangene Stunde um 3 Reichsmark.

(2) Für die Siegelung, einschließlich der Entsiegelung und der Aufnahme eines Vermögensverzeichnisses, wird die Gebühr nur einmal nach dem Gesamtzeitaufwand erhoben.

§ 47

Freiwillige Versteigerung von Grundstücken

(1) Bei freiwilligen Versteigerungen zum Zwecke der Veräußerung oder Verpachtung von Grundstücken und sonstigen Gegenständen, die der Zwangsvollstreckung in das unbewegliche Vermögen unterliegen, werden erhoben:

1. für das Verfahren im allgemeinen die Hälfte der vollen Gebühr;
2. für die Aufnahme einer gerichtlichen Schätzung die Hälfte der vollen Gebühr;
3. für die Abhaltung des Versteigerungstermins die volle Gebühr;
4. für die Beurkundung des Zuschlags die volle Gebühr.

(2) Die im Abs. 1 Nr. 1 bestimmte Gebühr wird mit dem Eingang des Antrags fällig und ist auch dann zu erheben, wenn die Versteigerung einer Ortsbehörde übertragen wird.

(3) Der Versteigerungstermin gilt als abgehalten, wenn zur Abgabe von Geboten aufgefordert ist.

(4) Werden mehrere Grundstücke zum Zwecke der Veräußerung in demselben Verfahren versteigert, so werden die Gebühren von dem zusammengerechneten Wert der mehreren Grundstücke berechnet. Die Gebühr für die Beurkundung des Zuschlags wird jedoch für den Ersteher nach dem zusammengerechneten Betrag seiner Gebote erhoben; ist der zusammengerechnete Wert der ihm zugeschlagenen Grundstücke höher, so ist dieser maßgebend.

(5) Werden in dem Verfahren mehrere Versteigerungstermine abgehalten, so werden für jeden Termin die Gebühren besonders erhoben.

(6) Schuldner der Kosten für die Beurkundung des Zuschlags ist, vorbehaltlich der Vorschrift im § 3 Nr. 3, nur der Ersteher. Hinsichtlich der übrigen Kosten gelten die allgemeinen Vorschriften über die Zahlungspflicht.

(7) Tritt der Meistbietende die Rechte aus dem Meistgebot oder der Veräußerer den Anspruch gegen den Ersteher ab, oder erklärt der Meistbietende, für einen Dritten geboten zu haben, oder tritt ein Dritter diesen Erklärungen bei, so bleibt die Beurkundung gebührenfrei, wenn sie in der Niederschrift über die Versteigerung geschieht. Das gleiche gilt, wenn nach Maßgabe der Versteigerungsbedingungen für den Anspruch gegen den Ersteher die Bürgschaft übernommen oder eine sonstige Sicherheit bestellt und dies in der Niederschrift über die Versteigerung beurkundet wird.

§ 48

Versteigerung von beweglichen Sachen und Rechten

(1) Für die Versteigerung von beweglichen Sachen, von Früchten auf dem Halm oder von Holz auf dem Stamm sowie von Forderungen oder sonstigen Rechten wird das Dreifache der vollen Gebühr nach dem zusammengerechneten Wert der Gegenstände erhoben.

(2) Soweit sich das Verfahren erledigt, bevor zur Abgabe von Geboten aufgefordert worden ist, ermäßigt sich die Gebühr auf ein Viertel der vollen Gebühr.

(3) Die Kosten sind aus dem Erlös vorweg zu entnehmen.

§ 49

Beglaubigung von Abschriften

(1) Für die Beglaubigung von Abschriften wird, soweit nicht § 124 Anwendung findet, eine Gebühr von 20 Reichspfennig für jede angefangene

Seite erhoben; ist die Schrift nicht in deutscher Sprache abgefaßt, so erhöht sich die Gebühr auf 30 Reichspfennig.

(2) Werden die Abschriften durch das Gericht hergestellt, so kommen die Schreibgebühren hinzu.

§ 50

Sicherstellung der Zeit

Für die Sicherstellung der Zeit, zu der eine Privaturkunde ausgestellt ist, einschließlich der über die Vorlegung ausgestellten Bescheinigung, wird eine Gebühr von 2 bis 20 Reichsmark erhoben.

§ 51

Erfolglose Verhandlung

Unterbleibt die beantragte Beurkundung infolge Zurücknahme des Antrags oder aus ähnlichen Gründen, nachdem das Gericht mit den Beteiligten darüber verhandelt hat, so wird die Hälfte der vollen Gebühr, jedoch nicht mehr als die für die beantragte Beurkundung bestimmte Gebühr erhoben; die Gebühr darf 25 Reichsmark nicht übersteigen.

§ 52

Geschäfte außerhalb der Gerichtsstelle

(1) Wird ein Geschäft auf Verlangen des Antragstellers oder mit Rücksicht auf die Art des Geschäfts außerhalb der Gerichtsstelle vorgenommen, so wird eine Zusatzgebühr in Höhe der Hälfte der vollen Gebühr erhoben, die jedoch den Betrag von 50 Reichsmark und die für das Geschäft selbst zu erhebende Gebühr nicht übersteigen darf. Werden mehrere Erklärungen in einer Verhandlung beurkundet, so wird die Gebühr nur einmal erhoben, und zwar, soweit die beurkundeten Erklärungen verschiedene Gegenstände betreffen, nach deren zusammengerechneten Wert.

(2) Haben die Gerichtspersonen den Weg zu dem Ort des Geschäfts angetreten, so wird die Zusatzgebühr auch dann erhoben, wenn das Geschäft aus einem in der Person der Beteiligten liegenden Grunde nicht ausgeführt wird.

(3) Die Vorschriften dieses Paragraphen gelten nicht für Geschäfte der im § 44 Nrn. 2 und 4 sowie in den §§ 45, 46 und 48 bezeichneten Art; im Fall des § 47 wird die Zusatzgebühr nur erhoben, wenn der Versteigerungstermin außerhalb der Gerichtsstelle abgehalten wird.

§ 53

Erklärungen in fremder Sprache

(1) Gibt ein Beteiligter die zu beurkundende Erklärung in einer fremden Sprache ab, so wird für die Beurkundung eine Zusatzgebühr in Höhe der Hälfte der für die Beurkundung erwachsenden Gebühr bis zum Höchstbetrag von 50 Reichsmark erhoben.

(2) Schuldner der Zusatzgebühr sowie der durch die Zuziehung eines Dolmetschers entstandenen Auslagen ist der Beteiligte, der die Verhandlung in der fremden Sprache veranlaßt hat.

2. Grundbuchsachen

§ 54

Eintragung des Eigentümers

(1) Für die Eintragung eines Eigentümers oder von Miteigentümern wird die volle Gebühr erhoben.

(2) Die Gebühr ermäßigt sich auf die Hälfte bei Eintragung des Ehegatten oder von Abkömmlingen des eingetragenen Eigentümers, einschließlich der an Kindes Statt angenommenen Personen, auch wenn die Genannten infolge der Auseinandersetzung des Gesamtguts einer Gütergemeinschaft oder eines Nachlasses oder wenn sie nachträglich als Miteigentümer von Grundstücken eingetragen werden, die zu einer Gütergemeinschaft gehören; bei der Eintragung infolge einer Erbauseinandersetzung oder der Auseinandersetzung einer Gütergemeinschaft macht es keinen Unterschied, ob inzwischen die Erben oder diejenigen, die die Gütergemeinschaft fortgesetzt haben, im Grundbuch eingetragen worden sind oder nicht.

(3) Werden Gebühren auf Grund der Absätze 1 und 2 nebeneinander erhoben, so wird zunächst die volle Gebühr nach dem Gesamtwert berechnet; die so berechnete Gebühr mindert sich um die Hälfte des Anteils der Personen, deren Eintragung nach Abs. 2 nur die halbe Gebühr erfordert.

(4) Werden auf Grund eines gleichzeitig gestellten Antrags derselbe Eigentümer oder dieselben Miteigentümer bei mehreren Grundstücken eingetragen, über die das Grundbuch bei demselben Grundbuchamt geführt wird, so werden die Gebühren nur einmal nach dem zusammengerechneten Wert erhoben.

§ 55

Eigentumswechsel bei Gemeinschaften zur gesamten Hand

(1) Geht ein Grundstück, das für mehrere zur gesamten Hand eingetragen ist, auf einen oder mehrere der Mitberechtigten oder auf eine aus denselben Personen bestehende andere Gesamthandgemeinschaft über, so wird die Gebühr so berechnet, als ob die Beteiligten nach Bruchteilen berechtigt wären; die Anteile der Erwerber bleiben unberücksichtigt. Geht ein Grundstück von einem oder mehreren eingetragenen Eigentümern, die in einer Gesamthandgemeinschaft stehen, auf diese Gemeinschaft über, so wird die Gebühr so berechnet, als ob es sich um eine Gemeinschaft nach Bruchteilen handele; die Anteile der Veräußerer bleiben unberücksichtigt. Treten sonst Änderungen in der Person der an der gesamten Hand Berechtigten ein, so wird der Anteil des ausscheidenden oder neu eintretenden Mitberechtigten zugrunde gelegt.

(2) Die Anteile sind entsprechend der Beteiligung an dem Gesamthandvermögen zu bemessen. Mindestens sind die Gebühren nach dem kleinsten Anteil zu berechnen.

(3) Die Vorschriften der Absätze 1 und 2 gelten nicht für offene Handelsgesellschaften und Kommanditgesellschaften.

§ 56

Eintragung von Belastungen

(1) Für die Eintragung einer Hypothek, Grundschuld oder Rentenschuld, einer Dienstbarkeit, eines Vorkaufsrechts, einer Reallast, eines Erbbaurechts

oder eines ähnlichen Rechts an einem Grundstück wird die volle Gebühr erhoben.

(2) Werden Belastungen auf Grund von Gutsüberlassungsverträgen oder von Erb- oder Gesamtgutsauseinandersetzungen zugleich mit der Eintragung des neuen Eigentümers eingetragen, so wird die im Abs. 1 bestimmte Gebühr nur zur Hälfte erhoben.

(3) Als gebührenfreies Nebengeschäft der Eintragung des Rechts (§ 27) gilt insbesondere die gleichzeitig beantragte Eintragung der Unterwerfung unter die sofortige Zwangsvollstreckung, eines Rangvorbehalts oder des Ausschlusses der Brieferteilung. Wird gleichzeitig mit dem Antrag auf Eintragung des Rechts beantragt, eine Löschungsvormerkung gemäß § 1179 des Bürgerlichen Gesetzbuchs zugunsten des Berechtigten einzutragen, so wird für diese Eintragung eine weitere Gebühr nicht erhoben.

(4) Der Wert einer Hypothek oder Grundschuld bestimmt sich nach dem Nennbetrag der Schuld, der Wert einer Rentenschuld nach dem Nennbetrag der Ablösungssumme, soweit nicht in den folgenden Vorschriften dieses Abschnitts ein anderes bestimmt ist.

§ 57
Eintragung mehrerer Rechte, Belastung mehrerer Grundstücke

(1) Werden ein oder mehrere Grundstücke mit mehreren Rechten der im § 56 bezeichneten Art belastet, so wird die Gebühr für die Eintragung jedes Rechts besonders erhoben. Wird gemäß § 50 der Grundbuchordnung bei einer Hypothek, Grundschuld oder Rentenschuld, die in Teilbeträgen mehreren Berechtigten zusteht, lediglich der Gesamtbetrag des Rechts eingetragen, so gilt dies als Belastung mit nur einem Recht.

(2) Werden mehrere Grundstücke mit einem und demselben Recht belastet, so wird die Gebühr nur einmal erhoben, wenn die Eintragung auf Grund eines gleichzeitig gestellten Antrags erfolgt und das Grundbuch über die Grundstücke bei demselben Grundbuchamt geführt wird. Als Belastung mit einem und demselben Recht gilt auch die Belastung mehrerer Grundstücke mit einem Nießbrauch, mit einer beschränkten persönlichen Dienstbarkeit oder mit einem Altenteil.

(3) Wird gleichzeitig die Belastung mehrerer Grundstücke mit einem und demselben Recht beantragt und wird das Grundbuch über die Grundstücke bei verschiedenen Grundbuchämtern geführt, so wird für die Eintragung auf dem Grundstück, das den höchsten Wert hat, die im § 56 Abs. 1 oder 2 bestimmte Gebühr in voller Höhe erhoben; für jede weitere Eintragung wird die Hälfte der im § 56 Abs. 1 oder 2 bestimmten Gebühr angesetzt, und zwar nach dem Wert des Grundstücks, wenn er geringer ist als der Wert des Rechts. Dabei wird der Wert mehrerer Grundstücke, über die das Grundbuch bei demselben Grundbuchamt geführt wird, zusammengerechnet. Gleichzeitig sind die Anträge gestellt, wenn sie bei einem Grundbuchamt gemeinsam eingereicht sind, bei gesonderter Antragstellung, wenn sie innerhalb eines Monats bei den beteiligten Grundbuchämtern eingehen.

(4) Soweit der Antrag nicht gleichzeitig gestellt ist, wird für jede Eintragung die Hälfte der im § 56 Abs. 1 oder 2 bestimmten Gebühr erhoben, und zwar nach dem Wert des Grundstücks, wenn er geringer ist als der Wert des Rechts. Dabei wird der Wert mehrerer Grundstücke, über die das Grundbuch bei demselben Grundbuchamt geführt wird, zusammengerechnet.

§ 58

Eintragung von Veränderungen und Löschungsvormerkungen

(1) Für die Eintragung von Veränderungen eines Rechts wird die Hälfte der vollen Gebühr erhoben. Als Veränderung eines Rechts gilt auch die Löschungsvormerkung (§ 1179 des Bürgerlichen Gesetzbuchs), soweit sie nicht gemäß § 56 Abs. 3 Satz 2 gebührenfrei einzutragen ist.

(2) Bezieht sich eine Veränderung auf mehrere Rechte, so wird die im Abs. 1 bestimmte Gebühr für jedes Recht besonders erhoben, auch wenn es nur der Eintragung eines einheitlichen Vermerks bedarf.

(3) Beziehen sich mehrere Veränderungen, deren Eintragung gleichzeitig beantragt ist, auf ein und dasselbe Recht, so wird, gleichviel ob es der Eintragung eines oder mehrerer Vermerke bedarf, die Gebühr nur einmal nach dem zusammengerechneten Wert der Veränderungen erhoben.

(4) Der Wert des veränderten Rechts darf, auch wenn es sich um mehrere Veränderungen desselben Rechts handelt, nicht überschritten werden. Handelt es sich um den Übergang eines Rechts, so finden die Vorschriften des § 55 entsprechende Anwendung.

(5) Änderungen des Ranges eingetragener Rechte sind nur als Veränderungen des zurücktretenden Rechts, Löschungsvormerkungen zugunsten eines nach- oder gleichstehenden Gläubigers (§ 1179 des Bürgerlichen Gesetzbuches) nur als Veränderungen des Rechts zu behandeln, auf dessen Löschung der vorgemerkte Anspruch gerichtet ist; für die Wertberechnung bleibt die Vorschrift des § 21 Abs. 3 unberührt.

(6) Betreffen die Veränderungen Rechte, mit denen mehrere Grundstücke gemeinsam belastet sind, so gelten die Vorschriften des § 57 Abs. 2 und 3 entsprechend.

§ 59

Eintragung von Verfügungsbeschränkungen

(1) Für die Eintragung einer Verfügungsbeschränkung, insbesondere einer Nacherbfolge, einer Testamentsvollstreckung oder einer Belastung des Anteils gemäß § 1010 des Bürgerlichen Gesetzbuchs, wird, soweit nicht die Eintragung nach § 63 gebührenfrei vorzunehmen ist, die Hälfte der vollen Gebühr erhoben.

(2) Bezieht sich eine Verfügungsbeschränkung auf mehrere Rechte, so wird die im Abs. 1 bestimmte Gebühr für jedes Recht besonders erhoben, auch wenn es nur der Eintragung eines Vermerks bedarf.

(3) Beziehen sich mehrere Verfügungsbeschränkungen, deren Eintragung gleichzeitig beantragt ist, auf ein und dasselbe Recht, so wird die Gebühr, gleichviel ob es eines oder mehrerer Vermerke bedarf, nur einmal nach dem zusammengerechneten Wert erhoben.

(4) Der Wert des betroffenen Rechts darf, auch wenn es sich um mehrere Verfügungsbeschränkungen hinsichtlich desselben Rechts handelt, nicht überschritten werden.

(5) Betreffen die beantragten Eintragungen Rechte, mit denen mehrere Grundstücke gemeinsam belastet sind, so gelten die Vorschriften des § 57 Abs. 2 und 3 entsprechend.

§ 60

Eintragung von Vormerkungen und Widersprüchen

(1) Für die Eintragung einer Vormerkung wird die Hälfte der Gebühr erhoben, die für die endgültige Eintragung zu erheben sein würde, mindestens jedoch ein Viertel der vollen Gebühr. Für die Eintragung einer Vormerkung, durch die der Anspruch auf Eintragung einer Veränderung oder der Aufhebung eines Rechts am Grundstück gesichert werden soll, wird die gleiche Gebühr erhoben, die für die gesicherte Eintragung zu erheben sein würde; die Vorschriften über die Eintragung einer Löschungsvormerkung (§ 58) bleiben unberührt.

(2) Für die Eintragung eines Widerspruchs wird die Hälfte der Gebühr erhoben, die für die Grundbuchberichtigung zu erheben sein würde, zu deren Sicherung der Widerspruch eingetragen wird; mindestens wird jedoch ein Viertel der vollen Gebühr erhoben.

§ 61

Sonstige Eintragungen

(1) Für alle Eintragungen, die unter keine der vorstehenden Vorschriften fallen und auch nicht als Nebengeschäfte gebührenfrei sind, wird ein Viertel der vollen Gebühr erhoben. Dies gilt insbesondere

1. für die Eintragung des Verzichts auf das Eigentum am Grundstück;
2. für die Eintragung des Ausschlusses der Erteilung eines Briefs sowie für die Eintragung der Aufhebung dieses Ausschlusses;
3. für den Vermerk von Rechten, die dem jeweiligen Eigentümer zustehen, einschließlich des Vermerks hierüber auf dem Grundbuchblatt des belasteten Grundstücks;
4. für die Eintragung der ohne Eigentumsübergang stattfindenden Teilungen, Vereinigungen und Zuschreibungen von Grundstücken;
5. für die Anlegung eines Grundbuchblatts für ein noch nicht im Grundbuch eingetragenes oder aus dem Grundbuch ausgeschiedenes Grundstück sowie für die nachträgliche Ausscheidung eines Grundstücks aus dem Grundbuch.

(2) Der Wert bestimmt sich nach § 24 Abs. 2.

§ 62

Löschungen und Entlassung aus der Mithaft

Für jede Löschung wird die Hälfte der für die Eintragung bestimmten Gebühr erhoben; für die Eintragung der Entlassung aus der Mithaft wird die Hälfte der Gebühr erhoben, die für die Eintragung der Einbeziehung in die Mithaft zu erheben sein würde. Mindestens wird ein Viertel der vollen Gebühr erhoben.

§ 63.

Gebührenfreie Eintragungen und Löschungen, Zwischenverfügungen

(1) Gebühren werden nicht erhoben:

1. für die Umschreibung unübersichtlicher Grundbuchblätter und für die Neufassung einzelner Teile eines Grundbuchblatts;

2. für Eintragungen und Löschungen, die gemäß § 18 Abs. 2 oder § 53 der Grundbuchordnung von Amts wegen erfolgen;
3. für Eintragungen und Löschungen, die vorgenommen werden, um Übereinstimmung zwischen dem Grundbuch und den nach § 2 Abs. 2 der Grundbuchordnung maßgebenden amtlichen Verzeichnissen zu erhalten;
4. für die Eintragung der Vereinigung mehrerer Grundstücke zu einem Grundstück, einschließlich der Aufnahme des erforderlichen Antrags durch das Grundbuchamt, sofern die das amtliche Verzeichnis (§ 2 Abs. 2 der Grundbuchordnung) führende Behörde bescheinigt, daß die Grundstücke örtlich und wirtschaftlich ein einheitliches Grundstück darstellen;
5. für die Zusammenschreibung mehrerer Grundstücke auf einem Grundbuchblatt (§ 4 der Grundbuchordnung);
6. für die Beseitigung von Doppelbuchungen, einschließlich des vorangegangenen Verfahrens vor dem Grundbuchamt.

(2) Gebührenfrei sind ferner, soweit nicht ein anderes bestimmt ist, Eintragungen und Löschungen, die auf Ersuchen oder Anordnung eines Gerichts, insbesondere des Vergleichs-, Konkurs- oder Vollstreckungsgerichts, erfolgen; ausgenommen sind die Eintragung des Erstehers als Eigentümer, die Eintragung der Sicherungshypothek für die Forderung gegen den Ersteher und Eintragungen auf Grund einer einstweiligen Verfügung (§ 941 der Zivilprozeßordnung).

(3) Für Zwischenverfügungen des Grundbuchamts (§ 18 Abs. 1 der Grundbuchordnung) werden besondere Gebühren nicht erhoben.

§ 64

Löschung gegenstandsloser Rechte und Klarstellung der Rangverhältnisse

(1) Für die Löschung gegenstandsloser Eintragungen (§ 84 der Grundbuchordnung) sowie für das voraufgegangene Verfahren vor dem Grundbuchamt, einschließlich der Beurkundung der Erklärungen der Beteiligten, werden Gebühren nicht erhoben. Das Grundbuchamt kann die Gebühr für die Löschung einem Beteiligten auferlegen, wenn dies nach den Umständen angemessen erscheint.

(2) Für Eintragungen und Löschungen zur Beseitigung unklarer oder unübersichtlicher Rangverhältnisse (§ 102 Abs. 2, § 111 der Grundbuchordnung) werden Gebühren nicht erhoben; gebührenfrei ist auch das vorangegangene Verfahren vor dem Grundbuchamt, einschließlich der Beurkundung von Erklärungen der Beteiligten. Die Auslagen werden von demjenigen erhoben, dem das Grundbuchamt sie gemäß § 114 der Grundbuchordnung auferlegt hat.

§ 65.

Erteilung von Hypotheken-, Grundschuld- oder Rentenschuldbriefen

(1) Für die Erteilung eines Hypotheken-, Grundschuld- oder Rentenschuldbriefs, eines Teilbriefs oder eines neuen Briefs wird ein Viertel der vollen Gebühr erhoben. Für die Eintragung des Erteilungsvermerks in das Grundbuch wird daneben keine Gebühr erhoben.

(2) Für die Erteilung eines Gesamtbriefs wird die im Abs. 1 bestimmte Gebühr nur einmal erhoben, wenn die mehreren Grundstücke bei demselben Grundbuchamt eingetragen sind. Sind die belasteten Grundstücke bei verschiedenen Grundbuchämtern eingetragen, so werden für die gemäß § 59 Abs. 2 der Grundbuchordnung zu erteilenden besonderen Briefe die Gebühren besonders erhoben, und zwar nach dem Wert, nach dem sich die Gebühren für die Eintragung des Rechts bestimmen; ist das Recht schon eingetragen, so ist der Wert maßgebend, nach dem die Eintragungsgebühr zu erheben wäre, falls das Recht im Zeitpunkt der Brieferteilung eingetragen würde. Wird im Fall des Eintritts in die Mithaft die Mitbelastung lediglich auf dem bisherigen Brief vermerkt (§ 63 Grundbuchordnung), so wird hierfür neben der Eintragungsgebühr eine besondere Gebühr nicht erhoben.

(3) Bei Erteilung eines gemeinschaftlichen Briefs (§ 66 der Grundbuchordnung) werden die Werte der einzelnen Hypotheken zusammengerechnet.

§ 66

Vermerke auf dem Brief

(1) Für die Ergänzung des Grundbuchauszugs auf dem Brief sowie für sonstige Vermerke auf dem Brief wird, sofern es sich nicht um eine gebührenfreie Nebentätigkeit handelt, eine Gebühr von 2 bis 20 Reichsmark erhoben.

(2) Für alle Vermerke auf dem Brief, auch soweit sie gebührenfrei vorzunehmen sind, werden Schreibgebühren erhoben.

§ 67

Beglaubigte Abschriften

Für die Erteilung beglaubigter Abschriften aus dem Grundbuch wird eine Gebühr von 2 bis 20 Reichsmark erhoben; daneben werden die durch die Abschriften erwachsenen Schreibgebühren erhoben. Gebührenfrei ist die Erteilung der beglaubigten Abschriften und der Auskunft gemäß § 19 Abs. 2 des Gesetzes über die Zwangsversteigerung und die Zwangsverwaltung.

§ 68

Grundbucheinsicht

Für die Einsicht des Grundbuchs werden Gebühren nicht erhoben.

§ 69

Eintragungsanträge

Für die Aufnahme von Anträgen auf Eintragungen und Löschungen werden Gebühren nach Maßgabe des Beurkundungsabschnitts besonders erhoben, soweit sie in der Form des § 29 der Grundbuchordnung gestellt werden müssen. Im übrigen ist die Aufnahme und Entgegennahme von Anträgen gebührenfrei.

§ 70

Grundstücksgleiche Rechte

(1) Die für Grundstücke geltenden Vorschriften finden auf Erbbaurechte sowie auf das Bergwerkseigentum und sonstige Berechtigungen, die den für Grundstücke geltenden Vorschriften unterliegen, entsprechende Anwendung.

(2) Wird ein Bergwerk mit unbeweglichen Anteilen der Gewerken in Ausführung eines nach den maßgebenden bergrechtlichen Vorschriften gefaßten Beschlusses auf die Gewerkschaft eingetragen, so wird für die Eintragung, einschließlich der vorläufigen Vermerke, der Anlegung des Gewerkenbuchs und der Ausfertigung und Aufbewahrung der Kuxscheine, die volle Gebühr erhoben. Die gleiche Gebühr wird für die Umschreibung eines Kuxes in dem Gewerkenbuch auf einen anderen Berechtigten erhoben. Für die Eintragung von Pfandrechten auf Kuxscheinen und die Eintragung von Veränderungen und Löschungen werden dieselben Gebühren erhoben wie bei entsprechenden Eintragungen und Löschungen im Grundbuch. Für die Erteilung beglaubigter Abschriften aus dem Gewerkenbuch und dessen Einsicht gelten die Vorschriften der §§ 67, 68 entsprechend.

§ 71

Bahneinheiten

(1) Die für Grundstücke geltenden Vorschriften finden auf Bahneinheiten entsprechende Anwendung.

(2) Die Gebühr für die Anlegung und die Schließung des Bahngrundbuchs bestimmt sich nach § 61; das gleiche gilt für den Vermerk über das Erlöschen der Genehmigung, einschließlich der erforderlichen öffentlichen Bekanntmachung des Vermerks.

(3) Wird infolge Veräußerung der Bahn der Eigentumswechsel auf dem Grundbuchblatt des Bahngrundstücks eingetragen, so werden dafür Gebühren nicht erhoben.

(4) Die Kosten der Anlegung des Bahngrundbuchs sowie der Vermerke über die Zugehörigkeit eines Grundstücks zur Bahneinheit trägt der Bahneigentümer. Die Kosten fallen jedoch, wenn ein Gläubiger durch den Antrag auf Eintragung einer vollstreckbaren Forderung die Anlegung des Bahngrundbuchs veranlaßt hat, diesem Gläubiger, und wenn das Bahngrundbuch aus Anlaß eines Zwangsversteigerungsverfahrens auf Ersuchen des Vollstreckungsgerichts angelegt ist, dem Ersteher zur Last.

3. Registersachen

§ 72

Eintragung in das Handelsregister

Für Eintragungen in das Handelsregister werden erhoben:

1. bei Einzelkaufleuten		
a) für die erste Eintragung der Firma . .	10 bis	200 Reichsmark,
b) für jede spätere Eintragung	5 bis	100 Reichsmark,
c) für die Löschung der Gesamteintragung	3 bis	50 Reichsmark;
2. bei offenen Handelsgesellschaften, Kommanditgesellschaften, Versicherungsvereinen auf Gegenseitigkeit und bei juristischen Personen, die Inhaber von Handelsgewerben sind,		
a) für die erste Eintragung der Firma . .	10 bis	300 Reichsmark,
b) für jede spätere Eintragung	5 bis	150 Reichsmark,
c) für die Löschung der Gesamteintragung	3 bis	75 Reichsmark;

3. bei Aktiengesellschaften, Kommanditgesellschaften auf Aktien und Gesellschaften mit beschränkter Haftung

a) für die Eintragung der Gesellschaft sowie für die Eintragung eines Beschlusses über die Erhöhung des Gesellschaftskapitals die volle Gebühr, mindestens aber 50 Reichsmark, für die Eintragung eines Beschlusses über die Herabsetzung des Gesellschaftskapitals die Hälfte der vollen Gebühr, mindestens aber 25 Reichsmark; die Gebühr wird nach dem Betrage des Gesellschaftskapitals, bei Erhöhungen oder Herabsetzungen nach deren Betrag berechnet,

b)[1]) für jede spätere Eintragung . . . . 20 bis 1000 Reichsmark,

c)[1]) für die Löschung der Gesamteintragung 10 bis 500 Reichsmark.

4. für die Eintragung einer Prokura oder deren Änderung

a) bei den in Nrn. 1 und 2 genannten Personen und Personenvereinigungen . . . 5 bis 200 Reichsmark,

b)[1]) bei den unter Nr. 3 genannten Gesellschaften . . . . 10 bis 300 Reichsmark.

Für die Eintragung des Erlöschens einer Prokura werden erhoben:

im Fall a . . . . 3 bis 100 Reichsmark,
im Fall b[1]) . . . . 5 bis 150 Reichsmark.

§ 73

Zweigniederlassung

(1) Für Eintragungen in das Handelsregister einer Zweigniederlassung werden die Gebühren nach § 72 erhoben. Im Fall des § 72 Nr. 3a ist der Wert unter Berücksichtigung der Bedeutung und des Betriebskapitals der Zweigniederlassung nach freiem Ermessen zu bestimmen.

(2) Die Vermerke über die Eintragung oder Aufhebung einer Zweigniederlassung im Register der Hauptniederlassung werden gebührenfrei eingetragen.

§ 74

Mehrere Eintragungen

(1) Werden auf Grund derselben Anmeldung mehrere Eintragungen bezüglich derselben Firma oder derselben Gesellschaft in das Handelsregister eines Gerichts vorgenommen, so wird, soweit Rahmengebühren zur Anwendung kommen, nur eine Gebühr innerhalb des anzuwendenden Rahmens, bei verschiedenen Rahmen innerhalb des höchsten Rahmens erhoben.

---

[1]) Vgl. hierzu: Bek d. RJM vom 20. 11. 1940, DJ S 1327, betreffend die Bemessung der Gebühren bei der Beurkundung von Versammlungsbeschlüssen und bei Eintragungen im Handelsregister.

Für Eintragungen der im § 72 Nr 3a bezeichneten Art werden die Gebühren nach den dort bestimmten Sätzen stets besonders erhoben Die Gebühr für Eintragungen, die sich auf Prokuren beziehen, wird neben der Gebühr für die sonstigen Eintragungen besonders erhoben

(2) Wird eine Firma gelöscht und gleichzeitig anderweit neu eingetragen, so werden für die Löschung und die neue Eintragung die Gebühren besonders erhoben

§ 75

Eintragungen in das Vereinsregister und in das sächsische Genossenschaftsregister

(1) Für Eintragungen in das Vereinsregister werden erhoben

1 für die erste Eintragung des Vereins das Doppelte der vollen Gebühr;
2 für alle späteren Eintragungen die volle Gebühr,
3 für Löschung der Gesamteintragung die Hälfte der vollen Gebühr

(2) Werden auf Grund derselben Anmeldung mehrere Eintragungen der im Abs. 1 Nr 2 bezeichneten Art vorgenommen, so wird die Gebühr nur einmal erhoben

(3) Der Wert bestimmt sich nach § 24 Abs 2

(4) Die Vorschriften des Absatzes 1 Nrn. 2, 3 und der Absätze 2, 3 gelten entsprechend für das sächsische Genossenschaftsregister (Artikel 166 des Einführungsgesetzes zum Bürgerlichen Gesetzbuch)

§ 76

Eintragungen in das Güterrechtsregister

Für Eintragungen in das Güterrechtsregister wird die volle Gebühr erhoben. Der Wert bestimmt sich bei Eintragungen auf Grund von Eheverträgen nach § 32 Abs. 3, im übrigen nach § 24 Abs. 2.

§ 77[1])

Eintragungen in das Schiffsregister, Schiffsurkunden

(1) Für die Eintragung des Schiffs in das Schiffsregister und für die Eintragung von Veränderungen, die das Schiff betreffen, wird ein Viertel der vollen Gebühr erhoben Der Wert bestimmt sich bei der Eintragung des Schiffs nach dem Wert des Schiffs, bei der Eintragung von Veränderungen gilt § 24 Abs. 2 Bei der Verlegung des Heimathafens (Heimatorts) wird nur eine Gebühr bei dem Gericht des neuen Heimathafens (Heimatorts) erhoben Die Eintragung von Veränderungen der amtlichen Kennzeichen des Schiffs ist gebührenfrei

(2) Für die Löschung der Eintragung des Schiffs wird eine Gebühr nur im Fall des § 20 Abs. 1 Satz 3 der Schiffsregisterordnung erhoben, die Gebühr beträgt ein Viertel der vollen Gebühr, der Wert bestimmt sich nach dem Wert des Schiffs. Für die Eintragung, daß das Schiff das Recht zur Führung der Reichsflagge verloren hat oder das Schiff seinen Heimatort im Ausland hat, wird eine Gebühr nicht erhoben

(3) Für die Eintragung eines neuen Eigentümers, für die Eintragung oder Löschung einer Schiffshypothek, eines Arrestpfandrechts oder eines Nieß-

---

[1]) Fassung nach der VO vom 21. 12. 1940, Art 11, RGBl 1940, 1619.

brauchs und für die Eintragung von Veränderungen, die sich auf das Eigentum, die Schiffshypothek oder den Nießbrauch beziehen, ferner für die Eintragung oder Löschung von Vormerkungen, Widersprüchen und Verfügungsbeschränkungen gelten die für die entsprechenden Eintragungen im Grundbuch gegebenen Vorschriften sinngemäß mit der Maßgabe, daß in jedem Fall nur ein Viertel der vollen Gebühr erhoben wird.

(4) Bei einer Reederei wird für die Eintragung eines neuen Mitreeders oder der Verpfändung oder Pfändung einer Schiffspart, für die Eintragung einer Verfügungsbeschränkung, die eine Schiffspart betrifft, und für die Eintragung eines Korrespondentreeders, eine Gebühr von 5 bis 200 Reichsmark erhoben.

(5) Für die Erteilung des Schiffszertifikats, des Schiffsbriefs oder des Flaggenzeugnisses nach § 12 Abs. 2 des Gesetzes, betreffend das Flaggenrecht der Kauffahrteischiffe vom 22. Juni 1899 (Reichsgesetzblatt S 319) und für den Vermerk von Veränderungen auf dem Zertifikat oder dem Brief wird eine Gebühr von 2 bis 20 Reichsmark erhoben; daneben werden Schreibgebühren erhoben. Für den Vermerk von Veränderungen der amtlichen Kennzeichen werden weder Gebühren noch Schreibgebühren erhoben. Für die Erteilung eines Auszugs aus dem Schiffszertifikat werden nur Schreibgebühren erhoben.

§ 78[1])

Eintragungen in das Schiffsbauregister und in das Kabelbuch

(1) Für Eintragungen in das Schiffsbauregister und in das Kabelbuch gilt § 77 Abs. 1—4 sinngemäß. Für die Eintragung des Schiffsbauwerks und des Kabels wird eine Gebühr nicht erhoben. Die Übertragung der im Schiffsbauregister eingetragenen Hypotheken in das Schiffsregister ist gebührenfrei.

§ 79[1])

Anmeldungen und Anträge

Für die Aufnahme von Anmeldungen zum Handels-, Vereins- und Güterrechtsregister werden Gebühren nach Maßgabe des Beurkundungsabschnitts besonders erhoben. Das gleiche gilt in Schiffsregister-, Schiffsbauregister- und Kabelpfandsachen für die Aufnahme von Anträgen, die in der Form des § 37 der Schiffsregisterordnung gestellt werden müssen. Im übrigen ist die Aufnahme und Entgegennahme von Anträgen und Anmeldungen gebührenfrei.

§ 80[1])

Gebührenfreie Geschäfte des Registergerichts

Gebühren werden nicht erhoben:

1. für die aus Anlaß eines Vergleichs- oder Konkursverfahrens von Amts wegen vorzunehmenden Eintragungen sowie für Eintragungen und Löschungen, die auf Ersuchen oder Anordnung eines Gerichts, insbesondere des Vollstreckungsgerichts erfolgen; ausgenommen sind die Eintragung des Erstehers als Eigentümer eines Schiffs, die Eintragung der Schiffshypothek für die Forderung gegen den Ersteher sowie Eintragungen auf Grund einer einstweiligen Verfügung (§ 941 der Zivilprozeßordnung);

---

[1]) Fassung nach der VO vom 21. 12. 1940, Art 11, RGBl 1940, 1619.

2. für Entscheidungen über Anträge und Beschwerden der im § 126 des Gesetzes über die Angelegenheiten der freiwilligen Gerichtsbarkeit bezeichneten Art.

§ 81

Löschungsverfahren

(1) Für die Zurückweisung des Widerspruchs gegen eine angedrohte Löschung im Fall des § 141 des Gesetzes über die Angelegenheiten der freiwilligen Gerichtsbarkeit wird die für die Löschung bestimmte Gebühr besonders erhoben. Das gleiche gilt für die Verwerfung oder Zurückweisung der Beschwerde gegen die Zurückweisung des Widerspruchs.

(2) Für Löschungen nach den §§ 142 bis 144, 159 und 161 des Gesetzes über die Angelegenheiten der freiwilligen Gerichtsbarkeit und nach den §§ 2, 3 des Gesetzes vom 9. Oktober 1934 (Reichsgesetzbl I S 914) werden keine Gebühren erhoben. Im übrigen gilt Abs. 1 entsprechend.

§ 82

Beglaubigte Abschriften, Bescheinigungen

(1) Für die Erteilung beglaubigter Abschriften aus den in diesem Abschnitt genannten Registern oder aus dem Genossenschaftsregister wird eine Gebühr von 2 bis 20 Reichsmark erhoben; daneben werden die durch die Abschriften erwachsenen Schreibgebühren erhoben.

(2) Das gleiche gilt für Bescheinigungen aus den genannten Registern.

(3) Bescheinigungen nach § 66 Abs. 2 des Bürgerlichen Gesetzbuchs sind gebührenfrei.

(4) § 67 Satz 2 gilt entsprechend.

§ 83

Registereinsicht

Für die Einsicht der in diesem Abschnitt genannten Register und des Genossenschaftsregisters werden Gebühren nicht erhoben.

4. Familienrechtliche Angelegenheiten

§ 84

Gebührenfreie Tätigkeit des Vormundschaftsgerichts

Für die Tätigkeit des Vormundschaftsgerichts werden nur die in den §§ 85 bis 92 bestimmten Gebühren erhoben; im übrigen ist die Tätigkeit des Vormundschaftsgerichts gebührenfrei.

§ 85

Vormundschaft

(1) Bei Vormundschaften wird für jedes Jahr eine Gebühr in Höhe von 50 Reichspfennig von jeden angefangenen 1000 Reichsmark des nach Abzug der Verbindlichkeiten verbleibenden Mündelvermögens erhoben. Die Gebühr wird erstmalig bei Einleitung der Vormundschaft und später zu Beginn jedes Kalenderjahres fällig; für das bei der Einleitung der Vormundschaft laufende

und das folgende Kalenderjahr wird nur eine Jahresgebühr erhoben; das bei Beendigung der Vormundschaft laufende Jahr wird voll gerechnet.

(2) Erstreckt sich eine Vormundschaft auf mehrere Mündel, so werden die Gebühren für jedes Mündel besonders erhoben.

(3) Geht eine vorläufige Vormundschaft in eine endgültige über oder wird eine Vormundschaft von einem anderen Gericht übernommen, so bildet das Verfahren eine Einheit.

§ 86

Pflegschaft, Beistandschaft

(1) Bei Pflegschaften oder Beistandschaften für einzelne Rechtshandlungen wird die volle Gebühr nach dem Wert des Gegenstandes erhoben, auf den sich die Rechtshandlung bezieht. Ist der Fürsorgebedürftige an dem Gegenstand der Rechtshandlung nur mitberechtigt, so ist der Wert seines Anteils maßgebend; bei Gesamthandverhältnissen ist der Anteil entsprechend der Beteiligung an dem Gesamthandvermögen zu bemessen. Bei einer Pflegschaft oder Beistandschaft für mehrere Fürsorgebedürftige wird die Gebühr nach dem zusammengerechneten Wert einheitlich erhoben. Die Gebühr wird mit der Anordnung fällig. Sie wird nicht erhoben, wenn für den Fürsorgebedürftigen eine Vormundschaft oder eine Dauerpflegschaft (Abs. 2) besteht oder gleichzeitig anzuordnen ist.

(2) Bei sonstigen Pflegschaften oder Beistandschaften (Dauerpflegschaften) mit Ausnahme der Nachlaßpflegschaft (§ 98) bestimmen sich die Gebühren nach § 85.

§ 87

Einzelne Verrichtungen des Vormundschaftsgerichts

(1) Die volle Gebühr wird erhoben:

1. für Entscheidungen über den Unterhalt eines Kindes nach § 1612 des Bürgerlichen Gesetzbuchs;
2. für die Tätigkeit des Vormundschaftsgerichts im Fall der Wiederverheiratung des Vaters oder der Mutter;
3. für die in den §§ 1639 Abs. 1, 1640 Abs. 2, 1642 Abs. 2, 1653, 1666 bis 1668, 1670 und 1760 Abs. 2 des Bürgerlichen Gesetzbuchs vorgesehenen vormundschaftsgerichtlichen Entscheidungen und Anordnungen;
4. für die Übertragung der Ausübung der elterlichen Gewalt an die Mutter (§ 1685 Abs. 2 des Bürgerlichen Gesetzbuchs);
5.[1] für die Ersetzung der Einwilligung der Mutter zur Ehelichkeitserklärung.
6.[1] für die Ersetzung der Einwilligung des gesetzlichen Vertreters oder des Sorgeberechtigten zur Eingehung der Ehe oder der Genehmigung des gesetzlichen Vertreters zu einer ohne seine Einwilligung geschlossenen Ehe; für die Ersetzung der Einwilligung oder Genehmigung eines Vormunds oder Pflegers wird eine Gebühr nicht erhoben.

(2) Der Geschäftswert bestimmt sich nach § 24 Abs. 2. Bezieht sich die Entscheidung oder Anordnung des Vormundschaftsgerichts auf mehrere Fürsorgebedürftige, so wird nur eine Gebühr erhoben.

---

[1]) Fassung nach der VO vom 27. 7. 1938, RGBl 1938, 930.

(3)[1] In den Fällen des Absatzes 1 Nrn. 2 bis 5 ist nur der Vater oder die Mutter, in den Fällen des Absatzes 1 Nr. 6 ist nur der gesetzliche Vertreter oder der Sorgeberechtigte zahlungspflichtig.

§ 88

Weitere Verrichtungen des Vormundschaftsgerichts

(1) Die volle Gebühr wird erhoben:

1. für die nach § 1643 des Bürgerlichen Gesetzbuchs erforderliche Genehmigung zu einem Rechtsgeschäft;
2.[1] für die in den §§ 81, 82 und 97 des Ehegesetzes vom 6. Juli 1938, RGBl. I 807, vorgesehenen vormundschaftsgerichtlichen Anordnungen;
3. für Verfügungen nach § 112, § 1630 Abs. 2, § 1631 Abs. 2, §§ 1645, 1665, 1677, 2282 Abs. 2, 2290 Abs. 3, §§ 2347, 2351 des Bürgerlichen Gesetzbuchs;
4. für sonstige Fürsorgetätigkeiten des Vormundschaftsgerichts für ein unter elterlicher Gewalt stehendes Kind.

Die Gebühr wird nicht erhoben, wenn für den Fürsorgebedürftigen eine Vormundschaft oder Dauerpflegschaft besteht, oder wenn die Verrichtungen des Vormundschaftsgerichts in den Rahmen einer Einzelpflegschaft (§ 86 Abs. 1) fallen.

(2) Im Fall des Absatzes 1 Nr. 1 bestimmt sich der Geschäftswert nach dem Wert des Gegenstands, auf den sich das Rechtsgeschäft bezieht; ist der Fürsorgebedürftige an dem Gegenstand des Rechtsgeschäfts nur mitberechtigt, so ist der Wert seines Anteils maßgebend; bei Gesamthandverhältnissen ist der Anteil entsprechend der Beteiligung an dem Gesamthandvermögen zu bemessen. In den Fällen des Absatzes 1 Nrn. 2 bis 4 bestimmt sich der Wert nach § 24 Abs. 2.

(3) Die Vorschrift des § 87 Abs. 2 Satz 2 gilt entsprechend.

§ 89

Freigrenze bei geringem Vermögen

Betrifft die Tätigkeit des Vormundschaftsgerichts eine minderjährige, geisteskranke, geistesschwache oder gebrechliche Person, so gilt folgendes:

Die in den §§ 85, 86 und 88 bestimmten Gebühren sowie die Schreib- und Rechnungsgebühren bleiben außer Ansatz, wenn das reine Vermögen des Fürsorgebedürftigen nicht mehr als 5000 Reichsmark beträgt; bei Vormundschaften und Dauerpflegschaften (§ 85 und § 86 Abs. 2) werden überdies die Gebühren nur von dem 5000 Reichsmark übersteigenden Betrag des reinen Vermögens berechnet.

§ 90

Verfügungen des Vormundschaftsgerichts, die sich nicht auf Mündel, Pflegebefohlene oder unter elterlicher Gewalt stehende Kinder beziehen

(1) Die volle Gebühr wird erhoben:

1. für Entscheidungen, welche die persönlichen Rechtsbeziehungen der Ehegatten zueinander oder das eheliche Güterrecht betreffen, insbe-

[1] Fassung nach der VO vom 27. 7. 1938, RGBl 1938, 930.

sondere in den Fällen der §§ 1357, 1358, 1379, 1402, 1447 und 1451 des Bürgerlichen Gesetzbuchs;

2. für die Ersetzung der Zustimmung anteilsberechtigter Abkömmlinge zu Rechtsgeschäften des überlebenden Ehegatten im Falle der fortgesetzten Gütergemeinschaft;
3. für sonstige Verfügungen des Vormundschaftsgerichts, die sich nicht auf Mündel, Pflegebefohlene oder unter elterlicher Gewalt stehende Kinder beziehen.

(2) Der Geschäftswert bestimmt sich nach § 24 Abs. 2.

§ 91[1])

Annahme an Kindes Statt

(1) Die volle Gebühr wird erhoben

a) für die Bestätigung des Vertrags, durch den jemand an Kindes Statt angenommen oder das durch die Annahme begründete Rechtsverhältnis wieder aufgehoben wird.
b) für die Aufhebung des durch die Annahme begründeten Rechtsverhältnisses im Wege gerichtlicher Entscheidung (§ 12 des Gesetzes über die Änderung und Ergänzung familienrechtlicher Vorschriften vom 12. April 1938, RGBl. I S. 380).

(2) Der Geschäftswert bestimmt sich nach § 24 Abs. 2.

(3) Die höhere Verwaltungsbehörde ist in keinem Falle zur Zahlung von Kosten verpflichtet. Bei einem Verfahren, das auf einem Antrag oder einer Beschwerde der höheren Verwaltungsbehörde beruht, kann das Gericht den anderen am Verfahren Beteiligten die Kosten ganz oder teilweise auferlegen.

(4) Im Verfahren über die Bestätigung eines Annahmevertrags werden Gebühren nicht erhoben, wenn das reine Vermögen des Kindes nicht mehr als 5000 RM. beträgt.

§ 92

Volljährigkeitserklärung

Die volle Gebühr wird erhoben für die Volljährigkeitserklärung. Der Geschäftswert bestimmt sich nach § 24 Abs. 2; dabei ist das Reinvermögen des für volljährig zu Erklärenden angemessen zu berücksichtigen.

5. Nachlaß- und Teilungssachen

§ 93

Verwahrung und Rückgabe von Verfügungen von Todes wegen

(1) Für die amtliche Verwahrung einer Verfügung von Todes wegen wird bei der Annahme ein Viertel der vollen Gebühr erhoben.

(2) Dieselbe Gebühr wird für die Rückgabe einer Verfügung von Todes wegen erhoben.

§ 94

Eröffnung einer Verfügung von Todes wegen

Für die Eröffnung einer Verfügung von Todes wegen wird die Hälfte der vollen Gebühr erhoben.

---

[1]) Fassung nach der VO vom 23. 4. 1938, RGBl 1938, 418.

§ 95

Gemeinsame Vorschriften zu den §§ 93, 94

(1) In den Fällen der §§ 93 und 94 finden die Wertvorschriften des § 40 Abs. 4 entsprechende Anwendung.

(2) Werden mehrere Verfügungen von Todes wegen desselben Erblassers bei demselben Gericht gleichzeitig eröffnet, so ist nur eine Gebühr nach dem zusammengerechneten Wert zu erheben; soweit mehrfach über den ganzen Nachlaß oder über denselben Bruchteil verfügt ist, kommt der Wert nur einmal in Betracht.

(3) Die Gebühr nach § 94 wird von dem Nachlaßgericht erhoben, auch wenn die Eröffnung bei einem anderen Gericht stattgefunden hat.

(4) Für die Nachforderung und die Verjährung der Gebühr des § 93 gelten die Vorschriften des § 40 Abs. 5 entsprechend.

§ 96

Sicherung des Nachlasses

(1) Bei der Sicherung eines Nachlasses durch Siegelung oder auf andere Weise wird für das ganze Verfahren, einschließlich der erforderlichen Anordnungen wegen Aufbewahrung und Auslieferung des Nachlasses, die volle Gebühr erhoben. Die Gebühr wird mit der Anordnung fällig.

(2) Neben der Gebühr werden die Gebühren für die Siegelung, Entsiegelung oder Aufnahme des Vermögensverzeichnisses (§ 46) besonders erhoben.

§ 97

Ermittlung des Erben

Für die Ermittlung von Erben wird auch dann, wenn sie nach landesgesetzlichen Vorschriften von Amts wegen stattfindet, keine Gebühr erhoben.

§ 98

Nachlaßpflegschaften, Gesamtgutsverwaltung

(1) Für eine Nachlaßverwaltung, eine Gesamtgutsverwaltung, eine sonstige Nachlaßpflegschaft oder eine Pflegschaft für einen abwesenden Beteiligten nach § 88 des Gesetzes über die Angelegenheiten der freiwilligen Gerichtsbarkeit wird die volle Gebühr erhoben. Sie wird mit der Anordnung fällig. Maßgebend ist der Wert des von der Verwaltung oder Pflegschaft betroffenen Vermögens.

(2) Auf die Gebühr wird eine nach § 96 entstandene Gebühr angerechnet, wenn die Nachlaßpflegschaft zur Sicherung des Nachlasses eingeleitet wird.

(3) Wird der Antrag auf Anordnung einer Nachlaß- oder Gesamtgutsverwaltung abgelehnt oder vor Erlaß einer Entscheidung zurückgenommen, so wird ein Viertel der vollen Gebühr von dem Antragsteller erhoben; ist der Antrag von einem Gläubiger gestellt, so bestimmt sich der Geschäftswert nach der Forderung, jedoch nach dem Wert der Masse (Abs. 1 Satz 3), wenn dieser geringer ist.

§ 99

Erbschein

(1) Für die Erteilung eines Erbscheins, einschließlich des vorangegangenen Verfahrens wird die volle Gebühr erhoben. Für die Beurkundung der

eidesstattlichen Versicherung wird daneben die Gebühr des § 43 besonders erhoben; sie wird beim Nachlaßgericht angesetzt, auch wenn die Erklärung von einem anderen Gericht aufgenommen ist.

(2) Maßgebend ist der Wert des nach Abzug der Nachlaßverbindlichkeiten verbleibenden reinen Nachlasses im Zeitpunkt des Erbfalls. Wird der Erbschein nur über das Erbrecht eines Miterben erteilt, so bestimmt sich der Wert nach dessen Erbteil. Bei Erteilung eines beschränkten Erbscheins (§ 2369 des Bürgerlichen Gesetzbuchs) ist der Wert der im Inland befindlichen Gegenstände maßgebend.

§ 100

Einziehung des Erbscheins

Für die Einziehung oder Kraftloserklärung eines Erbscheins wird die Hälfte der vollen Gebühr erhoben. § 99 Abs. 2 gilt entsprechend. Die Gebühr bleibt außer Ansatz, wenn in demselben Verfahren ein neuer Erbschein erteilt wird.

§ 101

Andere Zeugnisse

(1) Die Vorschriften über den Erbschein gelten entsprechend

1. für das Zeugnis über die Fortsetzung der Gütergemeinschaft nach § 1507 des Bürgerlichen Gesetzbuchs; an Stelle des Nachlasses tritt der halbe Wert des Gesamtguts der fortgesetzten Gütergemeinschaft;
2. für das erste Zeugnis über die Ernennung eines Testamentsvollstreckers; für jedes weitere Zeugnis wird ein Viertel der vollen Gebühr erhoben. Der Wert bestimmt sich nach § 24 Abs. 2.

(2) Abs. 1 findet auf Zeugnisse für Samtgutsverwalter, auf Besitzbescheinigungen und ähnliche Zeugnisse des Nachlaßgerichts sinngemäße Anwendung.

§ 102

Feststellung des Erbrechts des Fiskus

(1) Für das Verfahren zur Feststellung des Erbrechts des Fiskus oder der an seine Stelle tretenden Körperschaft, Stiftung oder Anstalt des öffentlichen Rechts wird dieselbe Gebühr wie für die Erteilung eines Erbscheins erhoben.

(2) Wird auf Grund der Feststellung ein Erbschein erteilt, so wird hierfür eine besondere Gebühr nicht erhoben.

§ 103

Beschränkte Zeugnisse, Bescheinigungen

(1) Ein Viertel der vollen Gebühr bis zum Höchstbetrage von 10 Reichsmark wird erhoben:

1.[1]) für die Zeugnisse gemäß §§ 36 und 37 der Grundbuchordnung und § 42 der Schiffsregisterordnung;

---

[1]) Fassung nach der VO vom 21. 12. 1940, Art 11, RGBl 1940, 1619.

2. für die nach den Gesetzen über das Reichsschuldbuch oder das Staatsschuldbuch eines Landes erforderlichen Bescheinigungen, daß ein Rechtsnachfolger von Todes wegen, ein die Gütergemeinschaft fortsetzender Ehegatte oder ein Testamentsvollstrecker über die Buchforderung verfügen kann.

(2)[1]) Maßgebend ist im Fall des Absatzes 1 Nr. 1 der Wert des Grundstücks, des Schiffs, des Schiffsbauwerks oder des betroffenen Rechts, im Fall des Absatzes 1 Nr. 2 der Betrag der Forderung.

(3) Für die in dem Verfahren abgegebene eidesstattliche Versicherung wird die Gebühr des § 43 besonders erhoben.

§ 104

Erklärungen gegenüber dem Nachlaßgericht

(1) Ein Viertel der vollen Gebühr wird für die Entgegennahme folgender Erklärungen erhoben:

1. Anfechtung der Ehe im Fall des § 1342 des Bürgerlichen Gesetzbuchs;[2])
2. Ablehnung der fortgesetzten Gütergemeinschaft (§ 1484 des Bürgerlichen Gesetzbuchs), Verzicht eines anteilsberechtigten Abkömmlings (§ 1491 daselbst) oder Aufhebung der fortgesetzten Gütergemeinschaft (§ 1492 daselbst);
3. Anfechtung der Ehelichkeit eines Kindes in den Fällen der §§ 1597, 1599 des Bürgerlichen Gesetzbuchs;
4. Ausschlagung der Erbschaft, Anfechtung der Annahme oder Ausschlagung der Erbschaft oder Anfechtung der Versäumung der Ausschlagungsfrist (§§ 1945, 1955, 1956, § 2308 Abs. 1 des Bürgerlichen Gesetzbuchs);
5. Anmeldung von Forderungen im Fall des § 2061 des Bürgerlichen Gesetzbuchs;
6. Anfechtung eines Testaments oder Erbvertrags (§ 2081, § 2281 Abs. 2 des Bürgerlichen Gesetzbuchs);
7. Anzeige des Vorerben oder des Nacherben über den Eintritt der Nacherbfolge (§ 2146 des Bürgerlichen Gesetzbuchs);
8. Bestimmung der Person des Testamentsvollstreckers oder Ernennung von Mitvollstreckern (§ 2198 Abs. 1 Satz 2 und § 2199 Abs. 3 des Bürgerlichen Gesetzbuchs), Annahme oder Ablehnung des Amtes des Testamentsvollstreckers (§ 2202 daselbst) sowie Kündigung dieses Amtes (§ 2226 daselbst);
9. Anzeige des Verkäufers oder Käufers einer Erbschaft über deren Verkauf (§ 2384 des Bürgerlichen Gesetzbuchs).

(2) Bei der Berechnung der Gebühren wird, wenn eine vermögensrechtliche Angelegenheit vorliegt, der Wert der Vermögensmasse nach Abzug der Schulden zugrunde gelegt; im übrigen ist der Wert nach § 24 Abs. 2 zu bestimmen. Im Fall des Absatzes 1 Nr. 5 wird die Gebühr einheitlich nach den Gesamtbetrag der angemeldeten Forderungen erhoben; Schuldner der Gebühr ist der Miterbe, der die Aufforderung erlassen hat. Wird im Falle des Absatzes 1 Nr. 4 die Erbschaft von mehreren neben- oder nacheinander be-

---

[1]) Fassung nach der VO vom 21. 12. 1940, Art II, RGBl 1940, 1619.

[2]) § 1342 BGB ist durch § 84 EheG aufgehoben.

rufenen Personen gleichzeitig durch Erklärung vor dem Nachlaßgericht oder durch Einreichung einer Urkunde ausgeschlagen, so wird die Gebühr nur einmal nach dem Wert der ausgeschlagenen Erbschaft erhoben.

(3) Für die Aufnahme der Anmeldungen und Erklärungen werden Gebühren nach § 31 Abs. 2 besonders erhoben, soweit sie in öffentlich beglaubigter Form abzugeben oder gerichtlich oder notariell zu beurkunden sind; im übrigen ist die Aufnahme der Anmeldungen und Erklärungen gebührenfrei.

§ 105
Testamentsvollstrecker

Die Hälfte der vollen Gebühr wird erhoben für die Ernennung oder Entlassung von Testamentsvollstreckern und für sonstige anläßlich einer Testamentsvollstreckung zu treffenden Anordnungen. Der Wert bestimmt sich nach § 24 Abs. 2.

§ 106
Nachlaßinventar, Fristbestimmungen

Die Hälfte der vollen Gebühr wird erhoben:

1. für die Entgegennahme eines Nachlaßinventars, für die Bestimmung einer Inventarfrist oder einer neuen Inventarfrist und für die Verlängerung der Inventarfrist, einschließlich der Anordnung wegen Aufnahme des Inventars durch einen Notar oder einen sonstigen zuständigen Beamten; maßgebend ist der Wert des Nachlasses nach Abzug der Schulden;
2. für die Fristbestimmungen nach den §§ 2151, 2153 bis 2155, 2192, 2193 des Bürgerlichen Gesetzbuchs.

§ 107
Gebührenfreie Erledigung in den Fällen der §§ 104 bis 106

Die in den §§ 104 bis 106 aufgeführten Verrichtungen bleiben gebührenfrei, wenn sie im Zusammenhang mit einem anderen nach den Vorschriften dieses Unterabschnitts gebührenpflichtigen Verfahren stehen.

§ 108
Gerichtliche Vermittlung der Auseinandersetzung

(1) Für die gerichtliche Vermittlung der Auseinandersetzung eines Nachlasses oder des Gesamtguts einer Gütergemeinschaft, einschließlich des vorangegangenen Verfahrens, wird das Vierfache der vollen Gebühr erhoben. Die Gebühr ermäßigt sich

1. auf das Doppelte der vollen Gebühr, wenn das Verfahren ohne Bestätigung der Auseinandersetzung abgeschlossen wird,
2. auf die Hälfte der vollen Gebühr, wenn sich das Verfahren vor Eintritt in die Verhandlung durch Zurücknahme oder auf andere Weise erledigt.

Die Vorschriften des § 53 gelten entsprechend.

(2) Wird mit einem Dritten vor dem Teilungsgericht der Auseinandersetzung ein Vertrag geschlossen, so wird von dem Dritten die Hälfte der nach dem Beurkundungsabschnitt zu berechnenden Gebühr erhoben.

(3) Für die Beurkundung einer vertragsmäßigen Auseinandersetzung, für die Aufnahme von Vermögensverzeichnissen und Schätzungen sowie für

Versteigerungen werden die Gebühren nach Maßgabe des Beurkundungsabschnitts besonders erhoben.

(4) Wird die Vermittlung der Auseinandersetzung einem Notar übertragen, so wird je die Hälfte der vollen Gebühr erhoben:

1. für das gerichtliche Verfahren, einschließlich der Anordnung von Beweisaufnahmen,
2. für die Bestätigung der Auseinandersetzung.

(5) Die Gebühr bestimmt sich nach dem Wert der den Gegenstand der Auseinandersetzung bildenden Vermögensmasse. Dabei werden die Werte mehrerer Massen, die in demselben Verfahren auseinandergesetzt werden, zusammengerechnet. Trifft die Auseinandersetzung des Gesamtguts einer Gütergemeinschaft mit der Auseinandersetzung des Nachlasses eines Ehegatten zusammen, so wird die Gebühr einheitlich nach dem zusammengerechneten Wert des Gesamtguts und des übrigen Nachlasses erhoben.

(6) Für die Kosten des Verfahrens (Abs. 1 und 4) haften die Anteilsberechtigten als Gesamtschuldner.

§ 108a[1])

Verfahren bei Vererbung einer Heimstätte.

(1) Für das bei Vererbung einer Heimstätte im § 40 der Verordnung zur Ausführung des Reichsheimstättengesetzes vom 19. Juli 1940 (Reichsgesetzblatt I S. 1027) vorgesehene Verfahren vor dem Nachlaßgericht wird ein Viertel der vollen Gebühr nach dem Werte der Heimstätte (§ 31 der Verordnung) erhoben. Führt das Nachlaßgericht die Einigung der Beteiligten über die Heimstättenfolge herbei (§ 26 Nr. 3 der Verordnung), so erhöht sich die Gebühr auf die Hälfte der vollen Gebühr; mit der Gebühr ist auch die Aufnahme der Einigungserklärungen durch das Nachlaßgericht abgegolten.

(2) Für das Zeugnis des Nachlaßgerichts zum Nachweis der Heimstättenfolge (§ 29 Abs. 2 und § 34 der Verordnung) wird die Hälfte der vollen Gebühr erhoben. Schuldner der Gebühr ist der Heimstättenfolger. Wird ein Erbschein erteilt, so ist die Gebühr für das Zeugnis auf die Gebühr für den Erbschein anzurechnen.

(3) Für die Aufnahme der dem Nachlaßgericht gegenüber abzugebenden Erklärungen werden Gebühren nach § 31 Abs. 2 besonders erhoben, soweit sie in öffentlich beglaubigter Form abgegeben sind. Im übrigen ist die Aufnahme von Erklärungen durch die Gebühr des Abs. 1 abgegolten.

(4) Die Gebührenermäßigung nach § 35 des Reichsheimstättengesetzes vom 25. November 1937 (Reichsgesetzblatt I S. 1291) bleiben unberührt.

6. Sonstige Angelegenheiten

§ 109

Genehmigung und Beaufsichtigung von Stiftungen

(1) Für die Genehmigung einer Familienstiftung wird die volle Gebühr erhoben.

---

1) Eingefügt durch VO vom 19. 7. 1940, RGBl 1940, 1027.

(2) Für die Aufsicht über Stiftungen oder deren Verwaltung wird für jedes angefangene Kalenderjahr die volle Gebühr erhoben. Die Gebühr wird zu Beginn jedes Zeitabschnitts im voraus fällig. Sie kann in einfach liegenden Fällen nach Ermessen des Gerichts bis auf ein Viertel der vollen Gebühr ermäßigt werden.

(3) Die Gebühr bestimmt sich nach dem Wert des Stiftungsvermögens nach Abzug der Schulden.

§ 110

Ordnungsstrafverfahren

(1) In einem Ordnungsstrafverfahren nach den §§ 132 bis 139, 159 des Gesetzes über die Angelegenheiten der freiwilligen Gerichtsbarkeit wird in jedem Rechtszug das Dreifache der vollen Gebühr erhoben:

1. für die Festsetzung der Ordnungsstrafe;
2. für die Verwerfung des Einspruchs.

(2) Die Gebühr wird nach dem festgesetzten oder angedrohten Betrag der Ordnungsstrafe berechnet; sie darf den Betrag der Ordnungsstrafe nicht übersteigen.

(3) Jede Wiederholung der Ordnungsstrafe gilt als ein besonderes Verfahren.

(4) Für die Androhung von Strafen werden Gebühren nicht erhoben.

(5) Die Vorschriften der Absätze 1 bis 4 gelten in anderen Fällen der Festsetzung von Ordnungsstrafen entsprechend. Sie gelten auch für die Festsetzung von Ordnungsstrafen gegen Vormünder (Pfleger, Beistände). Sie gelten nicht für die Festsetzung von Ordnungsstrafen gegen Zeugen und Sachverständige.

§ 111

Ernennung von Sachverständigen, Bestellung eines Verwahrers, Verkauf oder Hinterlegung von Pfändern

Die volle Gebühr wird erhoben:

1. für die Ernennung und Beeidigung von Sachverständigen zur Feststellung des Zustandes oder Wertes von Sachen; wird gerichtlich Beweis erhoben, so werden daneben die Gebühren nach § 43 Abs. 1 und § 44 Nr. 4 erhoben;
2. für die Bestellung eines Verwahrers nach den §§ 432, 1217, 1281, 2039 des Bürgerlichen Gesetzbuchs, einschließlich der Entscheidung über seine Vergütung;
3. für Anordnungen des Gerichts über den Verkauf oder die Hinterlegung von Pfändern und anderen Gegenständen.

§ 112

Ernennung und Abberufung von Vorstandsmitgliedern usw.

Soweit nicht in dieser Verordnung oder in sonstigen reichsrechtlichen Vorschriften ein anderes bestimmt ist, wird das Doppelte der vollen Gebühr erhoben für die Erledigung der im Bürgerlichen Gesetzbuch in dem Titel „Juristische Personen", im Handelsgesetzbuch, im Genossenschaftsgesetz oder im Gesetz, betreffend die Gesellschaften mit beschränkter Haftung, den Gerichten zugewiesenen Angelegenheiten (Ernennung und Abberufung von Vorstandsmitgliedern und Liquidatoren, Ernennung von Revisoren, Ermächtigung zur Berufung einer Generalversammlung oder zur Einsicht von Büchern) sowie für Entscheidungen und Anordnungen ähnlicher Art.

§ 113[1])

Bestellung eines Vertreters des Grundstücks- oder Schiffseigentümers, Zustellung von Willenserklärungen, Kraftloserklärung von Vollmachten

(1) Die Hälfte der vollen Gebühr wird erhoben:

1. für die Bestellung eines Vertreters des Grundstückseigentümers oder des Schiffseigentümers nach § 1141 Abs. 2 des Bürgerlichen Gesetzbuchs und § 42 Abs. 2 des Gesetzes über Rechte an eingetragenen Schiffen und Schiffsbauwerken vom 15. November 1940, RGBl. I 1499;
2. für die Bewilligung der öffentlichen Zustellung einer Willenserklärung nach § 132 Abs. 2 des Bürgerlichen Gesetzbuchs;
3. für die Bewilligung der Kraftloserklärung von Vollmachten nach § 176 Abs. 2 des Bürgerlichen Gesetzbuchs.

(2) Der Wert bestimmt sich nach § 24 Abs. 2.

§ 114

Dispache

(1) Für die Bestellung eines Dispacheurs, einschließlich der Bestimmung seiner Vergütung, und für die Entscheidung über seine Verpflichung zu der von ihm abgelehnten Aufmachung der Dispache wird insgesamt die volle Gebühr erhoben. Maßgebend für die Gebühr ist der Betrag des Havereischadens und, wenn der Wert des Geretteten an Schiff, Fracht und Ladung geringer ist, dieser geringere Wert.

(2) Für die Verhandlung über die Dispache, einschließlich der Bestätigung, wird ebenfalls die volle Gebühr erhoben. Maßgebend ist die Summe der Anteile, die die an der Verhandlung Beteiligten an dem Schaden zu tragen haben. Wird die Dispache bestätigt, so haften die an dem Verfahren Beteiligten für die Kosten als Gesamtschuldner.

§ 115.

Offenbarungseid

(1) Für die Verhandlung in dem Termin zur Abnahme eines Offenbarungseids nach den §§ 259, 260, 2006, 2028 Abs. 2, § 2057 des Bürgerlichen Gesetzbuchs und nach § 83 Abs. 2 des Gesetzes über die Angelegenheiten der freiwilligenGerichtsbarkeit wird die volle Gebühr erhoben, auch wenn die Eidesleistung unterbleibt.

---

1) Fassung nach der VO vom 21. 12. 1940, Art 11, RGBl 1940, 1619.

(2) Erledigt sich das Verfahren vor Eintritt in die Verhandlung infolge Zurücknahme des Antrags oder in anderer Weise, so ermäßigt sich die Gebühr entsprechend den Vorschriften im § 122.

§ 116

Verteilungsverfahren bei Enteignungen und dgl.

(1) Soweit bei der Enteignung, bei der Beschädigung von Grundstücken durch Bergbau oder in ähnlichen Fällen ein Verteilungsverfahren vorgesehen ist, wird dafür das Doppelte der vollen Gebühr nach dem zu verteilenden Gesamtbetrag erhoben.

(2) Wird der Antrag auf Eröffnung des Verfahrens zurückgewiesen oder wird der Antrag vor Eröffnung des Verfahrens zurückgenommen, so bemißt sich die nach § 122 zu erhebende Gebühr nach dem zu verteilenden Gesamtbetrag und, wenn ein Berechtigter den Antrag gestellt hat, nach dem von ihm beanspruchten Betrag, falls er geringer ist als der Gesamtbetrag.

§ 117

Kapitalkreditbeschaffung für landwirtschaftliche Pächter

(1) Für die Niederlegung eines Verpfändungsvertrags nach dem Gesetz, betreffend die Ermöglichung der Kapitalkreditbeschaffung für landwirtschaftliche Pächter, vom 9. Juli 1926 / 18. März 1933 (Reichsgesetzbl. 1926 I S. 399, 1933 I S. 121), einschließlich der Erteilung einer Bescheinigung über die erfolgte Niederlegung, wird die Hälfte der vollen Gebühr erhoben.

(2) Ein Viertel der vollen Gebühr wird erhoben:

1. für die Entgegennahme der Anzeige über die Abtretung der pfandgesicherten Forderung;
2. für die Herausgabe des Verpfändungsvertrags.

(3) Für die Erteilung einer beglaubigten Abschrift des Verpfändungsvertrags sowie einer Bescheinigung an den Pächter, daß ein Verpfändungsvertrag bei dem Amtsgericht nicht niedergelegt ist, werden 2 bis 20 Reichsmark erhoben. Für Abschriften werden daneben die erwachsenen Schreibgebühren angesetzt.

(4) Für die Niederlegung einer Vereinbarung des Pächters und des Pfandgläubigers, durch die die Erstreckung des Pfandrechts auf die nach seiner Entstehung vom Pächter erworbenen Inventarstücke ausgeschlossen wird, sowie für die Gestattung der Einsicht in die bei dem Amtsgericht niedergelegten Verpfändungsverträge werden Gebühren nicht erhoben.

§ 118

Personenstandsangelegenheiten

(1) Auf die Familienregister sowie auf die bei den Gerichten aufbewahrten Standesregister und Kirchenbücher finden die Vorschriften des § 16 des Personenstandsgesetzes entsprechende Anwendung.

(2) Im übrigen werden in Personenstandsangelegenheiten für die Zurückweisung von Anträgen auf eine gerichtliche Anordnung sowie für die Verwerfung oder Zurückweisung einer Beschwerde gegen eine gerichtliche Entscheidung die in den §§ 122 und 123 bestimmten Gebühren erhoben.

§ 118a[1])

Todeserklärung und Feststellung der Todeszeit

(1) Das Doppelte der vollen Gebühr wird erhoben für

a) die Todeserklärung,
b) die Feststellung der Todeszeit,
c) die Aufhebung der Todeserklärung einschließlich des vorangegangenen Verfahrens.

(2) Wird ein Aufgebotsverfahren in ein Verfahren zur Feststellung der Todeszeit übergeleitet, so ist es für die Gebührenberechnung als ein einheitliches Verfahren zu behandeln.

(3) Der Geschäftswert bestimmt sich nach § 24 Abs. 2.

§ 119

Rechtshilfe

Die Gebühren für die Erledigung ausländischer Rechtshilfeersuchen werden durch besondere Verordnung bestimmt. Bis zu deren Erlaß bleiben die bisherigen Vorschriften maßgebend.

§ 120

Allgemeine Gebühr für nicht besonders genannte Geschäfte

Ist für ein in landesrechtlichen Vorschriften vorgesehenes Geschäft der freiwilligen Gerichtsbarkeit weder in dieser Verordnung noch sonst reichsrechtlich eine Gebühr bestimmt, so wird dafür die Hälfte der vollen Gebühr erhoben.

7. Ergänzende Gebührenvorschriften für Anträge, Beschwerden usw.

§ 121

Gesuche, Anträge

Gesuche und Anträge werden, soweit nicht ein anderes bestimmt ist, gebührenfrei aufgenommen.

§ 122

Zurückweisung und Zurücknahme von Anträgen

(1) Wird in Fällen, in denen das Gericht nur auf Antrag tätig wird, ein Antrag zurückgewiesen, so wird, soweit nicht ein anderes bestimmt ist, die Hälfte der vollen Gebühr, höchstens jedoch ein Betrag von 50 Reichsmark erhoben.

(2) Wird ein Antrag zurückgenommen, bevor über ihn eine Entscheidung ergangen ist oder die beantragte Handlung stattgefunden hat, so wird, soweit nicht ein anderes bestimmt ist, ein Viertel der vollen Gebühr, höchstens jedoch ein Betrag von 25 Reichsmark erhoben.

(3) Der für die beantragte Verhandlung oder Entscheidung bestimmte Gebührensatz darf nicht überschritten werden.

(4) Im Fall einer teilweisen Zurückweisung oder Zurücknahme ist die Gebühr nach dem Werte des zurückgewiesenen oder zurückgenommenen

[1]) Eingefügt durch Gesetz vom 4. 7. 1939, RGBl 1190.

Teils, jedoch nur insoweit zu erheben, als die Gebühr für die Erledigung des ganzen Antrags die Gebühr für die teilweise Erledigung übersteigt.

§ 123

Beschwerden, Anrufung des Gerichts gegen Entscheidungen anderer Behörden oder Dienststellen

(1) Für das Verfahren über Beschwerden wird, soweit nicht ein anderes bestimmt ist, erhoben:

1. in den Fällen der Verwerfung oder Zurückweisung die Hälfte der vollen Gebühr;
2. in den Fällen der Zurücknahme ein Viertel der vollen Gebühr; betrifft die Zurücknahme nur einen Teil des Beschwerdegegenstands, so ist die Gebühr nur insoweit zu erheben, als sich die Beschwerdegebühr erhöht haben würde, wenn die Entscheidung auf den zurückgenommenen Teil erstreckt worden wäre.

Im übrigen ist das Beschwerdeverfahren gebührenfrei.

(2) Der Wert bestimmt sich in allen Fällen nach § 24 Abs. 2.

(3) Richtet sich die Beschwerde gegen eine Entscheidung des Vormundschaftsgerichts und ist sie von dem unter elterlicher Gewalt stehenden Kinde, dem Mündel oder dem Pflegebefohlenen oder im Interesse dieser Personen eingelegt, so ist sie in jedem Fall gebührenfrei.

(4) Soweit in den Fällen, wo Angelegenheiten der in diesem Abschnitt bezeichneten Art von anderen Behörden oder Stellen, insbesondere von Notaren, erledigt werden, eine Anrufung des Gerichts vorgesehen ist, steht diese hinsichtlich der Gebühren einer Beschwerde gleich. Dies gilt nicht bei Anträgen auf Änderung von Entscheidungen des ersuchten oder beauftragten Richters oder des Urkundsbeamten der Geschäftsstelle.

§ 124

Ausfertigungen und beglaubigte Abschriften

Soweit nicht ein anderes bestimmt ist, wird bei der Erteilung beglaubigter Abschriften der vom Gericht erlassenen Entscheidungen sowie der von ihm aufgenommenen oder in Urschrift in seiner dauernden Verwahrung befindlichen Urkunden neben Schreibgebühren eine Beglaubigungsgebühr nicht erhoben.

§ 125

Vollstreckbare Ausfertigungen

Für die Erteilung vollstreckbarer Ausfertigungen von gerichtlichen oder notariellen Urkunden wird die Hälfte der vollen Gebühr erhoben, wenn der Eintritt einer Tatsache oder einer Rechtsnachfolge zu prüfen ist (§§ 726 bis 729 der Zivilprozeßordnung) oder es sich um die Erteilung einer weiteren vollstreckbaren Ausfertigung handelt. Das gleiche gilt im Fall der Erteilung vollstreckbarer Ausfertigungen einer bestätigten Auseinandersetzung sowie in ähnlichen Fällen.

§ 126

Vollstreckungshandlungen

Für die Vornahme von gerichtlichen Vollstreckungshandlungen in Angelegenheiten der freiwilligen Gerichtsbarkeit werden, soweit nicht ein anderes bestimmt ist, die für solche Handlungen im Gerichtskostengesetz vorgesehenen Gebühren erhoben.

§ 127

Rechtskraftzeugnisse, Kostenfestsetzung

Für die Erteilung von Rechtskraftzeugnissen und für die gerichtliche Festsetzung der einem Beteiligten zu erstattenden Kosten werden Gebühren nicht erhoben.

Dritter Abschnitt

Gebühren im Verfahren der Zwangsversteigerung und Zwangsverwaltung von Gegenständen des unbeweglichen Vermögens und in ähnlichen Verfahren.

§ 128

Anordnung der Zwangsversteigerung und Zwangsverwaltung

(1) Für die Entscheidung über den Antrag auf Anordnung der Zwangsversteigerung oder Zwangsverwaltung eines Grundstücks und die Entscheidung über den Beitritt wird die volle Gebühr erhoben.

(2) Ist der Antrag von einem Gläubiger gestellt, so bestimmt sich der Wert nach dem Betrag der Forderung nebst den miteinzuziehenden Zinsen und Kosten, in den sonstigen Fällen nach dem halben Wert des Gegenstands des Verfahrens.

(3) Wird der Antrag vor Erlaß der Entscheidung zurückgenommen, so wird ein Viertel der vollen Gebühr erhoben. Bei teilweiser Zurücknahme ist die Gebühr nach dem Wert des zurückgenommenen Teils zu erheben, jedoch nur insoweit, als die Gebühr für die Erledigung des ganzen Antrags die Gebühr für die teilweise Erledigung übersteigt.

§ 129

Zwangsversteigerung

(1) Bei der Zwangsversteigerung werden außer der Gebühr des § 128 erhoben:

1. für das Verfahren im allgemeinen die volle Gebühr;
2. für die Abhaltung des Versteigerungstermins die volle Gebühr; die Gebühr wird nur einmal erhoben, auch wenn mehrere Termine stattfinden;
3. für die Erteilung des Zuschlags das Doppelte der vollen Gebühr;
4. für das Verteilungsverfahren das Doppelte der vollen Gebühr; in den Fällen der §§ 143, 144 des Gesetzes über die Zwangsversteigerung und die Zwangsverwaltung nur die volle Gebühr.

(2) Der Versteigerungstermin gilt als abgehalten, wenn zur Abgabe von Geboten aufgefordert worden ist.

(3) Die Gebühren des Absatzes 1 Nrn. 1, 2 und 3 sind von dem nach § 4 Abs. 7 der Verordnung über Maßnahmen auf dem Gebiete der Zwangsvollstreckung vom 26. Mai 1933 (Reichsgesetzbl. I S. 302) im Versteige-

rungstermin bekanntgegebenen Wert zu berechnen; ist es zu einer Bekanntgabe des Wertes nicht gekommen, so ist der Wert des Grundstücks (§ 18) maßgebend. Im Fall der Zwangsversteigerung zur Aufhebung einer Gemeinschaft bleibt jedoch bei der Berechnung der Gebühr für die Erteilung des Zuschlags der Anteil des Erstehers an dem Gegenstand des Verfahrens außer Betracht; bei Gesamthandeigentum ist jeder Mitberechtigte wie ein Miteigentümer nach dem Verhältnis seines Anteils anzusehen.

(4) Die Gebühr für das Verteilungsverfahren bestimmt sich nach dem Gebot, für das der Zuschlag erteilt ist, einschließlich des Wertes der nach den Versteigerungsbedingungen bestehen bleibenden Rechte. Der Erlös aus einer gesonderten Versteigerung oder sonstigen Verwertung (§ 65 des Gesetzes über die Zwangsversteigerung und die Zwangsverwaltung) wird hinzugerechnet.

§ 130

Zwangsversteigerung mehrerer Gegenstände

Betrifft das Verfahren mehrere Gegenstände, so werden die im § 129 bestimmten Gebühren einheitlich nach dem Gesamtwert erhoben. Bei Zuschlägen an verschiedene Ersteher werden die Gebühren für die Erteilung des Zuschlags (§ 129 Abs. 1 Nr. 3) jedoch von jedem Ersteher besonders erhoben.

§ 131

Besondere Bestimmungen über die Zahlungspflicht im Zwangsversteigerungsverfahren

(1) Schuldner der Gebühr für die Erteilung des Zuschlags (§ 129 Abs. 1 Nr. 3) ist, vorbehaltlich der Vorschrift im § 3 Nr. 3, nur der Ersteher. Im Fall der Abtretung der Rechte aus dem Meistgebot oder der Erklärung, für einen Dritten geboten zu haben (§ 81 des Gesetzes über die Zwangsversteigerung und die Zwangsverwaltung), haften der Ersteher und der Meistbietende als Gesamtschuldner. Hinsichtlich der übrigen Gebühren des § 129 bewendet es, soweit sie nicht aus der Masse entnommen werden können, bei den allgemeinen Vorschriften über die Zahlungspflicht.

(2) Die Gebühr für die Eintragung des Erstehers als Eigentümer wird nur von diesem erhoben; für die Gebühren, die durch die Eintragung der Sicherungshypothek für Forderungen gegen den Ersteher erwachsen, haftet neben den Gläubigern auch der Ersteher.

§ 132

Besondere Bestimmungen über die Fälligkeit der Zwangsversteigerungsgebühren

(1) Die Gebühren des § 129 Abs. 1 Nrn. 1, 2 und 4 werden im Verteilungstermin und, wenn das Verfahren vorher aufgehoben wird, mit der Aufhebung fällig.

(2) Die Gebühr des § 129 Abs. 1 Nr. 3 wird mit der Verkündung des Zuschlags und, wenn der Zuschlag vom Beschwerdegericht erteilt wird, mit der Zustellung des Beschlusses an den Ersteher fällig. Wird der Zuschlagsbeschluß aufgehoben, so wird die Gebühr nicht erhoben oder, wenn sie bezahlt ist, erstattet.

§ 133

Vorschuß im Zwangsversteigerungsverfahren

Spätestens bei Bestimmung des Versteigerungstermins ist ein Vorschuß in Höhe der doppelten Verfahrensgebühr (§ 129 Abs. 1 Nr. 1) zu erheben. Weder die Anordnung der Zwangsversteigerung noch die Fortsetzung des Verfahrens kann von der Zahlung eines Vorschusses abhängig gemacht werden.

§ 134

Zwangsverwaltung

(1) Für das Verfahren der Zwangsverwaltung wird außer der Gebühr des § 128 für jedes angefangene Jahr das Doppelte der vollen Gebühr erhoben. Das erste Jahr beginnt mit dem Tag der Beschlagnahme.

(2) Maßgebend ist der Gesamtwert der Einkünfte, abzüglich der laufenden Beträge der öffentlichen Lasten und der dem Zwangsverwalter (der Aufsichtsperson) zustehenden Vergütung. Die Mindestgebühr beträgt 10 Reichsmark.

(3) Die Gebühren werden mit der Aufhebung des Verfahrens und, wenn es länger als ein Jahr dauert, am Ende eines jeden Jahres fällig.

(4) Der Antragsteller hat alljährlich einen angemessenen Gebührenvorschuß zu zahlen. Weder die Anordnung der Zwangsverwaltung noch die Fortsetzung des Verfahrens kann von der Zahlung eines Vorschusses abhängig gemacht werden.

§ 135

Beschwerden, Anrufung des Gerichts gegen Entscheidungen anderer Behörden oder Dienststellen

(1) Für das Verfahren über Beschwerden wird erhoben:

1. in den Fällen der Verwerfung oder Zurückweisung die volle Gebühr;
2. in den Fällen der Zurücknahme die Hälfte der vollen Gebühr; betrifft die Zurücknahme nur einen Teil des Beschwerdegegenstandes, so ist die Gebühr nur insoweit zu erheben, als sich die Beschwerdegebühr erhöht haben würde, wenn die Entscheidung auf den zurückgenommenen Teil erstreckt worden wäre.

Im übrigen ist das Beschwerdeverfahren gebührenfrei.

(2) Der Wert bestimmt sich nach § 24 Abs. 2.

(3) Soweit in den Fällen, wo Zwangsversteigerungen und Zwangsverwaltungen von anderen Behörden oder Stellen, insbesondere Notaren, erledigt werden, eine Anrufung des Gerichts vorgesehen ist, steht diese hinsichtlich der Gebühren einer Beschwerde gleich.

§ 136[1])

Schiffe, Schiffsbauwerke und grundstücksgleiche Rechte

Die Vorschriften dieses Abschnitts gelten entsprechend für die Zwangsversteigerung von Schiffen und Schiffsbauwerken sowie für die Zwangsversteigerung oder die Zwangsverwaltung der Rechte, die den Vorschriften

---

[1]) Fassung nach der VO vom 21. 12. 1940 Art 11, RGBl 1940, 1619.

über die Zwangsvollstreckung in das unbewegliche Vermögen unterliegen, einschließlich der unbeweglichen Kuxe.

§ 137

Zwangsliquidation einer Bahneinheit

(1) Für die Entscheidung über den Antrag auf Eröffnung der Zwangsliquidation einer Bahneinheit wird dieselbe Gebühr wie nach § 128 erhoben.

(2) Für das Verfahren selbst wird das Dreifache und, wenn das Verfahren eingestellt wird, das Doppelte der vollen Gebühr erhoben. Die Gebühr bestimmt sich nach dem Gesamtwert der Bestandteile der Bahneinheit.

(3) Für das Beschwerdeverfahren gilt § 135 entsprechend.

Vierter Abschnitt

Auslagen

§ 138

Schreibgebühren

(1) Schreibgebühren werden, soweit nicht ein anderes bestimmt ist, erhoben:

1. für Ausfertigungen und Abschriften, die auf Antrag erteilt werden; bei Beurkundungen von Verträgen sind zwei Ausfertigungen oder Abschriften schreibgebührenfrei, bei sonstigen Beurkundungen ist eine Ausfertigung oder Abschrift schreibgebührenfrei;
2. für Ausfertigungen und Abschriften, die angefertigt werden müssen, weil zu den Akten gegebene Urkunden, von denen eine Abschrift zurückbehalten werden muß, zurückgefordert werden; in diesem Fall wird die bei den Akten zurückbehaltene Abschrift gebührenfrei beglaubigt;
3. für Ausfertigungen und Abschriften jeder Art in den Fällen der persönlichen und sachlichen Gebührenfreiheit (§ 10).

(2) Die Schreibgebühr beträgt für die Seite, die 28 Zeilen von durchschnittlich 15 Silben enthält, 25 Reichspfennig, auch wenn die Herstellung auf mechanischem Wege stattgefunden hat. Jede angefangene Seite wird als voll gerechnet. Für Schriftstücke, die in fremder Sprache abgefaßt sind, für Schriftstücke in tabellarischer Form sowie für Verzeichnisse, Listen, Rechnungen, Zeichnungen und dergleichen kann die Schreibgebühr im Verwaltungsweg anderweit bestimmt werden. Aufwendungen für die besondere Ausstattung einer Urkunde (Verwendung besonderen Papiers und dgl.) sind in jedem Falle zu erheben.

§ 139

Sonstige bare Auslagen

(1) An baren Auslagen werden ferner erhoben:

1. Postgebühren:
   a) für die Übersendung auf Antrag erteilter Ausfertigungen und Abschriften,
   b) für Ladungen von Zeugen und Sachverständigen,
   c) für die Übersendung der Kostenrechnung;
2. Telegraphengebühren und die im Fernverkehr zu entrichtenden Fernsprechgebühren;

3. Kosten, die durch öffentliche Bekanntmachung entstehen;
4. Zeugen- und Sachverständigengebühren sowie die an Urkundszeugen gezahlten Vergütungen;
5. die bei Geschäften außerhalb der Gerichtsstelle den Gerichtspersonen auf Grund gesetzlicher Vorschriften gewährten Vergütungen (Reisekostenvergütung, Auslagenersatz) und die Kosten für Bereitstellung von Räumen;
6. die an andere Behörden oder Beamte oder an Rechtsanwälte für deren Tätigkeit zu zahlenden Beträge;
7. Rechungsgebühren (§ 142);
8. die Kosten einer Beförderung von Personen sowie Beträge, die mittellosen Personen für die Reise zum Ort der Vernehmung oder Verhandlung und für die Rückreise gewährt werden;
9. die Kosten der Beförderung von Tieren und Sachen, der Verwahrung von Sachen, der Bewachung von Schiffen sowie der Verwahrung und Fütterung von Tieren;
10. die Haftkosten nach Maßgabe der für die Strafhaft geltenden Vorschriften.

(2) Fortgefallen (§ 19 JBeitrO v. 11. 3. 1936).

§ 140

Zustellungen

(1) Für die von Amts wegen bewirkten Zustellungen werden unbeschadet der Vorschrift des § 139 Abs. 1 Nr. 1 b nur diejenigen baren Auslagen erhoben, die durch die Zustellung im Ausland oder bei der öffentlichen Zustellung durch Bekanntmachung in öffentlichen Blättern entstehen.

(2) Wird ein Zeuge oder Sachverständiger ohne Inanspruchnahme der Post geladen, so wird als Auslage der Betrag der Postgebühren erhoben, der entstanden sein würde, wenn unter Inanspruchnahme der Post geladen worden wäre.

§ 141

Vornahme mehrerer Geschäfte auf derselben Reise

Sind die im § 139 Abs. I Nr. 5 bezeichneten Aufwendungen durch mehrere Geschäfte veranlaßt, so werden sie auf die mehreren Geschäfte unter Berrücksichtigung der Entfernungen und der auf die einzelnen Geschäfte verwendeten Zeit angemessen verteilt. Jeder Zahlungspflichtige haftet jedoch gegenüber der Staatskasse ohne Rücksicht auf diese Verteilung für die Auslagen, die bei gesonderter Erledigung des Geschäfts entstanden wären.

§ 142

Rechnungsgebühren

(1) Für Rechnungsarbeiten, die durch einen dazu besonders bestellten Beamten oder Angestellten vorgenommen werden, ist eine Stundengebühr zu erheben, die unter Berücksichtigung des Wertes des Gegenstandes auf 1bis 2,50 Reichsmark bemessen und nach der Zahl der für die Arbeit erforderlichen Stunden berechnet wird. Die letzte Stunde wird voll gerechnet, auch wenn sie nur angefangen war.

(2) In Vormundschafts- und Pflegschaftssachen werden unbeschadet der Vorschrift des § 89 für die Prüfung eingereichter Rechnungen Rechnungsgebühren nur erhoben, wenn die nachgewiesenen Einnahmen mehr als 1000 Reichsmark für das Jahr betragen.

(3) Die Rechnungsgebühren werden von dem Gericht festgesetzt. Beschwerden werden im Aufsichtsweg erledigt.

Zweiter Teil: Kosten der Notare

§ 143
Verbot der Gebührenvereinbarung

Die Kosten der Notare bestimmen sich, soweit nicht reichsrechtlich ein anderes vorgeschrieben ist, ausschließlich nach dieser Verordnung; Vereinbarungen über die Höhe der Kosten sind unwirksam.

§ 144
Anwendung des Ersten Teils

(1) Für die Kosten der Notare gelten die Bestimmungen des Ersten Teils dieser Verordnung entsprechend, soweit nicht in den nachstehenden Vorschriften ein anderes bestimmt ist.

(2) Fließen die Gebühren für die Tätigkeit des Notars (in Württemberg oder Baden) der Reichskasse zu, so entscheidet in den Fällen des § 13 Abs. 2 und des § 25 (Erinnerungen gegen den Kostenansatz, Festsetzung des Geschäftswerts) das Amtsgericht, in dessen Bezirk der Notar seinen Amtssitz hat.

(3) Fließen die Gebühren für die Tätigkeit des Notars diesem selbst zu, so finden die folgenden Bestimmungen des Ersten Teils keine Anwendung:

§ 13 (Kostenansatz, Erinnerung, Beschwerde),
§ 14 (Nachforderung),
§ 15 (Nichterhebung von Kosten),
§ 16 (Verjährung),
§ 25 (Festsetzung des Geschäftswerts),
§ 28 (Einziehung der Kosten),
§ 139 Abs. 1 Nr. 7, § 142 (Rechnungsgebühren),
§ 139 Abs. 2 (Wiedereinziehung überzahlter Auslagen)[1];

die reichs- und landesrechtlichen Gebührenbefreiungsvorschriften (§ 10) finden nur insoweit Anwendung, als sie auch bisher die Tätigkeit der Notare umfaßten.

§ 145
Entwürfe

(1) Die für die Beurkundung bestimmte Gebühr wird auch dann erhoben, wenn der Notar auf Erfordern nur den Entwurf der Urkunde fertigt. Die Gebühr ermäßigt sich auf die Hälfte, jedoch nicht unter eine volle Gebühr,

---

[1]) § 139 Abs. 2 ist fortgefallen (§ 19 JBeitrO v. 11. 3. 1936). Die Rückzahlung überhobener Beträge durch Notare ist im § 157 besonders geregelt.

wenn der Notar über ein Rechtsgeschäft, das der behördlichen Genehmigung bedarf oder der Nachprüfung durch die Preisbildungsbehörden unterliegt, im Einverständnis mit den Beteiligten einen Entwurf zur Einholung der Genehmigung anfertigt, die Genehmigung aber nicht erteilt wird und das Rechtsgeschäft aus diesem Grunde nicht zustande kommt.

(2)[1]) Nimmt der Notar demnächst auf Grund des Entwurfs eine oder mehrere Beurkundungen vor, so wird die Entwurfsgebühr auf die Beurkundungsgebühren in der Reihenfolge ihrer Entstehung angerechnet. Beglaubigt der Notar demnächst unter einer von ihm entworfenen Urkunde Unterschriften oder Handzeichen, so wird für die erste Beglaubigung eine Gebühr nicht erhoben, für weitere gesonderte Beglaubigungen werden die Gebühren besonders erhoben.

§ 146
Anträge und Beschwerden

(1) Ein Notar, der ein Rechtsgeschäft oder eine sonstige Erklärung beurkundet hat, erhält für Anträge, die er auf Grund der Urkunde in Grundbuch-, Register- oder ähnlichen Angelegenheiten stellt, keine weitere Gebühr; das gleiche gilt für Anträge auf behördliche Genehmigung der in der Urkunde enthaltenen Erklärungen. Der Notar erhält ferner keine weitere Gebühr für die Erwirkung der Legalisation der eigenen Unterschrift sowie für die Erledigung von Beanstandungen, einschließlich des Beschwerdeverfahrens.

(2) Für Anträge und Beschwerden in anderen Fällen erhält der Notar die Hälfte der vollen Gebühr; das gleiche gilt in den Fällen des Absatzes 1, wenn es notwendig ist, den Antrag oder die Beschwerde tatsächlich oder rechtlich näher zu begründen und die Partei dies verlangt.

§ 147
Auseinandersetzungen

(1) Für die Vermittlung einer Auseinandersetzung durch den Notar gelten die Vorschriften des § 108 mit den aus Abs. 2 ersichtlichen Maßgaben.

(2) Ist die Vermittlung dem Notar von dem Gericht übertragen, so erhält er das Dreieinhalbfache und, wenn die Bestätigung der Auseinandersetzung dem Gericht zusteht, das Dreifache der vollen Gebühr. Die Gebühr ermäßigt sich:

1. auf das Doppelte der vollen Gebühr, wenn das Verfahren ohne Bestätigung der Auseinandersetzung abgeschlossen wird,
2. auf die Hälfte der vollen Gebühr, wenn sich das Verfahren vor Eintritt in die Verhandlung durch Zurücknahme oder auf andere Weise erledigt.

§ 148
Erhebung, Verwahrung und Ablieferung von Geld, Wertpapieren und Kostbarkeiten

(1) Für die Erhebung, Verwahrung und Auszahlung von Geld erhält der Notar, soweit er im Auftrag eines Beteiligten tätig wird,

bis zu 1000 Reichsmark einschließlich	1 vom Hundert,
von dem Mehrbetrag bis zu 10000 Reichsmark einschl.	½ ,, ,, ,
von dem Mehrbetrag	¼ ,, ,, .

[1]) Fassung nach der VO vom 17. 6. 1940, RGBl 1940, 882.

(2) Der Notar erhält die Gebühr auch dann, wenn er das Geld zur Auszahlung an einen Dritten empfangen hat, die Auszahlung aber aus einem nicht in der Person des Notars liegenden Grund unterbleibt.

(3) Die Gebühr wird auch erhoben, wenn der Empfang oder die Auszahlung nicht durch Barzahlung erfolgt.

(4) Ist Geld in mehreren Beträgen gesondert erhoben oder ausgezahlt, so werden die Gebühren von jedem Betrag besonders erhoben.

(5) Die Mindestgebühr beträgt 50 Reichspfennig.

(6) Die Gebühr wird im Fall des § 45 Abs. 3 auf die Protestgebühr, nicht jedoch auf die Wegegebühr, angerechnet.

(7) Für die Erhebung, Verwahrung und Ablieferung von Wertpapieren und Kostbarkeiten erhält der Notar die im Abs. 1 bestimmte Gebühr nach Maßgabe des Wertes.

§ 149[1])

Bürgschaftsübernahme für Kauf- und Pachtgelder

(1) Soweit der Notar zur Zeit noch auf Grund landesgesetzlicher Vorschrift befugt ist, die persönliche Haftung für von ihm zu erhebende Kauf- und Pachtgelder zu übernehmen, erhält er:

1. bei Versteigerungen beweglicher Gegenstände 5 vom Hundert des Erlöses;
2. bei Versteigerungen unbeweglicher Gegenstände 1 vom Hundert des Erlöses;
3. bei Verpachtungen im Wege der Versteigerung 2 vom Hundert der erhobenen Pachtgelder.

(2) Diese Gebühren umfassen die Vergütung für die gesamte Tätigkeit des Notars bei der Versteigerung. Die Vereinbarung einer geringeren Vergütung ist zulässig.

§ 150

Sonstige Geschäfte, Nebentätigkeit

(1) Soweit für eine im Auftrag eines Beteiligten ausgeübte Tätigkeit des Notars eine Gebühr nicht bestimmt ist, erhält der Notar die Hälfte der vollen Gebühr.

(2) Für die ein Geschäft vorbereitende oder fördernde Tätigkeit (z. B. Raterteilung, Einsicht des Grundbuchs, öffentlicher Register oder von Akten) erhält der Notar die Gebühr nach Abs. 1 nur, wenn diese Tätigkeit nicht schon als Nebengeschäft (§ 27) durch eine dem Notar für das Hauptgeschäft oder für erfolglose Verhandlungen (§ 51) zustehende Gebühr abgegolten wird.

(3) Für das Aufsuchen von Urkunden, die von dem Notar aufgenommen sind oder von ihm verwahrt werden, erhält er in keinem Fall eine Gebühr.

§ 151

Zuziehung eines zweiten Notars

(1) Der zweite Notar, der auf Verlangen eines Beteiligten anstatt der Zeugen zu einer Beurkundung zugezogen wird, erhält die Hälfte der dem

[1]) Die Vorschrift ist durch das Verbot der Bürgschaftsübernahme in § 28 RNotO bedeutungslos geworden.

beurkundenden Notar zustehenden Gebühr und im Falle des § 52 daneben die dort bestimmte Zusatzgebühr.

(2) Ist der zweite Notar ohne Verlangen eines Beteiligten anstatt der Zeugen zugezogen, so darf der mit der Beurkundung beauftragte Notar dafür an Gebühren nicht mehr als 2 Reichsmark für jede angefangene Stunde in Rechnung stellen.

§ 152.

Schreib- und Postgebühren

Der Notar, dem die Gebühren für seine Tätigkeit selbst zufließen, erhält Schreib- und Postgebühren auch für die ihm auf Grund besonderer Vorschriften obliegenden Mitteilungen an die Finanzbehörden.

§ 153

Reisekosten

(1) Für Geschäftsreisen, die der Notar im Auftrag eines Beteiligten vornimmt, stehen ihm Reisekostenvergütung der Stufe II und Auslagenersatz nach dem Gesetz über Reisekostenvergütung der Beamten vom 15. Dezember 1933 (Reichsgesetzbl. I S. 1067) zu.

(2) Fließen die Gebühren für die Tätigkeit des Notars diesem selbst zu, so erhält er außerdem ein Abwesenheitsgeld von 10 Reichsmark für den Tag und, wenn die Reise weniger als vier Stunden beansprucht hat, ein solches von 5 Reichsmark. Steht dem Notar die Zusatzgebühr nach § 52 zu, so ist das Abwesenheitsgeld auf diese anzurechnen.

(3) Die Vorschrift des § 141 gilt auch für das Abwesenheitsgeld entsprechend. Sie findet auch insoweit Anwendung, als auf derselben Reise Notargeschäfte und Rechtsanwaltsgeschäfte erledigt werden.

§ 154

Einforderung der Kosten

(1) Fließen die Kosten dem Notar zu, so dürfen sie nur auf Grund einer dem Zahlungspflichtigen mitgeteilten, von dem Notar unterschriebenen Berechnung der Gebühren und Auslagen eingefordert werden.

(2) In der Berechnung sind der Geschäftswert, die Gebührenvorschriften, die Beträge der angesetzten Gebühren und Auslagen sowie etwa verauslagte Gerichtskosten und Stempel und empfangene Vorschüsse anzugeben.

(3) Der Notar hat die Berechnung in Abschrift zu seinen Akten zu bringen. Er hat sie ferner unter jeder von ihm erteilten Ausfertigung sowie unter jedem Beglaubigungsvermerk aufzustellen. Hat der Notar eine Urkunde entworfen und demnächst beglaubigt, so sind auch die Kosten des Entwurfs unter der Beglaubigung zu vermerken.

§ 155

Beitreibung der Kosten

Die Kosten werden auf Grund einer mit der Vollstreckungsklausel des Notars versehenen Ausfertigung der Kostenberechnung (§ 154) nach den Vorschriften der Zivilprozeßordnung beigetrieben; § 798 der Zivilprozeßordnung gilt entsprechend. Die Vollstreckungsklausel, die zum Zwecke der

Zwangsvollstreckung gegen einen zur Duldung der Zwangsvollstreckung Verpflichteten erteilt wird, hat den Ausspruch der Duldungspflicht zu enthalten.

§ 156

Einwendungen gegen die Kostenberechnung

(1) Einwendungen gegen die Kostenberechnung (§ 154), einschließlich solcher gegen die Zahlungspflicht und gegen die Erteilung der Vollstreckungsklausel, sind bei dem Landgericht, in dessen Bezirk der Notar den Amtssitz hat, im Wege der Beschwerde nach den Vorschriften der Zivilprozeßordnung geltend zu machen. Das Gericht soll vor der Entscheidung die Beteiligten und die vorgesetzte Dienstbehörde des Notars hören. Beanstandet der Zahlungspflichtige dem Notar gegenüber die Kostenberechnung, so kann der Notar die Entscheidung des Landgerichts beantragen.

(2) Gegen die Entscheidung des Landgerichts findet binnen der Notfrist von einem Monat seit der Zustellung die weitere Beschwerde statt. Sie ist nur zulässig, wenn der Beschwerdegegenstand 50 Reichsmark übersteigt und das Beschwerdegericht sie wegen der grundsätzlichen Bedeutung der zur Entscheidung stehenden Frage zuläßt. Die Vorschriften des § 568 Abs. 2 und 3 der Zivilprozeßordnung finden keine Anwendung. Die weitere Beschwerde kann nur darauf gestützt werden, daß die Entscheidung auf einer Verletzung des Gesetzes beruht; die Vorschriften der §§ 550 und 551 der Zivilprozeßordnung gelten entsprechend.

(3) Nach Ablauf des Kalenderjahrs, das auf das Jahr folgt, in dem die vollstreckbare Ausfertigung der Kostenberechnung zugestellt ist, können neue Beschwerden (Abs. 1) nicht mehr erhoben werden. Soweit die Einwendungen gegen den Kostenanspruch auf Gründen beruhen, die nach der Zustellung der vollstreckbaren Ausfertigung entstanden sind, können sie auch nach Ablauf dieser Frist geltend gemacht werden.

(4) Die Beschwerden können in allen Fällen zur Niederschrift der Geschäftsstelle oder schriftlich ohne Mitwirkung eines Anwalts eingelegt werden. Das Verfahren vor dem Landgericht ist gebührenfrei. Die Kosten für die weitere Beschwerde bestimmen sich nach den §§ 123, 138 bis 142. Die gerichtlichen Auslagen einer für begründet befundenen Beschwerde können ganz oder teilweise dem Gegner des Beschwerdeführers auferlegt werden.

(5) Die dem Notar vorgesetzte Dienstbehörde kann den Notar in jedem Fall anweisen, die Entscheidung des Landgerichts herbeizuführen (Abs. 1) und gegen die Entscheidung des Landgerichts die weitere Beschwerde erheben (Abs. 2). Die hierauf ergehende gerichtliche Entscheidung kann auch auf eine Erhöhung der Kostenberechnung lauten. Gebühren und Auslagen werden in diesem Verfahren von dem Notar nicht erhoben.

(6) Für Einwendungen gegen den Stempelansatz gelten ausschließlich die stempelrechtlichen Vorschriften.

§ 157

Zurückzahlung, Schadensersatz

(1) Wird die Kostenberechnung abgeändert oder ist der endgültige Kostenbetrag geringer als der erhobene Vorschuß, so hat der Notar die zuviel emp-

fangenen Beträge zu erstatten. Hatte der Kostenschuldner seine Einwendungen gegen die Kostenberechnung innerhalb eines Monats seit der Zustellung der vollstreckbaren Ausfertigung im Wege der Beschwerde (§ 156 Abs. 1 Satz 1) erhoben, so hat der Notar darüber hinaus den Schaden zu ersetzen, der dem Kostenschuldner durch die Vollstreckung oder durch eine zur Abwendung der Vollstreckung gemachte Leistung entstanden ist.

(2) Über die Verpflichtungen gemäß Abs. 1 wird auf Antrag des Kostenschuldners in dem Verfahren nach § 156 entschieden. Die Entscheidung ist nach den Vorschriften der Zivilprozeßordnung vollstreckbar.

Dritter Teil: Schlußbestimmungen

§ 158

Inkrafttreten

(1) Diese Verordnung tritt am 1. April 1936 in Kraft.

(2) § 14 Abs. 1 des Gesetzes, betreffend die privatrechtlichen Verhältnisse der Binnenschiffahrt, vom 20. Mai 1898 (Reichsgesetzbl. S. 868) und § 11 Abs. 1 des Gesetzes, betreffend die privatrechtlichen Verhältnisse der Flößerei, vom 15. Juni 1895 (Reichsgesetzbl. S. 341) werden aufgehoben.

(3) Mit dem Inkrafttreten dieser Verordnung treten, soweit nicht ein anderes bestimmt ist, die landesrechtlichen Kostenvorschriften, einschließlich solcher über Zusatzgebühren, Kostenzuschläge und dgl., in Angelegenheiten der freiwilligen Gerichtsbarkeit und der Zwangsvollstreckung in das unbewegliche Vermögen außer Kraft.

(4) In Kraft bleiben jedoch bis auf weiteres die landesrechtlichen Kostenvorschriften für:

1. Angelegenheiten der Mieteinigungsämter, einschließlich des Beschwerdeverfahrens;
2. Pachtschutzsachen[1]);
3. Aufwertungsangelegenheiten;
4. Verfahren zwecks anderweitiger Festsetzung von Altenteils- und ähnlichen Bezügen;
5. Verfahren zur Regelung der Fälligkeit von Forderungen und Grundschulden;
6. Hinterlegungssachen, soweit es sich nicht um Geschäfte der im § 148 genannten Art handelt;
7. Fideikommisse, Lehen, Stammgüter und sonstige gebundene Vermögen im Sinne des Artikels 59 des Einführungsgesetzes zum Bürgerlichen Gesetzbuch sowie für Hausgüter und Hausvermögen.

§ 159

Verweisung

Wo in Vorschriften des Reichs und der Länder auf Bestimmungen verwiesen ist, die durch § 158 Abs. 3 aufgehoben sind, treten die entsprechenden Vorschriften der Kostenordnung an ihre Stelle.

---

[1]) Ersetzt durch die Kostenvorschriften der Reichspachtschutzordnung v. 30. 7. 1940, RGBl I 1065.

§ 160

Andere Behörden und Dienstsellen

Soweit andere Stellen als Gerichte oder Notare in bestimmten Angelegenheiten der freiwilligen Gerichtsbarkeit zuständig sind oder als gerichtliche Hilfsbeamte tätig werden, behält es bis auf weiteres bei den bisherigen Vorschriften sein Bewenden. Sind jedoch diesen Stellen die Aufgaben des Grundbuchamts, des Vormundschaftsgerichts oder des Nachlaßgerichts übertragen, so finden auf ihre Tätigkeit die Vorschriften des Ersten Teils dieser Verordnung Anwendung; in den Fällen des § 13 Abs. 2 und des § 25 (Erinnerungen gegen den Kostenansatz, Festsetzung des Geschäftswerts) entscheidet das Amtsgericht, in dessen Bezirk die Stelle ihren Sitz hat.

§ 161

Stempel

Unberührt bleiben die landesrechtlichen Vorschriften über das Verfahren bei der Erhebung und Einziehung von Stempeln.

§ 162

Gerichtstage, Sprechtage

Die zur Abhaltung eines Gerichtstags (auswärtigen Amtstags) bestimmten Räumlichkeiten gelten als Gerichtsstelle im Sinne dieser Verordnung. Hält ein Notar außerhalb seiner Amtsstube regelmäßige Sprechtage ab, so gilt dieser Ort als Amtssitz im Sinne dieser Verordnung.

§ 163

Übergangsbestimmungen

Für die bei Inkrafttreten dieser Verordnung anhängigen Angelegenheiten gilt folgendes:

1. Soweit Gebühren für Beurkundungen, Eintragungen, Entscheidungen, die Entgegennahme von Erklärungen oder sonstige bestimmte Handlungen zu erheben sind, sind die Vorschriften dieser Verordnung anzuwenden, wenn das gebührenpflichtige Geschäft nach dem Inkrafttreten stattgefunden hat, auch wenn das Gericht oder der Notar bereits vor diesem Zeitpunkt mit der Angelegenheit befaßt war.
2. Soweit Gebühren für ein Verfahren erhoben werden, gelten für das gesamte Verfahren die bisherigen Vorschriften, wenn das Verfahren bereits vor dem Inkrafttreten dieser Verordnung eingeleitet war. Soweit für Verfahren Gebühren nach Zeitabschnitten erhoben werden, werden die Gebühren erst nach Ablauf des bei Inkrafttreten dieser Verordnung laufenden Zeitabschnitts nach den neuen Vorschriften erhoben.
3. Ist auf Grund der bisherigen landesrechtlichen Vorschriften ein Erbschein zu beschränktem Gebrauch erteilt worden und wird nach dem Inkrafttreten dieser Verordnung eine Ausfertigung oder beglaubigte Abschrift erteilt, so sind dafür die im § 99 Abs. 1 bezeichneten Gebühren zu erheben; auf sie werden die früher entstandenen Gebühren angerechnet.
4. Soweit die Kosten nach den bisherigen Vorschriften zu erheben sind, bestimmt sich auch die Nachprüfung und Einziehung nach den bisherigen Vorschriften.

§ 164

Ausführung

Die näheren Bestimmungen zur Ausführung dieser Verordnung erläßt der Reichsminister der Justiz.

Berlin, den 25. November 1935.

Der Reichsminister der Justiz
Dr. Gürtner.

2.

Durchführungsverfügung zu den Kostengesetzen (Kostenverfügung) AV. d. RJM. v. 20. November 1940 (5600—VI. d 389)— [1])

Inhaltsverzeichnis

Abschnitt I **Allgemeine Bestimmungen**

§ 1 Verteilung der Zuständigkeiten bei der Kostenerhebung
§ 2 Zuständigkeit zum Kostenansatz
§ 3 Kostenbeamter
§ 4 Pflichten des Kostenbeamten im allgemeinen
§ 5 Mitwirkung des Registraturbeamten

Abschnitt II **Kostenansatz**

1. Gegenstand

§ 6

2. Voraussetzungen des Kostenansatzes und Feststellung der Kostenschuldner

§ 7 Im allgemeinen
§ 8 Kostengesamtschuldner
§ 9 Kosten in Armensachen
§ 10 Unvermögen des Kostenschuldners in anderen Fällen
§ 10a Kostenansatz bei gegenständlich beschränkter Gebührenfreiheit

3. Zeit des Kostenansatzes

§ 11 Zeit des Kostenansatzes im allgemeinen
§ 12 Zeit des Kostenansatzes in besonderen Fällen

[1]) Die Kostenverfügung gilt nicht in den Reichsgauen der Ostmark. Im Protektorat Böhmen und Mähren gilt sie für die deutschen Gerichte in solchen Verfahren, in denen die Reichskostengesetze anzuwenden sind (z. Zt. in Strafsachen, einschließlich Privatklageverfahren, sowie in Verfahren nach der Vertragshilfeverordnung und nach dem Schuldenbereinigungsgesetz — s. § 20 der AV vom 17. 7. 1939, DJ 1208, und AV vom 20. 11. 1940, DJ 1384 —). Wegen der Einführung der Kostenverfügung im Reichsgau Sudetenland siehe die AV vom 3. 12. 1938, DJ 1935. In den eingegliederten Ostgebieten ist die Kostenverfügung mit den Reichskostengesetzen am 1. 8. 1941 in Kraft getreten. VO v. 27. 6. 1941, RGBl I 359.

4. Berechnung der Gebühren

§ 13 Feststellung des letzten Einheitswertes
§ 14 Gebührenansatz bei gleichzeitiger Belastung mehrerer Grundstücke
§ 15 Rahmengebühren
§ 16 Schreibgebühren
§ 17 Rechnungsgebühren

5. Sicherung des Kosteneingangs durch Vorschüsse und Zurückbehaltung von Urkunden. Kostenerhebung durch Nachnahme

§ 18 Kostensicherung
§ 19 Verfahren im Falle des § 7 Abs. 2 der Kostenordnung
§ 20 Vorschüsse auf Strafvollstreckungskosten
§ 21 Jährliche Vorschüsse im Zwangsverwaltungsverfahren
§ 22 Zurückbehaltungsrecht
§ 23 Postnachnahme

6. Kostenrechnung

§ 24 Inhalt der Kostenrechung
§ 25 Form der Kostenrechnung
§ 26 Reinschriften der Kostenrechnung
§ 27 Übersendung der Kostenrechnungen an die Gerichtskasse
§ 28 Einforderung der Kosten durch die Geschäftsstelle mit Kostennachricht
§ 29 Behandlung der Kostennachrichten

7. Sonderbestimmungen für Kleinbeträge

§ 29a

Abschnitt III **Aufgaben der Geschäftsstelle nach Absendung der Kostenrechnung oder Kostennachricht**

§ 30 Behandlung von Ersuchen und Mitteilungen der Gerichtskasse
§ 31 Prüfung der Kostenrechnungen nach Rückgabe
§ 32 Nachträgliche Änderung der Kostenforderung
§ 33 Nachträgliche Änderung der Kostenhaftung
§ 34 Auszahlungsanordnung über durchlaufende Gelder
§ 35 Berichtigung des Gebührenansatzes nach Eröffnung einer Verfügung von Todes wegen

Abschnitt IV **Kostenerlaß aus Billigkeitsgründen**

§ 35a

Abschnitt V **Aufsicht über den Kostenansatz**

§ 36 Aufsicht und allgemeine Weisungen über den Kostenansatz
§ 37 Kostenprüfungsbeamte
§ 38 Berichtigung des Kostenansatzes im Verwaltungswege
§ 39 Nichterhebung von Kosten wegen unrichtiger Sachbehandlung
§ 40 Erinnerungen und Beschwerden der Reichskasse
§ 41 Besondere Prüfung des Kostenansatzes
§ 42 Aufgaben und Befugnisse des Prüfungsbeamten
§ 43 Umfang der Kostenprüfung
§ 44 Verfahren bei der Kostenprüfung
§ 45 Beanstandungen
§ 46 Niederschrift über die Kostenprüfung
§ 47 Jahresberichte

Abschnitt VI: **Übergangs- und Schlußbestimmungen**
§ 48 Justizverwaltungskosten
§ 49 Sonderbestimmungen für Hinterlegungssachen
§ 50 Sonderbestimmungen für die Urkundensteuer
§ 51 Sonderbestimmungen für die Bezirksnotariate in Württemberg
§ 52 Beanstandungen des Kostenansatzes eines Notars, dem die Kosten selbst zufließen
§ 53 Erbscheine zum beschränkten Gebrauch
§ 54 Inkrafttreten

Abschnitt I

Allgemeine Bestimmungen

§ 1

Verteilung der Zuständigkeiten bei der Kostenerhebung

(1) Den Beamten der Geschäftsstelle liegt ob:

1. Der Kostenansatz (§ 6);
2. die Einforderung von Gebühren und Vorschüssen, von deren Entrichtung die Vornahme einer Amtshandlung abhängt, durch Kostennachricht (§§ 28, 29);
3. die Entwertung der zur Tilgung vom Kostenschuldern eingereichten Kostenmarken nach den Bestimmungen der Justizkostenmarkenordnung (JKMO.)[1]).

(2) Innerhalb der Geschäftsstelle werden die Kostensachen regelmäßig von dem Kostenbeamten (§ 3) bearbeitet. Soweit er in dieser Verfügung nicht als zuständig bezeichnet ist, können die Geschäfte auch von anderen Kräften der Geschäftsstelle erledigt werden.

(3) Die Einforderung der Kosten in anderen als den in Abs. 1 Nr. 2 bezeichneten Fällen, die Vereinnahmung der Kosten und ihre Einziehung im Verwaltungszwangsverfahren liegt der Gerichtskasse nach den Vorschriften der Justizkassenordnung ob.

(4) Sind Kosten zugleich mit einer Strafe am Vermögen einzuziehen, so richtet sich das Verfahren nach den dafür geltenden besonderen Vorschriften.

(5) Auf die Erhebung der Gebühren für die Einsicht des Schuldnerverzeichnisses und die Erteilung von Auskünften daraus findet diese Verfügung nur Anwendung, wenn die Gebühren der Gerichtskasse zur Einziehung überwiesen werden müssen. Im übrigen bewendet es bei den Vorschriften der AV. vom 9. Oktober 1936 (DJ. S. 1592).

§ 2

Zuständigkeit zum Kostenansatz

(1) Soweit im folgenden nichts anderes bestimmt ist, werden angesetzt:

1. die Kosten des ersten Rechtszuges bei dem Gericht, bei dem die Angelegenheit anhängig ist oder zuletzt anhängig war;
2. die Kosten eines Rechtsmittelverfahrens bei dem mit dem Rechtsmittel befaßten Gericht (vorbehaltlich der Ausnahme im § 30 Abs. 3).

---

[1]) Justizkostenmarkenordnung vom 25. 3. 1938 — JKMO — (Amtliche Sonderveröffentlichungen der Deutschen Justiz Nr. 2) i. d. F. d. AV vom 5. 12. 1938 (DJ 1934) und vom 17. 1. 1939 — DJ 135 —.

Dies gilt auch dann, wenn die Kosten bei einem ersuchten Gericht entstanden sind oder die Angelegenheit bei einem anderen Gericht anhängig war.

(2) In Strafsachen werden die dem Beschuldigten zur Last fallenden Kosten, einschließlich der von ihm zu erhebenden Auslagen im vorbereitenden Verfahren und der Strafvollstreckungskosten, bei der Strafvollstreckungsbehörde angesetzt. Ausgenommen hiervon sind die Kosten eines Revisionsverfahrens. Diese werden beim Revisionsgericht angesetzt und der Strafvollstreckungsbehörde lediglich zur gemeinsamen Einforderung mitgeteilt. Hat das Revisionsgericht die Sache ganz oder teilweise zur anderweiten Verhandlung und Entscheidung zurückverwiesen, so übersendet die Strafvollstreckungsbehörde eine Abschrift des entscheidenden Teiles der rechtskräftigen Entscheidung zum Kostenansatz an das Revisionsgericht.

(3) Zu den Auslagen im vorbereitenden Verfahren gehören auch (AV. vom 30. Mai 1938 — DJ. 884 —)

a) die Auslagen, die der Polizei bei Ausführung von Ersuchen der Staatsanwaltschaft oder des Richters, bei der Tätigkeit der Polizeibeamten als Hilfsbeamte der Staatsanwaltschaft und in den Fällen entstehen, in denen die Polizei nach § 163 der Strafprozeßordnung aus eigener Entschließung strafbare Handlungen erforscht,

b) Auslagen, die nach § 18 des Lebensmittelgesetzes vom 17. Januar 1936 (RGBl I S. 17), § 33 des Weingesetzes vom 25. Juli 1930 (RGBl I S. 356) und § 50 Abs. 2 des Milchgesetzes vom 31. Juli 1930 (RGBl I S. 421) zugleich mit den Kosten des gerichtlichen Verfahrens einzuziehen sind.

(4) Wenn das Gericht in einem Steuerstrafverfahren auf Strafe oder Haftung oder gegen den Beschuldigten auf Einziehung erkennt, so gehören zu den Kosten des gerichtlichen Verfahrens alle Auslagen, die einer Finanzbehörde bei der Untersuchung, bei der Entscheidung und bei der Teilnahme am gerichtlichen Verfahren entstanden sind (vgl. § 475 RAbgO.). Diese Auslagen sind nicht nach § 464 Abs. 2 der Strafprozeßordnung festzusetzen, sondern als Gerichtskosten zu berechnen und einzuziehen. Die eingezogenen Beträge sind nicht an die Reichsfinanzbehörden abzuliefern; sie werden ohne Rücksicht auf ihre Höhe zusammen mit den sonstigen Kosten des Verfahrens als Haushaltseinnahmen des Reichsjustizhaushalts gebucht.

(5) Die Gebühr für die Eröffnung einer Verfügung von Todes wegen und die Gebühr für die Beurkundung einer eidesstattlichen Versicherung zwecks Erwirkung eines Erbscheines werden stets beim Nachlaßgericht angesetzt (§ 95 Abs. 3, § 99 Abs. 1 Satz 2 KostO.). Erfolgt die Eröffnung oder die Beurkundung bei einem andern Gericht, so ist das Nachlaßgericht unter Mitteilung der Akten zu verständigen.

(6) Die im amtsgerichtlichen Entmündigungsverfahren durch die Mitwirkung der Staatsanwaltschaft veranlaßten baren Auslagen werden beim Gericht (Abs. 1) angesetzt. Die Geschäftsstelle der Staatsanwaltschaft teilt nach Zustellung des Entmündigungsbeschlusses die bei der Staatsanwaltschaft entstandenen baren Auslagen der Geschäftsstelle des Amtsgerichts mit.

(7) Die Gebühren bei Eintragungen in das Register einer Zweigniederlassung (§§ 72 bis 74 KostO.) sind ausschließlich beim Gericht der Hauptniederlassung (des Sitzes) anzusetzen. Die Gerichte der Zweigniederlassungen setzen nur die bei ihnen entstehenden Auslagen (Bekanntmachungs-

kosten) an. Die Geschäftsstelle des Gerichts der Hauptniederlassung vermerkt auf der für die Zweigniederlassung bestimmten Anmeldung, daß die Eintragungsgebühren berechnet sind (vgl. AV. vom 3. Juni 1939 — DJ. 995 —).

§ 3

Kostenbeamter

(1) Die Aufgaben des Kostenbeamten werden von dem durch die Geschäftsverteilung bestimmten Beamten des gehobenen Dienstes wahrgenommen.

(2) Mit diesen Aufgaben sollen nur Beamte betraut werden, die im Kostenwesen die erforderliche Erfahrung besitzen.

(3) Beamte des mittleren Dienstes dürfen nur ausnahmsweise, insbesondere in Fällen kurzfristiger Vertretungen, mit der Aufstellung einfacher Kostenrechnungen beauftragt werden; erforderlichenfalls ist die Mitzeichnung der Kostenrechnung durch einen Beamten des gehobenen Dienstes anzuordnen.

§ 4

Pflichten des Kostenbeamten im allgemeinen

(1) Der Kostenbeamte ist für den richtigen, vollständigen und rechtzeitigen Ansatz der Kosten verantwortlich.

(2) Er hat bei jeder Änderung der Kostenforderung den Kostenansatz zu berichtigen und, wenn hierdurch auch eine Berichtigung der Kosten eines anderen Rechtszuges erforderlich wird, den Kostenbeamten dieses Rechtszuges zu benachrichtigen.

(3) Solange eine gerichtliche Entscheidung oder eine Anordnung im Dienstaufsichtswege noch nicht ergangen ist, hat er auf Erinnerung oder auch von Amts wegen unrichtige Kostenansätze richtigzustellen.

(4) Eine Erinnerung wird gegenstandslos, soweit er ihr stattgibt.

§ 5

Mitwirkung des Registraturbeamten

(1) Der mit der Führung der Geschäftsregister beauftragte Beamte (Registraturbeamte) ist dafür verantworlich, daß die Akten dem Kostenbeamten rechtzeitig zum Kostenansatz vorgelegt werden. Er legt die Akten insbesondere auch dann vor,

a) wenn die Akten aus einem Rechtsmittelzuge zurückkommen,
b) wenn eine Zahlungsanzeige der Gerichtskasse oder Gerichtsstelle oder eine Nachricht der Gerichtskasse über die Löschung des Kostensolls eingeht (§ 39, § 90 Abs. 6 JKassO., § 11 Abs. 3, 4 der Anl. 1 hierzu),
c) wenn ihm zweifelhaft ist, ob Kosten oder Vorschüsse zu berechnen sind.

Die Vorlage ist in den Akten unter Angabe des Tages kurz zu vermerken.

(2) Er hat alle in der Sache entstehenden, von dem Kostenschuldner zu erhebenden baren Auslagen in den Akten in einer ins Auge fallenden Weise zu vermerken, soweit nicht eine Berechnung zu den Akten gelangt.

(3) In Zivilprozeß-, Strafprozeß-, Konkurs-, Vergleichs-, Zwangsversteigerungs- und Zwangsverwaltungsverfahren sowie in Vormundschaftssachen

sind sämtliche Kostenrechnungen sowie Zahlungsanzeigen der Gerichtskasse oder Gerichtszahlstelle und Nachrichten der Gerichtskasse über die Löschung des Kostensolls unter dem Aktenumschlag vor dem ersten Aktenblatt einzuheften oder, soweit die Akten nicht zu heften sind, lose zu verwahren. Das gleiche kann auch in anderen Verfahren geschehen, wenn dies zweckmäßig erscheint, insbesondere, wenn die Akten umfangreich sind. Ergibt sich die Notwendigkeit, die vor dem ersten Aktenblatt eingehefteten oder verwahrten Schriftstücke mit Blattzahlen zu versehen, so sind dazu römische Ziffern zu verwenden.

(4) Der Registraturbeamte hat auf dem Aktenumschlag die Blätter zu bezeichnen,

a) auf denen Kostenmarken verwendet oder Vermerke hierüber angebracht sind,
b) aus denen sich ergibt, daß Vorschüsse zum Soll gestellt oder ohne vorherige Sollstellung eingezahlt (auch in Kostenmarken entrichtet) worden sind,
c) auf denen sich Kostenrechnungen, Zahlungsanzeigen der Gerichtskasse (Gerichtszahlstelle) oder Nachrichten der Gerichtskasse über Löschung des Kostensolls befinden, die nicht nach Abs. 3 eingeheftet oder verwahrt werden,
d) auf denen Kleinbeträge vermerkt sind, deren Einziehung und Auszahlung nach den über die Behandlung solcher Beträge erlassenen Bestimmungen einstweilen vorbehalten bleibt (§ 6 Abs. 4, § 29a); diesem Hinweis ist der rot zu unterstreichende Buchstabe „v" hinzuzufügen.

(5) Der Registraturbeamte hat die Akten und Blattsammlungen vor der Weglegung nochmals dem Kostenbeamten vorzulegen zur Durchsicht, ob die Kosten vollständig berechnet und ob sie entweder bei der Gerichtskasse zum Soll gestellt sind oder die Einzahlung durch eine Anzeige der Gerichtskasse (Gerichtszahlstelle) oder durch verwendete Kostenmarken nachgewiesen ist. Der Kostenbeamte bescheinigt diese Prüfung auf den Akten (Blattsammlungen) unter Bezeichnung des letzten Aktenblattes und unter Angabe von Tag und Amtsbezeichnung. Bei Grundakten, Registerakten, Vormundschaftsakten und ähnlichen Akten, die regelmäßig für mehrere gebührenpflichtige Angelegenheiten geführt werden, ist die Prüfung nach der endgültigen Erledigung jeder einzelnen Angelegenheit vorzunehmen. Der Kostenbeamte bescheinigt in diesen Fällen, welche Blätter er geprüft hat. Der Vorbehalt der Einziehung eines Kleinbetrages steht der Erteilung der Bescheinigung nicht entgegen.

Abschnitt II

Kostenansatz

1. Gegenstand

§ 6

(1) Der Kostenansatz hat die Berechnung der Kosten sowie die Feststellung der Kostenschuldner zum Gegenstand. Zu den Kosten gehören alle für die Tätigkeit der Gerichte, insbesondere nach dem Gerichtskostengesetz und der Kostenordnung zu erhebenden Gebühren, Auslagen und Vorschüsse sowie die Kosten der Strafvollstreckung.

(2) Der Kostenansatz besteht in der Aufstellung der Kostenrechnung (§§ 24ff.).

(3) Ist die berechnete Kostenforderung nicht bereits durch Zahlung oder durch Einreichung von Kostenmarken gedeckt, so verfügt der Kostenbeamte nach Aufstellung der Kostenrechung, ob die darin berechneten Kosten der Gerichtskasse zur Einziehung zu überweisen (§ 26) oder mit Kostennachricht (§ 28) anzufordern sind, gegebenenfalls auch, daß die Einziehung durch Postnachnahme (§ 23) zu erfolgen hat. Hierzu genügt die Verfügung: „Zur Kasse mit Reinschrift nach Muster ..." oder „Kostennachricht nach Muster ...".

(4) Wegen des einstweiligen Vorbehalts der Einziehung von Kleinbeträgen sind die Bestimmungen der AV. vom 23. November 1937 (DJ. 1834) i. d. F. d. AV. vom 9. 12. 1940 (DJ. 1383) zu beachten (vgl. auch § 29a).

2. Voraussetzungen des Kostenansatzes und Feststellung der Kostenschuldner

§ 7

Im allgemeinen

(1) Wer Kostenschuldner ist und in welchem Umfang er haftet, stellt der Kostenbeamte fest. Dabei ist zu beachten, daß nach § 79 Nr. 3 des Gerichtskostengesetzes und nach § 3 Nr. 3 der Kostenordnung auch Dritte, die nach den Vorschriften des bürgerlichen Rechts kraft Gesetzes für die Kostenschuld eines anderen haften (z. B. Erben, Ehegatten, Vermögensübernehmer usw.), als Kostenschuldner auf Leistung oder Duldung der Zwangsvollstreckung in Anspruch genommen werden können, während bei Kosten, auf die diese Vorschriften nicht anwendbar sind, also z. B. bei Kosten der Strafvollstreckung, die Heranziehung der Dritten nach § 4 der Justizbeitreibungsordnung vom 11. März 1937 (RGBl. I S. 298) durch die Vollstreckungsbehörde zu erfolgen hat. Sind Ehefrauen Kostenschuldner, so ist insbesondere auch festzustellen, ob der Ehemann als Gesamtschuldner für die Kosten haftet oder doch zur Duldung der Zwangsvollstreckung in das eingebrachte Gut der Ehefrau verpflichtet ist (vgl. dazu § 24 Abs. 2 Satz 1).

(2) Haften mehrere Kostenschuldner als Gesamtschuldner, so bestimmt der Kostenbeamte unter Beachtung der Grundsätze in § 8, wer zunächst in Anspruch genommen werden soll.

(3) Die Ermittelung und Feststellung von Personen, die nicht dem Reiche für die Kostenschuld haften, sondern nur dem Kostenschuldner gegenüber zur Erstattung der Kosten verpflichtet sind, ist nicht Sache des Kostenbeamten.

§ 8

Kostengesamtschuldner

(1) Soweit in Angelegenheiten, für die das Gerichtskostengesetz gilt, einer gesamtschuldnerisch haftenden Partei die Kosten durch gerichtliche Entscheidung auferlegt oder von ihr durch eine vor Gericht abgegebene oder ihm mitgeteilte Erklärung übernommen worden sind, soll die Haftung der anderen gesamtschuldnerisch haftenden Partei (des Zweitschuldners) nur geltend gemacht werden, wenn eine Zwangsvollstreckung in das bewegliche Vermögen der erstgenannten Partei (des Erstschuldners) erfolglos geblieben

ist oder aussichtslos erscheint (§ 82 Abs. 2, § 86 GKG.). Das gleiche gilt in Verfahren vor den Anerbenbehörden und den Pachtbehörden sowie in Verfahren zur Sicherung der Landbewirtschaftung (§ 115 EHVfO., § 47 der ReichspachtschutzO. und § 50 der VO. zur Durchführung der Verordnung zur Sicherung der Landbewirtschaftung vom 22. April 1937 — RGBl. I S. 535 —). Daß die Zwangsvollstreckung aussichtslos sei, kann regelmäßig dann angenommen werden, wenn dem Erstschuldner das Armenrecht bewilligt war und ein Nachzahlungsbeschluß nicht ergangen ist oder wenn im Ausland gegen ihn vollstreckt werden müßte.

(2) In allen sonstigen Fällen der gesamtschuldnerischen Haftung für die Kosten bestimmt der Kostenbeamte nach pflichtmäßigem Ermessen, ob der geschuldete Betrag von einem Kostenschuldner ganz oder von mehreren nach Kopfteilen angefordert werden soll. Soweit die Sicherheit der Reichskasse keine andere Art der Inanspruchnahme geboten erscheinen läßt, sollen die Kosten regelmäßig zunächst angefordert werden:

1. von dem Schuldner, dem sie durch gerichtliche Entscheidung auferlegt sind oder der sie durch Erklärung gegenüber dem Gericht übernommen hat;
2. in Ermangelung einer solchen Entscheidung oder Übernahmeerklärung von dem Schuldner, der sie im Verhältnis zu den übrigen endgültig zu tragen hat;
3. wenn dieses Innenverhältnis dem Kostenbeamten nicht bekannt ist oder wenn die mehreren Schuldner auch im Verhältnis zueinander gleichmäßig haften, von sämtlichen Kostenschuldnern nach Kopfteilen.

Ist anzunehmen, daß einer dieser Gesamtschuldner zur Zahlung überhaupt nicht oder nur in Teilbeträgen in der Lage wäre, so sind die gesamten Kosten zunächst nur von den übrigen anzufordern.

§ 9

Kosten in Armensachen

(1) Soweit und solange ein Kostenschuldner nach den Vorschriften der Zivilprozeßordnung von der Entrichtung der Kosten deshalb einstweilen befreit ist, weil ihm oder seinem Gegner das Armenrecht bewilligt ist, wird wegen dieser Kosten eine Kostenrechnung (§ 24) auf ihn nicht ausgestellt.

(2) Waren Kosten bereits vor Bewilligung des Armenrechts angesetzt und der Gerichtskasse zur Einziehung überwiesen (§ 6 Abs. 3), so ersucht der Kostenbeamte die Kasse, die Kostenforderung zu löschen, soweit die Kosten noch nicht bezahlt sind; die Rückzahlung bereits entrichteter Kosten ist nur dann anzuordnen, wenn sie nach dem Zeitpunkte bezahlt sind, in dem die Armenrechtsbewilligung wirksam geworden ist.

(3) Der Kostenbeamte hat den Eintritt der gesetzlichen Voraussetzungen, unter denen die Kosten von der armen Partei und dem Gegner eingezogen werden können, genau zu überwachen. Zu beachten ist dabei folgendes:

1. Zu Lasten der Partei, der das Armenrecht bewilligt ist, dürfen die einstweilen außer Ansatz gelassenen Beträge nur auf Grund einer gerichtlichen Entscheidung angesetzt werden, durch die die Verpflichtung zur Nachzahlung ausgesprochen ist (vgl. §§ 125, 126 ZPO.).

2. Zu Lasten des Gegners sind die Kosten, von deren Berichtigung die arme Partei einstweilen befreit ist, erst anzusetzen, wenn der Gegner rechtskräftig in die Prozeßkosten verurteilt ist oder sie durch eine vor

Gericht abgegebene oder dem Gericht mitgeteilte Erklärung übernommen hat oder sonst für die Kosten haftet (§ 123 Abs. 1 ZPO., § 79 GKG.). Die Gerichtskosten, von deren Berichtigung der Gegner der armen Partei selbst einstweilen befreit ist (vgl. § 120 ZPO.), sind zu seinen Lasten anzusetzen, soweit er rechtskräftig in die Prozeßkosten verurteilt ist oder der Rechtsstreit ohne Urteil über die Kosten durch Vergleich oder in sonstiger Weise beendet ist (§ 123 Abs. 2 ZPO.). Wird ein Rechtsstreit, in dem der Kläger, Berufungskläger oder Revisionskläger das Armenrecht bewilligt ist, geraume Zeit nicht betrieben, ohne daß das Ruhen des Verfahrens (§ 251 ZPO.) angeordnet ist, so stellt der Kostenbeamte durch Anfrage bei den Parteien fest, ob der Rechtsstreit beendigt ist. Gibt keine der Parteien binnen angemessener Zeit eine Erklärung ab, so setzt er auf den Gegner der armen Partei die ihn treffenden Kosten an. Das gleiche gilt, wenn die Parteien den Rechtsstreit trotz der Erklärung, daß er nicht beendigt sei, auch jetzt nicht weiter betreiben oder wenn der Gegner der armen Partei erklärt, der Rechtsstreit ruhe oder sei beendigt.

(4) Besteht Grund zu der Annahme, daß ein Kostenschuldner, dem das Armenrecht bewilligt ist, in absehbarer Zeit imstande sein werde, die Kosten ohne Beeinträchtigung des für ihn und seine Familie notwendigen Unterhalts ganz oder mindestens teilweise zu zahlen, so hat der Kostenbeamte von Zeit zu Zeit die Einkommens- und Vermögensverhältnisse in geeigneter Weise nachzuprüfen. Er kann zu diesem Zwecke insbesondere bei dem Kostenschuldner Auskunft über dessen Einkommens- und Vermögensverhältnisse einziehen und Anfragen an die zuständige Verwaltungsbehörde oder das Grundbuchamt richten. Die Nachprüfung stellt er durch Anordnung einer Aktenvorlage sicher.

(5) Hält der Kostenbeamte nach dem Ergebnis dieser Ermittlungen oder auf Grund sonstiger Unterlagen die gesetzlichen Voraussetzungen für die Entziehung des Armenrechts oder die Anordnung der Nachzahlung (§§ 121, 125 ZPO.) für gegeben, sei es, daß die Vermögensverhältnisse der armen Partei sich gebessert haben oder günstiger zu beurteilen sind, als dies bei der Bewilligung des Armenrechts geschehen ist, so legt er die Akten dem Gericht unter Begründung seiner Auffassung zur Entschließung (§ 126 ZPO.) vor. Dies gilt auch dann, wenn der Kostenschuldner sich zur Zahlung erboten hat.

(6) Hat der Gerichtsvollzieher Berechnungen über Kosten für Amtshandlungen, die er auf Grund des Armenrechts unentgeltlich erledigt hat, zu den Akten mitgeteilt, so sind diese Kosten beim Ansatz wie sonstige Gerichtskosten zu behandeln.

(7) Die Bewilligung des Armenrechts ist von der Geschäftsstelle auf dem Aktendeckel (Aktenumschlag) neben dem Namen der armen Partei mit roter Farbe zu vermerken.

§ 10

Unvermögen des Kostenschuldners in anderen Fällen

(1) In anderen als in den in § 9 Abs. 1 bezeichneten Fällen darf der Kostenbeamte vom Ansatz der Kosten nur dann absehen, wenn das dauernde Unvermögen des Kostenschuldners zur Zahlung offenkundig oder ihm aus

anderen Vorgängen bekannt ist. Das dauernde Unvermögen des Kostenschuldners ist nicht schon deshalb zu verneinen, weil er möglicherweise später einmal in die Lage kommen könnte, die Schuld ganz oder teilweise zu bezahlen. Wenn dagegen bestimmte Gründe vorliegen, die dies mit einiger Sicherheit erwarten lassen, liegt ein dauerndes Unvermögen nicht vor.

(2) Ohne Rücksicht auf das dauernde Unvermögen eines Kostenschuldners sind die Kosten dann anzusetzen:

1. wenn ein zahlungsfähiger Kostenschuldner für die Kosten mithaftet;
2. wenn anzunehmen ist, daß durch Ausübung des Zurückbehaltungsrechtes (§ 22) die Zahlung der Kosten erreicht werden kann, insbesondere dann, wenn ein anderer Empfangsberechtigter an der Aushändigung der zurückbehaltenen Schriftstücke ein Interesse hat;
3. wenn die Kosten zugleich mit einer Strafe am Vermögen einzuziehen sind;
4. wenn es sich um Gebühren oder Vorschüsse handelt, von deren Entrichtung die Vornahme einer Amtshandlung abhängt (§ 28).

(3) Um das Unvermögen des Kostenschuldners darzutun, genügt im allgemeinen ein nach § 118 Abs. 2 der Zivilprozeßordnung ausgestelltes Zeugnis. Auch können die Feststellungen im Strafverfahren über die Einkommens- und Vermögensverhältnisse des Beschuldigten (Nr. 20 der Richtlinien für das Strafverfahren, AV. vom 13. April 1935, amtliche Sonderveröffentlichungen der Deutschen Justiz Nr. 7) oder Mitteilungen der Gerichtskasse (§ 73 Abs. 2 JKassO.) dem Kostenbeamten einen Anhalt für seine Entschließung bieten. Er wird hierdurch aber nicht von der Verpflichtung entbunden, selbständig zu prüfen und zu entscheiden, ob tatsächlich Unvermögen zur Zahlung anzunehmen ist. Nötigenfalls stellt er hierwegen geeignete Ermittlungen (§ 9 Abs. 4) an.

(4) Der Kostenbeamte vermerkt in den Akten, daß er die Kosten nicht angesetzt hat; er gibt hierbei die Gründe kurz an oder verweist auf die Aktenstelle, aus der sie ersichtlich sind.

§ 10a

Kostenansatz bei gegenständlich beschränkter Gebührenfreiheit

(1) Erbscheine und ähnliche Zeugnisse (§§ 101, 103 KostO.) sind mitunter zur Verwendung in einem bestimmten Verfahren gebührenfrei zu erteilen, so z. B. nach § 76 des Gesetzes über das Verfahren in Versorgungssachen i. d. F. d. Bek. vom 2. November 1934 (RGBl. I S. 1113), Art. 34 der 6. VO. zur Durchführung der landwirtschaftlichen Schuldenregelung vom 7. Juli 1934 (RGBl. I S. 609) und § 28 der FürsorgepflichtVO. vom 13. Februar 1924 (RGBl. I S. 100) i. d. F. d. RPräsVO. vom 5. Juni 1931, Teil 5, Kap. VIII, Art. I Nr. 17 (RGBl. I S. 279). In solchen Fällen hat der Kostenbeamte die Urschrift und Ausfertigung der Urkunde mit dem Vermerk „Zum ausschließlichen Gebrauch für das ...... verfahren gebührenfrei erteilt" zu versehen. Die Ausfertigung ist der Behörde oder Dienststelle, bei der das Verfahren anhängig ist, mit dem Ersuchen zu übersenden, die Ausfertigung den Beteiligten weder auszuhändigen noch eine Abschrift zu erteilen.

(2) Beantragen die Beteiligten eine weitere Ausfertigung oder eine beglaubigte Abschrift der Urkunde, so sind die bei der Erteilung außer Ansatz gebliebenen Gerichtsgebühren nachzuerheben. Das gleiche gilt, wenn ein Beteiligter, ohne eine neue Ausfertigung oder Abschrift zu beantragen, bei der Erledigung einer anderen gerichtlichen Angelegenheit auf die Akten Bezug nimmt, in denen sich die Urkunde befindet.

3. Zeit des Kostenansatzes.

§ 11

Zeit des Kostenansatzes im allgemeinen

(1) Soweit nichts anderes bestimmt oder zugelassen ist, hat zu erfolgen:

1. der Ansatz der Kosten alsbald nach Fälligkeit (vgl. z. B. §§ 74, 75, 76 GKG., § 6 KostO.),
2. die Berechnung der Kostenvorschüsse, sobald sie zu leisten sind (§§ 83 bis 86 GKG., § 7 KostO.).

(2) Der Ansatz barer Auslagen und die Abrechnung der zu ihrer Deckung erhobenen Vorschüsse ist in der Regel bis zur Beendigung des Verfahrens auszusetzen, sofern kein Verlust für die Reichskasse zu befürchten ist. Werden im Laufe des Verfahrens Gebühren fällig, so sind mit ihnen auch die durch Vorschüsse nicht gedeckten Auslagen anzusetzen.

(3) Abs. 2 Satz 1 gilt nicht:

1. für Auslagen, die im Verfahren vor einer ausländischen Behörde entstehen,
2. für Auslagen, die einer an der Sache nicht beteiligten Person zur Last fallen.

(4) Steht zu dem in Abs. 1 bezeichneten Zeitpunkt der den Gebühren zugrunde zu legende Wert noch nicht endgültig fest, so werden die Gebühren unter dem Vorbehalt späterer Berichtigung nach einer vorläufigen Wertannahme angesetzt. Auf rechtzeitige Berichtigung ist zu achten (vgl. § 5 GKG., § 14 KostO.); in Angelegenheiten, auf die die Kostenordnung Anwendung findet, ist erforderlichenfalls dem Kostenschuldner mitzuteilen, daß ein Wertermittelungsverfahren eingeleitet ist (§ 14 Satz 2 KostO.).

§ 12

Zeit des Kostenansatzes in besonderen Fällen

I. Gebühr für die Durchführung des Konkursverfahrens (§ 42 GKG.).

(1) Anzusetzen ist:

1. sobald eine ausreichende Barmasse vorhanden ist, eine volle Gebühr, wobei gegebenenfalls die in § 41, § 42 Abs. 3, § 48a Abs. 1 (§ 48a Abs. 2) des Gerichtskostengesetzes bezeichneten Gebühren anzurechnen sind;
2. nach Ablauf der Anmeldefrist eine weitere volle Gebühr;
3. die restliche volle Gebühr bei Beendigung des Konkurses, sofern das Verfahren nicht gemäß §§ 202, 204 der Konkursordnung eingestellt wird.

(2) Bei Einstellung des Konkursverfahrens oder bei gerichtlicher Bestätigung eines Zwangsvergleichs hat der Kostenbeamte den Konkursverwal-

ter schriftlich zu ersuchen, einen Betrag zurückzubehalten, der zur Deckung der näher zu bezeichnenden Gerichtskosten ausreicht.

II. Auslagen in Genossenschaftssachen

(3) In Genossenschaftssachen sind die baren Auslagen in der Regel nur einmal im Kalenderjahr anzusetzen.

III. Kosten in Vormundschafts- und Dauerpflegschaftssachen

(4) Zur Sicherstellung des rechtzeitigen Ansatzes der nach § 85, § 86 Abs. 2 der Kostenordnung bei Vormundschaften und Dauerpflegschaften zu Beginn eines jeden Kalenderjahres fällig werdenden Gebühren sind die in Betracht kommenden Akten von dem Kostenbeamten in ein Verzeichnis einzutragen, das mindestens folgende Spalten enthält: 1. Laufende Nummer, 2. Aktenzeichen, 3. Bezeichnung der Sache, 4. Jahresgebühr berechnet am:.

IV. Kosten der Strafhaft

(5) Die Kosten der Strafhaft sind bei ihrer Beendigung, und wenn sie über den Schluß des Rechnungsjahres dauert, jeweils am Schlusse des Rechnungsjahres anzusetzen.

4. Berechnung der Gebühren

§ 13
Feststellung des letzten Einheitswertes
Zu § 18 KostO.

(1) Soweit der Einheitswert nicht bereits aus einer steuerlichen Unbedenklichkeitsbescheinigung hervorgeht (vgl. AV. vom 24. August 1939, DJ. 1433) oder sonst bekannt ist, ist der Kostenschuldner zu veranlassen, den Steuerbescheid (Feststellungsbescheid, Einheitswertbescheid) vorzulegen.

(2) Auskünfte aus den Steuerakten des Finanzamts sind nur einzuholen, wenn der Kostenschuldner den Steuerbescheid (Abs. 1) nicht vorlegt, ausnahmsweise auch dann, wenn die Wertermittelung besonders schwierig ist.

§ 14
Gebührenansatz bei gleichzeitiger Belastung mehrerer Grundstücke
Zu § 57 Abs. 3 KostO.

Wird die Belastung mehrerer Grundstücke mit einem und demselben Rechte gleichzeitig beantragt und wird das Grundbuch über die mehreren Grundstücke bei verschiedenen Grundbuchämtern geführt, so haben sich die Kostenbeamten der beteiligten Grundbuchämter wegen des Gebührenansatzes miteinander zu verständigen.

§ 15
Rahmengebühren
Zu §§ 50, 66, 67, 72 bis 74, 77 Abs. 4, 5, §§ 82, 117 Abs. 3 KostO.

(1) Beim Ansatz von Gebühren, die im Gesetze nur nach einem Mindest- und Höchstbetrag bestimmt sind (Rahmengebühren), ist in der Regel von der Mitte des Rahmens auszugehen und nach den Umständen des einzelnen

Falles die Gebühr niedriger oder höher anzusetzen. Die in der Mitte des Rahmens liegende Gebühr bedeutet also nicht etwa die Regelgebühr in dem Sinne, daß sich bei ihrem Ansatze jede weitere Nachforschung nach der angemessenen Gebühr erübrigt; vielmehr ist in jedem Falle die Gebühr nach Umfang und Bedeutung der Sache zu bemessen. Soweit es bei Eintragungen in das Handelsregister für die Beurteilung des Umfangs und der Bedeutung der Sache auf den Umfang und die Bedeutung des von der Eintragung betroffenen Unternehmens ankommt, sind diese nach den Maßstäben und Verhältnissen im ganzen Reichsgebiet und nicht etwa nur am Orte des Unternehmens zu beurteilen.

(2) Bei Eintragungen in das Handelsregister einer Zweigniederlassung (§§ 72, 73 KostO.) sind auch der Umfang und die Bedeutung der Zweigniederlassung im Verhältnis zur Hauptniederlassung in Betracht zu ziehen. Insbesondere sind Eintragungen, die im Register der Zweigniederlassung lediglich infolge der Eintragung einer Änderung im Register der Hauptniederlassung veranlaßt werden, als solche von minderer Bedeutung anzusehen und daher regelmäßig mit einer der unteren Grenze des jeweils anwendbaren Rahmens angenäherten Gebühr zu belegen. Vgl. auch § 2 Abs. 7.

(3) Für die Bemessung der Rahmengebühren nach § 72 Nr. 3 b, c und 4 b KostO. gelten die besonderen Bestimmungen der Bekanntmachung vom 20. November 1940 (DJ. 1327).

(4) Werden demselben Antragsteller gleichzeitig oder nacheinander mehrere gleichlautende Abschriften oder Bescheinigungen aus dem Handelsregister oder aus den sonstigen im § 82 der Kostenordnung bezeichneten Registern erteilt, so ist als Gebühr für die zweite und die weiteren Abschriften (Bescheinigungen) lediglich der geringste im § 82 Abs. 1 der Kostenordnung vorgesehene Betrag von je 2 RM. anzusetzen. Die gleiche Gebühr ist anzusetzen, wenn im Anschluß an eine bereits erteilte Abschrift oder Bescheinigung bestätigt wird, daß weitere Eintragungen nicht vorhanden sind, oder daß eine bestimmte Eintragung nicht erfolgt ist (vgl. AV. vom 14. September 1936 — DJ. 1430).

§ 16

Schreibgebühren

Zu § 71 Abs. 4 GKG., § 138 Abs. 2 KostO.

(1) Enthält eine Seite mehr oder weniger als 28 Zeilen von durchschnittlich 15 Silben, so sind je 28 Zeilen als eine Seite zu rechnen. Bei mehrseitigen Schriftstücken ist die Gesamtzeilenzahl durch 28 zu teilen und ein danach verbleibender Rest von weniger als 28 Zeilen als volle Seite zu rechnen. Der Verfertiger des Schriftstücks hat Abweichungen von der normalen Zeilenzahl in den Akten zu vermerken.

(2) Für Schriftstücke, die in fremder Sprache abgefaßt sind, wird die doppelte Schreibgebühr erhoben.

(3) Für Schriftstücke in tabellarischer Form, Verzeichnisse, Listen, Rechnungen, Zeichnungen u. dgl. wird die Schreibgebühr nach dem Zeitaufwand berechnet, der bei durchschnittlicher Arbeitsleistung zur Herstellung benötigt wird. Sie beträgt für jede angefangene Fünftelstunde 25 Reichspfennig. Um dem Kostenbeamten die Schätzung des notwendigen

Zeitaufwandes zu erleichtern, ist die tatsächlich aufgewandte Zeit von dem Verfertiger des Schriftstücks in den Akten zu vermerken; wird das Schreibwerk von einem anderen Beamten abgenommen, so hat dieser die Richtigkeit zu bestätigen oder seine abweichende Schätzung zu vermerken.

(4)[1]) Werden dem Gericht vollständige Entwürfe der schreibgebührenpflichtigen Schriftstücke (Benachrichtigungen, Registerauszüge u. dgl.) zur Verfügung gestellt, die nur durch die Geschäftsnummer, Zeitangaben, Kostenrechnung und Unterschrift des ausfertigenden Beamten zu ergänzen sind, so ermäßigt sich die Schreibgebühr auf 5 Reichspfennig je Seite.

(5) Bestellt ein Rechtsanwalt oder anderer Bevollmächtigter neben anderen Abschriften oder neben Ausfertigungen gleichzeitig weitere Abschriften desselben Schriftstücks zur Unterrichtung seines Auftraggebers, so ist für diese Abschriften, soweit sie auf mechanischem Wege hergestellt werden, nur eine Schreibgebühr von 5 Reichspfennig je Seite anzusetzen. Werden die Abschriften beglaubigt, so ist die volle Schreibgebühr zu entrichten. Die Ermäßigung greift nicht Platz, soweit die Schreibgebühren nach den Absätzen 2 oder 3 zu berechnen sind.

§ 17

Rechnungsgebühren

Zu § 142 KostO.

Die Erhebung von Rechnungsgebühren und die Bestellung von Rechnungsbeamten richtet sich nach der AV. vom 25. April 1938 (DJ. 654) i. d. F. d. AV. vom 24. Oktober 1938 (DJ. 1702).

5. Sicherung des Kosteneingangs durch Vorschüsse und Zurückbehaltung von Urkunden. Kostenerhebung durch Nachnahme

§ 18

Kostensicherung

(1) Zur Sicherung des Kosteneingangs sehen die Kostengesetze vor:

1. die Zurückstellung von Amtshandlungen bis zur Entrichtung bestimmter Gebühren oder Kostenvorschüsse (z. B. § 74, § 76 Abs. 2 GKG., § 7 Abs. 2 KostO.),
2. die Erhebung von Kostenvorschüssen, von denen die Vornahme einer Amtshandlung nicht abhängt (z. B. § 7 Abs. 1, § 134 Abs. 4 KostO.),
3. die Zurückbehaltung von Urkunden bis zur Bezahlung der Kosten (§ 22).

(2) Ist kein Verlust für die Reichskasse zu befürchten, so sind Vorschüsse der in Absatz 1 Nr. 2 bezeichneten Art für bare Auslagen regelmäßig nur anzufordern:

1. wenn die bereits entstandenen oder noch entstehenden Auslagen 20 RM. übersteigen,
2. wenn die Auslagen im Verfahren vor einer ausländischen Behörde entstehen.

(3) Der Kostenbeamte veranlaßt die Erhebung der in Absatz 1 Nr. 2 bezeichneten Kostenvorschüsse regelmäßig selbständig aus eigener Entschlie-

---

[1]) AVRJM v. 10. 10. 1941, DJ 993.

ßung. Das gleiche gilt in den Fällen des § 74 Abs. 2 und 3 und des § 74a Abs. 1 des Gerichtskostengesetzes. In den letztgenannten Fällen ist jedoch der Eingang zunächst dem Richter (Rechtspfleger) vorzulegen, wenn sich daraus ergibt, daß die Erledigung der Sache ohne Vorauszahlung beantragt oder angestrebt wird.

(4) Vor der Einforderung der Gebühren und Vorschüsse ist stets die Entscheidung des Richters einzuholen:

1. in den Fällen der § 519 Abs. 6 Satz 1, § 554 Abs. 7 Satz 1 der Zivilprozeßordnung und des Artikels 10 Teil 1 Kap. I der Notverordnung vom 14. Juni 1932 — RGBl. I S. 285 —;
2. in allen Fällen, in denen der Richter nach gesetzlicher Vorschrift die Vornahme des Geschäfts von der Vorauszahlung der Kosten abhängig machen soll (z. B. § 7 Abs. 2 KostO., § 84 Abs. 1 Satz 2 GKG.), jedoch mit Ausnahme der im Abs. 3 Satz 2 bezeichneten Fälle.

(5) Die von dem Richter zu treffende Entscheidung (Abs. 4) geht regelmäßig nur dahin, daß die Vornahme des Geschäfts von der Vorwegleistung der Kosten abhängig zu machen ist. Die Höhe der Gebühr oder des Vorschusses bestimmt daraufhin der Kostenbeamte; nur ausnahmsweise, z. B. in den Fällen der §§ 379, 402 der Zivilprozeßordnung, setzt das Gericht auch die Höhe des Vorschusses fest.

§ 19

Verfahren im Falle des § 7 Abs. 2 der Kostenordnung

(1) Da die Zahlung des Vorschusses die Regel bilden soll, wird das Gericht zweckmäßigerweise stets Zahlung anordnen und die Sicherstellung nur dann zulassen, wenn ein dahingehender begründeter Antrag gestellt ist.

(2) Wird Sicherstellung zugelassen, so wird der Vorschuß zwar berechnet, aber nicht nach § 6 Abs. 3 angefordert. Die Sicherheit kann, vorbehaltlich anderer Anordnung des Richters, in der in den §§ 232 bis 240 BGB. vorgesehenen Weise erfolgen. Schuldverschreibungen und verzinsliche Schatzanweisungen des Reichs, der Länder oder der Reichsgaue, die an der Börse amtlich notiert werden, sind zu dem zur Zeit der Sicherheitsleistung maßgebenden vollen Kurswert, höchstens aber zum Nennwert als Sicherheit anzunehmen. Die Verwertung der Sicherheit ist Sache der Gerichtskasse, nachdem ihr die aus Anlaß des Geschäfts erwachsenen Kosten zur Einziehung überwiesen sind.

(3) Durch die Sicherung des Kosteneingangs soll eine Verzögerung in der sachlichen Erledigung der Angelegenheit möglichst nicht eintreten. Der Richter wird deshalb den Eingang alsbald sachlich prüfen, so daß etwaige Beanstandungen zugleich mit der Einforderung des Vorschusses den Beteiligten mitgeteilt werden können. Das gilt auch in Grundbuchsachen und in Schiffsregistersachen. In einer etwa nach § 18 der Grundbuchordnung oder § 28 der Schiffsregisterordnung zu erlassenden Zwischenverfügung wird deshalb neben dem Hinweis auf etwaige sachliche Hindernisse auch der Hinweis auf die Entscheidung über die Abhängigmachung aufzunehmen sein[1]).

---

[1]) Vgl. auch die AV vom 4. 1. 1940 (DJ 65) über die Einführung eines Vordrucks für die Anordnung der Vorschußleistung in Grundbuchsachen.

(4) Einen ausreichenden Grund, von dem Verlangen nach vorheriger Zahlung oder Sicherstellung der Kosten abzusehen, bildet es, wenn der Antrag — wie z. B. bei zahlreichen Anmeldungen zum Handelsregister — erzwungen werden kann. Dagegen genügt die Feststellung, daß der Kostenschuldner unzweifelhaft zahlungsfähig ist, für sich allein in der Regel nicht.

§ 20

Vorschüsse auf Strafvollstreckungskosten

(1) In Höhe der voraussichtlich entstehenden Kosten der Strafvollstrekkung hat der Kostenbeamte einen Vorschuß zu bestimmen:

1. bei Vollstreckung einer Freiheitsstrafe von mehr als einjähriger Dauer,
2. bei kürzeren Freiheitsstrafen dann, wenn die Gefahr eines Verlustes für die Reichskasse besteht.

(2) In den Fällen des Abs. 1 Nr. 1 soll der einzelne Vorschuß in der Regel nicht höher sein als der Betrag der Vollstreckungskosten für eine Zeit von 5 Jahren. Die Sicherstellung der Vollstreckungskosten (durch Bürgschaft, Sicherungshypothek u. dgl.) für einen längeren Zeitraum wird hierdurch nicht ausgeschlossen.

§ 21

Jährliche Vorschüsse im Zwangsverwaltungsverfahren

Zu § 134 Abs. 4 KostO.

Der alljährlich zu erhebende Gebührenvorschuß soll regelmäßig auf das Doppelte der vollen Gebühr bemessen werden. Daneben ist ein Auslagenvorschuß in Höhe der im laufenden Jahr voraussichtlich erwachsenden Auslagen zu erheben.

§ 22

Zurückbehaltungsrecht

Zu § 9 KostO.

(1) In Angelegenheiten, auf die die Kostenordnung Anwendung findet, ist regelmäßig von der Befugnis Gebrauch zu machen, Ausfertigungen, Abschriften sowie zurückzugebende Urkunden, die aus Anlaß des Geschäftes von einem Kostenschuldner oder einer sonstigen Person eingereicht sind, bis zur Zahlung der in der Angelegenheit erwachsenen Kosten zurückzubehalten. Die Befugnis erstreckt sich auch auf Urkunden, die nur zur Unterschriftsbeglaubigung eingereicht sind.

(2) Von der Zurückbehaltung ist abzusehen,

1. wenn das Reich, ein Land, ein Reichsgau, die NSDAP. oder eine ihrer Gliederungen, eine Gemeinde, ein Gemeindeverband oder eine sonstige Körperschaft des öffentlichen Rechts Kostenschuldner ist;
2. wenn in sonstigen Fällen der Eingang der Kosten mit Sicherheit zu erwarten ist;
3. wenn glaubhaft gemacht ist, daß die Verzögerung der Herausgabe einem Beteiligten einen nicht oder nur schwer zu ersetzenden Schaden bringen würde, und nicht anzunehmen ist, daß die Kosten der Reichskasse entzogen werden sollen;

4. wenn das Schriftstück nicht vom Kostenschuldner, sondern von einem Dritten eingereicht ist, dem gegenüber die Zurückbehaltung eine unbillige Härte wäre.

(3) Die Entscheidung (Abs. 1 und 2) trifft zunächst der Kostenbeamte. In Zweifelsfällen holt er die Entschließung seines Dienstvorgesetzten ein. Über Beschwerden wird im Aufsichtswege entschieden.

(4) Die Kosten, von deren Entrichtung die Herausgabe abhängig gemacht wird (Abs. 1), sind mit möglichster Beschleunigung anzusetzen. Können sie noch nicht endgültig berechnet werden, so sind sie vorbehaltlich späterer Berichtigung vorläufig anzusetzen.

(5) Ist ein anderer als der Kostenschuldner zum Empfange des Schriftstücks berechtigt, so hat ihn der Kostenbeamte von der Ausübung des Zurückbehaltungsrechtes nach Muster 1 zu verständigen. Die Kosten dieser Benachrichtigung trägt die Reichskasse. Erhält der Empfangsberechtigte in derselben Angelegenheit eine sonstige Mitteilung, so ist die Nachricht über die Ausübung des Zurückbehaltungsrechtes nach Möglichkeit damit zu verbinden.

(6) Wegen des Vermerkes der Ausübung des Zurückbehaltungsrechtes und der Aufführung des dritten Empfangsberechtigten in der Kostenrechnung wird auf § 24 Abs. 6 verwiesen.

(7) Für die sichere Verwahrung von Wertpapieren, Sparkassenbüchern, Hypothekenbriefen und sonstigen Urkunden von besonderem Werte ist Sorge zu tragen.[1])

(8) Die zurückbehaltenen Schriftstücke sind an den Empfangsberechtigten herauszugeben:

1. wenn die Gerichtskasse die Zahlung der Kosten angezeigt hat (vgl. § 24 Abs. 6),
2. wenn die Anordnung der Zurückbehaltung vom Kostenbeamten oder im Aufsichtswege aufgehoben wird.

Der Kostenbeamte hat in den Fällen der Nr. 2 die Gerichtskasse von der Herausgabe zu verständigen.

(9) Ist der Kostenschuldner Empfangsberechtigter und sollen die Kosten von ihm durch Postnachnahme (§ 23) erhoben werden, so können ihm in geeigneten Fällen die zurückbehaltenen Schriftstücke zusammen mit der Kostenrechung in der Nachnahmesendung zugesandt werden. Auf dem Briefumschlag der Nachnahmesendung ist das einliegende Schriftstück kurz zu bezeichnen. Hypotheken-, Grund- und Rentenschuldbriefe dürfen nur auf Antrag des empfangsberechtigten Kostenschuldners unter Nachnahme der Kosten versendet werden.

§ 23

Postnachnahme

(1) Nach Bestimmung des Landgerichtspräsidenten (Amtsgerichtspräsidenten) können Kosten und Vorschüsse in geeigneten Fällen durch Postnachnahme erhoben werden, Beträge über 10 RM. dürfen nur dann durch Postnachnahme eingezogen werden, wenn der Zahlungspflichtige dies beantragt hat oder wenn anzunehmen ist, daß diese Art der Einziehung seinen Wünschen entspricht.

---

[1]) Vgl. hierzu AV vom 3. 12. 1938 (DJ 1932).

(2) Die Einziehung durch Postnachnahme hat zu unterbleiben:

1. in Strafsachen;
2. bei Behörden und Dienststellen des Reichs, der Länder und der Reichsgaue, bei der NSDAP. und ihren Gliederungen, bei Behörden und Dienststellen der Gemeinden und Gemeindeverbände, bei sonstigen Körperschaften des öffentlichen Rechtes sowie bei Rechtsanwälten und Notaren;
3. wenn der Kostenschuldner außerhalb des Deutschen Reichs wohnt;
4. wenn bekannt ist, daß der Zahlungspflichtige Inhaber eines Postscheck- oder Bankkontos ist;
5. wenn die Nachnahme nach den örtlichen Verhältnissen und Entfernungen nicht angemessen ist (wie z. B. gegenüber Zahlungspflichtigen am Sitze der Kasse).

(3) Die Erhebung der Kosten durch Nachnahme soll der Kostenbeamte in allen hiernach geeigneten und zulässigen Fällen anordnen.

6. Kostenrechnung

§ 24

Inhalt der Kostenrechung

(1) Die Kostenrechnung enthält:

1. die Bezeichnung der Sache und die Geschäftsnummer,
2. die einzelnen Kostenansätze und die Kostenvorschüsse unter Hinweis auf die angewandte Vorschrift, bei Wertgebühren auch den der Berechnung zugrunde gelegten Wert,
3. den Gesamtbetrag der Kosten,
4. die Namen und die Anschriften der Kostenschuldner.

(2) Haften mehrere als Gesamtschuldner oder hat ein Kostenschuldner die Zwangsvollstreckung in ein bestimmtes Vermögen zu dulden, so ist dies zu vermerken. Unter Beachtung der Grundsätze in § 8 Abs. 2 ist weiter anzugeben, wie die einzelnen Gesamtschuldner zunächst in Anspruch genommen werden sollen. Erst- und Zweitschuldner (§ 8 Abs. 1) sind ausdrücklich als solche zu bezeichnen. Wird der Zweitschuldner vor dem Erstschuldner in Anspruch genommen (§ 8 Abs. 1), so sind die Gründe hierfür kurz anzugeben.

(3) Ist bei mehreren Kostengesamtschuldnern damit zu rechnen, daß die Kosten von demjenigen, der zunächst in Anspruch genommen werden soll, aller Wahrscheinlichkeit nach entrichtet werden, so kann im Verfahren des ersten Rechtszuges die Aufführung der weiteren Gesamtschuldner durch ausdrücklichen Vermerk einstweilen vorbehalten werden.

(4) Die Abweichung vom Regelwerte (§ 11 GKG., § 19 Abs. 2, § 24 Abs. 2 und 3, § 42 Abs. 3 KostO.) ist kurz zu begründen.

(5) Werden Kosten oder Vorschüsse angerechnet, so ist, wenn sie in Kostenmarken entrichtet sind, auf die Stellen zu verweisen, wo sich die entwerteten Kostenmarken befinden; sind sie bei der Gerichtskasse gebucht, so ist die Buchungsnummer anzugeben.

(6) Die Ausübung des Zurückbehaltungsrechtes ist mit kurzer Begründung zu vermerken. Durch Anbringung des rot zu unterstreichenden Ver-

merks „ZA." ist die Kasse um Zahlungsanzeige zu ersuchen. Ist ein anderer als der Kostenschuldner zum Empfang des Schriftstückes berechtigt (§ 22 Abs. 5), so wird er gleichfalls in der Kostenrechnung aufgeführt.

(7) Enthält die Kostenrechnung Beträge, die anderen Berechtigten als der Reichskasse zustehen, und nach der Einziehung an sie auszuzahlen sind (durchlaufende Gelder — § 2 Nr. 8 JKassO,), so ist in Fällen, in denen sie der Kasse zur Einziehung überwiesen werden, die Gerichtskasse gleichfalls durch rot zu unterstreichenden Vermerk „ZA." um Zahlungsanzeige zu ersuchen. Der Empfangsberechtigte ist in der Kostenrechnung aufzuführen.

(8) Durch rot zu unterstreichenden Vermerk ist anzugeben:

1. wenn der Schuldner um Erhebung der Kosten durch Postnachnahme ersucht hat,
2. wenn für einen Vorschuß Sicherheit geleistet ist (§ 19 Abs. 2).

(9) Der Kostenbeamte vermerkt weiter, was ihm etwa über die Zahlungsfähigkeit, die Einkommens- und Vermögensverhältnisse eines Kostenschuldners sowie über sonstige Umstände bekannt ist, die für die Einziehungsmaßnahmen der Kasse von Bedeutung sein können. Ist der Kostenschuldner im Hinblick auf die Höhe der Kostenschuld zur Zahlung innerhalb der regelmäßigen Zahlungsfrist offensichtlich nicht in der Lage, so hat der Kostenbeamte durch den Vermerk „Stundungshinweis" die Verwendung des Musters Kost 3 a für die Reinschrift der Kostenrechnung sicherzustellen (vgl. § 26 Abs. 5).

(10) Der Kostenbeamte hat die Kostenrechung unter Angabe von Ort, Tag und Amtsbezeichnung zu unterschreiben. Er übernimmt damit die Verantwortung für ihre Vollständigkeit und Richtigkeit.

§ 25

Form der Kostenrechnung

(1) Zu den Kostenrechnungen sind Vordrucke nach Muster 2 zu verwenden.

(2) In anderen als den in § 5 Abs. 3 bezeichneten Fällen kann der Kostenbeamte einfachere Kostenrechnungen, die nur wenige Ansätze enthalten, ohne Verwendung des Vordruckes auf das veranlassende Schriftstück setzen, wenn die Kosten mit Kostennachricht anzufordern sind (§§ 28ff.) oder wenn gegen die Versendung des Schriftstücks keine Bedenken bestehen, insbesondere wenn sich die Gerichtskasse an demselben Orte befindet.

(3) Im Falle vorheriger Entrichtung der gesamten Kosten in Kostenmarken ist die Kostenrechung in kürzester Form aufzustellen.

(4) Bei Kostenrechnungen in Rechtshilfesachen ist § 8 Abs. 7 der Aktenordnung zu beachten.

§ 26

Reinschriften der Kostenordnung

(1) Hat der Kostenbeamte die Überweisung der Kostenforderung an die Gerichtskasse verfügt (§ 6 Abs. 3), so läßt die Geschäftsstelle für jeden Kostenschuldner, der in Anspruch genommen werden soll, eine Reinschrift der Kostenrechnung fertigen.

(2) Aus der Kostenrechnung werden in die Reinschrift übertragen:

1. die den Kostenschuldner betreffenden Kostenansätze und die Hinweise auf die angewandten Vorschriften,
2. bei Wertgebühren der der Berechnung zugrunde gelegte Wert,
3. die Einzelbeträge und der Gesamtbetrag der Kosten, die von dem Kostenschuldner erhoben werden sollen,
4. bei Ausübung des Zurückbehaltungsrechtes der Vermerk hierüber.

(3) Der Vermerk, daß der Kostenschuldner die Zwangsvollstreckung in ein bestimmtes Vermögen zu dulden habe (§ 24 Abs. 2 Satz 1), ist gleichfalls in die Reinschrift zu übertragen. Die in der Reinschrift enthaltene Zahlungsaufforderung ist in diesen Fällen durch die Aufforderung zu ersetzen, die Zwangsvollstreckung in das betreffende Vermögen zu dulden; ist der Kostenschuldner zugleich zahlungspflichtig, so ist er sowohl zur Zahlung wie zur Duldung aufzufordern (vgl. § 74 Abs. 7, § 78 Abs. 5 JKassO.).

(4) Nur auf ausdrückliche Anordnung des Kostenbeamten werden in die Reinschrift übertragen:

1. die Gründe für die Abweichung vom Regelwert (§ 24 Abs. 4),
2. Vermerke, die lediglich für die Einziehungsmaßnahmen der Gerichtskasse von Bedeutung sind (§ 24 Abs. 9).

(5) Zu den Reinschriften sind die nachfolgenden Vordrucke zu verwenden:

Muster 3 für die Reinschrift der Kostenrechung,
Muster 3a für die Reinschrift der Kostenrechnung mit Stundungshinweis,
Muster 4 für die Reinschrift der Kostenrechung mit anhängender Zahlkarte,
Muster 5 für die Reinschrift der Kostenrechung bei Ausübung des Zurückbehaltungsrechts,
Muster 6 für die Reinschrift der Kostenrechnung, Postnachnahme,
Muster 7 für die Reinschrift der Kostenrechnung nach Teillöschung.

(6) Wenn von dem Antragsteller (Kläger, Gläubiger) Kosten durch Nachnahme erhoben werden sollen, so können zu den Reinschriften Nachnahmepostkarten mit anhängender Zahlkarte nach Muster 8 verwendet werden. Dies gilt jedoch nicht in Strafsachen, in Ehe-, Kindschafts-, Unterhalts-, Entmündigungs-, Erbgesundheitssachen und in ähnlichen Angelegenheiten.

(7) Bei Kostenerhebung durch Postnachnahme ist in die Zahlkarte nur der Betrag der Kostenrechnung, in die Nachnahmesendung dieser Betrag zuzüglich der Zahlkartengebühr aufzunehmen. Die Zahlkarte ist vollständig auszufüllen.

(8) Die im Vordruck der Reinschrift enthaltene Aufforderung zur Zahlung oder bei Nachnahmesendungen das Empfangsbekenntnis wird von der Gerichtskasse unterschriftlich vollzogen (§ 74 Abs. 1 JKassO.). Das gleiche gilt für die Vollziehung der in Abs. 3 vorgesehenen Aufforderung zur Duldung der Zwangsvollstreckung. Der Beamte der Geschäftsstelle ist für die Richtigkeit und Vollständigkeit der Reinschrift verantwortlich.

§ 27

Übersendung der Kostenrechnungen an die Gerichtskasse

(1) Die Geschäftsstelle leitet täglich die Urschriften der Kostenrechnungen mit den dazugehörigen Reinschriften der für sie zuständigen Gerichtskasse zur Einziehung zu. Der Beifügung der Akten bedarf es regelmäßig nicht.

(2) Die Geschäftsstelle des Amtsgerichts, bei dem sich eine Gerichtszahlstelle befindet, übersendet die Urschriften und Reinschriften gesammelt mit Umschlagbogen nach Muster 9 an die zuständige Gerichtskasse.

(3) Sind die Kosten bei dem Gerichte eines höheren Rechtszuges angesetzt worden (vgl. § 2 Abs. 1 Nr. 2), so wird die Urschrift der Kostenrechnung der Gerichtskasse durch Vermittlung der Geschäftsstelle des Gerichts des ersten Rechtszuges übersandt, die auch für die Fertigung der erforderlichen Reinschriften zu sorgen hat. Sind Kosten des höheren Rechtszugs im Soll zu löschen oder zurückzuzahlen, so ist nach § 32 Abs. 3 zu verfahren.

§ 28

Einforderung der Kosten durch die Geschäftsstelle mit Kostennachricht

Zu §§ 74, 74a, 83, 84 Abs. 1 Satz 2, § 85 Abs. 5 GKG.; Art. 10 Teil 1 Kap. I NotVO. vom 14. Juni 1932; § 7 Abs. 2 KostO.

(1) Vorweg zu erhebende Gebühren und Kostenvorschüsse, von deren Entrichtung die Vornahme einer Amtshandlung oder die Einleitung oder der Fortgang eines Verfahrens abhängig ist, fordert die Geschäftsstelle ohne vorherige Überweisung an die Gerichtskasse unmittelbar von dem Zahlungspflichtigen mit Kostennachricht an.

(2) Steht der Wert des Streitgegenstandes oder der Geschäftswert bei Aufstellung der Kostenrechnung noch nicht endgültig fest, so sind der Berechnung vorläufig die Angaben des Klägers, Berufungsklägers, Revisionsklägers oder Antragstellers zugrunde zu legen, sofern sie nicht offenbar unrichtig sind.

(3) Hat das Gericht den Betrag des Vorschusses und die Zahlungsfrist selbst bestimmt (z. B. in den Fällen der §§ 379, 402 ZPO.), so unterbleibt eine Kostennachricht.

(4) Hat der Zahlungspflichtige auf die Gebühren oder Vorschüsse (Abs. 1) Beträge bezahlt, die zur Deckung nicht völlig ausreichen, so ist er auf den Minderbetrag hinzuweisen; hat er noch keine Kostennachricht erhalten, so ist der Minderbetrag mit Kostennachricht anzufordern. Ist der Minderbetrag nur gering, so führt der Kostenbeamte zunächst eine Entscheidung des Gerichts darüber herbei, ob der Sache trotz des Minderbetrages Fortgang zu geben sei. Wird der Sache Fortgang gegeben, so wird der fehlende Restbetrag der Kasse zur Einziehung überwiesen, falls er nicht nach den bestehenden Vorschriften wegen Geringfügigkeit außer Ansatz bleibt; besteht das Gericht dagegen auf der Zahlung des Restbetrages, so ist nach Satz 1 zu verfahren.

(5) In den Fällen des § 519 Abs. 6 Satz 1, § 554 Abs. 7 Satz 1 der Zivilprozeßordnung, Art. 10 Teil 1 Kap. I der Notverordnung vom 14. Juni 1932

— RGBl. I S. 285 — sind bei Minderbeträgen, ohne Rücksicht auf deren Höhe, die Akten stets alsbald dem Gericht (Vorsitzenden) zur Entscheidung vorzulegen.

§ 29

Behandlung der Kostennachrichten

(1) Zu den Kostennachrichten sind die nachfolgenden Vordrucke zu verwenden:

Muster 10 für die Kostennachricht im Mahnverfahren,
Muster 11 für die Kostennachricht im erstinstanzlichen Zivilprozeß,
Muster 12 für die Kostennachricht bei Klageerweiterung,
Muster 13 für die Kostennachricht im Güteverfahren — ohne vorangegangenes Mahnverfahren —,
Muster 14 für die Kostennachricht in der Berufungsinstanz,
Muster 15 für die Fristsetzung zur Zahlung des Gebührenvorschusses nach § 83 GKG.,
Muster 16 für die Kostennachricht im Privatklage- (Nebenklage-) Verfahren,
Muster 17 für die Kostennachricht über Anforderung von Vorschüssen im Falle der Abhängigmachung.

(2) Allen Kostennachrichten ist eine auf das Postscheckkonto der Gerichtskasse lautende oder, falls sich bei dem Amtsgericht eine Gerichtszahlstelle befindet, eine auf deren Postscheckkonto lautende Zahlkarte beizufügen. Auf dem Empfängerabschnitt der Zahlkarte sind die Angelegenheit und das Aktenzeichen so vollständig zu bezeichnen, daß die Gerichtskasse oder die Gerichtszahlstelle in der Lage ist, hiernach die Zahlungsanzeige zu den Sachakten zu erstatten.

(3) In den Fällen der Erhebung eines Kostenvorschusses nach § 85 Abs. 1, 3, 4 des Gerichtskostengesetzes ist der Vordruck durch Hinweis auf die in § 85 Abs. 5 des Gerichtskostengesetzes bestimmten Rechtsfolgen zu ändern.

(4) Die Kostennachricht soll dem Bevollmächtigten, insbesondere dem Prozeßbevollmächtigten oder Notar, nur dann zugesandt werden, wenn er sich zur Vermittlung der Zahlung erboten hat oder die genaue Anschrift des Zahlungspflichtigen unbekannt ist. In sonstigen Fällen wird sie dem Zahlungspflichtigen selbst zugesandt. Ergeht aus demselben Anlaß, der zur Übersendung der Kostennachricht an den Zahlungspflichtigen führt, eine Verfügung an seinen Bevollmächtigten, z. B. in den Fällen des § 519 Abs. 6 Satz 1, § 554 Abs. 7 Satz 1 der Zivilprozeßordnung, so ist hierauf die Übersendung der Kostennachricht an den Zahlungspflichtigen und die Höhe des angeforderten Betrages zu vermerken.

(5) Die Kostennachricht ist in den Fällen des § 519 Abs. 6 Satz 1, § 554 Abs. 7 Satz 1 der Zivilprozeßordnung, Art. 10 Teil 1 Kap. I der Notverordnung vom 14. Juni 1932 oder wenn die Einzahlung des Vorschusses an eine Frist geknüpft ist, z. B. nach § 19 Abs. 3 Satz 4 dieser Verfügung, von Amts wegen zuzustellen. In sonstigen Fällen wird sie regelmäßig als Brief abgesandt. Erfolgt eine Übersendung oder Zustellung durch die Post, so gehören die tarifmäßigen Postgebühren zu den mit einzuziehenden Auslagen (§ 72 Abs. 1 Nr. 1 c GKG., § 139 Abs. 1 Nr. 1 c KostO.).

(6) Wird der Zahlungsaufforderung (§ 28 Abs. 1, Abs. 4 Satz 1) keine Folge geleistet, so beschränkt sich die Tätigkeit des Kostenbeamten auf die Berechnung der in der Sache etwa entstandenen oder noch entstehenden Kosten und deren Überweisung an die Gerichtskasse zur Einziehung.

(7) Wird die Anordnung, durch die die Vornahme eines Geschäftes von der Vorauszahlung abhängig gemacht war, wieder aufgehoben, so werden die entstandenen Kosten der Gerichtskasse zur Einziehung überwiesen. Das gleiche gilt, wenn von einer gesetzlich vorgesehenen Vorwegleistungspflicht eine Ausnahme bewilligt wird (z. B. nach § 74 Abs. 4 GKG.).

(8) Ist der Vorschuß mit Kostennachricht Muster Kost 17 eingefordert, so ist dem Kostenschuldner eine Schlußkostenrechnung nur dann zu übersenden, wenn sich die endgültig festgestellte Kostenschuld mit dem Betrag des Vorschusses nicht deckt. Die Übersendung der Schlußkostenrechnung ist unverzüglich, spätestens vor Ablauf eines Monats nach Abschluß der Angelegenheit, zu veranlassen.

7. Sonderbestimmungen für Kleinbeträge

§ 29a

Für die Behandlung von kleinen Kostenbeträgen gelten die besonderen Bestimmungen der AV. vom 23. November 1937 (DJ. 1834) i. d. F. d. AV. vom 9. 12. 1940 (DJ. 1383).

Abschnitt III

Aufgaben der Geschäftsstelle nach Absendung der Kostenrechnung oder Kostennachricht

§ 30

Behandlung von Ersuchen und Mitteilungen der Gerichtskasse

(1) Ersucht die Kasse um Auskunft darüber, ob die Sachakten Näheres über die Einkommens- und Vermögensverhältnisse eines Kostenschuldners, insbesondere über das Vorhandensein pfändbarer Ansprüche ergeben, so hat der Kostenbeamte die notwendigen Feststellungen zu treffen.

(2) Gibt die Kasse nach § 73 Abs. 2 der Justizkassenordnung die Kostenrechnung zurück, weil der darin genannte Kostenschuldner nach ihrer Kenntnis zahlungsunfähig ist, so hat der Kostenbeamte diese Beurteilung seiner weiteren Prüfung zugrunde zu legen, wenn ihm nicht Tatsachen bekannt sind, die der Auffassung der Gerichtskasse entgegenstehen, insbesondere Tatsachen, aus denen sich ergibt, daß der Kostenschuldner nur vorübergehend zahlungsunfähig ist. Ist dies der Fall, so ist auf kürzestem Wege eine Verständigung zu suchen. Schließt sich der Kostenbeamte der Auffassung der Gerichtskasse an, so prüft er, ob weitere Kostenschuldner vorhanden sind, und stellt gegebenenfalls eine neue Kostenrechnung auf. Bleibt der Kostenbeamte dagegen bei seiner Auffassung, daß der ursprüngliche Kostenschuldner zahlungsfähig ist, so gibt er die Kostenrechnung der Gerichtskasse mit einer kurzen Begründung seiner Auffassung zurück.

(3) Ersucht die Gerichtskasse nach § 74 Abs. 6 Satz 2 der Justizkassenordnung um eine Änderung oder Ergänzung der Kostenrechnung, weil sie

eine andere Heranziehung von Gesamtschuldnern oder eine Erstreckung der Kostenrechnung auf bisher nicht in Anspruch genommene Kostenschuldner (z. B. den Ehemann) für geboten hält, so hat der Kostenbeamte auf Grund der Ermittlungen der Kasse die Voraussetzungen für die Heranziehung dieser Kostenschuldner festzustellen (vgl. § 7 Abs. 1) und gegebenenfalls die Umschreibung des Kostensolls durch Aufstellung einer neuen oder Ergänzung der bisherigen Kostenrechnung zu veranlassen. Soweit hiebei Kosten eines bereits erledigten Rechtsmittelverfahrens zu berücksichtigen sind, sind die dem Kostenbeamten obliegenden Dienstverrichtungen von dem Kostenbeamten des Gerichts des ersten Rechtszugs zu erledigen.

(4) Die Bestimmungen des Abs. 3 gelten entsprechend, wenn ein Kostenschuldner vorhanden ist, der wegen der Kostenschuld lediglich die Zwangsvollstreckung in ein bestimmtes Vermögen (z. B. als Ehemann in das eingebrachte Gut der Ehefrau) zu dulden hat (vgl. § 74 Abs. 7 und § 78 Abs. 5 JKassO.).

(5) Wird dem Kostenbeamten eine Nachricht der Gerichtskasse über die Löschung des Kostensolls vorgelegt, so hat er die Löschung auf der Kostenrechnung zu vermerken, den Vermerk rot zu unterstreichen und zu prüfen, ob nach den Akten noch Einziehungsmöglichkeiten bestehen (z. B. durch Pfändung einer im Rechtsstreit zuerkannten Forderung, Heranziehung eines der Gerichtskasse bisher noch nicht benannten Mithaftenden); gegebenenfalls ist die Gerichtskasse zu verständigen. Das Ergebnis der Prüfung ist auf der Löschungsnachricht kurz zu vermerken.

§ 31

Prüfung der Kostenrechnungen nach Rückgabe

(1) Nach Rückgabe der Kostenrechnungen durch die Gerichtskasse prüft die Geschäftsstelle, ob die Kostenrechnungen mit dem vorgeschriebenen Buchungsvermerk (§ 73 Abs. 3 JKassO.) versehen sind. Kostenrechnungen, auf denen die Sollstellung im Kostensollbuch in anderer Weise als mittels Stempelaufdrucks (z. B. handschriftlich) bescheinigt ist, sind unverzüglich dem Behördenvorstand vorzulegen, der das Erforderliche zu veranlassen hat.

(2) Die Umschlagbogen (§ 27 Abs. 2) sind nach ihrer Rückgabe jahrgangsweise zu sammeln.

§ 32

Nachträgliche Änderung der Kostenforderung

(1) Ändert sich nachträglich die Kostenforderung, so stellt der Kostenbeamte eine neue Kostenrechnung auf, es sei denn, daß die Kostenforderung völlig erlischt.

(2) Erhöht sich die Kostenforderung, so veranlaßt er die Nachforderung des Mehrbetrages nach §§ 26ff.

(3) Vermindert sie sich oder erlischt sie ganz, so ordnet er durch eine Kassenanweisung nach Muster 18 die Löschung im Soll oder die Rückzahlung an (§§ 90, 91 JKassO.). Sind Kosten aus einem höheren Rechtszug zu löschen oder zurückzuzahlen, so erläßt der Kostenbeamte des ersten Rechtszuges die Kassenanweisung. In der Kassenanweisung (Spalte 3) sind

sämtliche in derselben Rechtssache zum Soll gestellten oder eingezahlten Beträge, für die der Kostenschuldner haftet, anzugeben. Die Anordnung der Löschung oder Rückzahlung ist unter Angabe des Betrages auf der Urschrift der Kostenrechnung in auffälliger Weise zu vermerken; der Vermerk ist rot zu unterstreichen. Der Kassenanweisung sind die erforderlichen Reinschriften der neuen Kostenrechnung nach Muster 19 anzuschließen. Die Kassenanweisung ist der Gerichtskasse zuzuleiten, die für die Erledigung der Kassengeschäfte der Dienststelle, von der die Anweisung erlassen wird, zuständig ist.

(4) Wird die Partei durch einen Rechtsanwalt oder Notar vertreten, so ist die Zurückzahlung an diesen anzuordnen, wenn er entweder.

a) eine Vollmacht der von ihm vertretenen Partei oder des Antragstellers zu den Gerichtsakten einreicht, die ihn allgemein zum Geldempfang oder zum Empfang der im Verfahren etwa zurückzuzahlenden Gerichtskosten ermächtigt, oder

b) bei der Einzahlung des Kostenbetrags oder der Einreichung des mit Kostenmarken versehenen Schriftstücks oder aber rechtzeitig vor Anordnung der Zurückzahlung zu den Gerichtsakten schriftlich erklärt, daß er die Kosten aus eigenen Mitteln bezahlt hat. Dabei steht der Abgabe dieser Erklärung der Umstand nicht entgegen, daß der Rechtsanwalt oder Notar von seinem Auftraggeber einen Vorschuß nach § 84 der Gebührenordnung für Rechtsanwälte oder nach § 144 in Verbindung mit § 7 der Kostenordnung erhalten hat.

(5) Im Falle der Berichtigung wegen irrtümlichen Ansatzes muß aus der Kostenrechnung oder dem Antrage hervorgehen, inwiefern der ursprüngliche Ansatz unrichtig war.

(6) Hat die Dienstaufsichtsbehörde oder der Kostenprüfungsbeamte (§ 37) die Berichtigung angeordnet, so ist dies zu vermerken.

(7) Im Falle des Erlasses aus Billigkeitsgründen ist die den Erlaß anordnende Verfügung zu bezeichnen.

(8) Beruht die Berichtigung oder Änderung auf einer mit Beschwerde anfechtbaren gerichtlichen Entscheidung, so ist anzugeben, daß die Entscheidung dem zur Vertretung der Reichskasse zuständigen Beamten vorgelegen hat.

(9) Die Vermerke nach Abs. 5, 6 und 7 sind auch in die Reinschrift der Kostenrechnung zu übertragen.

(10) Wird die Zurückzahlung von Kosten, die durch Verwendung von Kostenmarken entrichtet sind, veranlaßt, so hat ein zweiter Beamter der Geschäftsstelle die Verwendung der Kostenmarken auf der Kassenanweisung zu bescheinigen. Der Beifügung der Sachakten bedarf es nicht. Die Gerichtskasse ist nach § 91 Abs. 1 der Justizkassenordnung befugt, sich stichprobenweise durch Einforderung der Sachakten von der ordnungsmäßigen Verwendung der Kostenmarken zu überzeugen.

(11) Sind infolge der nachträglichen Änderung der Kostenrechnung nur Kleinbeträge nachzufordern, im Soll zu löschen oder zurückzuzahlen, so sind die für die Behandlung solcher Beträge getroffenen besonderen Bestimmungen der AV. vom 23. November 1937 (DJ. 1834) i. d. F. d. AV. vom 9. 12. 1940 (DJ. 1383) zu beachten.

§ 33

Nachträgliche Änderung der Kostenhaftung

(1) Tritt zu dem bisher in Anspruch genommenen Kostenschuldner ein neuer hinzu, der vor jenem in Anspruch zu nehmen ist (vgl. § 8), so stellt der Kostenbeamte zunächst fest, ob die eingeforderten Kosten bereits entrichtet sind. Erforderlichenfalls richtet er eine kurze Anfrage an die Gerichtskasse und ersucht gleichzeitig um Auskunft, ob ihr über die Zahlungsfähigkeit des nunmehr in Anspruch zu nehmenden Schuldners Näheres bekannt ist. Soweit bezahlt ist, behält es dabei sein Bewenden. Sind die Kosten dagegen noch nicht oder nicht ganz bezahlt und ist auch nicht anzunehmen, daß der nunmehr in Anspruch zu nehmende Kostenschuldner zahlungsunfähig sein werde, so berichtigt der Kostenbeamte die Kostenrechung oder stellt, wenn es zur Vermeidung von Unklarheiten angezeigt erscheint, eine neue Kostenrechnung auf. Er veranlaßt sodann die Ausstellung der erforderlichen neuen Reinschriften und ersucht die Gerichtskasse um entsprechende Umschreibung des Kostensolls, soweit die Kosten nicht bis zur Umschreibung noch bezahlt werden sollten.

(2) Erlischt nachträglich die Haftung eines Gesamtschuldners ganz oder teilweise, so berichtigt der Kostenbeamte die Kostenrechnung, veranlaßt die Ausstellung der erforderlichen neuen Reinschriften und ersucht die Gerichtskasse, das Kostensoll entsprechend umzuschreiben und bereits bezahlte Beträge insoweit zurückzuzahlen, als sie auf Grund der erloschenen Haftung entrichtet sind.

§ 34

Auszahlungsanordnung über durchlaufende Gelder

(1) Sind durchlaufende Gelder in der Kostenrechnung enthalten (§ 24 Abs. 7), so hat der Kostenbeamte nach Eingang der Zahlungsanzeige der Gerichtskasse eine Auszahlungsanordnung nach Muster 20 an die Gerichtskasse zu erteilen.

(2) Das gleiche gilt im Falle der Entrichtung durchlaufender Gelder durch Kostenmarken.

(3) Die Anordnung der Auszahlung ist auf der Zahlungsanzeige oder der Urschrift der Kostenrechnung zu vermerken.

§ 35

Berichtigung des Gebührenansatzes nach Eröffnung einer Verfügung von Todes wegen

Zu §§ 14, 40 Abs. 5, §§ 93, 95 Abs. 4 KostO.

Nach Eröffnung einer in amtliche Verwahrung genommenen Verfügung von Todes wegen prüft der Kostenbeamte, ob Anlaß zur Berichtigung des Gebührenansatzes besteht. In Zweifelsfällen stellt er die erforderlichen Erhebungen über den Wert des reinen Vermögens zur Zeit der Fälligkeit der Gebühren an. Dies gilt insbesondere dann, wenn nach einer Mitteilung des Finanzamtes der von der Steuerbehörde festgestellte Wert des Nachlasses von dem der Gebührenberechnung zugrunde gelegten Wert des Vermögens erheblich abweicht.

Abschnitt IV

Kostenerlaß aus Billigkeitsgründen

§ 35a

(1) Die Niederschlagung von Gerichtskosten und die Erstattung oder Anrechnung bereits entrichteter Beträge aus Billigkeitsgründen richtet sich nach § 2 der Verordnung vom 20. März 1935 (RGBl. I S. 406) in Verbindung mit den AV. vom 28. März 1935 (DJ. 480) und 5. September 1939 (DJ. 1461).

(2) Ihre Auswirkung auf mithaftende Personen ist im § 90 Abs. 3 der Justizkassenordnung geregelt.

Abschnitt V

Aufsicht über den Kostenansatz

§ 36

Aufsicht und allgemeine Weisungen über den Kostenansatz

(1) Die Vorstände der Justizbehörden überwachen im Rahmen ihrer Aufsichtspflichten die ordnungsmäßige Erledigung des Kostenansatzes durch den Kostenbeamten.

(2) Die besondere Prüfung des Kostenansatzes ist Aufgabe der Kostenprüfungsbeamten (§ 37).

(3) Allgemeine Weisungen und Anordnungen über den Kostenansatz, die für einen ganzen Oberlandesgerichtsbezirk erlassen werden, sind dem Reichsminister der Justiz in zwei Stücken vorzulegen.

(4) Die dem Rechnungshof des Deutschen Reichs nach § 97 der Reichshaushaltsordnung zustehenden Befugnisse bleiben unberührt.

§ 37

Kostenprüfungsbeamte

Kostenprüfungsbeamte sind:

1. die Beamten des Rechnungsamts,
2. der Bezirksrevisor.

§ 38

Berichtigung des Kostenansatzes im Verwaltungswege

Zu § 4 GKG., § 13 Abs. 5 KostO.

Solange eine gerichtliche Entscheidung noch nicht ergangen ist, sind die Vorstände der Justizbehörden und die Kostenprüfungsbeamten befugt, den Kostenansatz zu beanstanden und dem Kostenbeamten Weisungen wegen Berichtigung des Kostenansatzes zu erteilen. Der Kostenbeamte hat diesen Weisungen Folge zu leisten; er ist nicht berechtigt, hiergegen die Entscheidung des Gerichts anzurufen.

§ 39

Nichterhebung von Kosten wegen unrichtiger Sachbehandlung

Zu § 6 GKG., § 15 KostO.

(1) Zur Anordnung der Nichterhebung (Niederschlagung) von Kosten wegen unrichtiger Sachbehandlung sind im Verwaltungswege die Präsidenten

der Kollegialgerichte und die Amtsgerichtspräsidenten sowie die Generalstaatsanwälte und die Oberstaatsanwälte für die ihrer Dienstaufsicht unterstellten Behörden zuständig. Über Beschwerden gegen den ablehnenden Bescheid einer dieser Stellen wird im Aufsichtswege entschieden.

(2) Die dem Gericht zustehende Befugnis zur Anordnung der Nichterhebung (Niederschlagung) von Kosten kann nicht auf Rechtspfleger übertragen werden.

§ 40

Erinnerungen und Beschwerden der Reichskasse

Zu § 4 GKG., § 13 Abs. 2 und 3 KostO.

(1) Erinnerungen gegen den Kostenansatz sollen seitens der Reichskasse nur dann eingelegt werden, wenn es wegen der grundsätzlichen Bedeutung der Sache angezeigt erscheint, von einer Berichtigung im Verwaltungsweg (§ 38) abzusehen und eine gerichtliche Entscheidung herbeizuführen.

(2) Alle beschwerdefähigen gerichtlichen Entscheidungen, durch die der Kostenansatz zuungunsten der Reichskasse geändert wird, hat der Kostenbeamte des entscheidenden Gerichts dem zur Vertretung der Reichskasse zuständigen Beamten[1]) mitzuteilen. Hilft der Kostenbeamte einer Erinnerung des Kostenschuldners nicht in vollem Umfange ab (§ 4 Abs. 3, 4), so hat er sie mit den Akten dem zur Vertretung der Reichskasse zuständigen Beamten vorzulegen. Dieser prüft, ob der Kostenansatz im Verwaltungsweg zu ändern ist oder ob Anlaß besteht, für die Reichskasse ebenfalls Erinnerung einzulegen. Soweit der Erinnerung nicht abgeholfen wird, veranlaßt er, daß die Akten unverzüglich dem Gericht vorgelegt werden.

§ 41

Besondere Prüfung des Kostenansatzes

(1) Bei jeder Justizbehörde findet in der Regel einmal im Rechnungsjahre eine unvermutete Prüfung des Kostenansatzes statt. Sie wird vorgenommen:

1. bei den höheren Reichsjustizbehörden von dem Leiter des Rechnungsamts oder einem an seiner Stelle beauftragten Beamten des Rechnungsamts,
2. bei allen übrigen nachgeordneten Justizbehörden von dem Bezirksrevisor und nur auf besondere Anordnung von einem in Nr. 1 bezeichneten Prüfungsbeamten.

(2) Zeit und Reihenfolge der Prüfungen bestimmt der Dienstvorgesetzte des Prüfungsbeamten, und zwar im Einvernehmen mit dem entsprechenden Dienstvorgesetzten der Staatsanwaltschaft, wenn die Prüfung bei einer Staatsanwaltschaft stattfinden soll.

(3) Bei derselben Justizbehörde sollen im gleichen Rechnungsjahre, wenn keine besonderen Gründe vorliegen, nicht Kostenprüfungen durch den Bezirksrevisor und einen in Abs. 1 Nr. 1 bezeichneten Prüfungsbeamten angeordnet werden.

---

[1]) Vgl. I A I 2 d d. AV vom 9. 3. 1937 (DJ 431) und AV vom 19. 11. 1938 (DJ 1864).

§ 42

Aufgaben und Befugnisse des Prüfungsbeamten

(1) Der Prüfungsbeamte soll sich nicht auf die schriftliche Beanstandung vorgefundener Mängel und Verstöße beschränken, sondern durch mündliche Erörterung wichtiger Fälle mit dem Kostenbeamten, durch Anregungen und Belehrungen das Prüfungsgeschäft möglichst nutzbringend gestalten und auf die Beachtung einheitlicher Grundsätze beim Kostenansatz hinwirken. Nebensächlichen Dingen soll er nur nachgehen, wenn sich der Verdacht von Unregelmäßigkeiten oder fortgesetzten Nachlässigkeiten ergibt.

(2) Die Einsicht sämtlicher Akten, Bücher, Register, Verzeichnisse und Rechnungsbelege ist ihm gestattet.

(3) Von den beteiligten Beamten kann er mündlich näheren Aufschluß über die Behandlung von Geschäften verlangen.

(4) Aktenstücke über schwebende Rechtsstreitigkeiten, in Testaments- und Grundbuchsachen sowie in Angelegenheiten der Führung öffentlicher Register hat er in der Regel an Ort und Stelle durchzusehen; sonstige Akten kann er sich an seinen Dienstsitz übersenden lassen.

§ 43

Umfang der Kostenprüfung

(1) Der Prüfungsbeamte hat besonders darauf zu achten:

1. ob die Kosten rechtzeitig, richtig und vollständig angesetzt und, soweit erforderlich, der Kasse überwiesen oder mit Kostennachrichten angefordert sind;
2. ob Kostenmarken verwendet und ordnungsmäßig entwertet sind und ob ihr Verbleib, falls sie sich nicht mehr in den Akten befinden, nachgewiesen ist;
3. ob die Auslagen ordnungsmäßig vermerkt sind;
4. ob die an Armenanwälte gezahlten Beträge in zulässigem Umfange von der zahlungspflichtigen Partei angefordert und etwaige Ausgleichsansprüche gegen Streitgenossen geltend gemacht sind sowie ob etwa ein Anlaß besteht, einen Nachzahlungsbeschluß (§ 126 ZPO.) anzuregen[1];
5. ob Anlaß besteht, eine Abänderung der Entscheidung über festgesetzte Rechnungsgebühren anzuregen.

(2) Soweit nicht in Abs. 1 etwas anderes bestimmt ist, erstreckt sich die Prüfung nicht auf den Ansatz und die Höhe solcher baren Auslagen, deren Prüfung Aufgabe der mit der Vorprüfung von Rechnungsbelegen befaßten Dienststellen ist.

§ 44

Verfahren bei der Kostenprüfung

(1) Der Prüfungsbeamte soll aus jeder Gattung von Angelegenheiten, in denen Kosten entstehen können, selbst eine Anzahl Akten auswählen und durchsehen, darunter auch solche, die nach ihrem Aktenzeichen unmittelbar aufeinander folgen. Bei der Auswahl sind auch die Geschäftsregister, das

[1]) Vgl. AV v. 7. 10. 1935 i. d. F. d. AV v. 27. 5. 1936 (DJ 1935, 1474 und 1936, 846) und Nr. II 6 der Bek v. 19. 7. 1939 (DJ 1241).

Verzeichnis über Kosten in Vormundschafts- und Dauerpflegschaftssachen (§ 12 Abs. 4), die Nachweisung über Rechnungsgebühren (§ 10 d. AV. vom 25. April 1938 — DJ. S. 654) sowie die Kassenbücher zu berücksichtigen und namentlich solche Akten zur Prüfung vorzumerken, in denen höhere Kostenbeträge in Frage kommen.

(2) Bei der Aktenprüfung ist auch darauf zu achten, daß die Sollstellungen in der vorgeschriebenen Weise nachgewiesen sind (§ 73 Abs. 3 JKassO.); stichprobenweise ist festzustellen, ob die in den Akten befindlichen Zahlungsanzeigen der Gerichtskasse oder Gerichtszahlstelle über Beträge, die ohne vorherige Sollstellung vereinnahmt sind, mit der Buchung übereinstimmen und ob die Gerichtszahlstellen als Zahlungsanzeigen die Durchschriften aus den Quittungsblöcken verwendet haben. Befindet sich am Sitze des Gerichts keine Gerichtskasse, so hat der Prüfungsbeamte sich entsprechende Vermerke zu machen, die er bei seiner nächsten örtlichen Prüfung der Gerichtskasse mit den Eintragungen in den Kassenbüchern vergleicht.

(3) Bei der Nachprüfung der Verwendung von Kostenmarken ist auch eine Anzahl älterer, insbesondere weggelegter Akten, durchzusehen. Dabei ist § 16 Abs. 3 der Justizkostenmarkenordnung zu beachten.

(4) Bei der Prüfung der Aktenvermerke über die baren Auslagen (§ 43 Abs. 1 Nr. 3) ist bei Prüfungen, die am Sitz einer Gerichtskasse stattfinden, auf Grund der Kassenbücher und der Rechnungsbelege über die Auslagen an Zeugen- und Sachverständigengebühren, Reisekosten der Beamten u. dgl. stichprobenweise festzustellen, ob die Auslagen vorschriftsmäßig in den Akten vermerkt sind. Zum Zwecke einer solchen Prüfung bei Amtsgerichten, an deren Sitz sich keine Gerichtskasse befindet, vermerkt sich der Prüfungsbeamte einige geeignete Fälle. Über Auslagen, die aus Anlaß eines Rechtshilfeersuchens bei dem ersuchten Gericht ausgezahlt worden sind, macht der Prüfungsbeamte in einigen geeigneten Fällen dem für das ersuchende Gericht zuständigen Bezirksrevisor unter Verwendung des Musters 21 Mitteilung. Dieser Bezirksrevisor stellt bei der nächsten sich bietenden Gelegenheit fest, ob die Auslagen in den Sachakten vermerkt sind.

(5) Bei der Prüfung des Ansatzes von Rechnungsgebühren ist zu beachten, daß die Angemessenheit bereits durch das festsetzende Gericht nachzuprüfen ist. Anlaß, eine nochmalige Prüfung vorzunehmen und eine Anordnung der Rückzahlung im Aufsichtswege anzuregen, wird deshalb nur bestehen, wenn der Prüfungsbeamte zum Ergebnis kommt, daß ein erheblicher Betrag überhoben ist. Von der Anregung einer Rückzahlung wird namentlich dann abzusehen sein, wenn der rückzuzahlende Betrag nur geringfügig wäre und außer Verhältnis zu den mit der Rückzahlung verknüpften Umständen und Weiterungen stehen würde.

§ 45

Beanstandungen

(1) Stellt der Prüfungsbeamte Unrichtigkeiten zum Nachteil der Reichskasse oder eines Kostenschuldners fest, so ordnet er die Berichtigung des Kostenansatzes an.

(2) An die Stelle der Berichtigung tritt ein Vermerk in der Niederschrift (§ 46), sofern eine gerichtliche Entscheidung ergangen ist oder der Kostenansatz auf einer Anordnung der Dienstaufsichtsbehörde beruht. Die An-

ordnung der Berichtigung unterbleibt, wenn es sich um Kleinbeträge handelt, von deren Einziehung nach den hierüber getroffenen Bestimmungen abgesehen werden darf[1]).

(3) Die Beanstandungen (Abs. 1) sind für jede Sache auf einem besonderen Blatt zu verzeichnen, das zu den Akten zu nehmen ist. In dem Falle des Abs. 2 Satz 2 sind sie in kürzester Form unter der Kostenrechnung zu vermerken.

(4) Der Prüfungsbeamte vermerkt die Beanstandungen nach Abs. 1 außerdem in einer Nachweisung nach Muster 22. Der Kostenbeamte ergänzt die Nachweisung durch Angabe der Sollbuchnummern oder der sonstwie erforderlichen Vermerke über die Erledigung; sodann gibt er sie dem Prüfungsbeamten zurück. Der Prüfungsbeamte stellt bei der nächsten sich bietenden Gelegenheit stichprobenweise fest, ob die entsprechenden Buchungen in den Kassenbüchern tatsächlich stattgefunden haben. Die Nachweisungen verwahrt er jahrgangsweise.

(5) Stellt der Prüfungsbeamte das Fehlen von Akten fest, so hat er alsbald dem Behördenvorstand Anzeige zu erstatten.

§ 46

Niederschrift über die Kostenprüfung

(1) Der Prüfungsbeamte fertigt über die Kostenprüfung eine Niederschrift, die einen Überblick über Gang und Ergebnis des Prüfungsgeschäfts ermöglichen soll.

(2) Er erörtert darin diejenigen Einzelfälle, die grundsätzliche Bedeutung haben, die anderwärts abweichend beurteilt werden oder die sonstwie von Erheblichkeit sind (vgl. hierzu auch § 45 Abs. 2 Satz 1). Weiter führt er die Fälle auf, in denen ihm die Einlegung der Erinnerung (§ 40 Abs. 1) angezeigt erscheint oder die zu Maßnahmen oder Anordnungen im Dienstaufsichtswege Anlaß geben können.

(3) Die Niederschriften können geeignetenfalls für die einzelnen geprüften Geschäftsstellen getrennt gefertigt werden.

(4) Je einen Durchlag der Niederschrift legt der Prüfungsbeamte denjenigen Dienstvorgesetzten vor, die die Prüfung angeordnet oder mitangeordnet haben (§ 41 Abs. 2). Er schlägt dabei die Maßnahmen und Anordnungen vor, die er nach seinen Feststellungen bei der Prüfung für angezeigt hält.

(5) Ist ein Bezirksrevisor ausschließlich mit der Prüfung bei einem bestimmten Gericht beauftragt, so kann der Landgerichtspräsident (Amtsgerichtspräsident) genehmigen, daß er die Niederschriften monatlich gesammelt vorlegt, sofern nicht im Einzelfalle Anlaß zu alsbaldiger Berichterstattung besteht.

§ 47

Jahresberichte

(1) Bis zum 1. September eines jeden Jahres erstattet der Prüfungsbeamte seinem Dienstvorgesetzten Bericht über das Gesamtergebnis der

---

[1]) Vgl. AV vom 25. 11. 1937 (DJ 1834) i. d. F. d. AV vom 9. 12. 1940 (DJ 1383).

Kostenprüfungen im abgelaufenen Rechnungsjahre. Er legt darin insbesondere die Grundsätze dar, von denen er sich bei seinen Anordnungen oder bei der Behandlung einzelner Fälle von allgemeiner Bedeutung hat leiten lassen.

(2) Soweit nicht bei allen Dienststellen Prüfungen haben vorgenommen werden können, sind die Gründe kurz anzugeben.

(3) Die Landgerichtspräsidenten (Amtsgerichtspräsidenten) legen die Jahresberichte mit ihrer Stellungnahme dem Oberlandesgerichtspräsidenten vor.

(4) Der Oberlandesgerichtspräsident trifft nach Püfung der Jahresberichte die ihm für seinen Bezirk notwendig erscheinenden Anordnungen, teilt die Berichte dem Generalstaatsanwalt mit, sofern sie für diesen von Interesse sind, und berichtet über Einzelfragen, denen eine allgemeinere Bedeutung zukommt, dem Reichsminister der Justiz.

Abschnitt VI

Übergangs- und Schlußbestimmungen

§ 48

Justizverwaltungskosten

Die in dieser Verfügung für die Gerichtskosten gegebenen Vorschriften finden auf Justizverwaltungskosten entsprechende Anwendung, doch sind die Sonderbestimmungen des § 49 und AV. vom 21. Mai 1940 (DJ. S. 621) zu beachten.

§ 49

Sonderbestimmungen für Hinterlegungssachen

(1) Bei der Festsetzung der Beschwerdegebühr (§ 25 der Hinterlegungsordnung) ist von dem Umfang und der Bedeutung der Sache auszugehen.

(2) Als Kostenschuldner sind in erster Reihe die in § 26 Nr. 1 der Hinterlegungsordnung bezeichneten Personen in Anspruch zu nehmen.

(3) Von der Befugnis, Kosten aus der Masse zu entnehmen (§ 26 Nr. 2 der Hinterlegungsordnung), ist regelmäßig Gebrauch zu machen. Die Anordnung über die Entnahme der Kosten ist in der Kostenrechnung zu vermerken.

(4) Können die Kosten nicht aus der Masse entnommen werden, so soll die Herausgabe der hinterlegten Sache regelmäßig von der Zahlung der Kosten abhängig gemacht werden (§ 26 Nr. 3 der Hinterlegungsordnung). Dies gilt nicht, wenn die Voraussetzungen vorliegen, unter denen nach § 22 Abs. 2 dieser Verfügung von der Ausübung des Zurückbehaltungsrechtes abzusehen ist.

(5) Die Entscheidung in den Fällen der Abs. 3 und 4 trifft zunächst der Kostenbeamte.

§ 50

Sonderbestimmungen für die Urkundensteuer

(1) Auf die Urkundensteuer ist diese Verfügung nach Maßgabe der Durchführungsverfügung zum Urkundensteuergesetz vom 13. Februar 1939 (DJ. 347) i. d. F. d. AV. vom 4. Dezember 1939 (DJ. 1830) anzuwenden.

(2) Die dem Urkundsbeamten der Geschäftsstelle des Gerichts bei der Verwaltung der Urkundensteuer zukommenden Befugnisse werden durch den Kostenbeamten wahrgenommen.

(3) Auch wenn die Kosten einschließlich der Urkundensteuer vollständig entrichtet sind und deshalb eine Überweisung an die Kasse zur Einziehung nicht stattfindet, ist trotzdem gemäß § 3 Abs. 2 der Durchführungsverfügung zum Urkundensteuergesetz dem Kostenschuldner (Steuerschuldner) eine Reinschrift der Kostenrechnung, soweit sie sich auf die Urkundensteuer bezieht, als Steuerbescheid mitzuteilen.

§ 51

Sonderbestimmungen für die Bezirksnotariate in Württemberg

Bei der Anwendung dieser Verfügung auf die Kosten der Bezirksnotariate in Württemberg sind die Sonderbestimmungen zur Justizkassenordnung und zur Kostenverfügung für die Notariate in Württemberg vom 3. April 1937 (5220 — VI a^{10} 502) zu beachten.

§ 52

Beanstandungen des Kostenansatzes eines Notars, dem die Kosten selbst zufließen

Zu § 156 KostO.

(1) Gibt der Kostenansatz eines Notars, dem die Kosten selbst zufließen, der Dienstaufsichtsbehörde zu Beanstandungen Anlaß, so fordert sie den Notar auf, den Ansatz zu berichtigen, gegebenenfalls zuviel erhobene Beträge zu erstatten oder zu wenig erhobene Beträge nachzufordern und, falls er die Beanstandung nicht als berechtigt anerkenne, die Entscheidung des Landgerichts herbeizuführen.

(2) Hat der Kostenschuldner Beschwerde gegen den Kostenansatz eingelegt, so kann die Aufsichtsbehörde, wenn sie den Kostenansatz für zu niedrig hält, den Notar anweisen, sich der Beschwerde mit dem Ziele der Erhöhung des Kostenansatzes anzuschließen.

(3) Beschwerdeentscheidungen des Landgerichts, gegen die das Rechtsmittel der weiteren Beschwerde zulässig ist, sind mit den Akten alsbald der Dienstaufsichtsbehörde des Notars zur Prüfung vorzulegen, ob der Notar angewiesen werden soll, weitere Beschwerde zu erheben.

§ 53

Erbscheine zum beschränkten Gebrauch

Zu § 163 Nr. 3 KostO.

Vor Aushändigung der Ausfertigung oder beglaubigten Abschrift eines Erbscheines, der nach bisherigen landesrechtlichen Vorschriften nur zum beschränkten Gebrauche erteilt war, hat der die Ausfertigung oder Abschrift erteilende Beamte die Akten dem Kostenbeamten zur Gebührennacherhebung vorzulegen.

§ 54

Inkrafttreten

(1) Diese Verfügung tritt am 1. April 1941 in Kraft.

(2) . . . .

3. Gebührentafel I (§ 26)

Wert bis	Volle Gebühr	1/2 Gebühr	1/4 Gebühr	1 1/2 Gebühr	2fache Gebühr	3fache Gebühr	3 1/2 fache Gebühr	4fache Gebühr
50	2	2	2	3	4	6	7	8
100	3	2	2	4,50	6	9	10,50	12
200	4	2	2	6	8	12	14,—	16
300	5	2,50	2	7,50	10	15	17,50	20
500	6	3	2	9	12	18	21,—	24
1 000	8	4	2	12	16	24	28	32
1 500	10	5	2,50	15	20	30	35	40
2 000	12	6	3	18	24	36	42	48
2 500	14	7	3,50	21	28	42	49	56
3 000	16	8	4	24	32	48	56	64
3 500	18	9	4,50	27	36	54	63	72
4 000	20	10	5	30	40	60	70	80
5 000	22	11	5,50	33	44	66	77	88
6 000	24	12	6	36	48	72	84	96
7 000	26	13	6,50	39	52	78	91	104
8 000	28	14	7	42	56	84	98	112
9 000	30	15	7,50	45	60	90	105	120
10 000	32	16	8	48	64	96	112	128
12 000	36	18	9	54	72	108	126	144
14 000	40	20	10	60	80	120	140	160
16 000	44	22	11	66	88	132	154	176
18 000	48	24	12	72	96	144	168	192
20 000	52	26	13	78	104	156	182	208
22 000	56	28	14	84	112	168	196	224
24 000	60	30	15	90	120	180	210	240
26 000	64	32	16	96	128	192	224	256
28 000	68	34	17	102	136	204	238	272
30 000	72	36	18	108	144	216	252	288
35 000	80	40	20	120	160	240	280	320
40 000	88	44	22	132	176	264	308	352
50 000	100	50	25	150	200	300	350	400

Wert bis	Volle Gebühr	1/2 Gebühr	1/4 Gebühr	1 1/2 Gebühr	2fache Gebühr	3fache Gebühr	3 1/2 fache Gebühr	4fache Gebühr
60000	112	56	28	168	224	336	392	448
70000	124	62	31	186	248	372	434	496
80000	136	68	34	204	272	408	476	544
90000	148	74	37	222	296	444	518	592
100000	160	80	40	240	320	480	560	640
110000	172	86	43	258	344	516	602	688
120000	184	92	46	276	368	552	644	736
130000	196	98	49	294	392	588	686	784
140000	208	104	52	312	416	624	728	832
150000	220	110	55	330	440	660	770	880
160000	232	116	58	348	464	696	812	928
170000	244	122	61	366	488	732	854	976
180000	256	128	64	384	512	768	896	1024
190000	268	134	67	402	536	804	938	1072
200000	280	140	70	420	560	840	980	1120
210000	292	146	73	438	584	876	1022	1168
220000	304	152	76	456	608	912	1064	1216
230000	316	158	79	474	632	948	1106	1264
240000	328	164	82	492	656	984	1148	1312
250000	340	170	85	510	680	1020	1190	1360
260000	352	176	88	528	704	1056	1232	1408
270000	364	182	91	546	728	1092	1274	1456
280000	376	188	94	564	752	1128	1316	1504
290000	388	194	97	582	776	1164	1358	1552
300000	400	200	100	600	800	1200	1400	1600
310000	412	206	103	618	824	1236	1442	1648
320000	424	212	106	636	848	1272	1484	1696
330000	436	218	109	654	872	1308	1526	1744
340000	448	224	112	672	896	1344	1568	1792
350000	460	230	115	690	920	1380	1610	1840
360000	472	236	118	708	944	1416	1652	1888
370000	484	242	121	726	968	1452	1694	1936
380000	496	248	124	744	992	1488	1736	1984

Wert bis	Volle Gebühr	1/2 Gebühr	1/4 Gebühr	1 1/2 Gebühr	2fache Gebühr	3fache Gebühr	3 1/2 fache Gebühr	4fache Gebühr
390000	508	254	127	762	1016	1524	1778	2032
400000	520	260	130	780	1040	1560	1820	2080
410000	532	266	133	798	1064	1596	1862	2128
420000	544	272	136	816	1088	1632	1904	2176
430000	556	278	139	834	1112	1668	1946	2224
440000	568	284	142	852	1136	1704	1988	2272
450000	580	290	145	870	1160	1740	2030	2320
460000	592	296	148	888	1184	1776	2072	2368
470000	604	302	151	906	1208	1812	2114	2416
480000	616	308	154	924	1232	1848	2156	2464
490000	628	314	157	942	1256	1884	2198	2512
500000	640	320	160	960	1280	1920	2240	2560
510000	652	326	163	978	1304	1956	2282	2608
520000	664	332	166	996	1328	1992	2324	2656
530000	676	338	169	1014	1352	2028	2366	2704
540000	688	344	172	1032	1376	2064	2408	2752
550000	700	350	175	1050	1400	2100	2450	2800
560000	712	356	178	1068	1424	2136	2492	2848
570000	724	362	181	1086	1448	2172	2534	2896
580000	736	368	184	1104	1472	2208	2576	2944
590000	748	374	187	1122	1496	2244	2618	2992
600000	760	380	190	1140	1520	2280	2660	3040
610000	772	386	193	1158	1544	2316	2702	3088
620000	784	392	196	1176	1568	2352	2744	3136
630000	796	398	199	1194	1592	2388	2786	3184
640000	808	404	202	1212	1616	2424	2828	3232
650000	820	410	205	1230	1640	2460	2870	3280
660000	832	416	208	1248	1664	2496	2912	3328
670000	844	422	211	1266	1688	2532	2954	3376
680000	856	428	214	1284	1712	2568	2996	3424
690000	868	434	217	1302	1736	2604	3038	3472
700000	880	440	220	1320	1760	2640	3080	3520

Wert bis	Volle Gebühr	1/2 Gebühr	1/4 Gebühr	1 1/2 Gebühr	2fache Gebühr	3fache Gebühr	3 1/2 fache Gebühr	4fache Gebühr
710000	892	446	223	1338	1784	2676	3122	3568
720000	904	452	226	1356	1808	2712	3164	3616
730000	916	458	229	1374	1832	2748	3206	3664
740000	928	464	232	1392	1856	2784	3248	3712
750000	940	470	235	1410	1880	2820	3290	3760
760000	952	476	238	1428	1904	2856	3332	3808
770000	964	482	241	1446	1928	2892	3374	3856
780000	976	488	244	1464	1952	2928	3416	3904
790000	988	494	247	1482	1976	2964	3458	3952
800000	1000	500	250	1500	2000	3000	3500	4000
810000	1012	506	253	1518	2024	3036	3542	4048
820000	1024	512	256	1536	2048	3072	3584	4096
830000	1036	518	259	1554	2072	3108	3626	4144
840000	1048	524	262	1572	2096	3144	3668	4192
850000	1060	530	265	1590	2120	3180	3710	4240
860000	1072	536	268	1608	2144	3216	3752	4288
870000	1084	542	271	1626	2168	3252	3794	4336
880000	1096	548	274	1644	2192	3288	3836	4384
890000	1108	554	277	1662	2216	3324	3878	4432
900000	1120	560	280	1680	2240	3360	3920	4480
910000	1132	566	283	1698	2264	3396	3962	4528
920000	1144	572	286	1716	2288	3432	4004	4576
930000	1156	578	289	1734	2312	3468	4046	4624
940000	1168	584	292	1752	2336	3504	4088	4672
950000	1180	590	295	1770	2360	3540	4130	4720
960000	1192	596	298	1788	2384	3576	4172	4768
970000	1204	602	301	1806	2408	3612	4214	4816
980000	1216	608	304	1824	2432	3648	4256	4864
990000	1228	614	307	1842	2456	3684	4298	4912
1000000	1240	620	310	1860	2480	3720	4340	4960
1010000	1252	626	313	1878	2504	3756	4382	5008
1020000	1264	632	316	1896	2528	3792	4424	5056
1030000	1276	638	319	1914	2552	3828	4466	5104

Wert bis	Volle Gebühr	1/2 Gebühr	1/4 Gebühr	1 1/2 Gebühr	2fache Gebühr	3fache Gebühr	3 1/2 fache Gebühr	4fache Gebühr
1040000	1288	644	322	1932	2576	3864	4508	5152
1050000	1300	650	325	1950	2600	3900	4550	5200
1060000	1312	656	328	1968	2624	3936	4592	5248
1070000	1324	662	331	1986	2648	3972	4634	5296
1080000	1336	668	334	2004	2672	4008	4676	5344
1090000	1348	674	337	2022	2696	4044	4718	5392
1100000	1360	680	340	2040	2720	4080	4760	5440
usw.								
für je weitere	mehr	mehr	mehr	mehr	mehr	mehr	mehr	mehr
10000 RM.	12	6	3	18	24	36	42	48

Bei Werten über 1100000 RM. errechnet man zunächst die Gebühr aus dem Wert, soweit er sich aus der Gebührentafel feststellen läßt, und setzt für je eine weitere Million zu:

1200 600 300 1800 2400 3600 4200 4800

Beispiele: a) Volle Gebühr aus 1270000 RM.
Berechnung: Volle Gebühr aus . . . . . . 270000 RM. = 364 RM.
dazu für 1 Million ,, = 1200 ,,
Gebühr: 1564 RM.

b) 1 ½fache Gebühr aus 2050000 RM.
Berechnung: 1 ½fache ,, ,, ... 50000 RM = 150 RM
dazu für 2 Millionen ,,
(2mal 1800 RM.) = 3600 RM.
Gebühr: 3750 RM.

Oder man rundet den Wert auf volle 10000 RM. auf, schneidet 4 Nullen ab, vervielfacht die verbleibende Zahl:

bei der vollen Gebühr mit	12	und rechnet hinzu	40 RM.
,, ½ ,, ,, ,, ,,	6	,, ,, ,,	20 ,,
,, ¼ ,, ,, ,, ,,	3	,, ,, ,,	10 ,,
beim 1 ½fachen ,, ,, ,, ,,	18	,, ,, ,,	60 ,,
,, 2 ,, ,, ,, ,, ,,	24	,, ,, ,,	80 ,,
,, 3 ,, ,, ,, ,, ,,	36	,, ,, ,,	120 ,,
,, 3½ ,, ,, ,, ,, ,,	42	,, ,, ,,	140 ,,
,, 4 ,, ,, ,, ,, ,,	48	,, ,, ,,	160 ,,

4. Gebührentafel II (§§ 85, 86 Abs. 2, 89)

Jahresgebühr für Vormundschaften, Dauerpflegschaften und Dauerbeistandschaften

a) Bei Vormundschaft und Dauerpflegschaft (-beistandschaft) über minderjährige, geisteskranke oder gebrechliche Personen: **Freigrenze** bis 5000 RM. Reinvermögen des Kindes usw.; bei höherem Vermögen für jede angefangene 1000 RM. Reinvermögen eine Gebühr von 0.50 RM. §§ **85, 86 (2), 89**.

b) Bei sonstigen Vormundschaften und Dauer-Pflegschaften (vor allem bei Dauerpflegschaften über Abwesende, bei Vormundschaften über entmündigte Trunksüchtige oder Verschwender): **keine Freigrenze.** Gebühren: 0.50 RM. von jeden angefangenen 1000 RM. des Reinvermögens des Pfleglings. §§ **86 (2), 85**.

Reinvermögen	Jahresgebühr nach §§ 85, 86 (2) 89 (Minderjährige usw.)	Jahresgebühr nach §§ 85, 86 (2) (Verschwender usw.)	Reinvermögen	Jahresgebühr nach §§ 85, 86 (2) 89 (Minderjährige usw.)	Jahresgebühr nach §§ 85, 86 (2) (Verschwender usw.)
RM.	RM.	RM.	RM.	RM.	RM.
1000	—	2.—	21000	8.—	10.50
2000	—	2.—	22000	8.50	11.—
3000	—	2.—	23000	9.—	11.50
4000	—	2.—	24000	9.50	12.—
5000	—	2.50	25000	10.—	12.50
6000	2.—	3.—	26000	10.50	13.—
7000	2.—	3.50	27000	11.—	13.50
8000	2.—	4.—	28000	11.50	14.—
9000	2.—	4.50	29000	12.—	14.50
10000	2.50	5.—	30000	12.50	15.—
11000	3.—	5.50	31000	13.—	15.50
12000	3.50	6.—	32000	13.50	16.—
13000	4.—	6.50	33000	14.—	16.50
14000	4.50	7.—	34000	14.50	17.—
15000	5.—	7.50	35000	15.—	17.50
16000	5.50	8.—	36000	15.50	18.—
17000	6.—	8.50	37000	16.—	18.50
18000	6.50	9.—	38000	16.50	19.—
19000	7.—	9.50	39000	17.—	19.50
20000	7.50	10.—	40000	17.50	20.—

Reinvermögen	Jahresgebühr nach §§ 85, 86 (2) 89 (Minderjährige usw.)	Jahresgebühr nach §§ 85, 86 (2) (Verschwender usw.)	Reinvermögen	Jahresgebühr nach §§ 85, 86 (2) 89 (Minderjährige usw.)	Jahresgebühr nach §§ 85, 86 (2) (Verschwender usw.)
RM.	RM.	RM.	RM.	RM.	RM.
41000	18.—	20.50	71000	33.—	35.50
42000	18.50	21.—	72000	33.50	36.—
43000	19.—	21.50	73000	34.—	36.50
44000	19.50	22.—	74000	34.50	37.—
45000	20.—	22.50	75000	35.—	37.50
46000	20.50	23.—	76000	35.50	38.—
47000	21.—	23.50	77000	36.—	38.50
48000	21.50	24.—	78000	36.50	39.—
49000	22.—	24.50	79000	37.—	39.50
50000	22.50	25.—	80000	37.50	40.—
51000	23.—	25.50	81000	38.—	40.50
52000	23.50	26.—	82000	38.50	41.—
53000	24.—	26.50	83000	39.—	41.50
54000	24.50	27.—	84000	39.50	42.—
55000	25.—	27.50	85000	40.—	42.50
56000	25.50	28.—	86000	40.50	43.—
57000	26.—	28.50	87000	41.—	43.50
58000	26.50	29.—	88000	41.50	44.—
59000	27.—	29.50	89000	42.—	44.50
60000	27.50	30.—	90000	42.50	45.—
61000	28.—	30.50	91000	43.—	45.50
62000	28.50	31.—	92000	43.50	46.—
63000	29.—	31.50	93000	44.—	46.50
64000	29.50	32.—	94000	44.50	47.—
65000	30.—	32.50	95000	45.—	47.50
66000	30.50	33.—	96000	45.50	48.—
67000	31.—	33.50	97000	46.—	48.50
68000	31.50	34.—	98000	46.50	49.—
69000	32.—	34.50	99000	47.—	49.50
70000	32.50	35.—	100000	47.50	50.—
			für je weitere 1000 RM.	0.50 mehr	0.50 mehr

FSC
www.fsc.org
MIX
Papier | Fördert gute Waldnutzung
FSC® C083411

Kolibri 360 GmbH
Ferdinand-Jühlke-Straße 7
99095 Erfurt, Deutschland
produktsicherheit@kolibri360.de